权威·前沿·原创

皮书系列为
"十二五""十三五"国家重点图书出版规划项目

法治蓝皮书
BLUE BOOK OF
RULE OF LAW

中国地方法治发展报告 No.3
（2017）

ANNUAL REPORT ON RULE OF LAW IN LOCAL CHINA No.3
(2017)

中国社会科学院法学研究所
主　编／李　林　田　禾
执行主编／吕艳滨
副 主 编／栗燕杰

社会科学文献出版社
SOCIAL SCIENCES ACADEMIC PRESS (CHINA)

图书在版编目(CIP)数据

中国地方法治发展报告. No.3,2017 / 李林,田禾主编. -- 北京:社会科学文献出版社,2017.11
（法治蓝皮书）
ISBN 978 - 7 - 5201 - 1855 - 2

Ⅰ.①中… Ⅱ.①李…②田… Ⅲ.①地方法规 - 研究报告 - 中国 - 2017 Ⅳ.①D927

中国版本图书馆 CIP 数据核字（2017）第 289134 号

法治蓝皮书
中国地方法治发展报告 No.3（2017）

主　　编 / 李　林　田　禾
执行主编 / 吕艳滨
副 主 编 / 栗燕杰

出 版 人 / 谢寿光
项目统筹 / 曹长香
责任编辑 / 曹长香

出　　版 / 社会科学文献出版社·社会政法分社（010）59367156
　　　　　　地址：北京市北三环中路甲 29 号院华龙大厦　邮编：100029
　　　　　　网址：www.ssap.com.cn
发　　行 / 市场营销中心（010）59367081　59367018
印　　装 / 北京季蜂印刷有限公司

规　　格 / 开　本：787mm × 1092mm　1/16
　　　　　　印　张：23.75　字　数：356 千字
版　　次 / 2017 年 11 月第 1 版　2017 年 11 月第 1 次印刷
书　　号 / ISBN 978 - 7 - 5201 - 1855 - 2
定　　价 / 108.00 元

皮书序列号 / PSN B - 2015 - 442 - 1/1

本书如有印装质量问题，请与读者服务中心（010 - 59367028）联系

▲ 版权所有 翻印必究

中国地方法治发展报告编委会

主　　　编	李　林　田　禾
执 行 主 编	吕艳滨
副　主　编	栗燕杰
策　　　划	法治蓝皮书工作室
工 作 室 主 任	吕艳滨
工 作 室 成 员	（按照姓氏汉字笔画排列）
	王小梅　王祎茗　刘雁鹏　胡昌明
	栗燕杰　徐　斌
学 术 助 理	（按照姓氏汉字笔画排列）
	王昱翰　王　洋　田纯才　冯迎迎
	刘　迪　赵千羚　葛　冰

官方微博： @法治蓝皮书（新浪）

官方微信： 法治蓝皮书（lawbluebook）　法治指数（lawindex）

主要编撰者简介

主　编　李林

中国社会科学院学部委员，法学研究所所长，研究员。

主要研究领域：法理学、宪法学、立法学、法治与人权理论。

主　编　田禾

中国社会科学院法学研究所研究员，国家法治指数研究中心主任。

主要研究领域：刑法学、司法制度、实证法学。

执行主编　吕艳滨

中国社会科学院法学研究所法治国情调研室主任、研究员，国家法治指数研究中心副主任。

主要研究领域：行政法、信息法、实证法学。

摘　要

《中国地方法治发展报告 No.3（2017）》突出重点内容，从政务公开、司法公正、法治社会、海洋海事、自贸区法治、指数报告等专题，总结了2016年以来各地方的法治创新成效。

总报告立足全国，探讨了2016年以来各地方在依法执政、人大建设、法治政府、司法改革等方面的状况和成效，剖析仍存在的问题与面临的挑战，并对新时代背景下的发展前景予以展望。

本卷蓝皮书重磅推出立法透明度指数报告、广西法院阳光司法指数报告等指数报告，并就政务公开、自贸区建设法治保障、基本解决执行难、智慧城市建设等地方法治实践中的热点问题与前沿问题进行深层次的剖析研讨。

食品药品安全、生态环境保护、社区矫正等既是国家治理水平的重要体现，也是地方必须正视和处理好的关键问题。蓝皮书立足一线实践，对典型地区进行了研讨总结。

Abstract

This book summarizes the new achievements made by local governments at various levels in the development of local rule of law with respect to openness of government affairs, judicial affairs, construction of a law-based society, marine and maritime affairs, free trade zones, and assessment of rule of law indices.

The General Report reviews the current situation and achievements made by local governments at various levels in the fields of administration by law, construction of a law-based government, and judicial reform, analyzes the existing problems in and challenges faced by the construction of local rule of law in China, and looks into the prospect of its future development.

This volume of the blue book on local rule of law in China launches a series of new reports on indices of the rule of law, including the Report on Indices of Legislative Transparency and the Report on Indices of Judicial Transparency of Courts in Guangxi Province, which contain in-depth analyses of hot and frontier issues in the practice of local rule of law in such fields as openness of government affairs, rule of law safeguards of the construction of free trade zones, basic solution of the difficulties in the enforcement of judgments, and construction of intelligent cities.

Food and drug safety, protection of the environment and ecology, and community correction are the important embodiments of state government, as well as the key issues to be treated seriously and dealt with properly by local governments in the construction of the rule of law. Basing itself on frontline practices, this book summarizes the experiences of some typical localities in these fields.

目 录

Ⅰ 总报告

B.1 中国地方法治发展与展望（2016~2017）
……… 中国社会科学院法学研究所法治指数创新工程项目组 / 001
  一　依法执政 ………………………………………………… / 002
  二　人大建设 ………………………………………………… / 005
  三　法治政府 ………………………………………………… / 011
  四　司法改革 ………………………………………………… / 020
  五　法治社会 ………………………………………………… / 025
  六　前景展望 ………………………………………………… / 028

Ⅱ 政务公开

B.2 民政信息公开调研报告
  ——以27个省会城市为研究对象
……… 中国社会科学院法学研究所法治指数创新工程项目组 / 031
B.3 过程性信息公开的问题与对策
……… 中国社会科学院法学研究所法治指数创新工程项目组 / 044

001

B.4 贵州政务公开"升级版"调研报告
　　　　　　　　　　　　　　贵州省政务公开调研课题组 / 062
B.5 北京市西城区政务公开的实践
　　　　　　　　　　　北京市西城区政务公开调研课题组 / 076

Ⅲ 司法公正

B.6 江苏法院推进基本解决执行难阶段性报告
　　　　　　　　　　　江苏省高级人民法院执行局课题组 / 091
B.7 执行联动机制建设的沈阳实践
　　　　　　　　　　　沈阳市中级人民法院执行局课题组 / 111
B.8 唐山法院审执分离体制改革成效及展望
　　　　　　　　　　　　　　唐山市中级人民法院课题组 / 125
B.9 深圳市福田区法院金融类案全流程在线办理平台建设
　　运行情况调研报告　　　　　　　深圳市福田区人民法院 / 139

Ⅳ 法治社会

B.10 运用特区立法权营造生态优势的珠海探索 …… 钟小凯 / 153
B.11 创新驱动下的智慧潍坊建设　潍坊市智慧潍坊建设课题组 / 168
B.12 泸州市食品药品安全依法治理报告
　　　　　　　　　　　　　　泸州市依法治市办课题组 / 185
B.13 乐山依法治旅促进景城共治　乐山市依法治市办课题组 / 201
B.14 探索社区矫正的中国模式
　　——以江阴实践为例　　　　　　　　　　　徐　卉 / 216

Ⅴ 海洋海事

B.15 中国海事仲裁年度报告（2016）
　　　　　　　　　　　　　　中国海事仲裁委员会课题组 / 236

B.16 船员劳务纠纷疑难问题调研报告
——以宁波海事法院为样本
.... 浙江省高级人民法院与宁波海事法院联合课题组 / 258

Ⅵ 自贸区法治

B.17 法治保障自由贸易试验区发展调研报告 .... 黄 晋 / 276
B.18 上海海事法院涉自贸区案件审判的进展（2016）
.... 上海海事法院课题组 / 290

Ⅶ 指数报告

B.19 中国立法透明度指数报告（2017）
——以人大常委会网站立法公开为视角
.... 中国社会科学院法学研究所法治指数创新工程项目组 / 306
B.20 广西法院阳光司法指数报告（2016）
.... 中国社会科学院法学研究所法治指数创新工程项目组 / 327
B.21 余杭法治指数报告（2015）
.... 钱弘道 谢天予 莫张勤 郭人菡 康兰平 刘 澜 / 340

皮书数据库阅读 **使用指南**

CONTENTS

I General Report

B.1 Development and Prospect of Local Rule of Law in China (2016-2017)
The Team of Innovation Project on Indices of the Rule of Law,
CASS Institute of Law / 001

    1. Administration by Law / 002

    2. Construction of the People's Congress System / 005

    3. Construction of a Law-Based Government / 011

    4. Judicial Reform / 020

    5. Construction of a Law-Based Society / 025

    6. Prospect / 028

II Openness of Government Affairs

B.2 Investigation Report on the Disclosure of Civil Affairs Information: Taking the Capital Cities of 27 Provinces as Objects of Study
The Team of Innovation Project on Indices of the Rule of Law,
CASS Institute of Law / 031

CONTENTS

B.3 Disclosure of Procedural Information: Problems and Countermeasures
The Team of Innovation Project on Indices of the Rule of Law,
CASS Institute of Law / 044

B.4 Investigation Report on the "Updated Version" of Openness of Government Affairs in Guizhou Province
Project Team on Openness of Government Affairs, the Government of Guizhou Province / 062

B.5 The Practice of Openness of Government Affairs of the Government of Xicheng District, Beijing Municipality
Project Team of Openness of Public Affairs of Xicheng District, Beijing Municipality / 076

III Judicial Fairness

B.6 Interim Report on the Implementation of the Plan for Basically Resolving the Difficulties in the Enforcement of Judgments by Courts of Jiangsu Province
Project Team of the Enforcement Bureau of the Higher People's Court of Jiangsu Province / 091

B.7 Construction of a Mechanism for Making Joint Efforts in the Enforcement of Judgments in Shenyang City, Liaoning Province
Project Team of the Enforcement Bureau of the Intermediate People's Court of Shenyang City, Liaoning Province / 111

B.8 Reform of the System of Separation of Enforcement from Trial by Courts in Tangshan City, Hebei Province: Achievements and Prospect
Project Team of the Intermediate People's Court of Tangshan City / 125

B.9 Investigation Report on the Construction and Operation of a Complete-flow Online Platform for Handling Financial Cases by the People's Court of Futian District, Shenzhen City
Project Team of the People's Court of Futian District, Shenzhen City / 139

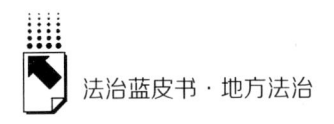

Ⅳ Construction of a Law-Based Society

B.10 Exploration by Zhuhai City in Creating Ecological Advantages through the Exercise of Legislative Power of Special Economic Zone
Zhong Xiaokai / 153

B.11 Construction of Intelligent Weifang City Driven by Innovation
Project Team on the Construction of Intelligent Weifang City, the Government of Weifang City, Shangdong Province / 168

B.12 Report on Administration of Food and Drug Safety in Luzhou City, Sichuan Province
Project Team on Ruling the City by Law, the Government of Luzhou City, Sichuan Province / 185

B.13 Administering the Tourist Industry by Law and Promoting the Unified Administration of Scenic and Urban Areas in Leshan City, Sichuan Province
Project Team of the Office of Ruling the City by Law, the Government of Leshan City, Sichuan Province / 201

B.14 Exploring the Chinese Mode of Community Correction: Taking the Practice of Jiangyin City, Jiangsu Province as an Example
Xu Hui / 216

Ⅴ Marine and Maritime Affairs

B.15 Annual Report on Maritime Arbitration in China (2016)
Project Team of China Maritime Arbitration Commission / 236

B.16 Investigation Report on the Difficulties in the Resolution of Sailors' Labor Disputes: Taking the Maritime Court of Ningbo City as an Example
Joint Project Team of the Higher People's Court of Zhejiang Province and the Maritime Court of Ningbo City / 258

VI Free Trade Zones

B.17 Investigation the Rule of Law Safeguard of the Development of
Pilot Free Trade Zones　　　　　　　　　　　*Huang Jin* / 276

B.18 Progresses Made by the Maritime Court of Shanghai Municipality
in the Trial of Cases Involving Free Trade Zones (2016)
　　　　Project Team of the Maritime Court of Shanghai Municipality / 290

VII Reports on Rule of Law Indices

B.19 Report on Indices of Legislative Transparency in China (2017)
　　　　The Team of Innovation Project on Indices of the Rule of Law,
　　　　　　　　　　　　　　　　CASS Institute of Law / 306

B.20 Report on Indices of Judicial Transparency of Courts in
Guangxi Province (2016)
　　　　The Team of Innovation Project on Indices of the Rule of Law,
　　　　　　　　　　　　　　　　CASS Institute of Law / 327

B.21 Report on Rule of Law Indices of Yuhang District,
Hangzhou City (2015)
　　　　Qian Hongdao, Xie Tianyu, Mo Zhangqin, Guo Renhan,
　　　　　　　　　　　Kang Lanping and Liu Lan / 340

总 报 告

General Report

B.1 中国地方法治发展与展望（2016~2017）

中国社会科学院法学研究所法治指数创新工程项目组*

摘　要：　2016年是国家"十三五"的开局之年。2016年以来，中国各地法治建设与深化改革一体推进，坚持中央统一领导与突出因地制宜相结合，在依法执政、人大立法监督、法治政府、司法改革、法治社会建设等方面都取得了丰硕成果。从"四个全面"战略高度，地方法治的推进，应加强地方人大立法引领，加速政府职能转变并纵深推进政务公开，推动法治社

---

* 项目组负责人：田禾，中国社会科学院国家法治指数研究中心主任、法学研究所研究员；吕艳滨，中国社会科学院法学研究所法治国情调研室主任、研究员。项目组成员：栗燕杰、王小梅、徐斌、刘雁鹏、胡昌明、王祎茗、赵千羚、刘迪、田纯才、王洋、王昱翰等。执笔人：栗燕杰，中国社会科学院法学研究所副研究员；刘雁鹏、徐斌、胡昌明，中国社会科学院法学研究所助理研究员；田禾；吕艳滨。

会迈向深入，以不断完善治理体系、提升治理能力，有效维护经济社会秩序并保护好各方合法权益。

关键词： 地方法治　依法执政　法治政府　司法公正　法治社会

党的十九大报告指出："全面依法治国是国家治理的一场深刻革命。"地方法治的推进落实，是着眼于"四个全面"战略布局，完善国家治理体系的重要组成部分。在2016年这一国家"十三五"规划开局之年，地方围绕中央安排部署，充分发挥党委在推进地方法治建设中的核心作用，坚持中央统一领导与突出因地制宜相结合，坚持法治建设与深化改革一体推进，在依法执政、人大建设、法治政府、司法建设、法治社会等方面都取得了丰硕成果。

一　依法执政

"增强依法执政本领"是党的十九大报告明确提出的要求。地方各级党委根据中央部署，强化法治思维，创新工作机制，健全党委决策机制，为全面依法治国在地方落地提供坚强支撑。

（一）强化领导法治思维，发挥关键少数作用

2016年12月，中共中央、国务院印发《党政主要负责人履行推进法治建设第一责任人职责规定》，强调党委主要负责人在推进法治建设中应当履行主要职责，发挥领导核心作用。各地党组织在贯彻落实该规定过程中，注重培养领导干部法治思维，使得领导干部在决策时秉承合法性思维，在执政时贯彻公平正义思维，在推动工作时体现权力制约思维，在决断时遵循程序思维，将法治作为处理各种事务的重要价值遵循。

加强法律法规学习是形成法治思维的前提，许多地方党委专门出台文件

和年度计划，保障学法质量。在用法方面，各级党委重视对自身权力运用的审视，努力将权力纳入法治的轨道。例如，江苏省委全面深化改革领导小组通过了《关于加强国家工作人员学法用法工作的意见》，要求通过系统学习、重点学习相结合，认真学习中国特色社会主义法治理论，突出学习宪法，注重学习与江苏改革发展密切相关的法律法规，由此牢固树立法治理念，使法治成为江苏发展的核心竞争力。在制度保障上要求完善领导干部集体学法制度，健全日常学法制度，加强法治能力培训，积极推进政府法律顾问制度与重大决策合法性审查机制。在肯定各地党委学法取得成效的同时，也应意识到有的学法活动存在走过场、层次模糊、针对性不强、效果不佳等问题。比如，有的地方党委将与本部门关联不大的法律作为学习重点，有的地州党委会前学法不过十几分钟，有的地方党组织不区分层级、不区分领导干部与一般公务员，学习内容大同小异，学习频次高度一致。如此种种，使得党委学法效果大打折扣，甚至沦为走过场。

许多地方党委将学法用法纳入领导干部相关考核之中。例如，湖北省委办公厅、省政府办公厅印发《2016年法治湖北建设工作要点》，将加强法治思维和法治能力建设置于重要位置，并要求树立重视法治素养和法治能力的用人导向，强调要加大对领导干部法治素养和法治能力的考核比重，探索建立相同条件下法治素养好、依法办事能力强的干部优先提拔使用的机制。又如，四川省在2016年的依法治省工作要点中，针对党委推进依法执政，探索建立针对"关键少数"的考核办法，通过工作绩效考核的方式，将党委执政纳入法治轨道。同时，四川将县（市、区）党委下发的规范性文件直接报送省委办公厅备案[1]。但如项目组在一些地方调研所发现的，有的学法考核内容过于简单，开卷式的填空、法条直接考查并非罕见，导致考查的区分度较低，未起到奖优汰劣的效果。

---

[1] 《四川依法治省2016年工作要点出台　推进六方面工作》，四川省人民政府网，http://www.sc.gov.cn/10462/10464/10797/2016/4/5/10374847.shtml，最后访问日期：2017年7月24日。

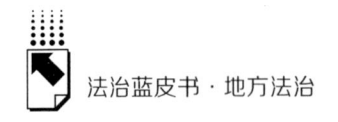

（二）强化党组织建设，健全党委决策机制

完善党的建设工作，既是对依法执政最大的支撑，也是实现科学决策、民主决策、制度决策的组织保障。河南省在乡村基层、县级以上机关、省内各级党组织和国家机关，分层次，分类布局，实现了"4+4+2"党建制度体系构建①。为克服党建工作中的独自作战等问题，强化党建工作中的治理能力，江苏省南通市发布了《关于强化基层党组织政治功能，做好在服务中教育引导群众工作的实施意见》，从发动党群联动的党建大格局入手，确立"大党建"理念，在党内外形成党建的联动机制，将党的建设与服务基层进行了有机结合。在内以地方基层党委为核心，通过"联助书记""第一书记""党员志愿者"等机制引导各部门、单位把职能和力量投入到服务教育引导上来。在外则发挥基层党组织的模范和带动作用，通过转变领导方式、工作模式，将组织职能转化为治理功能，积极吸纳引导地方的群团组织、社会组织以及普通群众参与到党建工作中。为实现工作机制常态化，南通市落实了各级党组织书记尤其是乡镇和村两级党组织书记的管党责任，强化了目标考核②。

党委决策的法治化与规范化，是改进党的领导方式、深化依法执政的重要举措。地方党委决策法治化的关键在于健全地方党委决策咨询机制，地方对此进行了许多有益的摸索，扎紧权力的制度"笼子"，强化地方党委全会的决策和监督作用。例如，《中共内蒙古自治区委员会常务委员会议事决策规则》对决策范围、参加人员以及对决策准备、合法性审查、论证评估、前置审核、沟通协调、审议表决等决策程序作出细致规定。

---

① 所谓"4+4+2"党建制度体系，就是在乡村基层，建立健全民主科学决策、矛盾调解化解、便民服务和党风政风监督检查4项基础制度；在县级以上机关，建立健全民主集中制、严肃党内政治生活、干部选拔任用和反腐倡廉4项基础制度；在省内各级党组织和国家机关，建立健全权力规范运行和监督检查问责2项机制。《中共河南省委关于推进全面从严治党的若干意见》，《河南日报》2015年7月6日，第2版。
② 《江苏南通："四个突出"强化农村基层党组织政治功能》，人民网，http://dangjian.people.com.cn/n1/2016/0831/c406978-28681106.html，最后访问日期：2017年7月24日。

（三）完善党委运行机制，提高党委治理能力

近年来，各级地方党委对工作机制进行了有效的探索，提升了制度化水平。2016年《中国共产党地方委员会工作条例》出台，党委治理有了新的起点。在基层党委制度落实与创新层面，安徽濉溪实行"两单两函两考"工作法，从落实基层党建工作入手，在基层党委运行机制体制上进行了有益的尝试。所谓"两单"，是指年度责任清单与月度工作清单，直接划分了县委和县委书记、副书记、县委常委以及其他党委组织成员的具体工作职责。所谓"两函"是指，一方面组织部及时向书记和副书记或其他常委提交工作提示函，及时研究解决问题；另一方面，由县委成立基层组织建设工作督察组，对发现的问题发送问题整改函。[①] 所谓"两考"是指落实群众考评与组织考核。以党建工作为抓手，由此形成分工明确、运行完善的地方党委工作机制。面对地方党委的基层治理重担，四川省江安县推行"法治委员"建设，积极提高治理能力和水平。通过出台相关文件，规范"法治委员"的任职条件以及职责功能，将地方基层党组织委员会规范设置为由书记和组织委员、纪检委员、宣传委员、法治委员组成。江安全县共在各党委、党总支、党支部等基层党委中设置了"法治委员"763名[②]。通过建立健全基层党委的工作体制机制，基层党委的依法治理能力显著提升。

二 人大建设

近年来，各级人大积极运用立法权、监督权等权能，发挥人大的引领作用，促进改革发展稳步推进。

---

① 《安徽濉溪：实行"两单两函两考"工作法压实基层党建工作责任制》，人民网，http://dangjian.people.com.cn/n1/2016/1028/c406978-28816190.html，最后访问日期：2017年7月24日。
② 《四川江安：全面推行"法治委员"建设 提升基层治理能力和水平》，人民网，dangjian.people.com.cn/n1/2017/0306/c406978-29126387.html，最后访问日期：2017年7月24日。

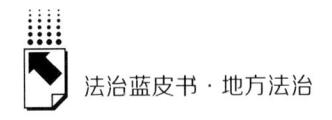

（一）深入推进科学民主立法

立法质量的提升有赖于科学立法和民主立法的贯彻实施。从 2015 年 3 月《立法法》修改至 2016 年 12 月底，可以开始行使地方立法权的 268 个设区的市、自治州和不设区的地级市中，已有 174 个市州经审议通过并批准地方性法规 270 件①。拥有立法权的地方各级人大及其常委会、政府科学设置立法计划，保障立法有序进行；推动重点领域立法，确保重大改革于法有据；及时开展立法评估，切实提高立法质量；广泛征求立法意见，主动吸收有益建议。

第一，科学设置立法计划。立法规划、立法计划是对立法工作进行统筹安排的重要手段，同时也是保障立法科学性的重要方法。通过设置立法计划，可以明确当年的立法重点，集中精力将每一部法律、法规和规章打造成为精品。为此，2015 年修订后的《立法法》第 52 条、第 66 条分别规定了全国人民代表大会常务委员会和国务院的年度立法计划。地方立法机关在有关立法的规范性文件中同样规定了立法计划。例如，《山西省地方立法条例》第 12 条规定，"省人民代表大会常务委员会法制工作委员会负责编制立法规划和拟订年度立法计划"。在此方面，有以下亮点值得关注。首先，立法计划编制及公开制度化。拥有立法权的各级人大常委会和政府普遍重视立法计划的作用，相继推出符合自身特色的立法计划并每年公开。例如，珠海人大常委会每年 3 月公开本年度立法计划，并严格按照立法计划推动当年的立法工作。其次，立法计划征求意见制度化。部分地方为保障立法计划的科学性，还向各个部门和社会公众公开征求意见。例如，山东省淄博市人大常委会编制立法计划之前，由法工委会同市政府法制办联合发文，向专门委员会、法院检察院、市政府各部门公开征集立法项目建议，同时在报纸、网站中发布公告，面向社会公开征集。最后，立法计划实施明确责任。针对地

---

① 郭佳法：《地方立法这两年：设区的市行使地方立法权全面推进》，载《中国人大》2017 年第 1 期。

方立法计划往往不能按时进行、年度内完成情况不好的问题,有的地方规定立法计划未能严格实施的,需要报告并说明情况。重庆在年度立法计划执行过程中,对于未能按时提请审议的,要求向市人大常委会主任会议报告并说明情况。需要指出的是,各地立法计划公开时间较晚,有的是3月份,有的是4~5月份,这直接导致立法工作时间紧、任务重,很多立法计划的内容无法在本年度内完成。

第二,推动重点领域立法。地方立法机关利用立法权,将重点领域、重要事项、重大制度创新均纳入地方立法之中,保障地方在改革、管理、创新过程中有法可依。有的地方通过修改地方性法规和地方政府规章,以推动改革落地。福建省人大常委会对《福建省海洋环境保护条例》《福建省海域使用管理条例》《福建省实施〈中华人民共和国渔业法〉办法》进行了修改。有的城市通过立法将城市管理纳入法治轨道。例如,杭州市将《杭州市禁止销售燃放烟花爆竹管理条例》《杭州市危害食品安全行为举报奖励办法》等重点项目列入当年地方立法计划,并提前做好《杭州市人民政府关于加强留宿场所安全管理的决定》《杭州市人民政府关于加强危险物品安全管理的决定》等政府规章的起草、论证工作,确保在G20峰会举办前按期公布施行。在创新方面,很多创新制度和创新举措纳入地方立法,保障创新内容有法可依。西藏自治区为加强对邮政普遍服务的监督管理,保护用户合法权益,制定了《西藏自治区邮政普遍服务保障监督办法》。需要指出的是,地方在推动重点领域立法过程中,存在实施性立法多、创制性立法少,立法特色不鲜明、立法特点不突出等问题。

第三,加强法规规章文件清理。近年来,随着改革的不断深入,大量法律、行政法规被废止或修改。而上位法的修改导致很多地方立法的内容不符合最新的立法精神和具体规范,故需要根据上位法的内容进行变更。为保证法律体系的和谐统一,保障各项改革举措落地,地方立法机关加快了法规规章的清理工作。河北省对地方立法进行了专项清理,废止法规2件、规章5件,修改地方性法规9件、省政府规章9件;与此同时,加强规范性文件清理,清理失效省政府规范性文件142件、省直部门规范性文件1000件、设区市政府规范性文件 1500 件，已完成规章衔接清理工作。尽管很多地方强化了法规清理，但已经清理的法规并未标注有效性，公众并不清楚法规是否有效。

第四，立法评估常态化。立法评估是提高立法质量的有效手段，在地方立法通过之前，通过有效的评估可以避免法规规章出现较大硬伤。浙江省围绕《浙江省学前教育条例》《浙江省国家赔偿费用管理办法》《浙江省女职工保护办法（修订）》的制定，开展性别平等咨询评估，避免地方立法出现违反性别平等要求的情形。地方性法规实施一段时间之后，通过立法后评估可以发现法规规章的漏洞，为下一步修改或废止打下基础。南宁市对《南宁市餐厨垃圾管理办法》《南宁市住房公积金管理办法》等 6 件地方立法进行立法后评估，根据评估结果提出了具体修改意见。值得注意的是，有的地方立法评估由立法机关或实施机关主导，缺乏必要的第三方参与，导致评估本身科学性、客观性不够，评估结论仍需要"再评估"。

第五，广泛征求立法意见。立法过程中扩大公众参与度，有利于体现民意、集中民智，提高立法质量。地方立法机关在征求公众意见过程中不断创新：在发布平台上，除了通过人大常委会、政府门户网站发布法规规章草案之外，越来越多的地方通过微博、微信平台发布法规规章草案。山东省菏泽市即通过微信平台就《菏泽市供热条例》向公众征求意见。在征求方式上，地方立法机关采取座谈会、论证会、咨询会等多种方式，保障征求意见的质量。需要指出的是，尽管地方立法机关在征求意见方面有很多创新之举，但是公众对草案的意见反馈却很少。例如，广东省中山市在制定《中山市养犬管理条例》过程中，公开征求公众意见，仅收到 50 多封邮件、30 余条电话意见。

（二）严格依法展开人大监督

习近平总书记强调，"人民代表大会制度的重要原则和制度设计的基本要求，就是任何国家机关及其工作人员的权力都要受到制约和监督"。人大的监督权是人大权能的重要组成部分，是人大工作的重要内容。

通过人大监督，一方面可以督促政府部门依法行政、司法机关公正司法，确保行政权、审判权、检察权得到正确行使，维护国家法制统一、尊严、权威；另一方面可以推动地方经济社会发展，促进生态环境保护，维护社会和谐稳定。2016年，地方各级人大通过执法检查的方式监督法律法规的贯彻落实情况，通过调研、座谈等方式监督政府工作情况，通过审查报告监督司法改革推进情况。

第一，开展执法检查，加强法律法规监督。开展执法检查主要有两种情形。一是接受全国人大常委会的委托进行执法检查。例如，2016年，全国人大常委会委托山西、宁夏等8个省、自治区人大常委会就本行政区域内的《水法》实施情况进行执法检查。二是主动就特定法律法规进行执法检查。例如，2016年江苏省无锡市锡山区人大常委会对《安全生产法》的实施情况进行执法检查。执法检查一方面可以发现现有法律法规中的漏洞，为下一步修改法律提供依据；另一方面，执法检查可以发现法律法规实施过程中的问题。例如，河北省对生态保护、发展环境、民生保障方面的法规规章进行了执法检查，对发现的落实不到位、修改废止不及时等问题进行了通报。

第二，启动智慧人大建设，加强预算监督。在"互联网+"的影响下，人大监督逐步引入了新的模式。部分地区充分利用互联网技术提升人大工作质效。例如，湖北省武汉市人大常委会预算联网监督平台开通后，全市各市直部门单位的预算批复、执行、支出和结转结余等事项均纳入监督平台，接受市人大代表的动态监督。

第三，强化工作监督，助力精准扶贫。2016年是精准扶贫的攻坚年，各级人大强化工作监督，确保精准扶贫工作顺利进行。首先，通过人大监督，查找扶贫工作中存在的不精准、不统一、不到位的问题，保障脱贫攻坚工作质量。例如，云南省人大常委会赴陇川县对精准扶贫工作展开调研，通过走访、实地查看、座谈等方式了解当地脱贫工作的实际情况。其次，通过人大监督，可以保障扶贫资金精准使用。脱贫攻坚资金使用情况是各级人大监督的重点。湖北省十堰市人大常委会通过调研了解精准扶贫资金管理使用情况，保障每一分扶贫资金都用到刀刃上。

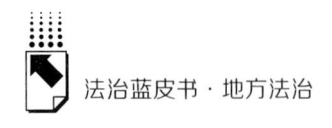

加强司法监督，助力司法改革。深化司法体制改革，是中国全面深化改革的重要组成部分，是建立公正、权威、高效司法，提升国家治理能力的不二法门。

地方各级司法机关主动接受人大监督，将司法改革的推进情况以专题报告的形式向人大常委会汇报。一方面司法机关主动接受人大监督有利于人大了解司法改革最新进展，另一方面也可以通过人大扫清改革过程中的障碍。例如，针对基本解决执行难问题，一方面需要各个部门形成联动，另一方面则需要人大的后盾支持。为此，《山西省各级人民代表大会常务委员会监督司法工作办法》规定，山西各级人民代表大会常务委员会通过听取专项工作报告、执法检查、询问、视察等方式对司法机关履行职责情况持续进行监督。

（三）提高人大代表履职质效

人大代表是地方人大工作的中心，代表的选举、代表的议案办理、代表的罢免等是地方人大工作的重要内容。2016年以来，许多地方人大通过建立人大之家、加强人大代表培训、落实代表建议责任制等方式切实提高代表履职质效，同时依托互联网，提高了代表履职的效率。

依托人大代表之家载体。人大代表之家是推进基层民主政治建设的一个有效载体，是解决服务群众"最后一公里"问题的有效途径。人大代表之家，一方面可以帮助代表密切联系群众，另一方面可以作为代表的活动场所。例如，成都市成华区府青街道通过人大代表之家实现代表培训、代表活动、代表与选民联系等功能，效果显著。

注重人大代表培训。代表培训是地方人大工作的重要内容之一，同时也是提高代表履职能力的重要途径。培训的内容往往与当下人大的工作相结合。例如，江苏省人大在换届选举之前，地方人大就《选举法》展开学习，了解《选举法》的相关知识，吸取湖南衡阳以及四川南充破坏选举、拉票贿选的深刻教训。

推行代表建议办理责任制。提交意见建议是代表法赋予人大代表的重要权利，同时也是人大代表履职的重要手段。2016年以来多地出台或修改了人大代表建议、批评和意见办理的文件规定，完善了交办机制，强化了办理责任，确保代表建议在规定时限内办结并取得良好的实效。一个典型例证是，湖北省修改了《湖北省人民代表大会代表建议、批评和意见办理规定》，对建议、批评和意见的提出、交办、承办和监督都有详细的规定，办理效果得到提升。

打造"互联网+"代表履职。在大数据、"互联网+"日渐普及的背景下，各地纷纷利用网络完善人大建设。在代表履职方面，浙江开辟人大代表网上联络站，选民可以直接通过网络联系人大代表，消除了代表与选民之间的时间和空间的隔阂，拉近了选民与代表的距离。河南省驻马店等地上线了人大代表建议网上办理系统，人大代表通过网络便可以了解建议的办理情况。安徽省推出人大代表网上互动平台，代表闭会时也可以提建议。这些举措方便了代表履职，节约了办事成本，提高了办事效率，成为今后代表履职的发展方向。

三　法治政府

法治政府建设，既是地方法治的重要组成部分，也是行政管理改革的重要着力点。2016年以来，各地方政府编制法治政府的规划方案，提高政务公开的水平，推动各项改革纵深迈进，依法行政水平显著提升。

（一）编制规划方案有序推进

2016年，许多地方制定了本地的法治政府建设实施方案，出台法治政府（或称之为依法行政）的年度性工作要点，加强依法行政的考核，或作为综合目标考核、绩效考核的重要组成部分，或开展专项考核。很多省、市、县级人民政府于2017年向人大常委会、上级政府作出2016年度法治政府（依法行政）建设情况的年度报告并予以公开，有些还通过中国政府法制信息网予以集中公开[①]。上海出台了专门的《上海市法治政府建设"十三

---

① 中国政府法制信息网，"首页>信息公开>法治政府建设>年度报告"栏目，http://www.chinalaw.gov.cn/col/col9/index.html，最近访问日期：2017年7月28日。

五"规划》，并将法治政府建设相关内容纳入其他各项"十三五"规划，包括市和区级政府在国民经济和社会发展"十三五"规划纲要及其他专项规划编制中，都列入法治政府建设的相关内容。另外，上海市黄浦区等区及上海市教育、质量技监、公安等部门都分别制定了本地区、本系统的法治建设"十三五"规划或者实施意见①。云南省委省政府制定《云南省法治政府建设规划暨实施方案（2016～2020年）》，与云南省"五五"依法治省规划、"七五"普法规划共同构成"十三五"期间法治云南建设规划体系。陕西省委省政府制定了《陕西省法治政府建设实施方案（2016～2020年）》。与之相似，哈尔滨市政府编制出台《哈尔滨市法治政府建设行动方案（2016～2020年）》。《宁夏回族自治区法治政府建设实施方案（2016～2020年）》于2016年7月出台，全面部署宁夏法治政府建设工作。广东省委省政府印发《广东省法治政府建设实施纲要（2016～2020年）》，规划今后5年法治政府建设的纲领目标和行动路线。2016年，广州市人大常委会通过了《广州市依法行政条例》并经广东省人大常委会批准，系全国首部就依法行政出台的专门性地方性法规。

（二）政务公开推进更上一层楼

推进政务公开既可以助力法治政府建设，又可以促进政府职能转型。2016年，中共中央办公厅、国务院办公厅印发《关于全面推进政务公开工作的意见》，全面推进行政机关政务公开工作。2017年，国务院办公厅印发《开展基层政务公开标准化规范化试点工作方案》。在《政府信息公开条例》修订提上议事日程的背景下，各地政务公开既有中央要求的规定动作，也有自身探索创新的自选动作，取得丰硕成果。

行政处罚决定等主动公开。《上海市行政处罚案件信息主动公开办法》自2016年初实施，行政处罚案件遵循"应公开尽公开"的原则，要求适用

---

① 参见《上海市2016年法治政府建设情况的报告》，中国政府法制信息网，http://www.chinalaw.gov.cn/art/2017/6/21/art_9_205471.html，最近访问日期：2017年7月1日。

一般程序作出的行政处罚决定,在作出之日起7个工作日内,向社会主动公开。在内容上,有条件的应当公开处罚决定书全文,没有条件的也应当公开行政处罚决定书的摘要信息,并对需隐去信息、后续更新、信息更正等予以明确。

政策公开及解读常态化。在重大决策、行政规范性文件公开的基础上,各地按照中央部署推动政策解读公开,并日渐常态化。2016年,18家省级政府发布了规范性文件草案,占比58.06%。四川省政府公开了规范性文件草案意见征集的反馈信息。上海市、四川省、辽宁省等省级政府网站实现了政策解读与政策文件等的关联发布。杭州市于2016年度共对59件市政府及市政府办公厅行政规范性文件进行了政策解读并将解读内容向社会公布[①]。

各地政务公开也存在一些问题。主动公开由于缺乏统一标准,各地实践中尺度不一;在机构建设方面,仍有2家省级政府尚未建立政务公开专门机构。在回应关切方面,部分事件回应速度较慢、时间滞后,总是谣言四起之后才慢慢澄清,有时回应效果和方式不佳,甚至出现舆情反弹的情况。

(三)清单制改革向纵深推进

通过编制清单并实现动态调整,一方面可以确保全面正确履职,防止出现监管缺失,另一方面有利于加快形成权责清晰的高效政府。在较高级别政府机关权责清单编制基本完成的背景下,权责清单向纵深发展表现出以下态势。

权责清单走向各层级的全覆盖。权责清单编制从中央部委、省级政府机关逐步向下延伸,区县级、乡镇、街道的权责清单成为编制重点。中国社会科学院法学研究所开展的《中国政务公开第三方评估报告(2016)》显示,31家省级政府均在门户网站首页或信息公开栏目的醒目位置设置了权责清

---

① 参见《杭州市2016年度法治政府建设情况》,杭州市人民政府法制办公室官方网站,http://www.hangzhoufz.gov.cn/Html/201703/31/9144.html,最近访问日期:2017年7月18日。

单集中发布栏目,并在栏目中发布了所属省级政府部门的权责清单[1]。湖南、海南等省份,已实现了省、市、县、乡四级的权责清单全覆盖。

清单逐步实现动态管理。北京市公布重点领域政务公开三级清单,并在首都之窗网站集中、统一予以公开,实施动态更新。四川省在2014年出台的《四川省行政职权目录动态调整管理办法(试行)》基础上,2016年印发《四川省权责清单动态调整管理办法》(川办发〔2016〕35号),四川各市州也出台了配套实施细则,将权责清单的动态调整完善纳入制度化轨道。

加强平台建设,统一发布清单。各地在中央统一要求上有所增益完善,制度化水平日渐提升。陕西省政府办公厅制定《陕西省权力和责任清单管理办法》,省编办、省政府法制办组织编制市县乡镇(街道)的权责清单(通用参考目录),并建立陕西省权责清单统一发布平台[2]。由此,将以往当地三级政府的119个网站予以整合,实现了对省市县三级政府工作的动态管理。黑龙江省也建立了集中的"黑龙江省行政权力流程梳理工作网上平台"[3]。其在实体内容上未必尽善尽美,如2016年9月1日已经生效的《慈善法》对各级政府及民政部门设定了诸多权力、职责,但在上述平台上却往往查询不到任何踪迹。这从一个侧面表明,这些名为集中权责清单公开的平台,在内容的全面性、及时性方面,都有巨大改进、提升的空间。

(四)行政审批制度改革成效显著

行政审批制度改革是推动政府职能转变的重要举措,对于释放改革红利,纵深实施"放管服",减轻企业负担,扩充市场创新空间有积极意

---

[1] 参见《中国政务公开第三方评估报告(2016)》,中国社会科学出版社,2016,第36页。
[2] 即"陕西省权责清单和公共服务事项清单统一发布平台",http://qzqd.shaanxi.gov.cn/smp/index.action,最近访问日期:2017年6月30日。该平台于2016年9月正式上线运行。
[3] 网址:http://gkml.hljzwzx.gov.cn:8080/hz_qlqd_root/main/getIndexDate.html,最近访问日期:2017年7月3日。

义。各地方一方面贯彻中央有关部署,一方面积极自主创新,取得丰硕成果。

在体制方面,行政审批相对集中成为重要趋势。银川市设立银川市行政审批服务局,将发展改革、环保、交通、住建、教育、卫生等26个部门办理的153项行政审批事项全部划转到行政审批服务局直接实施,体制障碍的消除为实现"一站式审批、一条龙服务"夯实了基础。与之相类似,石家庄市也于2016年推进相对集中行政审批权,全面启动市县两级行政审批局的组建工作。从长远看,集中审批也可能存在专业性不够、事后监管与审批脱节等问题。因此,有些地方对设置统一的行政审批局持观望态度,一些地方业务部门甚至抵制强烈,各地改革成效如何,还有待进一步观察评估。

在机制方面,行政审批标准化成为新的增长点。标准化是近年来政府活动的重要改革方向,实施标准化有利于规范行政权力运行、优化服务质量并提升工作效能。国务院明确强调要"以标准化促进行政审批规范化"。基于此,许多地方依托信息化与"互联网+",纵深开展行政审批标准化改造。广东全省贯彻实施《行政审批事项办事指南编写规范》(DB44/T 1147-2013)、《行政审批事项业务手册编写规范》(DB44/T 1148-2013)两个地方标准,为每一项行政审批事项及其子项编写办事指南和业务手册,全面规范受理范围、办理依据等13项审批要素,预约、申请等8个通用审批流程,以及变更、延续等11个其他审批流程,到2016年底,广东已完成行政审批事项标准的编写、备案审查和部门确认。

浙江省台州市的行政审批标准化,被列为国家级试点。台州市先后印发《台州市行政审批标准化建设实施方案》《台州市行政服务标准化试点工作方案》,建立行政审批与服务的标准化目录。通过打破按部门梳理职能事项,围绕企业的准入、运行、发展和退出,以及公民从生育准备到婴幼儿、青少年、成年、老年、死亡殡葬等不同阶段需求,进行全程梳理。针对台州主导产业、民营经济产业、内资行业、小微企业等,共梳理出企业全生命周期事项292项;针对公民全生命周期,梳理出对应事项132项,自然人日常生活需求的事项全部囊括在内；针对多部门多事项办事难的问题，台州市梳理了符合市场需求的跨部门审批事项，形成了独具特色的审批目录①。

（五）行政执法更加规范有力

行政执法规范化与提升执法能力，是行政执法领域制度建设的重点。2016年6月雷某在北京市昌平区被当地公安机关盘查时，因派出所不当履职行为导致死亡，引起社会各界的强烈关注。对此，2016年以来，各地进行多种制度机制改革，提升行政执法的规范性和效能。

深化体制改革，推进跨行业、跨领域综合执法。针对传统执法模式下基层执法力量分散，区县、街道执法边界不清晰、执法处置不及时等问题，江苏省苏州市、南京市等地探索跨部门、跨领域和镇街的综合执法。2016年，南京市栖霞区出台《栖霞区综合执法体制改革的实施意见》，启动综合执法体制改革试点，将执法重心从区县下沉到镇街。本着"依法授权、持证上岗、综合巡查、分类处置、信息共享"的思路，将行政检查权与行政处罚权适度分离，探索行政检查权由街道行使，行政处罚权由区政府部门实施，辅之以镇街向部门移交违法案件机制，形成两级各尽其力、各负其责、相互支撑、相互监督的新型执法运行模式。到2016年底，江苏省通过部门内、跨部门、区域内等方式推进综合执法，全省13个设区的市撤销31支执法队伍，1991名人员充实到区级，县级市场监管部门内设机构总数精简28%，初步实现了执法队伍横向整合、纵向力量下沉、执法能力提升的目标②。

在综合执法方面，浙江省在舟山试点基础上，"一主两配"的执法体制

---

① 数据参见《以标准化推动行政审批服务规范化 引领"最多跑一次"改革》，中国共产党新闻网，http://dangjian.people.com.cn/n1/2017/0719/c413386-29415832.html，最近访问日期：2017年8月1日。
② 数据参见《江苏省2016年度法治政府建设报告》，中国政府法制信息网，http://www.chinalaw.gov.cn/art/2017/7/19/art_9_205727.html，最近访问日期：2017年7月27日。

改革稳步推进，完善行政执法体制①。2017年4月，浙江省综合行政执法指导局成立，其"一主两配"的做法主要有：其一，扩大综合执法适用范围，在已有城市管理相对集中处罚基础上扩展执法事项和权能，将21个领域的法律法规规章规定的全部或部分处罚权，以及相应的行政监督检查、行政强制等涵盖在内；其二，综合行政执法纵向延伸向基层下沉，在乡镇、街道设置综合行政执法局的派出机构，其业务接受综合行政执法局的领导，日常管理、工作考核以乡镇、街道为主；其三，在市县层面将各个部门的举报投诉热线进行整合，设置统一的政务咨询投诉举报受理平台。平台统一接收基层群众投诉举报、网络反映信息后，再统一分解、跟踪督办、考核评价。另外，广东等地推进农业、人力资源和社会保障等民生重点领域的综合执法改革，也值得关注。

贯彻落实行政执法公示制度、执法全过程记录制度、重大执法决定法制审核三项制度。这三项制度是党的十八届四中全会决定要求建立的行政执法重要制度，对于规范行政机关文明执法，以及维护相对人、普通民众的合法权益，都具有重要意义。2016年底，中共中央全面深化改革领导小组第三十一次会议审议通过了《推行行政执法公示制度执法全过程记录制度重大执法决定法制审核制度试点工作方案》，选取若干地方政府和国务院部门进行试点。

在重大执法决定法制审核方面，《中共中央关于全面推进依法治国若干重大问题的决定》中明确提出，"要坚持严格规范公正文明执法，严格执行重大行政执法决定法制审核制度"。许多地方也积极出台配套文件政策予以落实。针对以往重大执法决定法制审核全面性系统性不足、内容程序不明确等问题，辽宁、甘肃、安徽、宁夏、江西、云南等省区通过地方政府规章、规范性文件出台重大执法决定的法制审核办法。

在行政执法全过程记录方面，截至2017年7月初，已有许多地方出台

---

① 其意指，"一主"，是以综合行政执法改革为主抓手；"两配"，指统一政务咨询投诉举报平台和联合执法协调指挥机制。

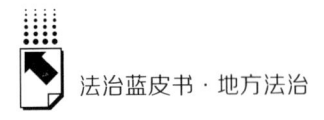

了执法全过程记录的规范性文件。比如，山东省、河北省等地出台了行政执法全过程记录的专门文件，并为各个执法部门配备录音录像等设备，执法全过程记录得到全面落实。

在行政执法公示机制方面，石家庄市建立统一的行政执法监督信息平台①，各行政执法部门的执法权限、执法依据、执法程序等在该平台上集中全面公开。一些地方还推行行政执法视频直播。借鉴法院庭审直播的做法，河南省郑州市中原区城市管理行政执法局与网易河南频道合作，尝试将其执法活动在网易直播平台上视频直播，使得公众可直观了解城管执法情况。

（六）复议应诉改革强力推进

政府机关的复议应诉工作，既是监督行政的重要组成部分，有利于倒逼政府行为规范，也是行政争议的重要解决方式，进而实现定纷止争。近年来，各地政府对行政复议和行政应诉工作的重视程度日渐增强。江西省人民政府办公厅下发《关于进一步加强行政应诉和行政复议工作的意见》（赣府厅发〔2016〕83号）。此类就复议、应诉工作下发专门文件、出台专门办法的做法非常多见。

复议体制机制改革强力推进。2016年以来，各地就行政复议的体制机制在以往基础上进行一系列改革，阳光复议、繁简分流、网上复议等改革成为各地共识并得到强力推进。其中，浙江行政复议局的改革和广东珠海的全面集中复议管辖及后续改革较为典型，值得关注。

2015年9月，浙江省义乌市挂牌设立行政复议局，改变以往"条块分割"的行政复议管辖体制。2016年，浙江省政府批复桐庐县、黄岩区试点，相继挂牌设立行政复议局。2016年7月，浙江省行政复议局成立。通过复议体制改革，完善复议流程机制的体制性障碍得到消除，"一口受理""属地管理"等改革有序推进。表现在数字上，桐庐县、黄岩区的行政复议案件分别同比增长36%、250%，省行政复议局案件量也达到上年同期省级部

---

① 网址：http://xzzfjd.gov.cn/index.html，最近访问日期：2017年6月30日。

门收案数的156.5%①。复议化解纠纷数量大幅上升。有利于行政争议化解在基层和行政机关内部，有效缓解了政府机关"疲于信访""忙于应诉"的现象。

广东省珠海市则以推动行政复议的集中管辖为主要抓手，从"相对集中"走向"全面集中"。2017年更是将公安机关的复议权收归市政府行使。由此，其行政复议案件从分散在各个部门实现了"统一受理、统一审查、统一决定"。在全面集中管辖基础上，珠海市还进行一系列机制创新。为给民众提供便利，无论行政相对人、利害关系人对区政府或其组成部门、执法机关，还是对市政府各组成部门作出的行政决定不服，均可以通过统一受理窗口提出申请。在立案受理机制上，行政复议窗口简化受理以现场受理为原则，绝大部分案件均做到当天收案、当天审查、当天受理，无须再去领取受理通知书。关于复议办理进度，复议申请人可通过网站随时查询办理进度情况。

行政应诉成为重要抓手。2016年，国务院办公厅出台《国务院办公厅关于加强和改进行政应诉工作的意见》（国办发〔2016〕54号）。许多地方出台专门具体化的行政诉讼应诉政策文件。2016年以来，已出台专门规定的地方有山西省、广东省、河南省、云南省等。《广东省行政应诉工作规定》就行政机关负责人出庭应诉、行政应诉工作责任分工及加强督导作出重点规范，不断健全行政应诉工作机制。河南省政府于2017年1月印发了《关于进一步加强和改进行政应诉工作的实施意见》（豫政办〔2017〕20号），要求强化被诉行政行为承办机关的应诉责任，并发挥政府法制机构在应诉工作中的组织、协调和指导作用。江苏省政府办公厅也下发了《关于加强行政应诉工作的意见》（苏政办发〔2016〕52号）等。

将复议应诉工作纳入考核体系，强化激励。重庆等地将行政机关负责人出庭应诉纳入法治政府建设的管理考核指标体系。由此，行政机关负责人出庭应诉率逐步提升，"告官不见官"的问题得到克服，纠纷化解效果也由此提升。

---

① 数据参见《行政复议体制改革的浙江实践》，《浙江日报》2017年7月21日，第9版。

四 司法改革

2016年以来,在党中央的坚强领导下,司法改革继续以顶层设计的方式自上而下推进。随着第三批司法改革试点省份的改革启动,司法改革已经在全国各省份全面铺开。各地面对立案登记制改革后及新常态下的案件井喷,在推进司法改革过程中,一方面落实中央改革精神,另一方面充分发挥主观能动性,积极创新试点,创设出一批具有地方特色的司法改革举措,为其他法院提供示范样本,并为司法改革的整体推进与顶层设计积累起丰富经验。

(一)人员改革持续发力

通过司法人员的管理优化,提升队伍素质并发挥积极性、免除后顾之忧,系司法改革的关键所在。

第一,完善司法人员分类管理。十八届三中全会、四中全会均提出建立符合职业特点的司法人员管理制度、完善司法人员分类管理制度等要求。员额制改革方面,2016年,中央提出完善员额制改革政策,适当增加基层法院、检察院员额比例。法院、检察院在分配员额比例时,统筹规划,将更多的法官分配到基层,分配到案件量大的地方。例如,广东珠三角5市法院案件数量庞大,接近全省案件数量的70%,因此广东将65%的员额比例分配到上述法院,实现了向基层倾斜、向办案量多的地方倾斜。

司法人员改革也暴露出一些问题。项目组调研发现,有的法院院庭长入员额但不办案、少办案、假办案或没时间办案,普通法官进入员额后承诺待遇未能落实,一般法官办案压力剧增却不一定进员额,进入员额的普通法官也有只拿待遇不尽责等问题。针对这些改革中的问题,2017年《最高人民法院关于加强各级人民法院院庭长办理案件工作的意见(试行)》(法发〔2017〕10号)出台,对院庭长入额后办案提出要求并设置办案量及比例。北京市等地已启动员额的动态调整与退出机制,设定院庭长的办案数量底线等,但效果如何仍有待进一步观察。但在原理上诸如院庭长是否应当进入员额以及办案工作量设置等问题,还需进一步研讨论证。

第二,完善人民陪审员制度。2016年1月,最高人民法院发布《关于进一步加强和改进人民陪审员制度改革试点工作的通知》。地方法院依托社保联网系统获得人民陪审员名单,完善人员抽取规则,保证候选人的选任。但是面对人民陪审员候选人来源渠道广泛、素质参差不齐、资格审查难度大的问题,有的地方法院与公安机关、检察机关合作,建立了审查机制。通过公安机关和检察机关的筛查,将违法犯罪人员排除在外,确保候选人符合资格条件。

(二)诉讼制度逐步完善

诉讼制度必须遵循诉讼规律与司法规律。《中共中央关于全面推进依法治国若干重大问题的决定》提出,"推进以审判为中心的诉讼制度改革"。近年来,司法机关围绕上述改革取得的成绩令人瞩目。

第一,推进公益诉讼改革。公益诉讼改革自2015年开始在13个地区试行,2017年6月27日,十二届全国人大常委会通过了关于修改《民事诉讼法》和《行政诉讼法》的决定,将公益诉讼制度写入了修改后的《民事诉讼法》和《行政诉讼法》之中。在众多的试点地区中,有的检察院主动向党委、人大、政府汇报工作,获得当地党委、人大以及政府的支持。有的检察院则加强与环保部门的沟通,积极发现各类线索,提高公益诉讼的质效。例如,云南省检察院发现环境保护公益诉讼线索467条,提起公益诉讼130件。法院已开庭审理52件。

第二,完善多元纠纷解决机制。建立健全社会矛盾化解机制,通过协调完善调解、仲裁、诉讼等多种机制,有效化解社会矛盾是《中共中央关于全面推进依法治国若干重大问题的决定》的重要要求。司法机关是践行多元纠纷解决机制的重要部门,最高人民法院颁布了《关于人民法院进一步深化多元化纠纷解决机制改革的意见》,指导地方开展多元纠纷化解改革。有的法院根据上述意见制订了细则方案,对特定案件进行了调解前置。例如，北京对交通事故、物业供暖等五类纠纷试行调解前置。2016年，北京各基层法院分流案件68763件，成功调解案件19046件。

（三）组织改革加快进程

中国传统上地方法院、检察院的设置，以行政区划为依据来实施。由此，导致在处理辖区内案件时容易受地方本位干扰，各地司法机关存在人均办案量的巨大不均衡等问题。对此，司法改革着力建立跨行政区划的法院、检察院。中共中央全面深化改革领导小组第7次会议审议通过了《设立跨行政区划人民法院、人民检察院试点方案》，设立跨行政区域的司法机关，排除地方的干扰。例如，北京设立北京市第四中级人民法院和北京市人民检察院第四分院，上海设立上海市第三中级人民法院和上海市人民检察院第三分院，开始管辖审理跨区域案件。此外，司法机关还加强了人员配备，提高跨行政管辖的办案质量，办理了一批具有典型示范意义的跨行政区划案件。

经济进入新常态后，较多企业生产经营面临较大困难，依法处置"僵尸企业"给法院提出了严峻的挑战。对此，设立专门的清算与破产审判庭被提上议事日程。2016年6月，最高人民法院印发《关于在中级人民法院设立清算与破产审判庭的工作方案》，要求首先在四个直辖市各一个中级人民法院以及河北、吉林、江苏、浙江、安徽、山东、河南、湖北、湖南、广东、四川等11个省的省会城市和副省级市中级人民法院设立清算与破产审判庭。截至2016年底，北京市、天津市、四川德阳、四川内江、广西柳州、广东广州、江苏海门、江苏吴江等地均成立了清算与破产审判庭。

（四）监察制度试点改革

长期以来，国家监察权力分散，边界不清，职能交叉重叠且各自为政，结构性、体制性瓶颈制约监察实效发挥。对此，党中央作出重大决策部署，拉开了深化国家监察体制改革的序幕，并在北京、山西、浙江开展国家监察体制改革试点，为全国的改革积累经验。监察制度改革是全面深化改革的重要组成部分，为完成改革任务，三个试点省市都确定了实施方案并扎实推进。以山西为例，山西省委以中央方案为依据，反复讨论研究出台了《山西省深化监察体制改革试点实施方案》，由省政法委牵头建立配合改革试点工作联席会议制度。截至2017年3月30日，山西11个市、119个县（市、区）全部成立监察委员会。

（五）司法执行重拳出击

执行难问题长期存在，已成为制约人民法院工作开展、损害司法公信的关键性问题。2016年6月，中共中央全面深化改革领导小组第二十五次会议审议通过《关于加快推进失信被执行人信用监督、警示和惩戒机制建设的意见》。最高人民法院积极应对，出台了《关于落实"用两到三年时间基本解决执行难问题"的工作纲要》，并宣布要用两到三年时间基本解决执行难问题。全国各地也纷纷加强执行力度，创设了一批解决执行难问题的新举措。

在体制层面，唐山法院则在执行工作的探索中形成了"上统下分，裁执分离，人财物案统一管理"的"两分一统"垂直管理执行工作新模式：一是组建跨区执行分局，实现执行实施权与基层法院分离；二是设立执行裁决庭，实现执行裁判权与执行机构分离。通过上述改革，唐山市中级人民法院调整了执行局内设机构和职能，收回了人财物案的管理权，实现了司法资源的优化配置，使得全市的执行工作形成合力，提升了执行的效果。四川省成都市中级人民法院则深入推进执行裁决权与执行实施权的分离，强化审判权对执行实施权的制约和监督，将执行裁决事项完全从执行局内部剥离，另行组建执行裁判庭或与相关审判业务庭合署办理执行裁决案件，建立明晰的执行裁决权和执行实施权清单。

在制度机制层面，截至2016年底，全国所有高级人民法院、大多数中级人民法院和部分基层人民法院均已建立执行指挥中心，执行效能大幅提升。湖南省长沙市中级人民法院于2016年7月建设完成与长沙市国土局、住建委的查控"专线"，通过与不动产登记系统对接，实现网络查询被执行人房地产、采矿权等信息。

在充分肯定法院执行工作巨大成效的同时，其存在的问题也不容低估：

在观念上，一些法院存在畏难厌战情绪；在举措上，对花样翻新的隐匿、转移财产应对乏力；在部门联动上，协调机制尚未常态化制度化；等等。今后各地司法执行能力的增强、执行效果的提升，仍然大有可为。

（六）司法公开继续深化

为推动裁判文书全面彻底公开，防止不上网审批流于形式，一些法院公开不上网裁判文书的数量、案号和理由。2016年度，广州市中级人民法院、吉林省高级人民法院、长春市中级人民法院、吉林市中级人民法院、海口市中级人民法院等5家法院在文书公开平台上设置了不上网文书公示栏目，公开了不上网的文书数量、案号和理由。为配合立案登记制的贯彻落实，广州市中级人民法院逐月公开了两级法院的立案登记数，包括材料接受的数据和当场登记立案的数据。

宁波法院打造了阳光司法服务平台，该平台集成了审判流程公开、裁判文书公开、执行信息公开三大司法公开平台，整合链接了中国裁判文书网、浙法公开网、淘宝拍卖会、全国法院失信被执行人信息查询系统等网站内容，最终形成了综合性、立体式的阳光司法服务平台。通过这一平台，律师、诉讼当事人和社会公众能查询案件进展、预约下载庭审视频、查找裁判文书、缴纳诉讼费、联系法官答疑、参与和围观司法拍卖、查阅失信被执行人名单，等等，实现与法院和法官的互动。

（七）信息化建设成效显著

进入信息时代，大数据、云计算、物联网等新兴网络技术正重塑社会生产生活的方方面面。司法信息化的推进，既是司法改革的重要组成部分，也是更好地满足人民群众的多元司法需求、实现审判能力现代化的必由之路。最高人民法院提出2017年底力争建成中国特色人民法院信息化3.0版，达到全面覆盖、移动互联、跨界融合、深度应用、透明便民、安全可控的目标。浙江法院成立了电子商务网上法庭，充分运用电子商务的在线证据，发挥网上调解、裁判的便捷优势，不受时间、空间、地域限制，实现"网上纠纷网上解，网上纠纷不下地"。2017年中共中央全面深化改革领导小组通过了《关于设立杭州互联网法院的方案》，要求探索涉网案件诉讼规则，完善审理机制。

最高人民检察院印发《检察大数据行动指南（2017～2020年）》，明确了"智慧检务"的发展方向，检察信息化建设从"服务管理为主"向"服务管理和办案并重"转变。江苏省检察机关积极研发大数据案件监督管理平台，该平台借用机器人中立、客观、全天候、智能化的设计理念，在案管前台摆放能够对话的"机器人"，用于辅助查询相关信息，因此又被称为"案管机器人"。"案管机器人"依托全国检察机关统一业务应用系统，设有流程监控、质量评查、权利保障、绩效考核、分析决策、诉讼监督和涉案财物管理7个模块。

在充分肯定司法信息化取得成效的同时，也应清醒地意识到仍存在的不足。重系统建设轻系统应用，信息化各自为政、重复建设，缺乏互联互通，平台与业务两张皮导致系统不友好、不便利，信息安全存在隐患等诸多问题，亟待在改革中予以破解消除。

五 法治社会

法治社会建设有助于提高公民法治素养，淬炼公民的法治思维；有利于培育法治精神，构筑法治文化；有益于形成法治氛围，保障法律实施，维护法律权威，为法治国家建设提供基础供给。2016年以来，各地在法治社会方面着力甚巨，成效突出。

（一）基层依法治理能力提升

基层依法治理，既需要各方主体遵循法治思维，提高依法办事能力，还需要培育基层法治土壤，将基层治理全面纳入法治轨道。

第一，培育基层法治思维。广东省惠州市作为全国首批法治城市创建活动先进单位，将基层治理纳入法治框架，创新了"四民主工作法"、"五位一体"社区管理模式、"五变五建"信访工作机制、"法制副主任"等制度。其"四民主工作法"通过"民主提事、民主决事、民主理事、民主监事"四个步骤，让村民对农村重大事务进行讨论决定并实施监督管理①。由此充分集中村民意见，发挥了基层民主的优势，实现了干部依法办事，群众依法行事，用法的精神来解决基层矛盾与问题。

第二，培育基层治理活力。基层治理不仅需要发挥公权力的治理力量，还需要激发社区、个人等的多元活力。社区是社会治理的基本单元，发挥好社区在社会治理中的力量有助于改善基层治理环境。例如，重庆南岸区将社区内的事情按照重要性分为"大事、小事、私事"，凡是家庭摩擦等私事都自行解决，凡是邻里纠纷等小事都交给社区解决，凡是社区供水供暖等大事都交给政府解决，这样就建立了社区"三事分流"自治机制②。同时还采取"三级议事会""社区组织议事""一事一议"等制度，这样就厘清了政府、社区和个人的权责边界，激发了基层自治活力，构建了政府、社区和个人的沟通渠道，达到自治、共治与法治的有机结合，实现了依法治理。

第三，培育基层法治土壤。法治凸显的秩序、公正、效率等价值是基层治理的基础，只有村社、乡镇、街道浸润了法治理念，才能实现基层社会的善治。四川省以村规民约为载体的做法值得关注。基层群众通过参与村规民约的起草、讨论、议定和实施，把"心中的法"化为"行为的法"，有利于达到法治风气的良性循环，进而将法治理念嵌入基层治理。

（二）普法宣传深入基层社区

天下之事，不难于立法，而难于法之必行。如何将"纸上的法"变为"行动的法"是建设法治中国的重点问题。为此，普法工作就必须作为一项

---

① 《惠州探索运用法治方式创新基层社会治理》，法制网，http://www.legaldaily.com.cn/index/content/2016-08/08/content_6753551.htm?node=20908，最后访问日期：2017年7月24日。
② 《重庆南岸区"三事分流"创新基层社会治理方式》，新华网，http://news.xinhuanet.com/2016-05/09/c_1118830327.htm，最后访问日期：2017年7月24日。

长期的基础性工作。依据十八届四中全会关于普法工作的战略部署，《中央宣传部、司法部关于在公民中开展法治宣传教育的第七个五年规划（2016～2020年）》出台。各地方强化责任机制，拓宽新的宣传平台，取得一定成效。

第一，强化责任机制。十八届四中全会提出，要实行国家机关"谁执法谁普法"的普法责任制，以强化普法主体责任，整合普法资源，形成普法工作大格局。安徽省以"四个纳入"为考核体制，即法治宣传教育工作纳入政府目标管理考核、纳入省直机关效能建设考核、纳入地方党政领导班子和领导干部经济社会发展政绩考核、纳入精神文明建设考核[①]。普法责任制的落地生根，细化和严肃了普法宣传工作的考核，有力地推动了普法工作向纵深发展。

第二，充分利用"互联网+"新平台。在互联网时代，新媒体逐步成为宣传的主要工具。利用好新媒体平台，打造好新媒体工具，通过全媒体工作的聚合，形成新媒体矩阵的集群效应，进而以人民群众乐于接受的方式，讲好中国法治故事。北京法治宣传工作玩"转"新媒体，不仅有首都法治宣传教育网和微博、微信（"一网两微"），针对不同群体设置各类普法网站65个[②]，还通过普法微电影、短剧、动漫以及公益广告等形式，以持之以恒的推进与水滴石穿的功夫，达到为群众喜闻乐见的宣传普及效果。

（三）公共法律服务走向完善

公共法律服务是指由司法行政机关提供的，保障公民基本权利，实现社会公平正义所必需的法律服务。为服务于最广大的人群，各地将公共法律服务纳入基本公共服务体系，其主要做法如下。

一是建设覆盖城乡居民的公共法律服务体系。同时要将公共法律服务的

---

① 详见《"四个纳入"考核机制推进普法责任制落实》，《法制日报》，http://www.legaldaily.com.cn/zfzz/content/2015-12/29/content_6422523.htm?node=54623，最后访问日期：2017年7月24日。

② 详见《北京普法玩"转"新媒体》，《法制日报》2015年12月1日，第12版。

重心放在民生领域。普及、便捷是公共法律服务的基本要求；民生领域又是居民最为现实的法律服务领域。山东省近年来先后开展了"一村（社区）一法律顾问"、"基层法律服务全覆盖"、实施法律援助利民工程等工作，将公共法律服务覆盖到基层，落实在民生，不断提升服务水平和质量。据统计，山东省12个市建成了公共法律服务大厅，90.5%的县（市、区）、77.3%的乡镇（街道）、50.7%的村（社区）建成了实体平台，月均办理公共法律服务事项48万余件[①]。

二是完善法律援助制度。法律援助是保护弱势群体、维护社会正义的一项基本制度。特别是在经济困难的公民和一些特殊案件中，必要的法律援助服务更显得弥足珍贵，是法律服务体系中不可或缺的一环。比如，近年来云南省先后出台法律援助条例、工作规范等法规文件，不断拓宽法律援助的范围，将重点放在就医、社会保障等民生事项上，结合区域特点开展移民法律服务。同时设立公益法律服务中心，降低法律援助门槛，提高法律援助质量。

六 前景展望

2016年以来，各地在法治推进方面取得全面成效，新发展层出不穷，积累起丰富经验。与此同时，面对经济社会新常态与"互联网＋"的挑战，面对新情况新问题，地方法治仍"大有应为、大有可为"。从全国范围看，地方法治的纵深发展尤须注重以下方面。

第一，统筹好党的领导与地方法治推进。法治具有强烈的全面性、系统性，其推进绝不能孤军奋战。如习近平总书记所指出，党和法的关系是一个根本问题。一方面，地方法治的推进离不开党的领导，特别是在重大方针、路线、政策的战略决策上，更需要党的高瞻远瞩、方向指引和坚强支撑。另

---

① 详见《山东打造普惠性公共法律服务体系》，法制网，http://www.legaldaily.com.cn/index/content/2017－07/17/content_ 7246423.htm，最后访问日期：2017年7月24日。

一方面，党的领导需要关注并处理好当地特殊情况与特色需求，将党的领导有机统一在推进地方法治进程上，通过法治手段规范党的领导，通过法治目标实现党的领导，通过法治建设强化党的领导。

第二，强化人大立法发挥引领保障作用。党的十九大报告指出："发挥人大及其常委会在立法工作中的主导作用。"地方在推动各项改革过程中，制度障碍的瓶颈日渐凸显。一方面改革面临的障碍亟待通过立法的方式予以扫清，另一方面改革的成果也亟须通过立法的方式予以确认、巩固。中央的顶层设计，有必要及时将地方探索上升为全国统一规范。以行政规范性文件的程序规范和备案监督管理为例，已有许多地方分别制定了相应的管理办法、备案规定和监督机制，但也暴露出一些问题。一是重复立法规范导致宝贵的立法资源浪费；二是各地规定存在较大差异，无论是行政规范性文件的界定，还是法定程序要求，抑或是备案方式，既有其千人一面的"大同"，也有边边角角制度机制的差异。还有不少地方在启动立法计划，拟制定新的规范性文件管理办法。显然，在地方探索实践已较为丰富的基础上，中央有必要总结地方经验教训，就行政规范性文件出台全国人大常委会或国务院层面的法律法规，既克服以上弊病，又有利于全国制度的统一实施。

第三，打造"有限有为"政府，提高政府效能。近年来，"简政放权、放管结合、优化服务"成为各级地方政府的共识，以往政府功能定位发挥的"错位""越位"现象得到明显克服、矫正。在此，既要深刻意识到简政放权依然任重道远，大量不必要存在的管理事项特别是行政审批项目应尽快予以彻底清理，特别是阻碍创业、妨碍创新、影响社会活力的管理事项，应作为改革重点，以真正做到"有限政府"，又要正视相当艰巨的监管形势，把握民众对食药品安全、环保生态、社会秩序的高标准需求，不断增强治理能力，提高监管水平，实现有效、有为、有力的政府。在改革过程中，地方政府也应注意避免矫枉过正，在权力削减、下放过程中成为"甩手掌柜"，监管能力弱化、治理水平削弱。总之，通过合理确定政府边界并完善政府监管方式，从传统的"大砍刀"式"一刀切"、粗放式管理模式，向现代化、精细化的"手术刀"式精细化管理模式转化，"以无厚入有间"，达到监管成本大幅下降而治理效能显著提升的双赢态势。

第四，兼顾好法治全面推进与各地因地制宜。中国作为一个幅员辽阔、地区之间仍存在巨大差异的国家，法治推进不应该也不能够完全一刀切。在秉持社会主义法制统一原则的基础上，应当给各地法治的个性需求以及发展阶段、特色样态留下空间。因此，《立法法》修订后，赋予了所有地级市以立法权。各地方有必要在不折不扣履行落实法律法规和上级要求的前提下，在地方权限范围内或依据中央授权，积极开展探索试验。对行之有效且具有普遍性的经验做法，则上升到全国通行法律制度。由此，法治推进的"自上而下"的部署落实与"自下而上"的经验提炼升华有机统一、良性互动的格局，将成为今后法治推进的重要特色。

第五，依托公开透明提升治理效能。有必要以《政府信息公开条例》的修订为契机，深入推进国家机关行政权力、司法权力、立法权力等公权力的运行及其结果、数据的公开。结合行政执法与刑事司法的"两法衔接"，应继续深化行政执法信息公开，并在不损害国家秘密、商业秘密、个人信息的前提下，探索公安机关等行政机关、检察机关、审判机关之间的信息公开、文书公开的联动。在数据方面，着力推进政府数据的全面、及时开放。为落实"以公开为原则、不公开为例外"的制度理念，各地还应探索制订政府信息公开负面清单并不断修订完善，真正实现透明政府。在信息系统平台的建设方面，针对许多地方存在各自为政、端口互不开放、人为造成"信息孤岛"的问题，地方政府应当注意系统建设改造的兼容性，加强互联互通，提升数据利用效率。在建设统一的政务服务大数据库、电子证照库、行政执法数据库等数据库与平台基础上，通过信息推送与共享，深度优化重构政府运作流程，推动实现服务效能和监管效率的双提升。

政务公开

Openness of Government Affairs

B.2

民政信息公开调研报告

——以27个省会城市为研究对象

中国社会科学院法学研究所法治指数创新工程项目组*

摘　要： 民政工作与人民群众的生产生活息息相关，民政信息的公开不仅有利于保障群众的知情权、参与权，强化政民之间的良性互动，对于维护人民群众的基本生活权益、增强获得感、减少社会矛盾也有十分重要的意义。为分析当前民政政府信息公开的状况，项目组选取了社会救助、社会组织管理、慈善、救灾捐赠、社会福利、社会事务6项民政业务，对27个省会城市的民政部门进行考察与比较。从整体上看，多数测

---

* 项目组负责人：田禾，中国社会科学院国家法治指数研究中心主任、法学研究所研究员；吕艳滨，中国社会科学院法学研究所研究员、法治国情调研室主任。项目组成员：王小梅、栗燕杰、胡昌明、徐斌、刘雁鹏、王祎茗、赵千羚、刘迪、田纯才、孙斯琪、王洋、王昱翰、纪玄等。执笔人：孙斯琪，中国社会科学院法学研究所学术助理；吕艳滨；田禾。

评对象较为重视建章立制及专门平台建设,部分对象还从群众切身利益出发,不断进行改革创新。但是,民政信息的公开仍存在诸多问题,如公开标准不明确、办事指南不完善、公开信息不连续等。因此,项目组对各项民政业务的公开情况进行了具体分析,通过数据与实例总结问题并作出展望。

关键词: 民政信息　政务公开　透明政府

一　民政信息公开的必然性

民政工作涉及基层民主政治建设、城乡社会救助、救灾捐赠、拥军优抚、社会福利与慈善事业、社会组织管理、社会事务、社会工作、行政区划与地名管理等多项内容,是政府管理的重要组成部分。

2016年2月,中共中央办公厅、国务院办公厅印发的《关于全面推进政务公开工作的意见》明确指出,"公开透明是法治政府的基本特征",并对政府信息公开工作提出了"以公开为常态、不公开为例外"的高线要求。2016年11月,国务院办公厅印发了《〈关于全面推进政务公开工作的意见〉实施细则》,为各级政府各部门进一步做好政务公开工作指出了新方向。全面推进政务公开是加快建设廉洁政府、服务型政府的重要内容,也是深化行政体制改革的需要,让权力在阳光下运行,深入推进依法行政,是打造现代法治政府的关键。同时,政府信息公开在疏通政府与公众的对话渠道,实现政民之间的良性互动,促进公民参与行政过程,保障人民群众的知情权、参与权、表达权和监督权方面也具有重要意义;既能让公众切实了解政府行政权力的运行状况,减少政府和公众的信息不对称,保证公众可以对政府作出更为客观的评价,也能提升公众的参与程度,让公众有针对性地发表意见、提出建议,影响政府决策,从而增强人民群众的获得感,促进社会和谐稳定。

因此，在全面推进政务公开、坚持依法行政的大背景下，民政工作作为一项与人民群众生产生活密切相关，对保障人民群众的基本生活权益、维护社会秩序、调解社会矛盾具有十分重要意义的工作，更应当将公开工作做好。同时，为有效保证群众的基本权益，提升群众满意度，提高民政系统行政机关的管理能力，公开民政信息也显得尤为重要。

为分析当前民政信息公开的状况，项目组选取了和群众生活联系最为紧密、公关普遍比较关注且涉及公开工作较多的社会救助、社会组织管理、慈善、救灾捐赠、社会福利、社会事务6项民政业务进行考察。

项目组于2017年6月1日开始，截止到2017年8月1日，主要针对全国27个省会城市的民政部门门户网站及相关网站群公开民政信息的情况进行观察，重点考察2016年以来发布的政府信息并作出分析。

二 总体情况

（一）民政信息公开的亮点

1. 以建章立制为重点，不断完善民政信息公开运行机制

建立健全规章制度，是保证政府信息公开规范、稳定、持续推进的前提条件。调研发现，各地区各级民政部门普遍能从建立健全规章制度着手，不断完善机制建设。民政部于2006年发布了《进一步推进民政系统政务公开的意见》，明确各类行政管理和公共服务事项，除涉及国家秘密和依法受到保护的商业秘密、个人隐私之外，都要公开。2008年民政部开始实施《民政部政府信息公开暂行办法》，之后先后出台了《救灾捐赠管理办法》《婚姻登记工作规范》《民政部彩票公益金使用管理信息公开办法（试行）》等多项涉及信息公开的业务规范，指导民政系统的信息公开工作。同时，各省会城市也根据自身情况出台了不少民政业务文件，其中不乏涉及信息公开的内容，如石家庄市《关于促进慈善事业健康发展的实施意见》专门规定了"加大信息公开"一项，对民政部门和慈善组织公开慈善信息的内容、时间

等作了进一步明确。

2. 以门户网站为起点，增设各类专门平台

门户网站是政府信息公开的第一平台，门户网站链接是否有效、页面打开是否流畅、页面显示是否简洁大方、是否考虑到各类人群的不同需求直接关系到政府信息公开的效果以及群众的满意度。项目组在调研过程中发现，所有省会城市民政部门均建设了自己的门户网站，且整体运行状况良好，基本不会出现网站错误等情况。此外，多数民政部门还会搭建一些针对某些具体管理服务事项的专门网站或专题栏目，如社会组织网、网上办事大厅等，集中展示政府信息，提升政府行政管理效能。

3. 以维护群众切身利益为核心，不断改革创新

民政工作要为民解困、为民服务、改善民生、维护民利。为满足人民群众的生活诉求，不少民政部门在重点公开民政业务内容的同时，还绘制了各种形式的便民服务地图，根据所处地理位置灵活展示本市的民政机关、婚姻登记机关、救助机构、养老机构、殡葬单位等的地点和咨询电话，方便公众迅速获取所需的生活信息，如济南市民政局设置了济南市养老服务地图，通过选择地区、机构性质、机构名称、服务对象性质、是否接收异地老人、是否可用医保等在地图上精准定位符合条件的养老机构。

（二）民政信息公开存在的主要问题

1. 公开标准不明确

项目组调研发现，多项民政业务规范都仅对公开事项作出了笼统规定，如《社会救助暂行办法》《民办非企业单位登记管理暂行条例》等，导致各地落实情况五花八门，公开主体、形式、范围、时间等都具有较大差异，不少公开内容也过于简单。信息公开的标准决定着公开的质量和效果，唯有将公开主体、公开形式、公开时间作出明确具体的规定，才能有效指引行政机关，减少相互推诿，督促责任主体尽快履责。

2. 办事指南不完善

办事指南是群众办事的指引，办事信息的一次性完整告知是办事指南的应有属性。虽然多数民政局都会在网站提供各项业务所涉及的办事指南，但调研发现，多数办事指南欠缺部分信息，有些办事指南告知信息不够清楚或不够准确，还有部分办事指南不提供须填写的表格文本，不够便民。

3. 公开信息不持续

政府信息公开应当及时、准确、持续，随着新的政府信息的产生不断更新网站内容，保证人民群众的信息获取权、知情权。但是，不少民政局公开信息随意性较大，有的每年都会产生的信息却只公开一次或几次，有的民政局在一段时间连续公开某类信息后突然不再继续更新，还有个别民政局则是一次性公开之前某段时间持续产生的信息，也未形成常态化公开机制。

三 各项业务公开情况

（一）社会救助

针对困难群体实施社会救助是政府调整社会资源，实现社会公平，构建和谐社会的重要举措。而公开社会救助相关信息，既是推进民生领域政府数据向社会开放的重要手段，也有助于人民群众监督政府行为，实现阳光救助的目标。2014年出台的《社会救助暂行办法》规定了最低生活保障、特困人员供养、医疗救助、教育救助、临时救助等多项救助措施，对救助信息公开作出原则性规定。由于救助信息既关系到人民群众最基本的生活权益，又涉及政府财政资金支出，为保证资金分配的公平、公正、公开、透明，也为方便群众及时监督，市级政府也应当负起集中公开各项救助信息的责任。因此，项目组抽选了城乡最低生活保障、特困人员供养、医疗救助、临时救助4项救助信息，考察各省会城市的公开情况。

从整体来看，各省会城市民政部门公开救助信息情况良好，各项救助信息均未公开的只有6家，占22.22%；未公开低保标准的只有4家，占14.81%；未公开特困人员供养标准的有7家，占25.93%。尽管整体公开情况不算太差，但是项目组仍然发现了诸多问题。

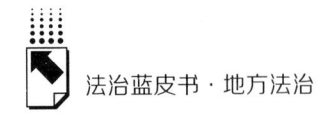

1. 缺乏必要的指导

由于《社会救助暂行办法》没有详细规定由谁来公开救助信息、公开哪些救助信息、什么时间公开救助信息，民政部也未出台相关意见进行细化，导致各地区公开各项救助信息的频率、内容差别较大，各地区公开程度参差不齐。例如，杭州市、南宁市、海口市是按月公开特困人员供养情况，银川市、西安市等是按季度公开，乌鲁木齐市是半年公开一次，而广州市则是按年度进行公开。又如，南宁市是将各区低保人数、资金支出情况等集中进行公开，而大部分地区只公开全市的总人数和总支出。公开频率、内容的不同会极大地影响公开效果，为保证群众能及时获取相关信息、及时监督政府行为，民政部应当出台必要的指导文件，明确公开频率及公开内容。

2. 未实现常态化公开

各民政局应当按照确定的时间间隔常态化公开救助信息，但调研发现，多家单位未实现常态化公开，不少信息公开得十分混乱。例如，南宁市民政局公开的2017年1月、3月、4月的低保信息上网时间均为2017年6月9日；福州市民政局在公布了2017年1月和2月的农村低保信息之后，直到7月才公开了6月份的农村低保信息，中间的3个月信息均未显示。

3. 信息发布较滞后

政府信息形成后及时对外发布，既能保障群众的知情权，又能减少不必要的误会与质疑，增强人民群众对政府的信任感。但调研结果显示，仍有个别单位发布信息时间较滞后。例如，郑州市民政局2017年4月14日才公开了2016年第四季度的社会救助信息，时间间隔了整整一个季度，长时间的滞后很可能会降低政府信息的可信度。

（二）社会组织

《社会团体登记管理条例》和《民办非企业单位登记管理暂行条例》均要求市级民政部门对社会团体、民办非企业单位成立、注销或变更名称、住所、法定代表人予以公告。同时，为方便办事群众办理社会组织相关登记事项，民政部门也应当在门户网站公开清晰准确的办事指南，为办事群众办理各项许可登记提供明确的指引。因此，项目组主要针对社会团体、民办非企业单位登记办事指南和登记结果的公开情况进行考察。

从整体来看，办事指南和登记结果的公开情况较好，只有太原市、拉萨市和西宁市民政局未公开社会团体、民办非企业单位登记办事指南；未公开登记结果的也只有3家，分别为拉萨市、西宁市、银川市。但是，从实际公开效果来看，仍有部分欠缺。

1. 办事指南不准确

办事指南应当让办事群众对流程条件材料等办事信息一目了然、"少绕弯路"，起到减少纠纷的效果。但是，项目组发现，多数办事指南达不到上述要求。例如，海口市民政局公开的社会团体成立登记须知中仅有所需材料和相应的审核标准，导致办事群众对办理的条件、办理所需时间等无从知晓。又如，银川市民政局公开的申请社会团体成立登记须知中缺少办理地点、咨询电话等信息，导致办事群众在对个别条件有疑问时无法提前进行咨询。

2. 登记结果上网不及时

按照《2016年推进简政放权　放管结合　优化服务改革工作要点》的要求，行政决定自作出之日起7个工作日内应当上网公开。据此，项目组针对各民政局公开的社会团体、民办非企业单位登记许可事项结果进行了抽查，每一类随机挑选5个进行比对，考察是否符合7个工作日内上网的要求。结果显示，有多项行政许可存在上网不及时的情形。具体可分为两种情况：第一种是分批次公开，民政局按照一定时间间隔集中公开该时间段内所有的登记结果，如南京市民政局每半年公开一次登记结果，由于间隔时间较长，部分许可结果上网不及时；第二种是上网时间略滞后，民政局根据登记申请情况随时公开登记结果，但是时间超出了7个工作日的规定，如信用广州网公开的准予广州市保龄球运动协会办理住所变更许可，决定时间为2017年6月15日，上网时间则为2017年7月28日，间隔时间超出了一个月。此外，还有部分民政局公开的登记结果不显示上网时间，无从判断是否在决定作出7个工作日内公开。

3. 登记结果查找不方便

公开的登记结果应当以方便公众查询和获取的方式展现,但部分民政局网站的相关栏目设置不够完善,没有起到方便公众查阅的效果。例如,呼和浩特市民政局在门户网站《通知公告》中集中发布了各项许可结果,但是该栏目中既未设子栏目对各类结果分门别类进行区分,也没有设置搜索框或者使用关键词来查找,且未设置页码跳转键,只能按照页码顺序逐页翻阅,这对于公众查询相关信息来说十分不便。

(三)慈善信息

2016年国家出台的《慈善法》明确规定,县级以上人民政府民政部门和其他有关部门应当及时向社会公开慈善组织登记事项、慈善信托备案事项,具有公开募捐资格的慈善组织名单、具有公益性捐赠税前扣除资格的慈善组织名单,对慈善活动的税收优惠、资助补贴等促进措施,向慈善组织购买服务的信息,对慈善组织、慈善信托开展检查、评估的结果和对慈善组织和其他组织以及个人的表彰、处罚结果。民政部在同年也出台了《慈善组织认定办法》,要求县级以上人民政府民政部门要向社会公布认定的慈善组织。由于多数城市无慈善信托,向慈善组织购买服务、对慈善组织和其他组织以及个人表彰、处罚的发生概率较小,具有公开募捐资格的慈善组织需满足依法登记或者认定为慈善组织满二年而目前基本均未达到,因此,项目组仅考察慈善组织登记事项,慈善组织的认定,具有公益性捐赠税前扣除资格的慈善组织名单,对慈善活动的税收优惠、资助补贴等促进措施,对慈善组织开展检查、评估的结果5项内容。

调研显示,虽然慈善组织登记、认定及相应的公开工作开展的时间较短,但是已经有部分民政局做出了一定成效。例如,沈阳市民政局在网上开设《公益慈善查询》栏目,按照批准时间以列表形式进行公开,而广州市民政局则是采取公告的形式定期公开一段时间内登记和认定为慈善组织的名单,群众查看起来都比较方便。

但是,从整体来看,各民政局落实慈善信息公开情况较差,仅有广州市民政局将各项慈善信息依照《慈善法》的要求全部公开。此外，项目组还发现存在很多其他问题。

1. 公开连续性差

政府信息公开应当保持相当的持续性、连贯性，但是项目组发现，有多家单位出现跳跃式公开、断尾式公开等现象。例如，西安市民政局仅公开了2013年一年的社会组织评估等级结果。再如，成都市慈善总会网站连续公开了2011~2014年获得年度公益性捐赠税前扣除资格的慈善组织名单，却未公开2015年的相关情况。

2. 公开位置散乱

政府网站公开同类信息时应保持公开位置的集中稳定，以方便公众查询和政府管理。但是仍有部分行政机关将同类信息分散公开在网站各处，如西安市民政局将开展2014年度社会组织年检工作的通知公开在《社会组织》栏目中，却将开展2013年度社会组织年检工作的通知放置在"其他"类别里，信息放置显得十分混乱。

3. 栏目内无内容

政府网站建设不是空搭架子，而是要实现及时、准确、全面地展示政府信息的目的。项目组在调研中发现个别网站存在设置"空壳栏目"的现象，虽有栏目名称却未公开任何内容，如拉萨市民政局在门户网站开设了《慈善公益》栏目，但并未发布任何信息，下设的《服务指南》《流程》《政策法规》等子栏目也全部显示为"暂无信息"，栏目成为摆设。

（四）救灾捐赠

民政部2007年出台的《救灾捐赠管理办法》明确规定，"救灾捐赠、募捐活动及款物分配、使用情况由县级以上人民政府民政部门统一向社会公布，一般每年不少于两次"。《民政部关于进一步开展经常性社会捐助活动的意见》要求，"各大中城市和有条件的小城市都要设立经常性社会捐助接收工作站"，"向社会公布其名称、地址、电话、银行账号等，方便群众随时捐助"，并"及时对接收的款物进行统计汇总，定期向社会公布接收和分

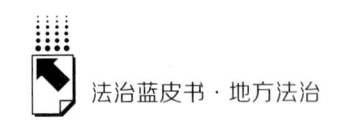

配情况"。项目组针对以上内容对各省会城市民政局进行考察。

调研发现,有个别民政局在门户网站设置了便民服务一览表,集中公开经常性社会捐助接收工作站的名称、地址、电话等信息,如石家庄市民政局、太原市民政局、广州市民政局,方便群众参与捐赠活动或者进行日常性捐赠。但是,多数民政局对救灾捐赠信息公开较差。

1. 缺少款物分配使用情况

调研发现,不少民政局会将募集到的救灾救助款物数额及时主动对公众公开,但是往往没有后续款物的具体分配使用情况。管好用好救灾救助款物,既关系群众的切身利益,也关系党和政府的形象,要确保款项使用的廉洁性,取得人民群众的信任,保证款物分配的公平、公正,就要及时将款物管理使用、分配发放情况对外公开。

2. 经常性捐助站点公开信息不完善

首先,经常性捐助站点的公开情况较差,在门户网站公开站点信息的只有4家,分别为石家庄市、太原市、长沙市和广州市民政局;其次,这4家公开的信息也不全面,所有公开的经常性捐助站点信息都不包含银行账号,不方便群众以汇款的形式进行捐赠;最后,石家庄市民政局未将款物的接收和分配情况对公众公开,太原市民政局未将款物的分配情况对外公开,无法保证资金及物品使用的公平合理。

3. 普遍以新闻动态形式公开捐赠信息

救灾捐赠、募捐活动、款物的接收和分配使用情况等信息是人民群众普遍比较关心、关注的内容,行政机关应当尽量保证此类信息能够在一定时间段内保留在网页上相对明显的位置,避免发布在时效性较强、更新较为频繁的新闻动态类栏目中,让公众能较为容易地获取。但是,调研结果显示,多数民政部门都采用新闻形式公开捐赠信息,导致信息很快淹没在不断涌现的各类信息中,影响实际的公开效果。

(五)社会福利和社会事务

社会福利主要包含老年人、残疾人和儿童福利,而社会事务主要是指婚姻管理、殡葬管理、流浪乞讨人员救助及儿童收养。这部分内容是民政部门主要的管理和服务事项，涉及如何设立养老机构，如何申请兴办非营利性社会福利机构、获取假肢和矫形器（辅助器具）生产装配企业资格，如何办理婚姻登记、收养登记，如何开展殡仪服务业务和开设公墓，流浪乞讨人员如何获得救助等内容。为让办事群众能准确知晓如何办理上述事项，办事指南的公开显得十分重要。因此，项目组主要针对这些项目办事指南的公开情况进行考察。

为了"让信息多跑路、让群众少跑腿"，让百姓办事更明白、更舒心，行政机关发布的办事指南应当明确服务事项名称、办理依据、受理单位、基本流程、申请材料、收费依据及标准、办理时限、咨询方式等内容。但是，项目组发现多数办事指南都缺少部分要素。

1. 办理依据缺失或不完整

办事指南中的办理依据既应当包含法律法规等文件的名称，更要包括涉及的条款和具体内容。这一方面可以方便公众进行查阅，另一方面也能充分保证办理机关严格依照法定要求办事而非任意提高门槛。通过公开来促进工作，以更加透明的方式为公众提供服务，也有助于增强人民群众对于政府机关的信任感。呼和浩特市民政局公开的结婚登记、离婚登记等的办事指南中完全未提及办理依据，还有多家民政局公开的办事指南中只有涉及的文件名称而未显示具体条文。办理依据是办事指南中不可或缺的内容，如果是由于涉及的条款较多，出于篇幅的考虑而未将条款放入指南，也可以采取设置超链接的方式来补充完整。

2. 申请条件或申请材料描述不明确

服务事项办事指南的公开应当方便群众办事，让群众少跑冤枉路。《关于加快推进"互联网+政务服务"工作的指导意见》也明确要求，除办事指南明确的条件外，不得自行增加办事要求。因此，办事指南中的申请条件及申请材料应当足够清楚，不宜使用"其他""等"模糊性表述词语，保证办事群众通过阅读网站公开的办事指南信息就可以明确所需携带的材料，以达到"办事服务一次性告知"的要求，同时也能避免行政机关在办事过程中利用模糊性表述刁难办事群众的行为。但是，调研发现，部分民政局公开的办事指南确实存在一些表述不够清楚、使用模糊性表达的情况。例如，太原市民政局公开的社会办养老机构设立许可审批办事指南中的办理条件使用了"法律、法规规定的其他条件"，申请材料使用了"依照法律、法规、规章规定，需要提供的其他材料"这样的表述，不够明确具体。

3. 缺少可下载的文本

行政服务事项办事指南中的所需材料应当提供可下载文本的链接，这样既可以方便办事群众进行查找及使用，也可以避免办事群众使用错误的表格文本而跑冤枉路的情况。但是，调研发现，有部分办事指南未提供申请表等所需材料的附件，而仅有文字描述，如兰州市民政局公开的养老机构设立许可办事指南，需要进一步改进。

4. 收费依据及标准、办理时限、咨询方式欠缺

办事指南要素应当完整具体，明确告知办事群众办理所需的费用、期限等，并提供有效的咨询方式，让群众心里有预期。但是，调研显示，有多家单位公开的办事指南欠缺上述要素，如银川市民政局的婚姻登记工作服务指南未提及是否收费，呼和浩特市民政局的华侨办理收养登记办事指南只有办理依据、办事流程、所需材料3项内容，上述要素全部欠缺。

四 展望

第一，进一步提升民政信息公开的广度和深度。推行信息公开，是一个不断探索、实践、发展的过程，信息公开应当一直处于"进行时"。因此，在公开范围上，应全面扩展民政信息公开的内容，从办事制度或办事流程的公开发展到包括法规政策依据、办事条件、程序、时限、收费标准、办事结果、责任追究、投诉举报等各项内容的全面公开；在公开质量上，不断拓展信息公开的深度，根据群众的关注点和需求情况，调整信息公开的力度，增强群众对政府的满意度。

第二，细化公开标准，增强规范的可操作性。建章立制的关键在于制度具有可操作性、能够发挥应有效能。针对民政业务领域的公开事项，民政部作为本系统的主管单位，理应负有指导下级民政部门做好民政信息公开的义务。民政部通过出台文件细化公开内容和标准，促进各级民政部门积极落实。同时，地方民政部门也应当根据地区发展情况和问题，制定相对明确具体的规则，减少信息公开的自由裁量和随意性，促进信息公开质量的提高。

第三，做好政府信息公开规定与民政业务规定的衔接。政府信息公开与具体业务之间不是相互割裂的，而是统一的有机整体。因此，民政信息的公开既不能单独依靠机关业务部门，也不能只依靠信息公开部门，只有通过二者合力才能完成好民政信息公开的任务。因此，民政部门在制定政府信息公开规则时不应仅局限在政府信息公开本身，而应当充分考虑民政业务的需要，做好与具体业务公开要求的衔接，同样，在出台具体业务规范时，也要将公开纳入规范内容中，以满足当前大数据、大公开的时代要求。

第四，增强责任意识，以公开为常态审视政府工作全流程。各地民政部门在作出行政行为以及在内部管理过程中，都应当按照以公开为常态、不公开为例外的标准来审核各环节固定下来的信息，明确其公开属性。所有政府工作人员都应当重视政府信息公开工作，从源头抓起，每个环节都做好公开的准备，转变公开工作与自身业务无关的片面认识，调动全机关工作人员的积极性，把公开责任意识贯穿于政府工作的始终。

在满足顶层设计公开要求的同时，更要摸清社会公众关心、关注的各类问题，以逆推信息公开工作。转变以自我为本位的公开理念，树立服务群众意识，通过政民互动、政府信息公开申请态势分析、微平台评论等方式，总结公众希望了解的民政服务管理的具体事项、探索民众获取政府信息的习惯渠道，尝试公众喜闻乐见的方式，更及时、更有效地向社会公开政府信息，提升公开效果的同时也增强人民群众的获得感。

B.3
过程性信息公开的问题与对策

中国社会科学院法学研究所法治指数创新工程项目组*

摘　要： 中国还没有正式法律法规对"过程性信息"的公开作出规定，仅国务院办公厅发布的文件中规定，"过程性信息一般不属于应公开的政府信息"。虽然一些国务院部门和省级政府出台细化规定，但标准并不统一。这给公众理解、政府实施、法院裁判都带来很大困难。从相关案件的裁判中可以发现，许多行政机关和法院在处理过程性信息公开方面，普遍存在对过程性信息与内部管理信息区分不清，对已完成行为的过程性信息的公开属性认定标准不同等问题。对此，有必要从立法、执法、司法三方面加以完善，以进一步规范过程性信息的公开。

关键词： 过程性信息　政府信息公开　透明政府

"以公开为常态，不公开为例外"是当前推进政府信息公开的重要原则，"过程性信息"就是其中的"例外"之一。2010年《国务院办公厅关于做好政府信息依申请公开工作的意见》（国办发〔2010〕5号）规定：行政机关在日常工作中制作或者获取的内部管理信息以及处于讨论、研究或者

---

* 项目组负责人：田禾，中国社会科学院国家法治指数研究中心主任、法学研究所研究员；吕艳滨，中国社会科学院法学研究所研究员、法治国情调研室主任。项目组成员：王小梅、栗燕杰、胡昌明、徐斌、刘雁鹏、王祎茗、赵千羚、刘迪、田纯才、孙斯琪、王洋、王昱翰等。执笔人：徐蕾，北京市第二中级人民法院行政审判庭工作人员；吕艳滨；田禾。

审查中的过程性信息,一般不属于《政府信息公开条例》所指应公开的政府信息。国办发〔2010〕5号文对"过程性信息"持"一般"不公开态度,认为过程性信息一般不是正式、完整、权威的,不可以被申请人在生产、生活和科研中正式使用。是否需要公开过程性信息需要在维护正常的管理秩序和保障公众知情权之间寻找平衡点,一律公开或者一概不公开都不妥当,因此,本报告基于当下司法实践,分析当前过程性信息公开的现状与问题。

一 公开过程性信息的相关规定

《政府信息公开条例》及其他全国性行政法律法规都没有对过程性信息的公开作出明确规定,仅国办发〔2010〕5号文有所规定。统计发现,21家国务院部门和13家省级政府制定的规章或者文件,对其作了规定。

在"过程性信息"的定义方面,国务院部门和地方政府的有关规定相似,大多与国办发〔2010〕5号文的定义非常接近,但定义完全与国办发〔2010〕5号文相同的仅有7家国务院部门和2家省级政府(见表1)。对于"过程性信息"是否公开,与国办发〔2010〕5号文"一般不属于应公开的政府信息"的模糊规定不同,大多数国务院部门和地方的政府信息公开文件都采用了"不予公开"的明确态度,但同时又给"不予公开"增加了例外规定(见表2)。

表1 国务院部门和省级政府政府信息公开文件对"过程性信息的"定义

文件名称	相关规定
《国土资源部政府信息依申请公开工作暂行规定》	正在调查、讨论、处理过程中的政府信息
《国家质量监督检验检疫总局网站管理办法》	
《上海市政府信息公开规定》	
《吉林省政务信息公开管理办法》	
《河北省政府信息公开规定》	
《山东省政府信息公开办法》	
《江苏省政府信息公开暂行办法》	
《浙江省政府信息公开暂行办法》	
《海南省政府信息公开办法》	
《贵州省政府信息公开暂行规定》	

续表

文件名称	相关规定
《中国银行业监督管理委员会政府信息公开管理办法（试行）》	正在调查、讨论、处理过程中的事项的政府信息
《审计机关政府信息公开规定（试行）》	
《审计署政府信息主动公开办法》	
《国家宗教事务局政府信息公开办法》	
《住房和城乡建设部政府信息公开实施办法》	处于讨论、研究或审查中的过程性信息
《人力资源社会保障部政府信息公开实施办法》	
《环境保护公共事业单位信息公开实施办法（试行）》	
《中华人民共和国海关政府信息公开办法》	
《广播影视政府信息公开实施办法》	
《安全生产监管监察部门信息公开办法》	
《国家海洋局政府信息公开实施办法（试行）》	
《北京市政府信息公开规定》	
《山西省政府信息公开制度》	
《国家卫生计生委政府信息公开管理办法》	正在调查、讨论、审议、处理过程中的政府信息
《教育部政府信息公开指南（试行）》	
《教育部机关政府信息公开实施办法》	
《国家文物局政府信息公开实施办法（试行）》	
《国家邮政局政府信息公开工作办法》	
《国家中医药管理局政府信息公开办法》	
《国土资源部政府信息公开工作规范》	处于内部讨论、研究或者审查中的过程性信息
《国家测绘地理信息局政府信息公开规定》	
《安徽省政府信息公开办法》	行政机关讨论、研究、审查有关事项的过程性信息
《内蒙古自治区政府信息依申请公开办法》	行政机关处于讨论、研究或审查过程中的信息
《水利部政务公开暂行规定》	机关内部正在研究或者审议中的政府
《国家税务总局依申请公开政府信息工作规程》	内部研究、讨论或审议过程中的信息
《黑龙江省政府信息公开规定》	正在调查、讨论、审议过程中的政府信息
《文化部政府信息公开实施办法（试行）》	正在审议、讨论过程中的政府信息
《财政部政务公开规定》	机关内部研究、建议、讨论工作或者正在进行审议的工作信息

资料来源：项目组根据网上公开资料搜集整理形成。下同。

表2 国务院部门和省级政府文件对过程性信息公开的态度

文件名称	相关规定
《财政部政务公开规定》	不予公开/免于公开/不属于应公开的政府信息
《住房和城乡建设部政府信息公开实施办法》	
《国家卫生计生委政府信息公开管理办法》	
《教育部政府信息公开指南(试行)》	
《教育部机关政府信息公开实施办法》	
《环境保护公共事业单位信息公开实施办法(试行)》	
《文化部政府信息公开实施办法(试行)》	
《水利部政务公开暂行规定》	
《中华人民共和国海关政府信息公开办法》	
《广播影视政府信息公开实施办法》	
《安全生产监管监察部门信息公开办法》	
《国家质量监督检验检疫总局网站管理办法》	
《国家文物局政府信息公开实施办法(试行)》	
《国家海洋局政府信息公开实施办法(试行)》	
《国家邮政局政府信息公开工作办法》	
《国家邮政局政府信息公开工作办法》	
《国家中医药管理局政府信息公开办法》	
《北京市政府信息公开规定》	
《山东省政府信息公开办法》	
《山西省政府信息公开制度》	
《安徽省政府信息公开办法》	
《国土资源部政府信息依申请公开工作暂行规定》	不予公开,但法律法规(和本规定)另有规定的除外
《审计机关政府信息公开规定(试行)》	
《审计署政府信息主动公开办法》	
《国土资源部政府信息公开工作规范》	
《国家宗教事务局政府信息公开办法》	
《中国银行业监督管理委员会政府信息公开管理办法(试行)》	
《国家测绘地理信息局政府信息公开规定》	
《吉林省政务信息公开管理办法》	
《河北省政府信息公开规定》	
《江苏省政府信息公开暂行办法》	
《人力资源社会保障部政府信息公开实施办法》	不予公开,但公开征求意见的规章、文件草案除外
《上海市政府信息公开规定》	
《国家税务总局依申请公开政府信息工作规程》	经审查后不予公开

续表

文件名称	相关规定
《浙江省政府信息公开暂行办法》	可以不予公开
《黑龙江省政府信息公开规定》	公开后可能影响国家利益、公共利益的不予公开
《上海市政府信息公开规定》	公开后可能影响国家安全、公共安全、经济安全或者社会稳定的,不得公开。

总体而言,国务院部门和省级政府对是否公开过程性信息的规定与国办发〔2010〕5号文的要求比较接近,甚至更为明确,但这些规定中又存在一些不完善之处。第一,12家国务院部门和9家省级政府的规定中没有使用"过程性信息"这一概念,而是采用"正在调查、讨论、处理过程中的政府信息"之类的定义方式。第二,5家国务院部门和1家省级政府没有明确区分"过程性信息"和"内部管理信息",在其有关规定中将过程性信息界定为"行政机关内部正在讨论、研究、审查中的政府信息",将过程性信息局限在行政机关内部。第三,有的国务院部门和地方政府的规定出台于国办发〔2010〕5号文后,但与国办发〔2010〕5号文的规定并不一致。例如,成文于2014年1月15日的《国家卫生计生委关于印发国家卫生计生委政府信息公开管理办法》未使用"过程性信息"这个专有名词,并且把过程性信息定义为"正在调查、讨论、审议、处理过程中的政府信息"。《国家邮政局政府信息公开工作办法》《山东省政府信息公开办法》《浙江省政府信息公开暂行办法》等文件也出现了类似情况。

二 涉过程性信息案件的司法裁判现状

(一)涉过程性信息案件的司法裁判概况

截至2017年5月31日,以"过程性信息"为关键词在中国裁判文书网进行搜索,搜得相关案件共890件,其中,以判决形式结案的共754件,以裁定形式结案的共136件，由于裁定书解决的是诉讼中的程序问题，无关实体问题，因此，本报告未将上述136件案件纳入统计范围。在以判决形式结案的案件中，一审案件有443件、二审案件有308件，再审案件有2件，驳回再审申请的有1件。其中，与过程性信息无实质性关系的一审案件有46件（多为内部管理信息案件），在关于过程性信息公开的397件一审案件中，2017年5月前上诉的有163件，申请再审的有2件。综上，本次研究的有效数据为：一审案件397件，二审案件163件，再审案件2件，共计562件。

过程性信息是各级各地政府在信息公开工作中都会遇到的问题，通过公开渠道获得的涉过程性信息的一审案件涉及4个直辖市和19个省、自治区（具体分布情况见图1）。其中，案件较为集中的是上海市，共发生73起相关诉讼，重庆市、福建省的相关案件也达到30起及以上。这些诉讼的被告多为基层政府及其部门，被起诉最多的是县（区）级政府部门，涉及案件达137件，占样本总量的三分之一以上，相对而言，国务院部门的此类案件较少，仅有6件（具体分布情况见图2）。涉过程性信息的案件被告除各地人民政府外，还包括国土资源局、建设局、发展改革委、市场监管局、公安局等二十余个不同政府部门，甚至包括国家事业单位（见图3）。诉讼内容涉及多个领域，如征地信息、房屋征收补偿信息、食品药品安全信息、医疗卫生信息、民政信息、行政审批信息等。

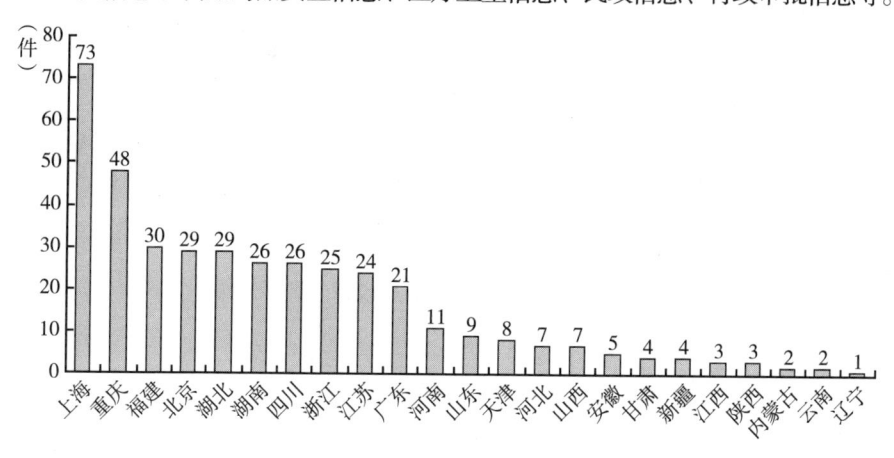

图 1　涉过程性信息一审案件地区分布

资料来源：项目组在中国裁判文书网检索、筛选后制作而成，下同。

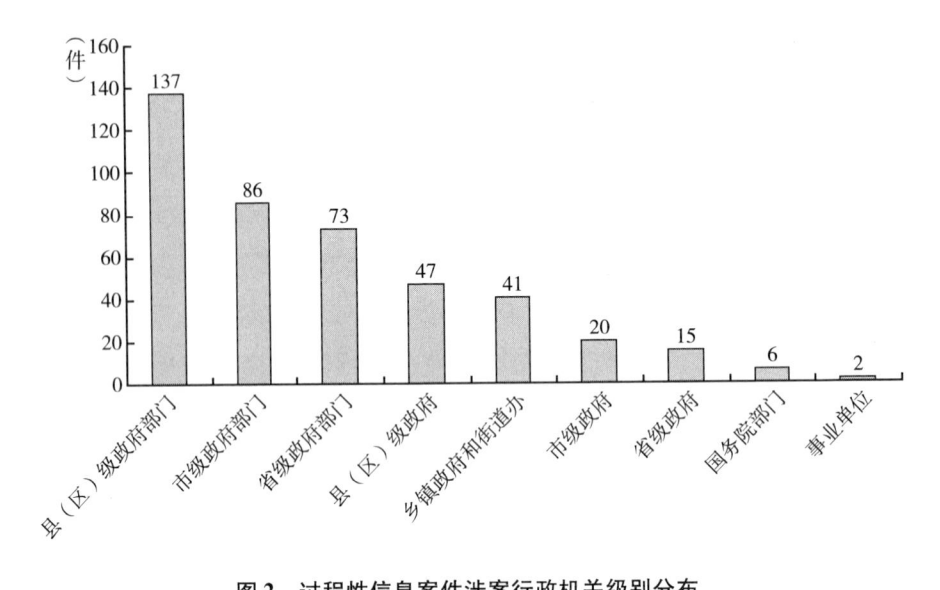

图 2　过程性信息案件涉案行政机关级别分布

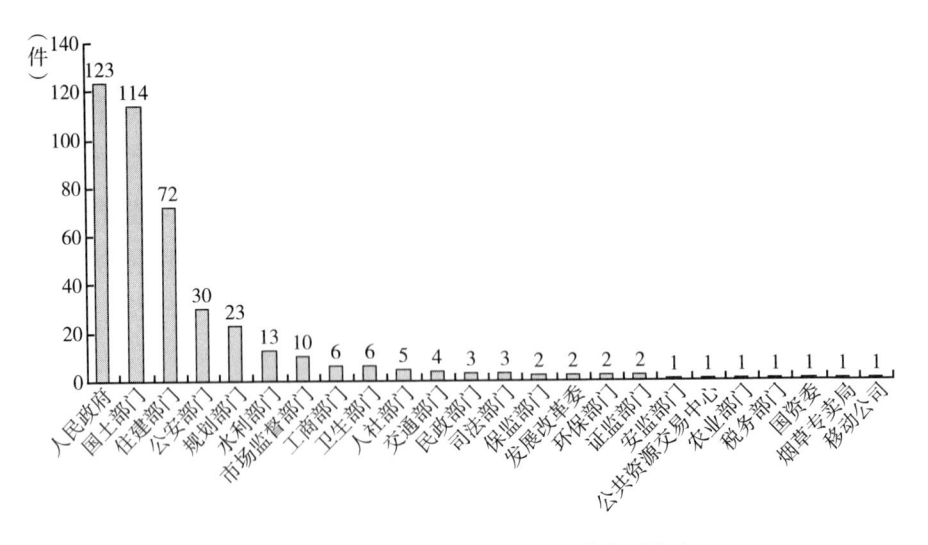

图 3　过程性信息案件涉案行政机关类型分布

(二)涉过程性信息案件的主要特点

1. 一审原告胜诉率不到三成

在中国裁判文书网公开的涉过程性信息一审案件中,法院判决原告胜诉的案件为 111 例，胜诉率仅 28.0%。在胜诉案件中，法院明确指出原告申请公开的信息不是过程性信息，责令被告行政机关限期公开的有 56 件；因被告答复信息公开申请程序不当，法院判处被告重新答复，但未明确所涉及的信息是否属于过程性信息的案件有 55 件。涉过程性信息的案件主要集中于基层法院，在 397 件一审案件中，308 件由基层法院进行审理，89 件由中级法院进行审理。在基层人民法院审理的案件中，25.3% 的案件原告胜诉，74.7% 的案件原告败诉；中级人民法院的胜诉率略高于基层法院，达到 37.1%。

2. 绝大多数上诉案件维持原判

截至 2017 年 5 月，共 163 件涉过程性信息案件当事人选择了上诉，占一审案件总量的 41.1%（由于数据只统计到 2016 年 5 个月，存在部分案件二审程序还未结束或结束后裁判文书还未上网的情况，因此，实际上诉率应高于 41.1%）。二审案件的上诉人大多数是原审原告，原审被告上诉的案件仅 10 件，占二审案件总量的 6.1%。二审判决中，有 157 件维持原判，6 件改判，即超过 96% 的二审案件法院都维持了一审法院的判决，仅不到 4% 的二审案件法院撤销了原审判决。

3. 集中于特定类型的信息

过程性信息是在行政行为从开始到结束整个过程中产生的信息的总称，内容非常丰富。在中国的审判实践中，原告申请公开的过程性信息种类繁多，涉及请示材料、批复材料、行为依据、会议纪要、专家意见、接处警信息、调查报告、鉴定报告、证据材料等，但是大部分过程性信息公开诉讼都集中于请示文件、批复文件、会议纪要这 3 种类型的信息。有 136 件案件的争议焦点在于行政机关向上级提交的请示材料是否属于过程性信息，占 34.3%；111 件案件原告申请公开的为行政机关的批复材料，占 28.0%；32 件案件的争议焦点在于会议纪要文件是否为过程性信息，约为 8.1%；其他各类过程性信息共占 30% 左右。

4. 约三分之二与"土地权属"有关

2016 年关于过程性信息公开的一审案件中，有 243 起诉讼都与土地征收和拆迁直接相关，占一审案件总数的 61.2%，涉及的过程性信息包括：土地征收、拆迁的请示文件与批复文件，拆迁的依据，土地测算标准，拆迁补偿方案，土地规划信息、土地整治信息等。还有多起案件与土地间接相关，如请求公开赔偿标准依据、移民安置方案。

5. 判决不公开的理由多样

在全部 562 件涉过程性信息的案件中，共有 286 件一审案件和 147 件二审案件的审理法院认定涉及的信息不属于应公开的政府信息。部分法院阐明了判定不应公开的理由，主要包括以下七类：第一，当事人申请的信息不是行政机关最后正式的决定，内容不完整、不确定、不成熟；第二，信息已经通过正式行政行为的作出而外化；第三，信息具有内部性，对外不产生独立的、最终的行政法律效力；第四，信息与申请人的生产、生活、科研等特殊需要无关，对申请人的权利义务不产生实际影响；第五，信息公开后可能影响社会稳定；第六，信息属于行政机关履行司法职责而非履行行政职责时制作获取的，因而不属于《政府信息公开条例》规定的政府信息；第七，请示内容一般被视为处于审查中的过程性信息。也有不少法院未在判决书中说明信息不应公开的理由。

（三）对过程性信息的分类探究

过程性信息可以分为三类：意见性信息、事实性信息和未成熟的行政行为信息。

1. 意见性信息

意见性信息是指行政行为过程中，带有行政机关官方或个人的观点、意见的信息。此类信息带有强烈的个人倾向，如果公开，可能导致部分建言献策者受到舆论压力或者为了讨好他人而无法公正客观地发表见解，会对决策过程产生干扰，影响决策机关内部坦诚交流，同时严重影响决策的正确性。

行政机关上下级之间的请示和批复信息、会议纪要、专家意见都是典型的意见性信息。请示文件和批复文件上有行政机关内部人员的签字，签字即为意见表达，因此属于意见性信息；会议纪要是在会议中行政机关内部工作人员意见表达的总和，专家意见直接代表了专家个人观点，因此也属于意见性信息。在司法实践中，请求公开意见性信息，特别是请示和批复信息的案例非常多，行政机关对此都作出了不予公开的答复，司法机关在审判中也都判决为不公开。以金某等诉江苏省发展和改革委员会一案〔（2016）苏01行初145号〕为例，六名原告向被告提出申请，要求公开苏州轨道交通4号线及支线工程项目的初步设计预评审报告，包含主要评审结论和具体评审意见等。法院指出，具体评审意见系各位专家的个人意见、系作出主要评审结论的过程性意见，而非结论性意见，依法不属于政府信息公开的范围，并判决不公开该信息。

综上，在行政行为从开始到结束的过程中，意见性的过程性信息不能公开。在行政行为结束后，行政机关官方的意见性信息可以公开，但个人意见仍不能公开。

2. 事实性信息

事实性信息指的是行政行为过程中产生的客观的、成熟的信息。虽然此类信息产生于行为的过程中，但该信息已经完成且成熟了，公开这些信息不会影响到坦诚交流或造成公众误解。

事实性信息包括统计数据、调查报告、鉴定材料、法律法规等，这些信息通常是行政机关作出决定的依据。实践中针对此类信息提起的诉讼也不少，法院判决多支持公开。例如，田某诉国家食品药品监督管理总局案〔（2016）京01行初205号〕，原告向国家食品药品监督管理总局申请公开"2000～2015年期间疑似使用湖北潜江制药有限公司生产药品导致死亡人数以及不良反应统计数据"，但国家食品药品监督管理总局则认为原告申请的信息一直处于监测过程中，属于过程性信息。最终，法院判决该信息已经统计完成，不属于处在监测过程中的过程性信息，责令被告限期公开。

因此，不论是在行政行为结束后，还是在行政行为进行过程中，事实性信息都可以公开，但事实性信息公开影响"三安全一稳定"，涉及国家秘密、商业秘密、个人隐私或者影响后续行政行为的除外。

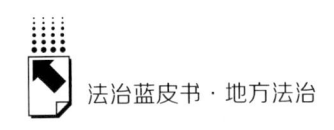

3. 未成熟的行政行为信息

过程性信息依附于行政行为，未成熟的行政行为信息是指行政行为本身的未完成和未成熟状态。以土地征收公告为例，如果土地征收公告已经完成，它就成为一个事实性信息，但在土地征收公告制作过程中，该征地公告就是过程性信息，如果公众希望获得该征地公告制作过程中关于土地征收范围的这部分信息，或者希望获得该征地公告本身，行政机关都可以以该信息是过程性信息为由拒绝公开。如果在最后定型之前，过早公开此类信息，可能会误导公众，引发一些不必要的矛盾。

接处警信息、违法调查信息都是典型的未成熟的主体信息。以李某诉天津市公安局南开分局案为例〔（2016）津0104行初第86-87号〕，李某要求天津市公安局南开分局公开"2012年10月23日申请人使用手机1392590向天津市公安局110服务台所报案件的处警情况"，被告以接处警信息是过程性信息为由拒绝公开，法院认为被告的答复合法，判决驳回原告的诉讼请求。在该案例中，接处警信息依附的行政行为就是公安局处理案件的行为本身，该信息既不属于代表个人的意见性信息，也不属于既定的事实性信息，接处警信息作为过程信息的原因即为所报案件正在处理过程中。如果在案件完结前，将接处警信息予以公开，会暴露公安局的行动计划，可能导致公安局不能顺利破案。

因此，未成熟的主体信息不能公开。在行政行为完成后，可以根据此类信息的性质，按照已完成的意见性信息和事实性信息的公开形式进行公开。

（四）过程性信息司法审查中存在的问题

1. 部分案件未对过程性信息进行实质性审查

在中国裁判文书网公开的涉过程性信息案件中，有293件一审案件、125件二审案件和全部2件再审案件对原告申请的是否为过程性信息进行了实质性判定，并明确要求被告行政机关公开相关信息或者支持其不公开决定。其他104件一审案件和38件二审案件中，法院在审理案件时只注重行政机关答复程序的合法性，责令被告重新答复，并未明确原告所申请的信息是否为过程性信息，是否应当公开。例如，张某诉滦县人民政府、唐山市人民政府信息公开一案〔（2016）冀02行初84号〕，原告张某向滦县政府申请公开"决定针对行政机关工作人员之外的公民实施行政强制拆迁程序中产生、制作、获取保管的政府信息"，被告滦县人民政府认为根据国办发〔2010〕5号文的有关规定，原告张某申请的信息不属于《政府信息公开条例》所指应公开的政府信息，唐山市人民政府复议维持了滦县人民政府的行政决定。原告对此不服，向河北省唐山市中级人民法院提起诉讼，诉讼请求主要有两点：第一，撤销政府作出的信息公开告知书和行政复议决定；第二，判令被告滦县政府依法公开原告申请的政府信息。法院在判决时，未关注争议信息是否为过程性信息、是否应当公开。存在同样情况的还有：永州市某房地产开发有限公司诉湖南瑶族自治县人民政府一案〔（2016）湘11行初65号〕，赵某、郭某诉兰州新区国土资源局信息公开案〔（2015）武中行初字第203号〕等。

2. 对已完成行为的过程性信息认定标准不同

国办发〔2010〕5号文对过程性信息公开的规定较为模糊，法院在审判时很难通过现有规定进行具体可操作的解释和适用。在实践中，由于法官所持理念和个体素质的不同，容易出现不同法院对相似案件作出不同认定的情况。以张某诉湖北省人民政府案〔（2015）鄂武汉中行初字第00674号〕和赵某诉佛山市人民政府、广东省人民政府案〔（2016）粤06行初24号〕为例，在前一案件中，原告请求被告公开《省国土资源厅关于批准仙桃市2012年度第24批次建设用地的函》中所提到的省政府的批准文件，被告在政府信息公开申请答复书中表示省政府的批准文件是省政府作出的内部文件，体现了相关领导行使审批职责的过程，为不应公开的过程性政府信息。法院认为，原告申请公开的是省政府领导逐级签字批准的审批文件，属于行政机关在日常工作中制作的，处于审查中的过程性信息，并且该信息已经以函的形式进行了外化，对外产生了法律效力，因此判决驳回原告张某的诉讼请求。在后一个案件中，赵某向佛山市人民政府申请公开"佛府土地（禅）字〔2010〕13号批复的文件及其审批依据的相关材料"，被告以批复文件和审批依据材料对最终批复结果来说具有不确定性、不能代表最终批复结果为由，认定原告赵某申请公开的信息为过程性信息，不予公开。法院在审理时指出，虽然过程性信息公开可能会影响行政决策或决定的作出，属于不应公开的政府信息，但是，本案争议的佛府土地（禅）字〔2010〕13号批复早已作出，并且经过国土部门公告，对外发生了法律效力，故该批复文件和审批依据材料已经不处于讨论、研究或审查中，不应再定性为过程性信息，最后判决被告限期重新进行答复。

在这两个案件中，原告申请公开的同样是土地征收的审批信息，申请时间同样是在行政行为完成以后，武汉市中级人民法院判决不公开，佛山市中级人民法院判决公开。武汉法院判决的依据是，虽然征地文件已经对外公开，但是该文件的批复材料对于该文件来说，一直是不确定的，是处于讨论和审查中的，属于过程性信息。佛山法院判决的依据是，征地文件既然已经公开，说明该行政行为已经完成，那么该行政行为进行过程中的文件已经处于确定状态，不属于讨论、研究或审查中的过程性文件。两个法院对已完成的行政行为的过程信息是否属于过程性信息这一问题的认识有很大差异。

3. 过程性信息与内部管理信息区分不清晰

过程性信息和内部管理信息概念比较难以区分，在法院审判实践中，出现了部分法院混淆过程性信息和内部管理信息甚至不区分过程性信息和内部管理信息的情况。例如，鲁某诉六安市人民政府案〔（2016）皖01行初60号〕中，原告鲁某申请公开"六安市人民政府关于原温州建材大市场及其周边地块六挂〔2009〕20号挂牌成交确认书之前的所有会议纪要及相关材料"，被告六安市政府以原告申请的信息是"内部管理信息"为由拒绝公开，安徽省合肥市中级人民法院则认为此案涉及的会议纪要属于政府对国有土地出让有关事项进行讨论、研究形成的信息，需通过挂牌出让等公开的方式方可对外发生法律效力，其本身对外不直接产生法律约束力，属于过程性信息。法院的判定与行政机关认可的"内部管理信息"有偏差，很难区分该信息实际上属于过程性信息还是内部管理信息。此外，司法审判实践中还出现一审法院与二审法院在认定信息属性上发生矛盾的情况。在童某诉上海市闸北区住房保障和房屋管理局案［（2014）闸行初字第 40 号］［（2014）沪二中行终字第 480 号］中，童某向被告申请公开《对某某路 136 弄 4 号 302 室童昌龙户强制执行的预案》，被告以该信息不属于应公开的政府信息为由拒绝公开，童某诉至上海市闸北区人民法院，法院认为原告申请公开信息系被告在向法院申请强制执行其作出的房屋拆迁行政裁决前形成的、供被告内部研究是否符合申请条件的信息，其向法院提供此信息的作用在于供法院审查被告的申请是否符合条件，并不对原告产生直接影响，因此属于国办发〔2010〕5 号文规定的内部信息。童某不服，提起上诉，上海市第二中级人民法院判定该预案系被上诉人向法院申请强制执行过程中的预案，属处于讨论、研究或审查中的过程性信息。本案中，一审法院认为原告申请信息属性为内部管理信息，二审法院则认为属于过程性信息，二者对内部管理信息和过程性信息的理解存在很大分歧。

4. 重复申请或诉讼现象频发

在过程性信息公开案件中，同一当事人或者多个当事人就同一行政行为的不同方面多次向行政机关申请信息公开，并且对不同信息公开告知书分别起诉的现象非常普遍，相关案件共 151 件，约占案件总量的 38%。案件主要分为三种类型。第一，同一当事人就同一行政行为的不同方面分别提起诉讼，该类型发生频率最高，案件量也最大。例如，张某诉河北滦县人民政府案［（2016）冀 02 行初 82 - 86 号］，张某因为政府征地行为，5 次起诉，要求公开拆迁行为负责人和证据、拆迁赔偿的制作程序、拆迁赔偿的标准和依据、拆迁的程序和理由、拆迁批复程序共五项信息。第二，多个当事人对同一行政行为的不同方面分别提起诉讼，此类案件虽然每个当事人提起诉讼数量不大，但涉及人数较多。比较典型的是任某等六人诉山西长子县人民政府案［（2016）晋 0481 行初 39 - 44 号］和袁某等六人诉湖南省水库移民开发管理局案［（2016）湘 0111 行初 65 - 68 号/71 号/74 号/76 号/78 - 79 号/82 - 84 号］。以后者为例，袁某等六名当事人因政府移民行为，分别就公开《关于托口水电站移民安置实施规划报告征求意见会议有关问题的纪要》《关于托口、白市水电站移民安置有关问题会议纪要》两个文件提起了两次诉讼，法院为这一移民行为开庭12次。第三，同一当事人就同一行政行为的同一方面提起多次诉讼，即案件原被告相同，诉讼标的也相同，几乎是重复诉讼。此类诉讼发生不多，但起诉数量不少。例如，齐某诉上海市松江区住房保障和房屋管理局、上海市松江区人民政府信息公开一案〔（2016）沪0117行初161-165号/197-205号〕，齐某14次诉讼的请求都是：要求公开关于拆除松江区违法建筑的请示以及关于拆除松江区长兴路某弄某号违法建筑的请示。

上述"多次诉讼""重复诉讼"增加了案件处理难度，同时增加了法院负担，导致司法效率降低，法院案多人少的矛盾加剧，也浪费了大量行政资源和司法资源。

5. 司法审判反映问题原因分析

从司法判例中还可以看到，行政机关在答复过程性信息公开申请上也存在一些问题：第一，没有准确区分过程性信息和内部管理信息，在答复信息公开申请时经常判定行政相对人申请公开的信息属于"内部管理信息和过程性信息"，甚至创造出"内部过程性信息"等名词；第二，扩大过程性信息的外延，把已完结的行政行为的过程信息也作为过程性信息；第三，对过程性信息采取"完全"不公开的态度；第四，不答复或者未在法定时间内答复行政相对人的信息公开申请。这些问题出现的原因是多方面的。

首先是立法规制的缺位。第一，中国现有法律没有对过程性信息公开进行规制，而唯一对此有规定的全国性文件国办发〔2010〕5号文关于过程性信息公开也使用了模糊性语言"一般"，使得适用难度加大。第二，部分国务院部门和地方政府通过规章、规范性文件等形式对过程性信息的公开进行了细化，但各地规定存在差异，且大多不够具体，缺乏可操作性。第三，司法解释对过程性信息公开问题予以回避，在最高人民法院制定《关于审理政府信息公开行政案件若干问题的规定》时，该司法解释征求意见稿对过程性信息进行了细化规定，但在意见征求过程中，此项规定引发热议，产生了很多反对意见，在对此规定进行多次修改仍不尽如人意的情况下，该规定最终没有采纳这一内容。

其次是行政权力运行存在倾向性。第一，部分行政机关对"过程性信息"的概念认识不清，在理解国办发〔2010〕5号文的规定时采用有利于自身的解释方法，把不能公开、不想公开的信息都归类为过程性信息，过程性信息成为不公开的挡箭牌。第二，把"一般"解释为全部，部分行政机关为减轻公开负担或者隐瞒信息，对所有过程性信息，包括行为完成后的过程信息都采取不公开的态度。究其根源，是某些行政机关作出的行政行为存在一些不合法、不合理的情况，行政权力运行不规范。

再次是司法裁量的误差和局限性。第一，由于法律法规对"过程性信息"的规定不够具体，审判人员在审理相关案件时必须行使自由裁量权，对"过程性信息"进行自我判断，由于法官队伍的专业素质存在差异，以及法官所持法学理念不同，不同法官对同一个问题可能会产生不同的认识，也可能会产生错误的认识。第二，由于各种原因，当前法院对行政机关的约束力不强，不论在过程性信息公开诉讼还是其他行政诉讼中，法院司法权纠纷化解都很难延伸到案外，无法从根源上解决矛盾。

三 对完善过程性信息公开司法审判制度的建议

鉴于过程性信息公开的重要性和复杂性，完善中国过程性信息公开制度尤其需要从以下方面共同努力。

首先，提高立法层级。"过程性信息"现主要规定于国办发〔2010〕5号文中，其本身并非法律或行政法规，不能成为审判过程中司法审查的依据。鉴于此，不论从理论还是实际出发，立法机关都应该将"过程性信息"的有关规定写入法律或行政法规中，提高"过程性信息"的法律等级，如在《政府信息公开条例》中明确对过程性信息进行规制。

其次，明确相关标准。国办发〔2010〕5号文对"过程性信息"的规定非常概括和抽象，既没有明确指出过程性信息的"过程"是行政行为作出过程还是信息本身的形成过程，也没有说明"一般不属于应当公开的政府信息"中的"一般"具体指向的内容。要规范和统一过程性信息的法律适用，就应该通过法律法规或者司法解释来明确过程性信息的标准。第一，进一步释明过程性信息的定义，在正式法律条文或者司法解释中对过程性信息的内涵进行细化，规定只有未完成的行政行为过程中制作和获取的信息才属于过程性信息，当行为完成后，其过程中制作和获取的信息就不再属于过程性信息。过程性信息不仅包括行政机关内部和行政机关之间交流产生的记录、文件，还包括行政机关对外制作和获取的信息，如专家信息、证据材料、勘验信息等，这些信息过早公开也可能对后续行政行为和公平决策产生影响。另外，法律法规还可以通过进一步阐释内部管理信息的"内部性"内涵的方式来区别过程性信息和内部管理信息。第二，明确过程性信息公开的态度，并不是所有过程性信息都不能公开，法律法规可以通过设立过程性信息公开原则——成熟性与无害性的方式来规制过程性信息的公开，规定只有还未最终确定的、不成熟的过程性信息，及公开后会对第三人、对社会、对国家安全造成利益损失，影响公平决策和后续行政行为的过程性信息才属于不能公开的范围。第三，强化行政机关不公开过程性信息的解释义务和举证责任。

再次，树立正确观念。根据司法判例，可以发现许多行政机关对过程性信息的概念存在一些误解。例如，把已完成的行政行为过程中产生的信息当作"过程性信息"，不区分内部管理信息和过程性信息，把"一般"理解为全部，对过程性信息没有区别地全部不公开……这些误解使得政府信息不公开的范围不正当地增加，公民知情权不正当地缩小。因此，行政机关应当正确理解过程性信息的内涵和实质，明确过程性信息公开与不公开之间的界限，不能把过程性信息作为不公开的借口。

中国一直致力于打造"服务型政府"，"服务"的本质就是为人民服务，满足人民的需求和利益。虽然当前中国法律法规和规范性文件对过程性信息的规定并不完善，但政府机关应当遵循人民群众的利益需求，从服务公众知情权和监督权的角度去理解和处理过程性信息公开。显然仅公开行政行为的结果，不公开行政行为的过程，会导致公众缺乏评价行政结果是否公平公正的依据，无法有效监督政府权力运行。过程性信息的公开牵涉社会稳定、坦诚交流和公民知情权之间的价值博弈，当公民知情权大于社会稳定和坦诚交流的需求时，政府应当公开这部分过程性信息，不能不作衡量地"一刀切"。

最后，坚持可分割的原则。随着政府信息的多元化、复杂化，政府信息很少纯粹仅包含一种信息，而通常是混杂着不同类别的信息。对此，《政府信息公开条例》第22条规定，行政机关要对公众申请公开的政府信息进行区分处理，向申请人公开可以公开的部分。但从裁判文书中可以发现，在行政相对人向行政机关申请的信息中包含部分不能公开的过程性信息时，很多行政机关会以申请人申请的信息是过程性信息为由，对申请的信息整体不予公开。全盘不予公开侵犯了行政相对人的知情权，引发行政相对人对行政机关的不满，导致大量政府信息公开诉讼的产生。对过程性信息公开秉持可分割原则，有利于兼顾公众和政府的利益，实现利益的最大化。因此，不管从提高司法效率角度还是从提高执法水平角度，行政机关都应该在答复信息公开申请时坚持可分割的原则，将可公开的信息和不可公开的过程性信息区分开来，公开可以公开的信息，对不能公开的信息的不公开理由进行详细告知。

B.4
贵州政务公开"升级版"调研报告

贵州省政务公开调研课题组*

摘　要： 贵州省以人民群众诉求为出发点和立足点，将政务公开作为保障公众知情权、参与权、表达权和监督权，提升政府治理能力的重要抓手，紧密围绕群众关心关切事项，不断拓展政务公开领域、完善政务公开体系、强化公开平台建设，积极打造政务公开"升级版"，不断满足公众对政府信息日益增长的公开需求。本文对贵州打造政务公开"升级版"的背景、主要做法和成效、未来展望进行了梳理阐述。

关键词： 政务公开　透明政府　"升级版"

政务公开是现代行政的一项重要制度安排。全面推进政务公开，是推进国家治理体系和治理能力现代化这一系统工程的题中应有之义。近五年来，贵州省经济社会保持快速发展，经济年均增速达11.6%，脱贫攻坚、教育卫生、社会保障、生态建设等社会事业发展成效明显。与之相对应，公众对了解政府运转、参与政府事务、监督权力运行的愿望和诉求越发强烈，行政机关亟须对既有的政务公开方式进行改革创新，不断满足公众对于政府信息

---

* 课题组负责人：罗琳，贵州省人民政府办公厅政务信息处处长、省政务公开领导小组办公室副主任。项目组成员：聂独席、李凯、唐小红、金元哲。执笔人：聂独席，贵州省人民政府办公厅政务信息处副处长；金元哲、李凯，贵州省人民政府办公厅政务信息处干部。

日益增长的公开需求。有鉴于此，贵州省顺势而为、乘势而上，主动探索政务公开新路径、找寻新方法、谋求新突破，积极打造政务公开"升级版"，推进政务公开内容、方式、平台、制度等全面升级，推动政务公开不断取得新的成效。

一 打造政务公开"升级版"的背景

（一）打造"升级版"有利于更好地满足公众对于政务公开的期待

自《政府信息公开条例》为公民的知情权提供法律保障以来，政府和公众在信息公开方面的权利义务关系逐步发生转变，公众对政务公开的诉求逐步升级。第一，公众生产生活的实际需要。随着政务公开工作的不断深入，群众的公开意识逐步提升，查阅、申请公开政府信息成为维护个人权益的重要途径，信息公开已深入群众生产生活之中。第二，公众参与政府事务的愿望日益强烈。通过搭建各类型公开平台，越来越多的公众走进政府大院、列席政府会议、阅读政府文件，但公众并不满足于"浅尝辄止"式的参与，而是希望通过更多合法、合理的途径，享有更多的权利，在政府事务中发挥更大作用，公众主动、有效、方便参与政府工作和事务的愿望越来越强烈。第三，公众对政府"发声"关注度逐步提高。随着新媒体的高速发展，一些敏感事件扩散速度快、影响范围广，每当此时，公众都把目光聚焦到政府部门，想在第一时间知道政府对事件的处理情况和处理结果。能否及时让公众第一时间获取权威客观的信息，有时甚至成为影响事件走向的关键因素，这就要求政府部门及时"发声"且发出权威客观之声，满足公众的信息需求，保障公众的知情权。

（二）打造"升级版"有利于更好地落实国家对政务公开的要求

2016年2月17日，中共中央办公厅和国务院办公厅联合印发《关于全面推进政务公开工作的意见》，11月10日，国务院办公厅印发《〈关于全面推进政务公开工作的意见〉实施细则》，国家层面推出的两个政务公开"重量级"文件，全面提高了政务公开的要求，丰富了政务公开的内涵，指明了政务公开的路径，客观上要求各级政府在政务公开的理念、方式和成效上均有所提升。在理念上，政务公开不能局限于发布信息，而是与国家工作大局更加紧密地结合，通过公开推动简政放权、放管结合、优化服务，服务好经济社会发展。在方式上，公开内容要覆盖权力运行全流程、政务服务全过程，就要将决策、执行、管理、服务、结果"五公开"的要求落实到办文、办会中，更加注重公开的精细化和操作性。在成效上，通过全面推进政务公开，使群众看得到政务信息，听得懂政策文件，能监督政府行为，给予公民的合法权利更多保障，以阳光透明的政府行为赢得更多群众的理解、信任和支持。

（三）打造"升级版"有利于更好地助推贵州经济社会发展

2016年，贵州省先后获批设立国家大数据综合试验区、内陆开放型经济试验区、国家生态文明试验区，三项重要的政策扶持在为贵州经济社会发展提供更多动力的同时，也从不同方面对政务公开工作提出了更高要求。第一，作为国家大数据综合试验区，要充分发挥大数据产业的先发优势，将大数据布局到政府行为的各个方面，政务公开自然也不例外。这就为政务公开提出了新的命题，那就是如何利用大数据实现推动政府数据资源开放共享——数据"上云"、数据"留痕"、数据"可视"，实现大数据与政务公开的有机融合，不仅考验数据应用能力，也考验政务公开工作水平。第二，贵州作为一个不靠海、不沿边的内陆省份，建设好内陆开放型经济试验区，就要充分进行体制机制创新，贯彻"开放引领"这一理念，通过加强政务公开，特别是有针对性和系统性地公开相关政策，释放更多政策利好，为招商引资提供良好的营商环境，才能有力助推这一目标的实现。第三，作为国家生态文明试验区，需要政府部门释放更多"绿色"信号，关注公众对于"绿色"的需求。通过及时主动公开环境政策措施、环境治理工作进展、环境质量排名等信息，回应群众对环境热点问题的关切，提升生态环境信息资源的开发利用水平，为生态环境监管和综合决策提供全面的信息支持和服务，才能使"绿色"理念融入经济社会发展，推进生态文明建设不断进步。

二 打造政务公开"升级版"的主要做法和成效

贵州省各级政府及其工作部门以增强政府公信力、执行力为出发点，以保障人民群众的知情权、监督权、参与权、表达权为落脚点，以全面公开政府职能、管理流程、监督方式等事项为切入点，切实增强了公开实效。

（一）推进公开内容"升级"，满足不同人群信息需求

贵州注重将政务公开融入日常工作中，针对人民群众关注度高、政府管理中较为重要的领域，探索有效路径，创新方式方法，全力满足公众信息需求。

1. 围绕深化改革推进公开

为深化行政体制改革，加快转变政府职能，贵州把梳理行政权力事项并以清单的方式进行公开作为法治政府建设的重要举措和政务公开工作的重点要求。省级层面对政务公开重点领域和关键环节信息集中梳理，列出主动公开的"目录清单"，对涉密信息、内部工作信息等不予公开信息建立"负面清单"，55家省直部门以"两单合一"的形式公布权力事项1545项。9个市州政府、88个县级政府、51个试点乡镇同步公开"两单"，方便公众获取信息，监督政府权力运行。

为切实解决部分领域存在的检查任性和执法扰民、执法不公、执法不严等问题，贵州全面落实国家"双随机一公开"相关要求，为科学高效监管提供稳定动力。2016年，贵州2600余家行政监管职能部门建立"一单两库"，纳入市场主体200余万户，开展随机抽查35567次，涉及市场主体193389个、事项8586项，通过实行"阳光执法"，做到随机抽查事项公开、程序公开和结果公开"三公开"，有力促进了监管合力的形成。

为加强社会信用体系建设，充分发挥政府部门的组织、引导、推动和示

范作用,贵州政府网站设立《贵州信用体系建设》专栏,在全国率先完成统一社会信用代码存量转换。设立《行政处罚》专栏,主动向社会公布28家企业违法违规信息。同时,及时发布纳税信用以及"双公示"等信息,助推全社会诚信意识和信用水平的提高。

2. 围绕促进经济发展推进公开

推进经济发展相关信息公开,有利于营造有序、公平、透明的市场环境,稳定市场预期,增强市场主体的信心。贵州通过深入公开重大项目信息、公共资源配置领域信息和减税降费信息,全力助推经济发展。

在重大建设项目方面,贵州主动向社会发布"数字经济、绿色经济、旅游经济、县域经济和传统产业转型升级"等重大项目建设情况。同时,通过PPP项目公开专栏,及时向社会公开PPP项目相关情况,公开发布省级项目库。

在公共资源配置方面,通过在线审批监管平台纳入18个部门的40项投资项目,审批、核准、备案项目1.69万个,投资金额共计4.1万亿元。通过省公共资源交易平台公开优化交易流程、保证金收退服务等相关信息14940条,促进公共资源交易阳光透明,有效加强了对权力运行的监督制约。

在减税降费方面,贵州公布停征价格调节基金等免征范围,发布收费目录清单,及时公开为社会和企业减负情况。其中,省地税局公布14项税务行政许可文书样式,取消税务行政许可事项41项。

3. 围绕民生改善推进公开

在各领域政务公开工作中,群众最为关心的还是民生领域的信息公开,贵州围绕各项惠民政策落实,重点推进扶贫攻坚、环境保护、困难群众救助、住房保障信息公开,满足了百姓信息需求。

为助推脱贫攻坚,贵州强化扶贫信息公开,解读扶贫开发惠农政策,建立扶贫信息公开目录,严格执行财政专项扶贫资金项目公告公示制度,细化公告公示内容。制作发放各种扶贫惠民的政策口袋书和惠民政策明白卡,加强对扶贫政策的宣传和说明。将社会扶贫纳入扶贫公开范围,搭建社会扶贫信息平台，公开公募账号及捐赠款物使用情况，促进社会力量参与扶贫开发。省政府"扶贫专线"共接听群众有效来电3146个，对来电反映的政策咨询、诉求、举报、捐赠等各类事项实现100%办理。

随着全省生态文明建设水平的日益提高，群众对环境保护信息的知晓需求也不断增加，为提高信息知晓率，贵州建成"国控企业减排监测信息网"，集中向社会发布国控重点污染源和减排监测信息。同时，在省环境保护厅网站全文发布项目受理、审批及验收信息，推进建设项目环境影响评价信息公开。

贵州高度重视困难群众救助信息的公开工作，省人社厅网站设置《社会救助信息公开》专栏，不仅公开与救助相关的最新政策文件，而且还按月公布城乡低保的数量，救助对象户次等基本情况。对于自然灾害，贵州及时发布自然灾害基本情况、救灾开展情况以及灾后恢复重建情况等信息。

在住房保障方面，贵州88个县（市、区、特区）均在网站上设置住房保障专栏，全面公开公共租赁住房、保障性住房分配政策和保障性住房批次分配对象、待分配房源情况、分配结果等信息。

（二）推进公开体系"升级"，进一步提高政府公信力

贵州探索建立了政府信息"发布+解读+回应"三位一体的公开体系，从群众最关心、反映最强烈的问题入手，做到信息发布全面主动、政策解读深入有效、回应关切权威及时，以阳光透明的政府行为赢得群众信任感。

1. 加强主动发布，提升政府信息知晓面和到达率

贵州坚决落实将"五公开"融入办文流程的要求，将主动公开范围扩大至黔府函、黔府办函、黔府发电、黔府办发电等各类文件，对于各单位拟以省政府名义印发的公文，均要求标明是否公开的意见，不予公开的要说明理由，可以公开的在印发之后2小时内上网公开。通过主动公开制定的政策文件，引导群众行为，使其较为清晰地了解自身的权利义务边界、预期行为的风险，还可强化群众对政府的监督，有力提升政府依法行政水平。

贵州将会议公开作为连接公众与政府的重要纽带，改变过去对会议过程秘而不宣、会后视情况开展宣传报道的状况，坚持通过人民网贵州频道、新华网贵州频道、当代先锋网、黔办之声微博等网络媒体对省政府常务会议进行实时"微直播"，2016年共开展"微直播"73期。涉及医疗卫生、环境保护等重大民生议题的常务会议和专题会议，邀请贵州省人民医院、贵州医科大学、贵阳中医学院、《贵州日报》、贵州电视台等利益相关方和新闻媒体列席，不断扩大公众参与度。

贵州把政府新闻发布会作为推行政务公开的重要形式，制定出台《贵州省人民政府新闻发布工作办法》，明确发布主体、时限、内容、程序等。2016年，全省各级政府及部门围绕"两会"、生态文明贵阳国际论坛、大健康产业博览会等重大活动，累计召开新闻发布会867场，充分展示了新闻发布的权威性，取得了良好的社会反响。

2. 强化政策解读，提升群众对政策的获得感

对发布的重要政策，政府部门及时发声、解疑释惑，让群众看得到、听得懂、能监督，将群众期盼与政府决策有效融合。贵州通过强化解读责任、实施差异化解读和优化解读，切实提升了政府公信力和社会凝聚力。

在强化解读责任方面，省政府主要领导专门要求，对党中央、国务院、国家部委出台的政策性和工作部署性文件，要进行学习解读，对照文件新要求新安排新政策，及时提出贯彻落实的基本考虑和主要打算。2016年省政府主要领导围绕异地扶贫搬迁、旅游"井喷式"增长等主题，主动带头宣讲解读政策，省政府层面对政府工作报告、供给侧改革、新型城镇化、民间投资等重大政策开展解读20余次；9个市州和承担重点领域公开任务的省直部门均开设了政策解读栏目，累计发布政策文件解读稿9054件。

在实施差异化解读方面，省政府主要围绕常务会议、专题会议以及出台的重大政策开展解读，将制定政策的背景依据、目标任务、主要内容、新旧政策差异等向公众详细说明，力求群众看得清楚、听得明白。对于与民生关系密切的政策措施，由行业主管部门进行再解读、再加工，将政策涉及对象、要求、条件、标准、方式、程序等,通过"惠民政策明白卡"交到群众手上,消除政策宣传盲区和死角,各地各部门累计发放明白卡800余万份,惠及群众2000余万人。同时,面向到政务服务中心办事的企业和群众,制定办事手册和政策指南,对涉及企业经营和民生事项的政策进行解读,方便办事人员查阅。

在优化解读形式方面,针对信息分众化、差异化传播趋势,各级政府和部门综合运用图解、视频、问答式解读等方式,统筹传统媒体、新闻网站和"两微一端"新媒体,简明扼要、深入浅出地宣传讲解政策,使政策解读及时、有效、可读、易懂。此外,开设贵州省政府网在线访谈栏目,每期向公众征集一个主题,邀请省直相关部门负责人现场解读相关政策,为公众答疑解惑。2016年全年对返乡农民工创业、社会救助、新农合大病保险等热点政策开展解读538次。

3. 及时回应关切,提升舆情引导处置实效

对涉及政务活动的重要舆情和群众关注的社会热点问题,积极予以回应,通过政府网站发布权威信息,讲清事实真相、有关政策措施以及处理结果,有助于拉近政民关系,提高政府公信力。贵州从机制建设、研判处置和渠道拓展等方面着手,提升处置实效。

首先,增强机制建设的针对性和系统性。贵州出台《关于进一步做好突发事件舆论引导工作的通知》《关于进一步加强突发事件和热点敏感问题网络舆情处置的意见(试行)》,明确要求重大政务舆情发生时,由事发地区或部门负责组织起草新闻稿按程序送审,原则上1小时内在属地官方媒体发布首条信息;重特大突发事件2小时内在广播电视播报,次日见报,24小时内召开新闻发布会。

其次,加强舆情收集研判处置的全面性和及时性。建立全天候的网络舆情监测体系,对于公众普遍关心的民生问题,在第一时间进行捕捉、研判、回应,做到及时在场、天天在线。例如,2016年3月18日媒体曝光山东省济南市非法经营疫苗事件后,贵州在追查涉案人员及涉案范围的同时,通过门户网站和《贵州日报》等多家媒体,及时向社会公开依法查处非法经营

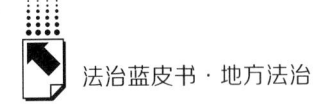

疫苗行为的有关情况，最大限度平复公众恐慌情绪。

再次，提升各种渠道的友好度和便利性。为加强与公众交流互动，让政务公开更加直观、亲民，省政府网站开设了书记省长直通交流平台、人民网书记省长留言板、省长信箱等政民互动版块，主动为公众参与政务、管理事务创条件、搭平台、清障碍。此外，贵州每年举办1~2次"省政府开放日"活动，每次确定不同主题，分别邀请企业负责人、创客代表、精准扶贫对象等群体走进省政府，了解政府运转流程，对贵州发展建言献策，增进公众对政府工作的信任度和支持率。

（三）推进公开平台"升级"，提升公众获取信息便利度

政务公开各类型平台是政府履行公开职责的重要抓手，也是联系公众的重要桥梁。加强平台建设，便于更加主动地公开信息，与公众进行互动，切实保障公民的知情权。

贵州围绕"更加全面的信息公开平台、更加权威的舆论引导平台和更加及时的便民服务平台"这一目标，引入"百度化"理念对网站进行集约化打造，集中突出"搜索"功能和信息公开、办事大厅等几大功能版块，为公众提供更加细致精准的定制化信息服务，充分发挥政府网站作为信息公开第一平台的作用。

微博、微信等新媒体是当下最受人民群众喜爱、传播信息即时快捷、便于开展交流互动的重要平台，为利用好这一渠道，贵州着力打造全省政务公开新媒体"矩阵"，省直各部门、9个市州和一半以上的县级政府开通政务微博或微信公众号，设置诸如"扶贫在线"等多个版块向公众公开信息，2016年累计发布信息30余万条。同时，为充分发挥有线电视覆盖广、用户多、传播效果好等优点，打造贵州有线电视信息公开平台，通过有线电视网络，与省政府网站同步公开"独家发布""在线访谈""省政府常务会议"等政府信息。

长期以来，各级政府和部门政府信息公开"自说自话"的现象普遍存在，公开信息呈现碎片化、零散化，为有效解决这一问题，贵州建设惠民政

策项目资金信息公开平台,将惠民信息整合集中展现,实现"对内提升决策、对外公开信息、横向行业共享、纵向数据开放",为群众提供互联网、手机短信、手机 App 等数据查询服务和在线举报渠道。省政务服务中心、部分县级政务中心和乡镇便民服务站放置了触摸屏查询终端,方便办事群众查询监督。2016 年,平台累计公开各项惠民项目多达 15 万个,涉及资金 3500 余亿元。

(四)推进公开制度"升级",增强政务公开活力

随着贵州经济社会的发展,基层群众享受到了更多国家惠民利民的政策,但由于部分群众对惠民政策、项目实施过程了解不深,产生了一些疑虑和误解,加强政务公开和监督成为迫切要求。为有效约束基层的"微权力",将监督延伸到权力运行的"神经末梢",贵州组建了覆盖县乡两级、囊括基层各部门的监督员队伍,围绕土地征用、医疗养老、低保扶贫等政务公开情况,引入社会力量对政务公开工作实行监督。2016 年,在全省招募 1.5 万名基层政务公开监督员,收集意见建议 7600 余条,有效解决基层政务公开中存在的不及时、不准确等问题,切实提升了群众的获得感。

政务公开涉及的信息,部分具有较强的专业性和针对性,要实现被公众充分获取的目的,不仅需要政务公开工作人员的努力,也需要来自科研院校的智力支持。为此,贵州从省内高校和科研院所中选聘专家 22 名,组建政务公开专家库,为政府透明度评估、法律咨询、政策研究等提供智力支持。同时,委托中国社会科学院和贵州大学对省直部门、市州政府以及 88 个县级政府透明度开展第三方评估,将评估结果纳入各单位年度考核内容,倒逼各级各部门不断改进政务公开工作,提升政务公开水平。

相对于主动发布而言,依申请公开属于"被动型"的公开,通过满足公众对信息的特殊需求,提高政府工作透明度。为规范依申请公开工作,贵州制作了 12 类依申请公开答复文书样本,下发各级行政机关,确保答复文书要件齐全、内容完备、用印规范。同时,在全省推行依申请公开定期分析

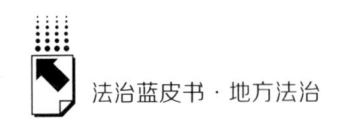

机制，各级行政机关撰写季度分析报告向社会发布，对集中申请事项进行清理审查，可以公开的及时主动公开。2016年，全省各级各部门共受理依申请公开5319件，全部在法定时限内办结。

三 政务公开"升级版"的未来展望

贵州打造政务公开"升级版"的创新探索与具体实践，取得了一些成绩、积累了一些经验，但仍有不少需要完善和改进的地方。

一是政务公开意识有待加强。贵州通过政务公开业务骨干培训、专项督察、目标绩效考核、第三方评估等多种方式，提升各级政府部门公开工作的重视程度，增强政务公开工作人员的公开观念，但部分单位始终"抱残守缺"，不愿意"对外开放"。有的对本部门重点领域公开任务不注意落实，连制定的政务公开工作文件都不愿公开发布；有的部门主要领导一年内未听取一次政务公开工作汇报，对政务公开工作最新动态掌握不到位；有的单位工作人员在发布政府信息时，根据自己的工作习惯来确定公开的内容和范围，缺少对公众需求的考量。公开意识不强已成为政府信息发布混乱、内容公开不完整、信息查找不便利等问题的首要原因。

二是信息公开质效有待改善。构建透明政府的关键是向社会公开完整、规范的信息，贵州各地各部门的公开工作虽然在形式上逐步规范，但在内容上仍有欠缺。信息发布普遍存在重新闻动态、轻政府信息，重领导行踪、轻服务与执法信息等现象。各地各部门的门户网站在最醒目的位置发布的都是领导行踪，很多执法信息、服务信息都发布在新闻动态栏目，难以满足群众的公开需求。同时，部分单位多平台信息发布不一致的情况突出，包括政府采购、行政审批、公开年度报告在内的多项信息没有保持关联性和一致性，既影响群众准确查找信息，更影响公开的权威性。此外，部分网站平台检索功能无效、信息栏目定位不准、信息分类不细，影响相关领域的公开效果。

三是机构建设力度有待提高。政务公开工作涉及法学、管理学、传播学等领域的专业知识，没有专门的机构和专职的人员，无法保障政务公开工作有序开展。贵州各级政府政务公开工作机构设置部门不统一，有的设置在政府办公室，有的设置在电子政务办公室，有的设置在政务服务中心，归口管理机构不同，关注的业务重点也大不一样，且不少地方和部门的政务公开工作人员身兼数职，难以胜任日益繁重、专业化要求越来越高的政务公开工作。许多地方和部门的工作人员流动性大，有的以事业编制人员、临时聘任人员充当，导致信息公开工作缺乏稳定性。

四是依申请公开有待规范。依申请公开制度是推动透明政府建设、促进政府依法行政的重要保障，借助这一渠道，群众可以在政府机关未能及时、全面主动公开信息时，获得自己需要的信息。贵州虽然下大力气推进依申请公开工作，但仍存在一些问题。部分单位公开指南中依申请公开途径不明，申请人难以有效提交信息公开申请；部分单位内部流转机制不顺畅，工作程序不完善，出现延期答复或干脆不答复的现象；部分单位在答复内容、与申请人沟通等细节上做得不到位，答复过程中瑕疵较多，引发了不必要的行政复议和行政诉讼。

实现政务公开覆盖权力运行全流程、政务服务全过程需要持续发力、久久为功。贵州将认真落实国家对政务公开工作的要求，紧扣全省工作大局，确定时间表、画好路线图，强化"五公开"配套机制建设，提升制度化、标准化、信息化水平，持续优化提升政务公开工作。

（一）打造政务公开"升级版"，还需继续转变公开观念

政务公开已经成为现代政府活动必不可少的环节，融入政府活动的方方面面，国务院近年来发布的各类文件中，"信息公开"出现的频次越来越高，为了适应国家要求，转变公开观念刻不容缓。贵州各级各部门需分级分层加强业务培训，让各级领导干部及工作人员充分认识到政务公开的重要意义，变被动为主动，提升发布信息、解读政策、回应关切的能力和业务素质。同时，严格落实政务公开考核评估制度，将评估结果与各单位目标绩效考核直接挂钩，倒逼各级各部门不断改进工作、提升质效。

（二）打造政务公开"升级版"，还需继续拓展公开范围

公开内容的质量决定了政务公开工作的水平，这就需要贵州各级各部门积极推进主动公开目录体系建设，细化明确重点领域、重点行业公开的主体、内容、时限、方式等，逐步推进权力运行全流程、政务服务全过程公开。与民生相关的重点领域牵头部门和9个市州政府，进一步梳理更新主动公开"目录清单"，对照清单公开信息。省直部门重点加强非公开信息目录管理工作，进一步完善相关制度设计和工作流程，将公开后危及国家安全、经济安全、公共安全、社会稳定等方面的事项纳入目录管理，清理公开各类信息，不断规范信息公开的自由裁量权。

（三）打造政务公开"升级版"，还需继续完善公开机制

把政务公开从文件资料等固有信息向政府行为和工作流程拓展，逐步建立政务公开长效机制，才能实现公开的规范化。贵州需按照政务公开融入政府工作全流程的思路，从决策公开、政策解读、公共企事业单位办事公开三方面着手，把公开和监督延伸到位。通过建立重大决策预公开制度，让公众参与重大决策过程。通过加强政策解读，对涉及面广、社会普遍关注、实施有难度、专业性较强的政策文件开展解读。督促供水、供电、供气、环保、交通等行业主管部门制定完善政务公开实施方案，建立公共企事业单位办事公开网站或专栏，指导公共企事业单位做好办事公开工作。

（四）打造政务公开"升级版"，还需继续加强平台建设

大幅扩展政务信息的传播范围，贵州需进一步提升门户网站、新媒体、惠民政策项目资金信息公开平台的可用度和友好度。结合公开需求，应对门户网站的重要信息和应用系统进行整合，确保网站链接有效、搜索流畅、显示简洁、使用便利。持续加强"两微一端"平台建设，拓展政务微信或微博的覆盖面，探索建立面向公众的信息公开App。持续加强惠民政策项目资金信息公开平台建设，细化数据采集发布和交叉拓展，提升面向基层群众信

息的公开实效。同时，完善各平台组合机制，提升各平台信息的关联性和一致性，提高行政资源的利用效率。

（五）打造政务公开"升级版"，还需继续规范依申请公开

畅通的政府信息公开申请渠道是公众行使政府信息公开请求权的前提，也是加强政府部门和公众联系的重要途径。贵州各级各部门需持续规范信息公开目录，进一步理顺工作机制，逐一完善答复的工作流程、文书格式、部门的协调沟通等环节，提高答复的权威性和规范性。同时，健全依申请公开定期分析机制，对申请人多次反复申请公开的信息进行梳理和分析，对较为集中的申请内容进行自查，对可以转为主动公开的及时公开，不断拓展公开的内容和范围。

B.5
北京市西城区政务公开的实践

北京市西城区政务公开调研课题组*

摘　要： 公开透明是法治政府的基本特征。近年来，西城区立足首都城市战略定位和首都功能核心区实际，以"深入推进科学治理、全面提升发展品质"为主线，秉承"服务立区"的理念，加强基层政府自身建设，着力构建"开放、透明"的服务型政府。坚持创新引领、强化公开惠民，加强顶层设计、注重公开实效，将政务公开与重点工作相结合，使公开理念、公开意识深入人心、融入政府权力运行各环节。以民意为导向，用开放的姿态推动科学治理。"政务公开"成为推进政府工作阳光透明、增强政府公信力、推进政府治理体系现代化的有效途径。

关键词： 政务公开　基层创新　制度建设

全面推进政务公开，是新时期深入落实"四个全面"战略布局，加快法治政府、创新政府、廉洁政府和服务型政府建设的重要组成部分，是政民

---

* 课题组负责人：王少峰，中共北京市西城区委副书记，北京市西城区人民政府党组书记、区长。副组长：孙硕，中共北京市西城区委常委，北京市西城区人民政府党组副书记、常务副区长；李异，北京市西城区人民政府党组成员、副区长。课题组成员：缪剑虹、夏淑敏、任丽颖、吴旭红、范凯歌、宋洋、杨捷、杨冰茜。执笔人：夏淑敏，北京市西城区人民政府办公室党组成员、副主任；宋洋，北京市西城区人民政府办公室政府信息与政务公开办公室科员；范凯歌，北京市西城区人民政府办公室政府信息与政务公开办公室科员。

互动、政社共治、建立良性政民关系的制度性安排，是政府工作理念和服务管理方式转变的重要体现，是政府依法履职、实现国家治理体系和治理能力现代化的重要内容。近年来，各级政府先后出台关于全面推进政务公开工作的系列文件，要求将政务公开贯穿行政权力运行全流程、管理服务全过程。全国选取100个基层县（市、区）作为试点[1]，探索适应基层特点的公开方式，打通联系政府、服务群众的"最后一公里"。本文以北京市西城区创新推动政务公开工作方式为主线，总结梳理基层政务公开工作做法与经验，以期对基层政府政务公开工作有所助益。

一 西城区创新推动政务公开的背景

（一）区位特点

西城区隶属于北京市，位于北京中心城区西部，辖区面积50.7平方公里，下辖15个街道、261个社区，截至2016年底，常住人口130.1万人。西城区是首都核心区，承载了政治中心和文化中心。西城区还是党中央、全国人大常委会、国务院等办公所在地，也是国家最高层次外交活动的发生地，聚集了"一行三会"[2]等国家金融决策和监管机构以及15家全国性金融行业组织。西城区特殊的区位、特殊的区情，决定了西城的各项工作必须坚持首善标准、时刻践行"红墙意识"[3]，坚持发展为民，以首善标准做好政务公开工作。

---

[1] 《国务院办公厅关于印发开展基层政务公开标准化规范化试点工作方案的通知》（国办发〔2017〕42号）。
[2] "一行三会"：对中国人民银行、中国银行业监督管理委员会、中国证券监督管理委员会和中国保险监督管理委员会这四家中国金融监管部门的简称。
[3] "红墙意识"是"四个意识"在西城区的具体体现，是西城立足特殊区位、特殊使命、特殊责任，在增强政治意识、大局意识、核心意识、看齐意识，提高政治站位，强化职责使命担当，弘扬优秀文化基因，不断提升思想境界和价值追求的过程中，逐步形成的全区人民的共同理念和认识。它的核心内涵是"绝对忠诚、责任担当、首善标准"。

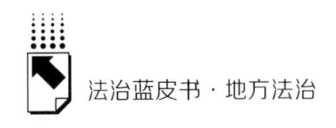

（二）外部要求

"政务公开"起源于基层，发展于实践。中国的"政务公开"是从"村务公开"开始的，是一个"自下而上"的发展过程。1987年，中共十三大提出，"提高领导机关活动的开放程度，重大情况让人民知道"，出现了"村务公开"的概念，并在多年实践基础上形成了"以村带镇"的政务公开模式。20世纪90年代后期，一些县市和地市政府和部分国家职能部门相继进行政务公开制度探索①。2000年，中共中央办公厅、国务院办公厅联合下发《关于在全国乡镇政权机关全面推行政务公开制度的通知》。2003年，中央和北京市先后分别成立政务公开工作领导小组，办公室设在纪检监察部门。2008年，《政府信息公开条例》施行，政务公开写入《国务院工作规则》，政府信息公开与政务公开并行推进。2016年2月中共中央办公厅、国务院办公厅联合下发《关于全面推进政务公开工作的意见》，同年6月北京市委办公厅、北京市政府办公厅联合下发《关于全面推进政务公开工作的实施意见》，要求到2020年，实现政务公开的全面落实，并使其成为依法行政的重要内容且成为常态。

"政务公开"以群众为根本，以需求为导向。随着社会交往方式的深刻变革，公民对自身知情权、参与权、表达权、监督权的诉求愈加强烈，对参与政府管理、知晓政府决策、监督政府履职的需求更加迫切。通过政务公开，让群众了解政府做什么、怎么做，让好的意见和建议充分表达，更大限度地汇集民智、民意，最终实现"共建、共治、共享"的新型政府治理模式，是各级政府主动适应外部环境、积极转变治理方式、不断探索新型发展道路的必然要求，也是大数据时代政府"多元共治"的必然趋势。

（三）发展沿革

2008年《政府信息公开条例》颁布实施以来，西城区坚持创新引领，

---

① 胡仙芝：《历史回顾与未来展望：中国政务公开与政府治理》，《政治学研究》2008年第6期。

强化公开惠民，以首善标准开展政府信息与政务公开工作。

1. 开局

2008年5月1日，西城区成立政府信息公开工作领导小组，由时任区委常委、常务副区长担任组长，以区政府办公室为主管部门，组建政府信息公开办公室，承担全区政府系统政府信息公开工作的推进、指导、协调和监督工作，当年设立了42个政府信息依申请公开受理点，依托区经济服务大厅、区档案馆、区图书馆、区青少年儿童图书馆、社区图书馆、街道公共服务大厅等部门建立24个政府信息查阅中心，利用电视、报纸、海报、日历卡片等多元形式对《政府信息公开条例》及全区政府信息公开工作进行广泛宣传，正式开启信息公开常态化阶段。

2. 探索

2011年，西城区委试点"权力公开"，制定《关于区委权力公开透明运行的实施方案》，将区党代会、区委全会、区委常委会以及区委各职能部门、区委直属党委、区委任命的党组等各个组织的2000多项职权以及区委书记、区长、区委副书记、区委常委、副区长个人权力清单——梳理并向社会公开，明确职责权限、规范运行程序、公开决策事项、实施全面监督。与此同时，为明确行使权力的主体、条件以及完成情况等，西城区还绘制并公开了164张权力运行的流程图。

3. 规范

2012年，西城区政府启动"权力公开"试点，继续深化完善行政权力运行工作。2014年，此项工作列入全区重点工作和督察项目，按照职权法定的原则，全面清理各类行政权力的流程，将区政府职能部门和街道办事处的6636项行政权力全部公开，同时还公布了2128张行政权力运行流程图，摸清"权力家底"、公开"权力底数"。通过对权力事项的细致梳理，进一步规范权力的行使，推动政府决策的科学化、民主化、法制化进程，使西城区的政务公开进入规范化阶段。

4. 深入

2016年，中共中央办公厅、国务院办公厅和北京市委办公厅、北京市政府办公厅先后下发"实施意见"①，要求坚持"以公开为常态、不公开为例外"，推进行政决策公开、执行公开、管理公开、服务公开和结果公开，要求在2020年实现全面落实，公开成为常态。西城区委、区政府高度重视公开工作。西城区委在第十二次党代会报告中明确要求，要将"深化公开""主动发声""加强互动""及时解读""积极回应"作为政府主动适应发展变化、有效增进社会理解与共识的重要手段②。西城区政府积极适应新形势、把握新要求，将政务公开作为法治政府建设的关键一环，提出建设法治政府，加强政府信息与政务公开刻不容缓。通过公开工作，为形成政策过程的有效参与和监督提供基础条件。通过政务公开的实施，主动释放政务信息，积极回应公众关切，给予社会和市场明确预期，提升各项工作的预见性，让群众了解政府做什么、怎么做，让好的意见和建议充分表达，让政府更加透明，赢得群众更多理解、信任和支持，进而为当地各项工作注入智慧和力量。

为全面推进政务公开，西城区强化"公开惠民、公开便民、公开为民"，着重"夯基础、抓重点、强特色"，形成了"公开格局一体化、公开理念开放化、公开流程规范化、公开内容标准化、公开平台多元化、公开范围纵深化、公开模式常态化"的政务公开"西城模式"。

二 西城区创新推动政务公开的基层案例梳理

（一）部门公开案例

1. 西城区综合行政服务中心的"让数据多跑路、让群众少跑腿"

西城区综合行政服务中心始终将提升公共服务水平、不断增强公众的满

---

① 中共中央办公厅、国务院办公厅：《关于全面推进政务公开工作的意见》（中办发〔2016〕8号）；中共北京市委办公厅、北京市人民政府办公厅：《关于全面推进政务公开工作的实施意见》。
② 《深入推进科学治理、全面提升发展品质，努力在北京建设国际一流的和谐宜居之都进程中走在前列——在中国共产党北京市西城区第十二次代表大会上的报告》，2016年12月6日。

意度和获得感作为工作目标，积极进行改革、探索和创新，让数据多跑路、让群众少跑腿。

一是整合区域服务资源。构建"1+9+15+261"三级政务服务标准体系，推进行政审批"两集中、两到位"；建设"一网式"服务门户，为办事人提供网上咨询办事；推进"三证合一、一照一码"工作，建立新办企业申请预约、"一窗式"受理，企业办事往返次数大幅减少，申请人办理时限大幅缩短；建设"一号通"12341政府服务热线，打造"上下联动、层级清晰、运行顺畅、覆盖全区"的政务服务体系。

二是摸清区内服务事项底数，加强事项动态更新。建设"西城区政务服务标准化数据资源动态管理系统"，对服务事项、服务资源和服务标准进行全流程管理和维护。各部门对照标准对行政审批事项的下放、变更、取消进行数据的更新、审核，梳理行政审批目录清单，形成全区统一、权威的行政服务资源数据库，以"行政服务百科"的形式方便社会公众查询。

三是创新服务手段。编写《西城区政务服务事项办事攻略》，从办事人的角度出发，以"事项"为中心，以法规为依据，全面告知跨部门、全流程事项办理的各要素、各环节情况。

西城区综合行政服务中心通过综合应用"互联网+政务服务"和"标准化+政务服务"的有效手段，建设"一站、一网、一号"三个"一"行政服务网络，使群众享受到公平、高效、优质、便捷的人性化政务服务。

2. 西城区民政局的"协商于民，协商为民"

西城区民政局将社区协商贯穿于社区各项事务中，并建立完善社区协商工作机制，增强社区居民自治和参与的活力，巩固夯实基层政权根基。

一是"参与型"社区协商工作在摸索中不断前行。西城区民政局自2014年开始探索"参与型"社区协商工作，制定了社区协商三年行动计划，发布了《西城区社区参与型协商工作指引目录》。2017年出台《西城区关于推进社区协商工作的实施意见》，逐渐形成西城区"参与型"社区分层协商模式。

二是建立完善"五步议事法"社区协商工作机制。"五步议事法"即确定议题、公示公告、组织协商、结果运用、协商评价等五个步骤。第一步是确定协商议题。由社区党组织、居民委员会就居民反映的问题提出协商议题。第二步是公示协商信息。把需要协商的议题、时间、地点、参加人员等具体信息通过社区公示栏等各种形式提前告知居民及相关方。第三步是组织开展协商。社区党组织、居民委员会按照公示内容组织开展协商。第四步是落实协商成果。建立健全协商成果采纳、落实和反馈机制，充分讨论协商，制订解决方案。第五步是协商结果接受群众监督。实行"上评下"和"下评上"相结合的双向考评制度，加强协商联动，实现政府治理和居民自治的有效衔接和良性互动。

3. 西城区环境建设办公室的"背街小巷治理亮名片"

西城区环境管理办公室以"亮名片"为抓手，推进背街小巷整治提升。在背街小巷整治提升行动中，围绕"亮、治、管、疏、补、保、提"七大举措，首设街巷长，成立街巷理事会，商定居民公约，亮出街巷名片，在街巷口挂牌公开街巷长、理事长等责任人姓名、电话、职责，公开街巷社会单位职责、物业单位、志愿者组织，公开街巷治理标准和拟达标期限等相关内容，让群众看得见、愿参与、能监督。身边问题立报立办，街巷环境立整立改，力争通过三年时间，完成辖区内1015条背街小巷的治理任务，打通街巷治理"最后一公里"。

（二）街道公开案例

1. 西城区西长安街街道"大数据思维与精细化管理"

西长安街街道运用大数据思维开展基层社会治理创新实践，通过两年的探索实践，逐步形成具有西长安街特色的社会治理大数据理论框架和应用服务体系。

一是精心为民服务。探索建立公共服务业务"一窗式综合受理平台"，实现一网通办、一窗通办、接办分离的政务服务创新受理模式。西长安街充分运用汇聚的辖区数据支撑"四证三券"的"送证上门"服务，平台的智慧网格短信息推送功能实时提示符合办理条件的居民信息。根据提示信息,办理成功后由街道委任的街巷长主动送证上门,实现为民办事从"等您上门"到"不劳您出门"的转变。

二是精细城市管理。根据西长安街数字红墙社会服务管理平台汇聚的数据,分析居民关注热点,呈现城市管理焦点矛盾,预测问题趋势,运用智能短信手段,及时解决城市精细化管理中的难题。将平台汇聚的实有人口、户籍人口信息与地理信息数据,运用热力图等统计图表直观呈现,辅助科学决策,以响应民心所向、民众所需。将辖区规划停车泊位情况、胡同停车保有量、实有人口车辆持有情况等汇聚起来,通过统计分析,分步规划设置公共停车场,结合运用准物业车辆管理和居民自治停车场解决停车难问题。

三是精准安全防卫。街道运用街巷长、网格员手中的智能移动终端,通过加载数字红墙 App,基于政务网 App,运用 GPS 卫星定位,实现在基于政务网的数字红墙平台 GIS 地图上的实时定位,便于面对突发情况开展巡防和人员调度。西长安街街道在辖区内的重点区域探索运用人工智能技术,开展监控图像识别应用。对可视范围内出现的气球、风筝、无人机三类"低慢小",开展识别、追踪,实时反馈到街道全响应指挥分中心轮巡人员操作界面的同时,以短信或手机致电方式提醒相关部门稳控力量开展积极处置。

2. 西城区广安门内街道的报国寺百姓论坛

广安门内街道报国寺社区通过"百姓论坛"为党员居民搭建表达民意的舞台。社区居民畅所欲言、表达意见,真正实现社区事务和居民参与的良性互动。此项活动已坚持发展了十年。

一是确立一批引领人,搭建政民互动的阵地。社区党委进一步加强百姓论坛引领人队伍建设,建立论坛引领人队伍,以"一人引领大家谈"的方式宣讲方针政策、社区事务,统一思想、凝聚共识,让群众感到可亲可信可参与。

二是丰富讨论内容,探索党员群众参与途径。街道和社区以"百姓论坛"为依托,最大范围内征求群众意见建议,发动居民和周边社会单位开展社区民主协商，采取召开居民听证会、张贴公示、调查问卷、入户走访等多种形式听取居民声音。

三是采取多种形式，切实解决居民的实际问题。社区通过党员群众提要求、引领人宣讲群众需要的各种知识，提高居民参与讨论的兴趣，进一步提高了党员群众的主动性，切实解决了社区建设过程中面临的实际问题。

社区党委始终把"百姓论坛"作为社区精神文化的宣传阵地，通过论坛架起社区党组织与党员居民的桥梁，解决居民关注的热点、难点问题，切实丰富社区政务公开建设内涵。

3. 西城区金融街街道的"白领圈"无线交互平台

金融街街道在推进政务公开工作中，着力注重载体建设，分阶段、分批次稳步建成以政务电子网为基础，街道公共服务大厅为辅助，无线交互App为支撑，新媒体（微信公众号、报纸）为特色的立体化政务服务体系。一方面，对重大活动和重要工作进行及时通报，让群众了解、关注和支持发展工作。另一方面，通过多渠道公开，进一步提高街道政务工作透明度，主动接受群众监督。

街道注重打造新媒体平台，形成以金融街周报为基础，不断充实完善政务微信公众号发布平台，建立街道政务信息新媒体发布机制，充分发挥新媒体网络传播力和社会影响力，提升便民信息推送比例，扩大传播范围，不断增强传播效果。比如，"北京金融街"微信公众号已推送300期，政务类新闻千余条，微信公众号粉丝2500余人，推送经过转发和分享，受众平均近5000人/期。

街道主动创新公开载体，创立金融街街道无线交互App，其核心是突破传统限制，实现政务公开智能化。街道通过App实时公布街道简介、办事流程、交通动态、工作动态信息等，随时随地提供便民资讯。比如，金融街无线交互平台自2012年建立，经三次升级完善，累计发布信息2000余条。

大栅栏街道、新街口街道、白纸坊街道通过"走下去、请进来"等形式邀请人大代表、政协委员、驻区单位代表、居民代表等参加主任办公会、重点工作专题会、座谈会,以会议开放的形式全面推进政务公开运行透明;德胜门街道、广安门外街道立足于"贴近于民、服务于民"的工作宗旨,把征集社情民意、听取群众意见作为凝聚智慧、推进工作的重要途径,实实在在为群众办实事、解难事;陶然亭街道、月坛街道加强信息公开平台机制建设,积极推进政务服务事项公开;椿树街道、广安门内街道以"四个突出、巩固提升"为主线,积极主动抓工作,整体推进出成效,切实把政务公开工作做特做亮;天桥街道、牛街街道创新政策解读方式,组织专家力量,多渠道组织宣传,保障群众的知情权、参与权和监督权;展览路街道结合"互联网+"新形势,充分利用微信公众号和手机App,探索新媒体在政务公开中的应用;什刹海街道把握快、谈、准、细四个重点,推进依申请公开工作精细化、规范化。

三 西城区创新推动政务公开的主要做法及经验

(一)以组织领导为基础,促公开格局"一体化"

一是抓机构,完善组织领导。西城区成立了以区委副书记、区长为组长,常务副区长、分管法制的副区长为副组长,区内重点领域牵头部门、业务部门、档案部门等负责人为成员的政务公开领导小组,领导小组办公室设在区政府办公室。原西城区政府信息公开办公室更名为西城区政府信息与政务公开办公室,为区政府办公室内设机构,增设一科、二科,人员编制8名,负责组织协调、指导推进监督检查全区政府信息与政务公开工作。同时,西城区要求全区各部门、各街道、各公开机构均要建立健全政务公开领导机构,成立领导小组,由主要领导担任领导小组组长,明确主管领导具体负责政务公开,制定区政务公开"一把手"关注事项清单,细化主要领导责任,强调各单位办公室在政务公开工作中的牵头作用,要求配齐配强专职工作人员。

二是夯基础,强化高位统筹。2016年是西城区全面推进政务公开的开局之年，也是西城区作为100个基层试点单位探索推进的起步之年。为快速启动工作、落实公开任务、适应形势要求，西城区制定了"快起步、稳推进、分步走"的工作思路，于8月由区长主持、区政府全体副区长参会，召开西城区政务公开工作部署电视电话会，部署2016年相关工作。工作启动后，边探索实践、边起草完善指导全区的五年工作实施意见。前期实践中，西城区强化顶层设计、重视高位统筹，先后由区领导组织召开近十次会议调度政务公开工作。与此同时，充分发挥政务公开各领域牵头部门统筹协调作用，将公开与区内重点工作相结合、与业务部门相配合，形成了上下联动、紧密衔接、协同共享的工作模式。

（二）以分层培训为载体，促公开理念"开放化"

为捋顺"办公室统筹协调、各科室全员参与、产生信息即有公开责任"的工作机制，真正通过公开促规范、促提升、促依法依规履行职责，西城区以培训为载体，将业务理论学习与公开理念提升相结合，通过分层、分类、多元化的培训方式，引导全体工作人员树立"政务公开人人有责"的开放式公开理念。

一是通过普适性培训宣传贯彻理念。按照政务公开工作要求，西城区制订年度培训计划，将政务公开列入各级领导干部任职培训和公务员初任培训课程体系。2016年至今，先后召开四次政府信息与政务公开工作部署会、业务培训会、依申请公开研讨会、中期推进会，共计1300人次参加。与此同时，紧密结合全区科级干部培训，两次对科级干部宣传贯彻政务公开理念，实现政务公开主管领导、工作人员培训全覆盖。

二是通过点对点培训深化认识。西城区政府信息与政务公开办公室为进一步推动工作，使"公开人人有责"的理念进一步深化、范围进一步拓展，采取主动安排与自愿报名相结合的方式，送培训上门，先后到全区32个部门、街道对1000余人开展了"点对点"培训。培训内容围绕"政府信息与政务公开发展历程、什么是政务公开、怎么看政务公开、怎么干怎么办"四个方面，细致剖析政务公开的内涵与外延，传导理念的同时强化认识、达成共识，成效显著。

三是通过菜单式培训强化业务。2017年，西城区将政务公开培训的重点放在"专业性、精准性、实效性"上，注重培训内容的针对性。创新探索"菜单式主题"培训与"沙龙化互动"培训新模式，让参训人员自愿报名、自主选题、自由讨论。2017年上半年，西城区依托政府专家库和法律顾问团队共开展三期依申请公开专题沙龙培训、一期政务公开主题培训，与全区200余名工作人员进行业务沟通、疑难研讨，搭建起辐射全区的公开工作互动交流平台。

（三）以制度建设为保障，促公开流程"规范化"

一是强化公开顶层设计，保落实。西城区与第三方机构合作开展了"政务公开现状及需求调研"，先后共召开9场座谈会，下发5322份调查问卷，总结归纳出公众和企业对西城区政务公开工作的认知、评价和需求。在此基础上，按照中共中央办公厅、国务院办公厅和北京市委市政府关于政务公开工作的要求，结合前期政务公开工作推进实际，西城区制发了指导未来五年政务公开发展的实施意见[1]及配套细则[2]。实施意见强化通过政务公开助力西城发展转型和管理转型的总体思路，突出法治思维、服务思维、创新思维、正面导向、群众导向和需求导向的原则性要求，分阶段制定2020年前政务公开的工作目标。实施细则是对意见的细化、深化和拓展，对意见逐条进行解释说明，明确要求、内容和时限，对西城区未来五年的政务公开工作进行顶层设计和规划。与此同时，西城区每年度制订工作方案及要点，将工作任务细化为"重点公开内容"（必公开项）、"重点提升特色公开内容"（区内自选项）、"探索公开内容"（市级部门公开但区政府也开展的工作）、"日常公开内容"（政府信息公开工作的延续性要求）四个方面，确保公开

---

[1] 中共北京市西城区委办公室、北京市西城区人民政府办公室：《北京市西城区关于全面推进政务公开工作的实施意见》（京西发〔2017〕6号）。
[2] 北京市西城区人民政府办公室：《关于贯彻落实西城区政务公开实施意见的细则》（西政办发〔2017〕6号）。

工作有序推进。

二是建立专项工作机制，促规范。西城区为进一步规范工作流程，由区政府信息与政务公开办公室牵头，制定了10余项专项工作机制，指导全区公开工作，确保公开实效。"义务主体规范办法"以"谁制作谁审查、谁公开谁应诉、谁违规谁担责"为原则，实现了公开工作责权利纪的统一；"依申请公开工作规程"在有法可依、有法可循的前提下，从政府信息依申请公开工作实际出发，梳理、继承了既有的、可行的、有效的好机制、好方法，注重创新、发展，在工作机制、工作流程等方面取得新突破；"预公开与政策解读工作流程""公报编辑及发布流程""依申请公开审签流程""主动公开工作流程""公开目录编制指南"规范公开程序，"政务公开考评细则"明确监督保障，"四同机制工作实施办法""政府向公众报告工作实施办法"强化公众参与。

三是理顺工作运转模式，见实效。西城区政务公开工作突出"主动"与"联动"，"主动"指积极作为、统筹调度、形成合力，"联动"指上下联合、内外互动、严控风险。政务公开依托牵头部门，结合重点工作，借力专业外脑，依申请公开主管部门统筹协调、业务部门主责办理、保密部门协助审查、法制部门审核把关。与此同时，建立风险防控体系，探索信息发布风险研判机制，将风险评估、舆情监测、经验总结和案例研讨作为风险防控的重要内容。

（四）以"三批清单"为抓手，促公开内容"标准化"

清单建设是现阶段政务公开标准化的有力抓手。为确保公开内容的实效性，使公开标准更加清晰、公开内容更加明确，2016年8月以来，西城区开展了三批清单建设工作，以清单形式明确公开要求，解决公开内容不全面、主动公开随意性大的问题。摸清政府信息底数，使公开有理、有据、有序。

一单定标促落实，"必公开项"清单。按照北京市政务公开工作要点的要求，西城区结合工作实际，本着只增不减的原则，梳理制定年度"必公开项"清单，2016年梳理完成17项66条"必公开项"。同时，整合政府门户网站重点领域公开专栏，调整栏目设置，优化公开内容，减少动态类信息发布数量，增加城市治理、棚户区改造、义务教育等民生关注事项，严格按照时间节点和公开要求，将市政府要求区政府必须公开的内容在专栏中"应公开尽公开"，并做好动态管理。

一单到底全覆盖，重点领域区街两级清单。2016年底，西城区按照北京市政府的要求，参照市政府重点领域政务公开清单的标准，启动梳理并编制完成部门41大类305项、街道10大类46项西城区重点领域区街两级清单。清单实现财政预决算、保障房、重大建设项目等重点领域全覆盖。信息名称、内容标准、公开主体等内容均包含在清单目录之中。在此基础上，西城区主动拓展延伸公开41项街道办公共服务事项清单，公开事项名称、设定依据、办件类型、办件对象、办理科室、最终审批权限，清单内容根据实际变化动态调整。

一单管用建台账，政府信息目录清单。按照试点工作安排，结合区政府会议提出的"建立主动公开目录"要求，经过专家论证，西城区确定了以各部门三定职责为切入点，逐项梳理公开清单的工作思路。2016年选取区教委、区民政局、区财政局、区人社局、区房管局、区卫生计生委、区安全监管局、区行政服务中心、西城工商分局9家试点单位先行探索，借助专家团队对上述单位共计95个科室一对一辅导确认，除已公开的权责清单及第一、二批清单外，又梳理补充917条内容，9家试点单位172个科室共梳理完成1903条目录清单。2017年，梳理范围将由9家试点单位向全区83家部门全面扩展，最终建立完成西城区政府信息目录清单库，并据此逐步形成主动公开目录清单、依申请公开目录清单、政务公开负面清单。使政府信息底数清，工作人员职责明，公开标准有依据，公开实效看得见。

（五）以局部开放为突破，促公开范围"纵深化"

政务公开是一项长期性、渐进式的工作，公开内容和程度均面临从无到有、由粗到精的过程。西城区创新工作思维，探索局部公开，实现公开难点

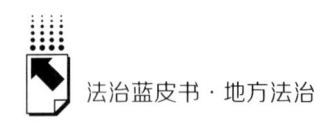

新突破，促进公开范围纵深化。

"三个公开到户"，征收补偿阳光透明。西城区白纸坊地区棚改项目总占地面积约29.2万平方米，涉及居民总户数近5600户，均创下西城区历年之最。区房管局（区征收办）牵头在白纸坊棚改征收项目中试点"三个公开到户"，取得显著成效，多角度、全方位保障了公众的知情权、参与权、监督权与建议权。"三个公开到户"即在严格执行《国有土地上房屋征收补偿条例》和《北京市国有土地上房屋征收与补偿实施意见》等相关配套文件做到"九步骤五公开"的基础上，采取结合墙上公示和电子信息查询的方式，做到全部公开到户。深入研究继续扩大公开公示的范围和内容，研究将所有查询事项信息化、透明化、精细化，充分突出"公平公正，阳光透明"。西城区房屋征收项目整体签约比例已超过97%，通过房屋征收改善了9000余户居民的居住条件。

"双随机一公开"信用监管联合惩戒。以北京市西城区企业监管信息共享平台为渠道，着力打造"一个机制、一个平台、联合惩戒"的事前事中事后监管体系，推进信用监管零容忍。西城区建立市场监管联席会机制，强化区级层面对全区市场秩序监管的统筹协调。在联席会领导下，由西城工商分局主导开发了西城区企业监管信息共享平台，归集市场风险预警信息和违法违规信息。平台搭载"双随机"抽查功能，建立"两库一清单"，包括全区市场主体库、执法人员库以及检查事项清单，通过"两库一清单"随机分配任务，并将任务执行情况以及检查结果及时向社会公开。

司法公正
Judicial Fairness

B.6
江苏法院推进基本解决执行难阶段性报告

江苏省高级人民法院执行局课题组*

摘　要： 本着省域和实证的视角，本报告深入分析了江苏法院在推进基本解决执行难工作初期的基础和条件、面临的困难和挑战，认为江苏法院在已实现执行工作良性循环发展的有利条件下，举全省法院之力攻坚克难，一年多来取得了显著进展，并对2016年3月至2017年5月江苏法院推行的各项举措及经验进行了阶段性、系统性的总结。

---

* 课题组负责人：褚红军，江苏省高级人民法院副院长。课题组成员：刁海峰，江苏省高级人民法院执行局局长；朱嵘，江苏省高级人民法院执行局综合协调处处长；程洁，江苏省高级人民法院执行局助理审判员；夏从杰，南京市秦淮区人民法院执行局助理审判员。执笔人：朱嵘、程洁、夏从杰。

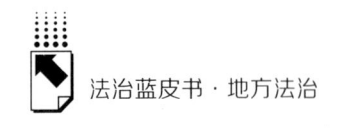

关键词： 江苏法院　基本解决执行难　执行信息化

2016年3月，最高人民法院在全国人民代表大会上作出了"用两到三年时间基本解决执行难问题"的庄严承诺。一年多来，江苏法院进一步练好内功、补齐短板，举全省法院之力攻坚克难，为完成基本解决执行难的目标任务奠定了坚实的基础。

一　现状与基础

2013年以来，江苏法院本着"权利兑现最大化、执行效率最大化"的执行理念，执行工作进入良性发展轨道。至2016年初，基本解决执行难工作已经具备了一定基础。

（一）执行信息化建设取得突破性进展

一是案件管理平台全面投入使用。执行案件已全部通过专门系统进行管理，历年积案已基本补录入最高人民法院执行案件管理系统，执行案件体外循环的现象已经杜绝，通过网络系统管理案件的软硬件条件基本具备。立案、查控、文书制作等执行活动实现网上操作，并同步生成电子卷宗，网上办案成为工作常态。

二是初步建立立体化、多方位、多层次的网络查控平台。江苏省高级人民法院（以下简称"江苏高院"）"点对点"查控系统覆盖商业银行的范围从最初的8家扩大到31家，功能从仅能网上查询拓展为部分银行网上查控一体。自2014年投入使用至2016年初，已完成查询逾5000万次，查询到存款逾6000亿元。江苏高院还与省工商局建立了投资和股权信息的查询、冻结、公示系统，与省公安边防总队建立了出入境控制网络系统，并与上海、浙江、安徽等省份建立了银行存款互查平台。各中级、基层法院"点对点"查控系统已涉及国土、房管、车管、公积金、税务、公安、计生、中小银行、村镇银行等领域,连通协助执行单位200多家。部分基层法院与本地信息源的"点对点"查控系统实现了全自动电脑操作和查询、冻结、扣划一体化运行。

三是三级法院执行指挥平台全部建成并投入使用。全省各法院的执行指挥中心基本建成,初步实现了"信息灵敏、反应快速、指挥有力、协同有方"。首先,实现了远程实时指挥,协同作战能力大为提升。全省法院配备4G单兵系统572台,指挥中心可实时接收执行人员在执行现场传输的音视频信号,并下达指令。上级法院也可以通过指挥中心,对辖区内所有法院的执行力量实施统一调动、统一指挥。其次,实现了案件全程留痕,有效防止了信息不对称带来的管理失效。执行人员配备执法记录仪1330台,在案件执行中对财产查询、强制措施、财产处置、款物交接等关键节点全程记录,并能够即时输入案件管理系统,形成电子档案,以便随时调取。最后,建立举报电话系统及24小时值班制度,快速反应能力大为提升。三级法院举报电话向社会公开,与24小时值班手机连通,值班手机与执行案件管理系统连通。一旦接报并核实,执行指挥中心即向距离被执行人或其财产最近的法院或执行人员下达指令,在第一时间出警实施有效控制。

(二)财产处置方式实现重大变革

自2014年起,在全省法院全面推行司法网络拍卖,财产变现的效果和效率大为提升。江苏在全国率先实现"三个全部两个零"。"三个全部"是指所有法院全部入驻网络司法拍卖平台、所有需要变现资产全部网上拍卖、所有拍卖环节全部网上公开。司法网拍的全面推行,实现了"两个零"的效果:一是所有拍卖实现"零佣金",仅2015年就为当事人节约佣金约9.4亿元,相当于多实现了9.4亿元的债权;二是司法网拍领域实现"零投诉"。由于网络拍卖具有流程公开透明、受众空前广泛、操作简便易行等优点,司法拍卖上网后,拍卖次数、成交金额均大幅上升。全省法院2014年司法网拍26759次,成交金额116亿元;至2015年,网拍已达到

44367次，成交总金额超过187亿元，同比增长近68.7%，网上围观人数超过5000万人次，拍品成交价屡屡创造网拍平台单笔拍卖成交价最高纪录。

（三）逐步落实对失信被执行人的惩戒措施

截至2016年7月，江苏全省法院共向"失信被执行人名单"系统推送信息58.78万人次，根据最高人民法院的统计，江苏发布量位列全国第二。失信被执行人名单的发布取得了良好的效果，已促使43267名被执行人主动履行了义务。"黑名单"信息还通过省法院执行指挥中心同步向中国人民银行分行、江苏省工商行政管理局、江苏省住房和城乡建设厅、江苏省信用中心推送。失信被执行人由此在申请贷款、乘坐高铁飞机以及招投标等方面受到了极大限制。此外，各地法院还通过公共屏幕、互联网、公告栏、地铁视频等载体公布"黑名单"，对这些失信被执行人形成高压威慑。

（四）终结本次执行程序案件管理基本到位

出台《关于依法正确适用终结本次执行程序及加强终本案件单独管理的意见》，对终本案件管理全面推行以下措施：一是进一步规范"终结本次执行程序"方式结案的标准和程序，明确"穷尽财产调查措施"的要求和终本裁定书应当载明的内容；二是规定以终本方式结案的案件，结案前应当将被执行人纳入失信被执行人名单，并对其采取限制高消费的跟进措施；三是要求各级法院确定专门人员对已结终本案件进行单独管理，从而将终本案件从执行人员手中剥离，使其能够集中精力办理新收执行案件；四是建立终本案件动态管理机制，要求法院依职权每6个月主动、集中对涉案被执行人进行一次财产调查，一旦发现财产立即恢复执行，同时要求终本结案5年未发现财产可供执行的，法院原则上不再依职权主动启动财产调查；五是开发终本案件管理系统，通过电脑软件对终本案件实行集中管理、分类管理、动态管理和关联案件筛查。

（五）审执分离体制改革政策准备工作基本就绪

在深入调研的基础上，江苏高院起草的《关于实行审判权和执行权相分离体制改革试点方案的报告》《执行实施人员警务化改革方案》已经最高人民法院批准同意，并向江苏省司法体制改革领导小组提交了《关于实行审判权和执行权相分离体制改革试点方案的报告》。

二 困难及挑战

（一）执行案件数量逐年大幅增长

2013~2016年，江苏法院受理执行实施案件数量分别为318203件、390503件、481302件和572618件，连续四年位列全国第一，年均增幅达21.65%，2016年较2013年增长了79.95%。执行案件数量约占全国法院受理执行案件总量的1/10，全省法院受理各类案件总量的1/3。全省115个基层法院中，新收执行实施案件数超过5000件的，2014年仅有13个，2016年达到32个。

（二）自动履行比例下降

民事判决、调解案件进入执行程序的比例不断上升，2015年已达到60.94%，全省法院受理执行案件数量的增速超过全省各类案件总体增速约5个百分点。执行案件自动履行率及和解率呈下降趋势，2015年分别仅占执结案件的16.31%和5.55%；案件执行难度普遍增加，实际执结率逐年下滑，2014年为42.16%，2015年仅为36.55%。

（三）执行力量严重不足

截至2015年底，全省法院中政法编制执行人员仅有1883人，以全国1/20的在编执行人员承担了全国1/10的执行案件。在编执行人员中法官共

1349人,年人均办案已超过300件,有的甚至超过700件,长年处于"超饱和"工作状态①。未结案件数量大幅增加,2013年为57033件,2014年为82513件,2015年已突破10万件大关,达到105925件。尽管执行结案数量也在逐年增加,2015年已达到375377件,较2014年增长21.88%,但增幅仍低于执行案件新增的速度。同时,各级法院执行部门人员素质普遍弱于审判部门,一半以上执行法官年龄超过45岁,缺少年富力强的骨干人员,后备力量薄弱,专业性和强制性均难以适应执行工作要求。

(四)制度供给仍然不足

现行《民事诉讼法》关于强制执行的规定过于笼统,可操作性不强,最高人民法院司法解释不够系统、完善。很多执行制度仍过于粗疏甚至存在法律空白,强制执行领域制度供给不足的问题未能得到根本缓解。

(五)执行手段总体缺失

尽管法院目前的执行手段已经有所加强,但不可否认,执行手段总体而言呈现一种"残缺"状态,时至今日,仍然没有对抗拒和规避执行行为的惩戒权,也没有对执行人财产和行踪的查询权。现代化、信息化的执行手段缺乏,现有执行手段的时效性及覆盖面无法满足现实需要,大量案件仍需执行人员四处奔走找人找财产。

(六)执行案件退出渠道不畅

每年以终结本次执行程序方式结案的案件占到全部执结案件的一半左右,使执行工作陷入案件越办越多的恶性循环。以南京市为例,2012～2014年,该市两级法院受理申请破产清算的案件分别为16件、35件、41件,总

---

① 根据江苏高院执行局2014年对基层法院执行案件饱和度所作调研,调研对象2013年人均结案数达到231.75件。经测算,在当时的工作环境、装备状况和人员配备条件下,一名执行办案人员每年在不加班的情况下,饱和工作量为143.36件,即基层法院执行人员普遍长年处于"超饱和"工作状态。

计92件。而这三年中,南京两级法院以"终结本次执行程序"方式结案的执行实施案件多达14356件,其中被执行人为企业法人的7695件,所占比例为53.6%。这些案件大部分本应通过企业破产制度解决,但仍难以进入破产程序,导致优胜劣汰的市场主体退出机制几近失效,大量执行不能的案件沉积在执行阶段。

(七)执行体制机制尚不能完全适应执行实践要求

一是统一管理机制未能完全落实到位。执行工作中上级法院对下级法院管案缺乏权威、管事缺乏力度、管人缺乏手段的状况未得到根本改观。三级法院执行局定位雷同,未能充分发挥各自的职能作用。法定的执行异议、复议、监督等制度未能充分发挥监督、救济和分流信访压力的作用。

二是执行信息化建设仍存在短板。执行网络查控系统的信息源有待进一步拓展。查控系统操作大多仍采用人工方式,自动化程度不高。"信息孤岛"普遍存在,"信息拥堵"问题突出,很多法院不得不在夜间、节假日等系统使用量较少的时段开展网络查询工作。"重建设轻使用"的情况还较为普遍,执行指挥中心"空心化"问题突出,不少法院的执行指挥中心没有固定人员负责运行维护,值班、备班制度落实不力。

三是执行案件办理机制存在不少薄弱环节。部分法院仍然沿袭"一人包案到底"的传统办案模式,执行人员缺乏必要的配合协作,存在大量的重复性劳动,也存在廉政隐患。法律赋予执行机构的执行手段,尤其是拘留、罚款、搜查、强制审计、强制管理、悬赏举报等措施,在不少法院没有得到充分运用,被执行人财产报告制度更是几乎形同虚设。少数法院不能充分发挥失信被执行人名单制度的作用,应纳入不纳入、应屏蔽不及时屏蔽,联合信用惩戒合作备忘录的内容也亟待落地生根。执行公开透明度有待进一步加强,消极执行、选择执行问题仍然较为突出。单独的执行案件质效考评机制、符合执行工作特点的履职保障机制尚未建立,部分法院对执行工作的车辆、通信器材、网络流量等物质保障不到位。

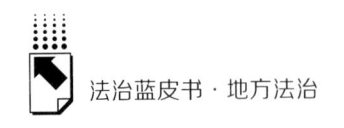

三 江苏法院推进基本解决执行难的主要做法及成效

(一) 凝聚共识,初步形成解决执行难大格局

1. 开展专题调研

早在 2015 年,江苏高院就组织力量围绕"执行难"问题的形成过程、主要表现、产生原因、解决对策等展开调研,并形成逾 5 万字的调研报告。最高人民法院提出"用两到三年时间基本解决执行难问题"后,2016 年,江苏高院召开了多场座谈会,全方位听取广大执行干警和社会各界的意见和建议。

2. 确定总体目标

2016 年 5 月,在最高人民法院主要领导来苏调研期间,江苏高院专门汇报了江苏基本解决执行难的规划和打算,并提出,"江苏法院要加强执行工作的规范化、信息化建设,多措并举打好组合拳,以'钉钉子'精神狠抓落实,确保如期完成任务,为全国法院发挥良好示范作用"。根据最高人民法院领导的指示,结合江苏法院执行工作的实际情况,确定了江苏基本解决执行难问题的总体目标:在江苏已基本实现执行工作良性循环发展的基础上,进一步努力练好内功、补齐短板,在两年内实现最高人民法院所确定的基本解决执行难的总体目标。

3. 制订实施方案

2016 年 7 月,江苏高院立足本省实际,制定并下发了江苏法院《关于落实"用两到三年时间基本解决执行难问题"的实施方案》及"任务分解表",确定了 4 大目标、8 项改革任务、46 项具体工作、83 项改革措施,逐项明确责任单位和完成时间。全省三级法院均成立由各法院主要领导担任组长,分管领导担任副组长,政工、纪检监察、审管、司法行政、技术、宣传、执行等部门为成员单位的"基本解决执行难问题"工作领导小组。根据江苏的地域特点,确定了南京市中级人民法院,以及分别位于苏南、苏中、苏北的无锡市中级人民法院、苏州工业园区人民法院、南通市中级人民法院和泰州市海陵区人民法院、徐州市中级人民法院和连云港市赣榆区人民法院，共7家法院为"基本解决执行难问题示范法院"。

4. 深入动员部署

2016年7月14日，江苏高院组织召开全省法院推进"基本解决执行难"工作电视电话会议，省内相关部门应邀出席会议。会上对江苏基本解决执行难工作进行了部署，并对全省法院近年来涌现出的先进集体和先进个人进行了表彰。2016年11月30日，江苏高院再次召开全省法院执行工作电视电话会议，结合江苏省第十三次党代会提出的"高水平全面建成小康社会"的要求，明确下一步工作重点，进一步提出"举全省法院之力"推进"基本解决执行难"。2017年4月12日，江苏高院又在徐州市铜山区人民法院召开全省法院基本解决执行难现场会，重点针对执行指挥中心实体化建设、终本案件管理和"执转破"工作，有针对性地强化工作部署。

5. 多方争取支持

在法院内部广泛动员、统一思想、深入部署的同时，江苏高院积极争取省委领导和各界的支持。2016年8月12日，江苏省委主要负责同志视察江苏高院执行指挥中心，对基本解决执行难作出重要指示。江苏省委政法委主要负责同志多次对执行工作作出重要批示，并直接关心、亲自协调，解决了执行机构建制、队伍建设等重大问题。南京、无锡、盐城、淮安、徐州、宿迁、镇江、南通等地市委、市人大、市政府专门下发支持人民法院基本解决执行难的实施意见。2016~2017年一季度，江苏省共有1986名四级人大代表、政协委员深入执行一线参与执行活动。党委领导、人大监督、政府支持、法院主办、各部门配合、全社会参与的基本解决执行难工作大格局已基本形成。

（二）依托信息化平台，强化常态化集中执行

1. 不断提升网络查控能力

全省三级法院全部启用"总对总"查控系统。至2017年6月，已可查

控21家全国性银行和18家江苏本地银行的存款信息和南京、苏州及省外部分地区不动产信息。利用该系统，江苏法院2016年查询存款9076亿元，冻结122亿元；2017年1~5月，查询存款17512.68亿元，冻结77.09亿元。

根据属地负责、分级开发原则，进一步拓展省内三级法院"点对点"信息源。至2017年6月，已覆盖17个领域，各类信息源接口达到152个，各级各地信息源实现全省共享使用。2017年1~5月，"点对点"网络查控系统查询量达到3224.77万次，较2016年同期上升173%。其中通过江苏高院"点对点"系统，查询银行存款2996.82万次[1]，工商登记19.54万次，公安户籍、出入境证件、车辆、实时住宿信息33.35万次，省内8家国土资源局不动产登记中心不动产信息49.54万次，网购平台用户送货地址和联系电话信息44.73万次。省住房和城乡建设厅公积金查控、省地税局涉税信息查询、江苏保监局保险理财产品查询、江苏银监局银行理财产品、基金产品、保管箱查询等，已与相关单位签订协议并进入软件开发阶段。

在以往执行信息化建设的基础上，大力推进云计算、人工智能等技术在执行领域的应用。2017年1月，三级法院"点对点"查控系统全部迁移到江苏"法院云"的"执行云"平台，通过计算资源和存储资源的按需分配、弹性扩充，实现所有信息源在云上共享，所有查控指令在云上快速受理、快速反馈，所有查控操作网络化、自动化，解决了执行网络查控系统以往存在的"信息孤岛"和"信息拥堵"问题。此外，江苏高院委托无锡市中级人民法院开发的被执行人"履行能力画像"系统，已在无锡两级法院试运行；开发新收执行实施案件立案24小时后自动发起针对被执行人在江苏省"点对点"网络查控系统中进行财产查询的软件，已在徐州两级法院试运行。下一阶段上述系统将在全省全面应用。

2. 坚持集中执行常态化

在执行实践中，徐州两级法院认为，"互联网+"时代的信息化手段在今后一个时期还无法完全取代"冷兵器"时代的传统执行手段，现阶段基

---

[1] 江苏法院"点对点"金融查控系统目前仍与"总对总"系统并行使用。

本解决执行难，仍然需要继承和发扬执行工作的优良传统，以"踏遍千山万水、走进千家万户"的传统执行方式，清除信息化手段难以覆盖的死角。对涉民生案件、农村地区案件、被执行人社会化程度较低案件、被执行人下落不明案件、需要采取强制迁退房屋土地或扣押财产等强制措施的案件、社会影响较大的案件等类型案件，尤其需要集中执行力量开展现场执行。为此，徐州采取了"集中执行常态化"的方式，即集中执行力量，在被执行人及其财产可能出现的场所和时段，充分运用搜查、拘留、罚款等手段，常年开展"凌晨执行""假日执行""现场执行"。

徐州市中级人民法院的这一工作经验得到最高人民法院和江苏高院的肯定，并在江苏全面推广。2016年，全省法院开展集中执行活动4272次，出动执行人员7.2万人次。2017年仅一季度，就开展集中执行活动1159次，出动执行人员2.2万人次，解决了大量涉民生案件、小标的案件和农村地区案件。有的大型集中执行活动，一次性集中出动执行人员超过200人。

3. 不断完善司法网拍，加大财产处置力度

江苏法院网拍率已基本达到100%，仅个别特殊拍品经省高院审批后仍进行传统拍卖。除房地产、机动车、机器设备、股权等常规拍品外，还成功拍卖了生猪、金龙鱼、黄酒、商标权、加油站经营权甚至苏州园林等特殊拍品。2016年全年，全省三级法院共上网拍品22091件，进行网络拍卖55563次，成交金额351.33亿元，是2014年的3倍，2015年的1.8倍，网上围观人次累计超过1.76亿。苏州市中级人民法院2016年10月4日网拍上市公司"全新好"3100万股股份，吸引了近7万人网上围观，经过127次竞价，6.4亿元起拍以8.31亿元成交，刷新了当时全国法院网拍最高成交纪录，每股成交价比流通股股价溢价超过10%。2017年1~5月，已上网拍品8986件，进行网络拍卖13271次，网拍成交金额已达到174.71亿元。

《最高人民法院关于人民法院网络司法拍卖若干问题的规定》颁行之后，江苏法院在以往网拍工作的基础上，将解决"保留价难评估""竞买人难融资""流拍标的难处理""成交标的难交付""网拍信息难获知"等问题作为重点，着力促进拍卖价值和效率的最大化。一是克服"评估依赖症"，将当事人协商和向物价、房管、二手车市场等单位、部门或社会机构询价、参考同类标的物市场交易价等作为确定保留价的重要方式，一些法院非评估拍品已经超过总量的60%。同时推进评估费用收取方式改革，将拍卖标的物是否成交与是否收取评估费关联，不成交就不收费，遏制了评估价"虚高"，防止了保留价与实际市场价格的脱节。对一些小标的拍品，探索进行无底价拍卖。二是推动金融机构开展"易拍贷"等业务，为参拍人提供贷款支持。2016年仅中国银行江苏分行就为司法网拍买受人发放贷款940笔，累计金额9.37亿元。三是通过对首轮网拍无法变现资产进行"二轮网拍"，推进拍品"清零"。对于在司法拍卖过程中流拍的不动产、机动车以及其他财产，执行法院可以在30日内启动第二轮司法网拍。四是排除影响网拍成交后标的交付的各种负面因素。要求不动产一般应在清空后再拍卖，执行法院应负责在拍卖成交后将拍品交付买受人，不得在拍卖公告中规定税费一律由买受人承担。五是将网拍宣传工作委托给专业传媒公司，加强网拍宣传力度，提高网拍社会关注度。

（三）完善终本案件的动态管理，有进有出

1. 加强终本案件的管理和把关

一是全面落实终本案件集中、动态管理。已将历年累积的83万件终本案件全部录入终本案件管理系统，由各级法院安排专人进行管理，定期自动对被执行人财产进行查询，各级法院得以甩掉历史包袱轻装上阵，也使终本案件不再处于"脱管"状态。2016年，全省法院发现被执行人财产后恢复执行的终本案件43518件，较2015年增长122.41%，执结34681件，执行到位金额101.85亿元，较2015年增长187.62%。

二是严把终本案件质量关口。2016年7月，江苏高院出台《关于建立无财产可供执行案件退出和恢复执行机制的若干意见》，要求对于无财产可供执行的案件，在终结本次执行程序之前，需符合法定条件。2016年底，又下发《关于落实最高院关于严格规范终结本次执行程序规定 进一步加

强和规范终结本次执行程序案件管理的通知》，对终本结案的条件、终本裁定书的格式及内容、终本案件定期检查等提出具体要求。2017年初，开展"万起终本案件回头看"专项活动，通过专项检查发现问题、责令整改，提升终本案件管理质量。专项活动中各级法院共检查2016年底到2017年初结案的终本案件20932件，恢复执行5702件，占终本案件总数的27%。同时实行"一案双查"，发现终本案件存在消极执行、选择性执行问题的，予以全省通报批评。

2.建立执行案件移送破产机制

2016年7月，江苏高院出台《关于规范执行案件移送破产的若干规定》，明确规定了符合破产条件的告知与释明、移送破产的条件和程序、移送前准备、破产受理后的衔接等，畅通"执转破"渠道，并要求各级法院设立"执转破"审查协调小组，推进由业务庭与执行局法官组成混合破产合议庭，集中解决"执转破"案件。南通、盱眙等地法院从服务供给侧结构性改革出发，将"执转破"工作与推进"僵尸企业"清理结合，争取当地党委、政府设立破产专项资金，用于先行支付破产过程中的管理人前期报酬、评估费等费用。2016~2017年3月底，全省法院执行局已移送破产138宗，其中97宗已受理破产，1宗已破产结案。最高人民法院2017年初下发《关于执行案件移送破产审查若干问题的指导意见》后，为解决"执转破"普遍存在的启动艰难、破产受理审查时间过于冗长、破产程序过于复杂等问题，江苏高院要求有条件的法院将"执转破"案件交由执行裁判庭办理，并于2017年4月确定8家法院[①]为执行裁判庭审理执转破案件及探索破产案件简易审理程序示范法院。

3.开展集中救助，化解历史遗留问题

在省委政法委的领导下，争取财政专项资金，开展执行救助专项活动，对刑事案件被害人、在涉民生案件中因被执行人无履行能力而陷入生活困难

---

① 包括徐州市中级人民法院、盐城市中级人民法院、淮安市中级人民法院中院、苏州市吴江区人民法院、宜兴市人民法院、徐州市鼓楼区人民法院、淮安市清江浦区人民法院、南通市通州区人民法院。

的申请执行人等8类人员进行集中救助。第一批已发放救助资金2827万元，解决长期未能化解的历史遗留案件1104件。

（四）突出强制性，着力加大制裁打击力度

1. 强化执行信用惩戒

为贯彻落实中共中央办公厅、国务院办公厅《关于加快推进失信被执行人信用监督、警示和惩戒机制建设的意见》，江苏高院推动江苏省委办公厅、省政府办公厅于2017年2月出台《关于建立对失信被执行人联合惩戒机制的实施意见》。根据该意见，失信惩戒联合实施单位达到55家，重点实施68项联动惩戒措施，涵盖30多个重点领域，并将社会信用体系建设联席会议制度化；失信被执行人信息通过江苏高院执行指挥中心，以网络对接方式，直接嵌入各联动单位工作平台，进行自动比对、自动拦截、自动锁定。2016年发布失信被执行人信息299976例，促使52279名被执行人主动履行了义务，同比增长192.42%。

此外，在2016年底至2017年初的江苏各级人大、政协换届期间，全省法院还主动配合组织、人大、政协、统战等部门，对存在失信行为的代表、委员候选人进行全面筛查，督促其主动履行义务。经督促，257名代表、委员候选人涉及的563件执行案件中，有78件全部履行完毕，65件部分履行，20件达成和解协议。有57名人大代表候选人、32名政协委员候选人因存在失信行为被取消资格。

2. 加大拒执犯罪打击力度

各级法院严格执行最高人民法院关于审理拒执犯罪案件相关解释规定及江苏高院关于办理拒执罪的指导意见，完善相关执行措施，提升拒执犯罪打击效果。全省法院2016年共移送拒执罪公诉案件589件，判处111人，拒执罪自诉案件31件，判处2人；2017年一季度移送拒执罪公诉案件242件，判处38人，拒执罪自诉案件14件。丹阳市人民法院审理的蒋某某拒不执行判决、裁定公诉案入选最高人民法院公布的依法审理拒执刑事犯罪典型案例。

3. 加强拘留、罚款、拘传、搜查等强制措施的运用

2016 年，江苏全省法院实施搜查 4216 次，拘留 13860 人次，罚款 500 人次，罚款金额 2657 万元，有近 20 个基层法院实施拘留超过 200 人次。2017 年仅一季度，就实施搜查 1407 次，拘留 4405 人次，罚款 188 人次，罚款金额 682.93 万元。江苏高院专门下发通知，要求依法加大财产搜查力度，对案件具有被执行人隐匿财产、被执行人下落不明、被执行人拒不申报财产或申报不实、被执行人为企业法人转移资金逃避债务等情况的，应当采取强制搜查措施。各级法院还强化通过罚款等手段，促使有关单位履行协助执行或配合执行义务，其中苏州工业园区人民法院以阻碍执行对苏南万科物业服务公司罚款 30 万元等案件引发社会广泛关注，受到舆论积极评价。

（五）防治结合，多管齐下提升执行规范性

1. 加强案件流程节点管理

一是三级法院全面运行"执行案件流程节点管理系统"，并全部与最高人民法院成功对接。目前每 2 分钟向最高人民法院推送一次数据，可实现对执行案件的实时、全程监控。二是坚持"以需求为导向、以应用为目的"的原则和"边建设、边使用、边完善"的方针，不断完善执行案件办案平台，使执法办案的各个环节和节点纳入规范化轨道。三是坚持"以公开促规范"，以执行实施权的运行过程为核心内容，以申请执行人为主要对象，推进执行过程和结果的信息公开。重要执行节点信息通过短信平台自动向申请执行人发送，申请执行人也可凭密码从执行信息公开平台查询。执行结案文书全部上传至裁判文书公开平台向社会公开。

2. 落实"一案一人一账号"系统

开发"一案一人一账号"执行案款管理系统，为每个案件、每个当事人配置专属虚拟账号，执行法院经手的所有执行案款的收取和支出，均通过该系统申请、审批和登记，有效解决了执行案款易被侵占挪用、易形成暂存款沉淀等问题。该系统 2016 年 7 月起在部分法院试用，截至 2017 年 6 月底，全省三级法院绝大部分已启用实施。

3. 探索完善繁简分流机制

2016年4月，江苏在全省13个市各确定了一家基层法院作为执行程序繁简分流机制试点法院。各地法院突出"简出效率、繁出精品"的工作思路，对简易案件的具体类型、简易案件的办案方式、简易案件转复杂案件的具体流程等进行积极探索。经过试点，已明确执行案件繁简分流的基本方式，即不以申请执行标的、案件类型作为划分繁简的依据，而是将查控端口前移至执行案件立案后、分案前，由执行指挥中心进行集中查控，根据查控结果，以有无财产可供足额执行为标准对案件进行繁简分流，将被执行人有足额金钱可供执行以及被执行人明显无财产可供执行两类案件作为简单案件快速处理。

4. 畅通救济渠道，强化执行监督

畅通执行当事人及利害关系人申请异议、复议等法定救济渠道。2016年全省法院新收执行异议案件7422件，同比上升25.16%；2017年1~5月，新收执行异议案件数量已达到5361件，较2016年同期又上升44.54%，一批违法违规执行行为得到及时纠正。2017年初，江苏高院还开展消极执行案件专项清理活动，对550件向高院申诉信访请求督促执行的案件进行集中巡回督办，并先后在苏州、连云港、盐城等地开展案件质量专项检查。

（六）推进审执分离改革，优化资源配置

2016年8月，江苏高院制定下发《关于实行审判权与执行权相分离体制改革的实施方案》，在民事强制执行领域实行执行裁判权与执行实施权相分离，以进一步优化执行权的科学配置，促进执行权进一步公正、高效、规范行使。改革方案明确了江苏法院审执分离体制改革的目标、原则、具体措施以及审执分离后执行机构与执行裁判机构的设置与职权配备、过渡期人员调动安排、执行人员转任司法警察的条件和程序等，并制定了《关于各中级人民法院、基层人民法院实行审判权和执行权相分离体制改革的实施方案》等配套文件同时下发。至2017年6月，改革方案所确定的改革措施已基本落实到位。

1. 设立与执行局相分离的执行裁判庭

江苏高院、11个中院（江苏共13个中院）和10个基层法院（江苏共115个基层法院）单独设立了与其他审判业务庭平行的执行裁判庭，其余法院在审判监督庭等其他审判庭加挂执行裁判庭牌子。执行裁判庭分离出执行局，负责办理执行异议复议、案外人异议和异议之诉案件，有条件的部分执行裁判庭还承办执行程序转破产程序的破产案件和拒执罪刑事自诉案件。

2. 调整并明确三级法院执行局的职能定位

高（中）级法院执行局工作重心调整为对下监督、指导、管理和指挥，把自身执行力量集中用于提级执行下级法院执行不了、执行不好、关联案件众多和形成执行僵局的案件，将普通自执案件下放给基层法院执行。

江苏高院下发《关于调整省法院、中级法院执行局实施处部分工作职能及实行集中指定管辖的通知》，对同一被执行人涉及未结执行案件500件（含终本案件，下同）以上的，由省高院提级执行。目前省高院提级执行6宗，涉及案件4472件。对同一被执行人涉及未结执行案件200~500件的，由省高院将相关案件指定辖区案件相对较多的中级法院执行。已筛查出此类案件148宗，涉及24769件案件，全部指定到中院执行，有17个被执行人进入"执转破"程序，13个被执行人涉及案件全部执结。对同一被执行人涉及未结执行案件100~200件的，由省法院指定某一基层法院集中执行。

3. 执行指挥中心实体化运行

全省各级法院执行指挥中心统一了标识和标牌，大部分配备了专职副主任和专职技术、查控、警务人员负责中心运行和维护。跨地域调度、远程指挥、视频会商等功能的应用已经成为常态，全省任意一家法院的执行指挥中心都可以与全省任意一台4G单兵系统连线，任意两家法院之间均可进行视频会商。2016年，全省三级法院共接受举报电话约8.6万次，通过快速反应或异地协助，有效控制被执行人3700余人、被执行财产5700余次。其中，省高院执行指挥中心接到举报电话970次，下达指令110次，拘人扣车成功率达到100%，成为异地协助执行的"无障碍通道"。全省法院已配备执法记录仪1732台，基本实现一线执行人员"人手一台"；4G单兵798台，基本实现每个执行团队一台；另配备执行指挥车56台，部分法院还配备了无人机等新技术装备。

2017年6月，江苏高院又出台《关于执行指挥中心实体化运行的意见》，提出要将执行指挥中心实体化运行与执行团队办案模式紧密结合，以实现"最强大脑"与"最强团队"的配合。执行指挥中心的功能由最初的7项拓展为15项，通过信息化手段、集约化方式，服务和支持执行工作、管理和监督执行案件、指挥和协调执行力量，使执行指挥中心成为兼具综合事务集中办理、信息交换、繁简分流、指挥调度、信访接待、执行公开、监督考核、决策分析等功能的实体化运行工作平台。

4. 实行执行人员分类管理，加强执行警务保障

一是对执行人员数量提出明确要求。要求各级法院应按不少于全体干警现有编制总数15%的比例配置在编执行人员，基层法院上述比例应至少达到23%；执行局按照"以案定岗"工作要求保留员额法官，在入额遴选中执行部门原具备法官资格的人员与其他业务部门同等对待，执行局及执行裁判庭的法官员额比例总体不低于其他业务部门，并至少保证每个法院执行局能够组成1个合议庭，确保执行实施中的查封、扣押、冻结、拍卖等需以裁定方式行使的职权由法官行使。截至2017年第一季度，全省在编执行人员数量由2015年底的1883人，增加到2602人，占法院在编人员比例从不到13%提高到16.09%。全省中级法院、基层法院从事执行实施工作的员额法官556名，占首批入额法官总数的10.05%，另有专职从事执行裁判工作的员额法官175名。

二是推行以法官为核心的团队协作办案模式。出台《推行执行团队办案模式的指导意见（试行）》，要求每个执行团队配备员额法官以及法官助理、书记员、司法警察等司法辅助人员，分别落实相应待遇，分工负责行使相应职权。执行过程中，有判断性质的裁定、决定和命令由法官作出，具体实施由法官助理、书记员、司法警察根据法官指令完成。截至2017年6月，全省各级法院基本按照执行团队模式重新调整了人员配备，并初步显现了"1+1>2"的团队整体效能。例如，无锡市滨湖区人民法院的"石志如团队",在基本没有系列案件、周末基本不加班、案件质量基本有保证的情况下,2016年由1名法官带领5名辅助人员,年结案超过800件。

三是强化警务保障。在各级法院设立执行司法警察支队(大队、中队),实行"编队管理,派驻使用",派驻执行局参加执行实施工作,原则上不承担除执行工作之外的其他司法警察工作职责,日常工作管理、执行业务培训、考勤、考核等由执行局负责。经过自愿报名、理论考试、体能考核,拟将916名审判、执行人员转为司法警察派驻执行局工作。

经过改革,江苏法院的执行模式、机制、体制更加适应执行工作规律,三级法院执行机构的职能更加清晰合理,执行队伍结构进一步改善、战斗力进一步提升。

(七)创新宣传方式,争取社会各界的理解和支持

各级法院通过各类媒体展示执行工作取得的成效,增进社会的理性认识,促进社会诚信体系建设。据不完全统计,仅2016年1~10月,全国各类新闻媒体(广播电台、电视台、报刊、网络等)共发表关于江苏执行工作的各类报道3999件,其中国家级媒体有462件。

同时,大胆探索宣传新途径,联合网络媒体和主流媒体,对集中执行行动进行6~24小时全程不间断全媒体网络直播。2016年以来已在常熟、徐州、无锡、苏州、盐城等地先后组织了5次《直播攻坚"执行难"》大型全媒体网络直播活动,围观网民累计超过4000万人次,互动评论累计超过200万条。例如,2017年5月11日在盐城组织的"盐阜飓风"直播活动,至6小时不间断直播结束时,围观网民已超过1500万人次,回放访问量达200余万人次,仅网易新闻客户端互动评论就达20余万条;参与直播的媒体达到24家,包括人民网、新华网、央视网、长安网、法制网、新浪网、搜狐网、网易网、腾讯网、凤凰网、今日头条、《新华日报》、江苏电视台等主流媒体。江苏法院网络直播抓"老赖"已经成为知名网络直播"品牌",赢得社会舆论几乎一边倒的正面评价。

经过一年多的努力，江苏法院推进基本解决执行难工作已取得了显著进展，收结案数量、执行到位金额再创新高，执行案件权利人的获得感明显提升。2016年，全省法院受理执行案件572618件，同比增长18.97%。全年执结案件421018件，执行到位金额1831.85亿元，同比分别增长12.16%和45.16%。执行到位金额约相当于江苏全省GDP的2.4%和全国法院执行到位金额的1/8。2017年1~5月，全省法院共受理执行案件359677件，同比增长24.10%，其中新收210800件，同比增长15.28%；结案141196件，同比增长17.04%，执结标的总金额673.25亿元，同比增长42.19%。其中受理"执字"号案件328655件，结案121608件，执结标的总金额596.73亿元，实际执结率38.99%；受理"执恢字"号案件31022件，结案19588件，执结标的总金额76.51亿元，实际执结率86.52%。另受理"执保字"号案件22951件，同比增长173.36%，结案16695件，保全到位金额362.55亿元。

今后，江苏法院还将继续全力以赴，再接再厉，推动全省执行工作实现新提升新发展，确保如期完成基本解决执行难目标任务。

B.7
执行联动机制建设的沈阳实践

沈阳市中级人民法院执行局课题组*

摘　要： 沈阳市中级人民法院为破解执行难，维护司法权威，强力执行，兑现胜诉当事人的合法权益。通过强化信息技术手段，建立健全法院内部联动机制、法院与协助单位的外部联动机制，推进社会信用体系建设，形成社会共管共治大格局，积极兑现"基本解决执行难"的庄严承诺。

关键词： 基本解决执行难　执行信息化　执行联动

多年来，执行难是社会各界反响较大的司法问题之一，也是影响司法公信力与权威性的重要因素。要破解这一难题，在进一步规范执行行为、落实监督责任的基础上，强化执行联动，积极推进执行工作机制改革，解决好影响司法权威的执行机制弊端和突出问题至关重要。2013年以来，辽宁省沈阳市中级人民法院（以下简称"沈阳中院"）以兑现"基本解决执行难问题"为抓手，加快执行联动机制建设，实现社会共管共治。

一　构建执行联动大格局的探索

执行工作曾被泛泛地认为"照单请客"，忽略了执行工作的复杂性、艰

---

* 课题组负责人：白云良，沈阳中院执行局局长。课题组成员：白云良、许海秋、张涛、喻婷。执笔人：张涛，沈阳中院执行三庭执行员。

难性。随着经济社会的发展，民事案件执行不再是简单、粗放型工作，它涉及金融、证券、保险、票据、期货、物权、知识产权、公积金、工商股权等广阔领域，而且失信被执行人千方百计地隐匿转移财产、逃避执行、规避执行，靠法院一家之力单打独斗，不仅影响执行质效，也是造成"执行难"的主要因素。近年来，加强联合惩戒失信被执行人，强化执行联动，越来越被社会所熟知，更被各级人民法院所重视。沈阳中院党组高度重视执行联动工作，主要院党领导主抓执行工作，院党组多次听取执行工作汇报，提出构建执行联动机制建设的总体思路，由执行局负责实施。

（一）建设金雕查控平台

执行信息化在执行工作中的广泛应用，解决了被执行人难找、执行财产难寻、协助执行人难求的局面，成本低而效率高[①]。沈阳中院2014年开始推进以金雕查控网建设为主体的执行信息化建设，借助科技优势，建立内外联动、反应快捷的执行指挥系统。

根据《关于建立和完善执行联动机制若干问题的意见》精神，沈阳中院确定金雕查控网平台建设目标。努力实现通过平台提升法院办理执行案件的法律效果和社会效果，节约法院和各执行协助单位的人力、物力、财力等资源，提高法院执行工作和各执行协助单位司法协助的科技水平和规范化程度，并大幅提升执行效率，实现执行查控的信息化和集约化。

围绕这一目标，2012年，沈阳中院成立执行指挥中心。2013年，沈阳中院被确定为全国执行指挥中心建设试点单位。2014年，金雕查控网络系统基本建成。2015年，陆续开通了解除冻结业务、续冻业务、扣划业务。至此，金雕查控网实现查、冻、扣一体化，最高人民法院执行信息化检查组视察后认为其功能水平居全国一流。发展至今，金雕查控网已与多家商业银行开展网络查询业务和网络冻结、划扣业务。除少数银行外，查冻扣业务常

---

① 刘雁鹏：《审判管理信息化：路径、效果和展望》，《中国应用法学》2017年第4期，第91页。

态运行，执行人员足不出户便可对被执行人银行存款的资金查询到位、冻结到位、扣划到位。

（二）拓展平台功能范围

实现驻辽（沈）银行联网后，沈阳中院不断拓展金雕查控网平台的功能与范围。

（1）与辽宁省公安厅机场公安局联动。自2015年4月份开始，辽宁省公安厅机场公安局接收到法院发出的限制消费令名单，一旦发现被限制消费的被执行人，马上将其移送至法院实施司法拘留。

（2）与沈阳市公安局联动。沈阳中院执行局与沈阳市公安局出入境管理局联动，查询被执行人有无出入境护照、护照基本信息（姓名、护照编号等）、护照的复印件、被执行人出入境记录等；与沈阳市公安局治安支队联动，查询违反限制消费令的被执行人在星级酒店的住宿信息；与沈阳市公安局社区警务支队联动，查询被执行人户籍、身份、住所（常住、暂住）等信息，提取被执行人电子照片；与沈阳市公安局交警支队联动，查询被执行人有无车辆、车辆的所有人、车辆登记信息、车籍档案，协助查封车辆，协助查找、扣押被执行人的特定车辆；与沈阳市公安局经济犯罪侦查支队联动，查找被执行人下落，查到后采取临时控制措施，不便控制的，及时通知法院处理。

（3）与沈阳市信用中心联动。充分利用沈阳市信用中心"信用沈阳"网，集中发布失信被执行人决定书、限制消费令、限制出境决定书等与失信被执行人有关的信息；通过沈阳信用中心平台曝光，加大对失信被执行人的惩戒。同时，该平台所发布的信息还具有查询、修改、删除等功能，对于已经履行的被执行人可以及时移除。

（4）与辽宁省知识产权局联动。实现中院与知识产权部门的联网，实现两者信息互联互通，除对专利权的查询外，还要具备查询专利权许可使用情况及对专利权查封、续封、拍卖后权属转移变更登记等功能。

（5）与沈阳市工商行政管理局联动。实现查询工商股权功能。

(6) 与沈阳住房公积金管理中心联动。签订《关于建立住房公积金执行联动机制的若干意见》，将住房公积金的执行纳入规范化程序。

(7) 与沈阳市房产局联动。开通查询有关房屋权属登记、变更、抵押等情况，查阅、调取相关房产档案，查询房地产开发企业房屋初始登记情况，查询、调取买卖合同备案登记情况，查询预告登记和异议登记情况等功能；具备办理房屋查封、预查封、轮候查封、续查封手续及解除查封等手续功能；具备办理房屋权属转移登记、协助房屋测绘及征询意见等功能。

(8) 与沈阳市规划和国土资源局联动。具备查询土地使用权类型及信息、建设工程基本信息，查询土地规划审批手续及档案等功能；具备对上述土地使用权、建设工程查封、续查封、轮候查封功能；具备征询土地处理意见、协助办理土地使用权转移变更登记手续等功能。

(9) 与淘宝网、京东网等网络拍卖平台联动。沈阳中院严格落实最高人民法院《关于人民法院网络司法拍卖若干问题的规定》的要求，与辖区15家基层法院已全部实现网上拍卖，沈阳中院现与京东网商谈拍卖辅助事务服务相关事宜。

(10) 与新闻媒体联动。2016年11月起，沈阳中院与辽宁广播电视台创办了《执行现场》栏目，与沈阳广播电视台创办了《今日执行》专题栏目。在辽宁广播电视台、沈阳广播电视台同时发布失信被执行人名单和限制消费令、限制出境信息。

（三）打击拒执违法犯罪

(1) 规范拘留措施。为打造国际化营商环境，构建公正司法和社会诚信体系，规范人民法院司法拘留和公安机关依法收拘工作程序，2017年3月，沈阳中院和沈阳市公安局联合制定了《关于开展司法拘留及被拘留人所涉纠纷化解工作实施细则》，要求充分发挥联动机制作用，惩戒和教育被拘留人，增强司法拘留措施和拘留所管理教育工作的法律效果和社会效果，为拓展解决执行难提供了新路径。

(2) 打击拒执犯罪。为依法惩治拒不执行判决、裁定刑事犯罪，确保人民法院判决、裁定有效执行，2016年8月，沈阳中院与沈阳市人民检察院、沈阳市公安局会签了《关于办理拒不执行判决、裁定刑事犯罪若干问题的实施意见（试行）》，对拒执犯罪办理、犯罪的构成要件及相关内涵、证据标准及相关要求、程序机制进行统一和规范。

（3）发布敦促通告。为贯彻最高人民法院关于"两到三年基本解决执行难"的要求，确保人民法院对生效法律文书的顺利执行，2017年2月，沈阳中院与沈阳市公安局会签、印发了《关于敦促被执行人履行义务及打击拒不执行判决、裁定刑事犯罪的通告》，在《法制日报》上予以刊登，在辽宁电视台反复连续播出，并在被执行人住所地张贴，敦促其尽快履行义务。

（四）强化法院内部联动

执行工作是一项系统工程，需要法院内部的配合、协作，着力构建立审执部门间科学、合理、顺畅的执行联动机制，提高执行效率，降低执行成本。

强化与立案部门的联动。在立案大厅设立保全、执行风险告知窗口，受理诉前保全事宜、执行事项告知及风险提示事宜，将执行查控工作前移至立案阶段。金雕查控网为诉前保全业务开放，无条件供其使用。

强化与民事审判部门的联动。对于诉讼保全申请，民事审判部门即时裁定并实施保全，金雕查控网为诉讼保全业务开放，无条件供其使用。民事判决、裁定事项应当明确、具体，不得含糊其词、模棱两可。

引导当事人申请保全，不能提供财产担保的，向沈阳市农商银行申请办理财产保全担保保函。沈阳市农商银行审核同意后，向法院出具诉前、诉讼保全担保保函。

强化执行不能与破产程序的有效衔接。对被执行人为企业法人的执行不能案件，引导申请人申请破产或被执行人同意破产，进而启动破产程序。清算与破产审判庭在接到移送案件后1个月内审查完毕，符合《企业破产法》第2条规定的破产条件的，及时裁定受理。裁定受理的，执行法官裁定中止执行；宣告破产的，执行法官裁定终结执行。

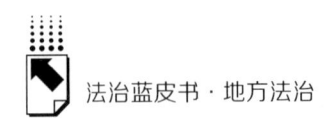

强化与刑事审判部门的联动。刑事审判部门加强对拒执罪的研究、指导、协调,以严厉打击拒执犯罪为指导思想。按照与沈阳市公安局、沈阳市人民检察院会签的《关于办理拒不执行判决、裁定刑事犯罪若干问题的实施意见(试行)》,统一指导打击拒执犯罪公诉、自诉相关事宜。

强化与执行裁判庭的联动。对于执行异议、复议案件,执行实施庭应快速移送执行卷宗,执行裁判庭应快速审理、及时裁定。

强化与执行异议之诉审判部门的联动。对于执行异议之诉案件,执行实施庭及时移送执行卷宗复印材料或证据,负责审理的民事审判庭应快速审理、快速判决。

强化与法警支队的联动。在沈阳中院设立法警支队驻执行局大队,派驻司法警察13人,新招录辅警19人,由执行局一名副局长专管执行警队事宜。遇有重大、疑难、社会影响较大案件的执行,法警支队再行抽调警力予以支持配合。

二 注重实效,执行联动收获大成果

执行联动是中国的制度优势,以司法主动、社会合作为依托的执行联动,调动社会各界的资源,对拒不执行形成高压态势。2016年以来,沈阳法院围绕用两到三年基本解决执行难问题目标,在执行联动方面进行了一些新尝试,借助社会力量,整合资源,取得了较好的效果。

(一)联网联动取得新成效

通过与外部执行联动单位的密切协作,全部查控被执行人的财产,将被执行人房屋、建设用地使用权、车辆、股权作为必查项目,将查控的财产快速进入评估拍卖程序;对发现被执行人可能享有商标权、专利权、著作权、证券、票据、期货、保险理赔款、住房公积金、到期债权、被执行人收入等其他财产权利的,经调查核实,确属可供执行财产的,立即采取相应执行措施。对被执行人通过财会账目等变相转移财产的，根据当事人的申请或依职权进行审计；发现被执行人有转移、隐匿财产可能的，及时采取搜查措施。对能即时履行案件以外的所有网上、网下未结案件，利用金雕查控网和最高人民法院"总对总"查控系统进行循环往复查询、全面查控；对全部账户已被冻结的被执行人，每半个月定期利用金雕查控网和最高人民法院"总对总"查控系统进行查询，分析被执行人冻结账户的资金数额、是否存在新开立账户等，并及时冻结。通过金雕查控网和最高人民法院"总对总"查控系统等网络平台，定期、循环查询未结执行案件，监控被执行人财产变化情况，及时冻结新开立账户。

2014年以来，金雕查控网共查询案件153896件，其中查询知识产权8946件、工商登记12174件、房产21763件、国土24888件、出入境信息31563件、酒店住宿信息25033件、车辆信息22596件，执结案件4969件，执行金额11.27亿元，冻结9.70亿元，扣划2.87亿元。与沈阳市信用中心"信用沈阳"联网后，金雕查控网在线发布失信被执行人已达27824人次。

（二）执行宣传取得新效果

充分利用各类媒体报道执行工作的新规定、好做法和典型案例，让群众了解执行，让工作引导舆论，让"老赖"感到威慑。

2015年8月末，沈阳中院召开"集中打击拒不执行判决、裁定等犯罪行为专项活动"新闻发布会，向社会发布相关案例71件，宣传了《刑法》及最新司法解释对打击、惩处拒不执行判决、裁定等行为的相关规定，展示了沈阳法院开展专项活动取得的显著效果。2015年12月15日，沈阳中院、辽宁省公安厅机场公安局联合召开发布会，介绍了执行联动以来的具体情况，并向社会公布了34起典型案例，宣传了最新的关于限制高消费的具体规定。2015年12月25日，沈阳中院、辽宁省银行业协会联合召开新闻发布会，公布了典型案例61件，介绍了金雕查控网运行工作的相关情况。2016年6月13日，沈阳中院组织召开"2017年底在全省率先解决执行难"新闻发布会。

2017年1月，沈阳中院、沈阳市公安局联合召开新闻发布会，公布了典型案例31件，介绍了限制被执行人出境的法律依据和重要意义，以及沈阳中院与沈阳市公安局开展执行联动工作的主要成效。上述新闻发布会都得到多家新闻媒体的关注和报道。

沈阳中院与辽宁广播电视台、沈阳广播电视台合作，分别联办《执行现场》和《今日执行》专题栏目。2017年1月以来，两台已播出176期，及时报道典型案例的现场执行，收到了良好的社会反响。同时在专题栏目中滚动播放失信被执行人名单、限制消费令和限制出境信息，已播放123期，2035人次。

（三）着力打击惩戒"老赖"

2017年春节前，沈阳中院执行局先后两次召开会议，部署两级法院"正月执行"专项行动，在农历正月期间，集中查找长期隐匿、规避执行的被执行人。两级法院执行干警放弃春节休假开展工作，春节期间实际拘留118人。正月后，两级法院执行局联动抓捕"老赖"已实现常态化，沈阳中院每天由两个执行组专司抓捕"老赖"，区县法院执行局每天必须由一个执行组抓捕"老赖"，实行工作日不间断进行抓捕，对"老赖"形成强大震慑力。仅2017年1~6月，沈阳两级法院宣布采取拘留措施总人数741人，实际拘留292人（其他因慑拘全部或部分履行而提前解除拘留），促进履行执行总金额1亿多元。

（四）司法网拍效果初显

网络司法拍卖打破地域限制，委托拍卖时间明显缩短，兑现当事人权益在提速，网拍竞买者广泛参与，通过竞争实现标的物交易价格的最大化，为破解执行难提供了有益尝试。

按照《最高人民法院关于人民法院网络司法拍卖若干问题的规定》，坚持网拍优先原则，对网拍前进入公告程序的案件，按照原拍卖程序进行；对其他所有已经评估或正处在评估程序的案件，一律纳入网拍。2017年4月以来，沈阳市两级法院与淘宝网、京东网等5家最高人民法院确定的司法拍卖网络服务提供者对接，全市16家法院已全部实现网络司法拍卖。截至目前拍卖量389件，成交金额9925.57万元。以和平区人民法院为例，2017年4月4日至7日，该院在淘宝网司法拍卖平台上对首批标的物进行了公开拍卖，有6套房产成交，总成交金额1032万元，高于起拍价108万元，溢价率最高达30%。6套房产为竞买人节省佣金55万元，受到社会公众和媒体的广泛关注，多家新闻媒体进行了采访、报道。

三 执行联动机制建设仍任重而道远

（一）国家层面立法尚未到位

执行是错综复杂的过程，但中国至今无强制执行法，仅在《民事诉讼法》执行程序编中有35个执行条文，无法解决执行难这一错综复杂的历史问题。特别是没有从国家立法层面确定各协助执行义务单位具体的协助执行义务，没有规定包括国家机关在内的协助执行单位拒不协助的明确的、具体的法律后果。虽然《民事诉讼法》第114条已有一些规定，但总体上协助义务主体范围太窄，协助事项太少，致使相关党政机关协助执行单位往往以法律无明文规定为由，不予配合协助。因此，只有国家立法明确执行联动机关的义务，并规定拒不协助的法律后果，执行联动才能达到最佳效果。

（二）执行协助单位积极性不够

由于现行立法没有明确详细规定包括国家机关在内的联动执行单位的执行联动义务，加之各执行联动单位对执行工作认识不足，认为执行仅仅是法院的工作职责，与己无关，因而缺少积极性、主动性，特别是没有具体细化的联动责任作为惩戒保障，更加大了执行联动的难度。

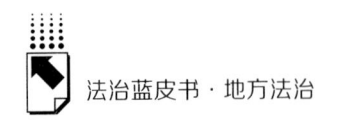

（三）执行联动考评机制空白

执行联动单位认为协助法院联动会增加其工作负担，且需要承担可能的责任。各执行联动单位特别是国家机关，均有明确的法定工作职责或上级机关确定的工作职责，各单位的工作职责中均无协助法院执行的工作职责。这就意味着即使通过沟通协商，实现执行联动，也是在该机关法定职责之外的工作。现在包括国家机关在内的各执行联动单位均有本职岗位的考核评价体系，而考评体系中唯独没有协助执行考评内容。因此，从趋利避害的角度出发，这些单位自然也就不会有协助法院执行的主动性。

（四）执行联动奖惩机制缺失

中国不仅缺乏权威的强制执行立法，而且缺乏权威机关或部门制定的执行联动单位协助执行的奖惩机制，对经人民法院确认依法积极协助执行的如何予以奖励，不协助或不及时协助的如何予以惩处，无法确定和实施。没有行之有效的执行联动奖惩机制，就易导致形式联动而实质未动的局面。因此，应当通过立法或权威机关或部门制定执行联动奖惩机制，才能积极助推执行工作，助力解决执行难。

四 积极探索执行联动机制新举措

中央纪委、最高人民法院、国家发展改革委等20家部门联合印发的《关于建立和完善执行联动机制若干问题的意见》，明确了协助执行单位的具体职责，强化了协助单位的考核，确定了对协助执行单位不予配合的问责。

（一）加强联合信用惩戒

失信被执行人信息是社会信用信息的重要组成部分。通过对失信被执行人的惩戒，既能促进失信被执行人自觉履行法律文书确定的义务，又能提高司法公信力,还可以推进社会信用体系建设。联合惩戒的关键在于一处失信,处处受限,让个人信用成为行走在社会上的另一张名片,让失信被执行人无处可走,无处可藏。唯有如此,才能维护司法权威,才可以提高司法公信力,才能营造向上向善、诚信互助的社会风尚。

(二)规范执行联动协助

为建立健全解决执行难问题长效机制,维护法律权威和尊严,确保生效法律文书得到有效执行,沈阳中院起草的《关于协助人民法院执行及推进实现被执行人信用监督、警示和惩戒机制建设的意见》,拟请示沈阳市委政法委同意后报请沈阳市委以市委办公厅、市政府办公厅的名义下发,明确所有执行联动单位的职责和义务,促使执行联动单位积极主动履行联动职责。在前期与沈阳市公安局、沈阳市人民检察院、沈阳市工商行政管理局、沈阳市房产局、辽宁省知识产权局、新闻媒体和银行等有关单位和部门联动的基础上,将重点明确以下相关单位和部门的联动职责。

(1)公安机关协助执行。在现有与出入境管理部门联动的基础上,新增协助人民法院对被执行人不予以办理护照、宣告护照作废职责。

(2)不动产登记部门协助执行。协助人民法院查询、查封、预查封、轮候查封、变更登记等;协助人民法院依法查询、复制人民法院认为需要的,包括不动产登记簿、不动产登记申请书、申请人身份资料、不动产权属来源资料、转让合同付款凭证等全部不动产登记资料,以及不动产登记机构审核资料;协助办理不动产的查封、预查封和轮候查封登记,并将有关情况及时书面告知人民法院,或在送达回执上签章。

(3)规划土地建设管理部门协助执行。①协助人民法院联网查询土地使用权性质、土地使用权登记信息及相关资料。②对国有划拨用地、集体建设用地及其他集体土地,人民法院征求处置意见的,在规定期限内书面明确回复。③协助人民法院确认同一证项下的土地使用权,明确是否适宜分割以及如何分割,如符合分割要求的,按人民法院的协助要求,依法办理分割变更登记。④协助对有争议的土地使用权四至和面积进行现场定位、确定或测绘。⑤协助人民法院查询规划、许可、审批手续；对手续不齐备的，是否同意补办相应手续作出情况说明；对无任何审批手续的建筑物，人民法院征询拆除意见时，在规定期限内，相关机关应予以书面回复。⑥在建工程被人民法院依法处置后，根据人民法院协助文书的要求，为符合房地产开发资质的买受人办理相应的变更登记。⑦对有争议房屋，结合房屋现状、登记档案资料，协助人民法院对房产的面积、边界、轴线等，进行现场定位、确定和测绘。⑧人民法院执行国有划拨土地使用权、集体建设用地使用权，以及处理涉及集体土地的农村房屋，或建设工程主体变更审批等，需要征询主管机关意见的，主管机关应当在收到征询意见函后10日内给予书面回复。⑨房地产、建筑企业资质限制。将房地产、建筑企业不依法履行生效法律文书确定的义务情况，记入房地产和建筑市场信用档案，向社会披露有关信息，对其企业资质作出限制。

（4）税务部门协助执行。①积极与人民法院建立信息共享、联合惩戒的合作机制，实现联网联动，按照人民法院生效法律文书和协助执行通知书办理协助执行事项。②协助人民法院查询纳税信息、纳税税率、纳税资料等。根据人民法院的协助要求，提供被执行人的纳税情况，包括税种、纳税金额、纳税比例、纳税时间、抵扣金额，被执行人的税务报表、被执行人缴纳税款的银行账户等相关信息。根据人民法院的协助执行文书要求，提供被执行人的被退税情况，包括退税账户、退税金额、时间等情况，以及暂缓划拨退税款。③人民法院定期将失信被执行人的信息传输给税务机关，税务机关要将上述失信被执行人记入信用档案，限制被执行人享受税收优惠政策。

（5）经济和信息化部门、财政部门协助执行。快速审批人民法院的执行信息化建设项目申请，及时审批、拨付信息化建设资金、执行装备经费、执行救助款等。

（6）教育、旅游行政部门协助执行。限制失信被执行人及失信被执行人的法定代表人、主要负责人、实际控制人、影响债务履行的直接责任人员以其财产支付子女入学就读高收费私立学校和高消费旅游。

（7）纪检监察部门协助执行。对拒不履行生效法律裁判文书的公务人员和部门，由纪检监察机关依法依纪作出处理。

（8）司法行政部门协助执行。失信被执行人为律师、律师事务所的，限制其荣誉；律师与被执行人恶意串通的，吊销律师执照。

（9）民政部门协助执行。①协助人民法院查询被执行人婚姻登记情况、配偶情况、离婚情况等。②将失信被执行人信息作为发起设立社会组织审批登记的参考，限制失信被执行人发起设立社会组织。③失信被执行人为个人的，限制其登记或备案为社会组织负责人。④协助人民法院开展执行专项司法救助工作。

（10）交通运输部门协助执行。①协助查封、扣押道路交通运输许可证、车辆运营证，协助查封、扣押客货运车辆。对人民法院处置的客货运车辆协助办理变更登记。②协助查询被执行人的客运情况、货运情况、道路运输经营许可证情况、车辆运营证情况、被执行人经营的货物运输站（场）情况。③限制被执行人在客运线路申请中的投标资格。限制对失信被执行人颁发道路运输经营许可证、车辆运营证。

（11）行政执法部门协助执行。对人民法院拟处置的有使用价值但无审批手续的建筑物、构筑物，在人民法院征求拆除意见时，予以书面形式的及时回复。

（12）林业行政部门协助执行。协助查询、变更、查封林权信息。限制失信被执行人申报使用国有林地和重点林业建设项目。

（13）海关协助执行。①积极与人民法院联网联动，通过铺设专线与人民法院实现网上信息交互，按照人民法院生效法律文书和协助执行通知书办理协助执行事项。②查询、反馈被执行人的海关认证情况、通关货物情况、出入境运输工具在国内运营业务情况、出口货物的单证情况。协助查询被执行人进出口报关资料、进出口货物明细或清单、进出口货物价款支付，以及是否拖欠进出口关税和进出口退税事宜，包括退税的金额、账户、时间。③协助对通关货物进行查封、扣押；情况紧急时协助人民法院暂扣通关货物；协助对通关的被执行人进行布控；将不依法履行生效法律文书义务的情况，记入海关信用档案，向社会披露有关信息。

（14）国有资产监管部门协助执行。限制担任国企高管，已担任相关职务的，按照有关程序依法免去其职务。人民法院查封处置重要国有资产，根据案件需要，向国资委征询相关意见时，国资委应及时给予书面回复。

（15）发展改革部门协助执行。协调涉党政机关案件的执行、督促、督办和拒不履行的相关通报。

（16）军事部门协助执行。失信被执行人为个人的，将其失信情况作为入伍服役和现役、预备役军官评先、评优、晋职晋级的重要参考。

（17）市政公用事业部门协助执行。根据人民法院协助执行的要求，停止向被执行人或协助执行义务人的燃气、自来水、电力和暖气的供应。

（18）电信运营商协助执行。①协助人民法院查询被执行人及被执行人的法定代表人、主要负责人、实际控制人、影响债务履行的直接责任人的电话号码、通话记录、短（彩）信记录。②按照人民法院协助执行的文书，限制为被执行人办理、开通新的移动通信电话号码；基于被执行人电话欠费停机的，也不得为其办理、开通新电话号码。③按照人民法院出具的协助执行文书和提供的失信被执行人名单，对其手机定制编辑不能被自己取消的彩铃："你拨打的机主已被人民法院发布为失信被执行人，请督促其尽快履行法律文书确定的义务。"

（三）强化执行新闻宣传

沈阳中院不断扩展与辽宁广播电视台、沈阳广播电视台的协作，目前《执行现场》栏目至少每天一期，《今日执行》栏目逐渐增加内容。在充分依托纸质媒体宣传的同时，向网络化媒体扩大延伸。通过新闻媒体扩大对失信被执行人惩戒措施的宣传力度，及时公示各种失信被执行人名单、限制出境决定、限制消费令、拘留罚款决定以及打击拒执犯罪的成果，形成执行工作新闻宣传的全覆盖。

B.8
唐山法院审执分离体制改革成效及展望

唐山市中级人民法院课题组[*]

摘　要：2010年，唐山法院开始针对执行难问题探索执行体制改革。时至今日，改革面临更复杂的局面，在缺少顶层设计的大环境下，立足于本地实际的探索意义和局限性如何，下一步又当如何深化改革都值得探讨。本文对唐山法院审执分离体制改革的进程进行了梳理，在改革面临的新情况、新问题面前，总结提出了执行体制改革的新举措、新思路。

关键词：审执分离体制改革　两分一统　一性两化

一　改革背景

现行执行体制不适应经济社会发展的需要，不利于司法资源的优化配置，形不成工作合力，是造成执行难的一个重要原因。

执行体制机制存在的问题具体体现在四个方面。一是执行力量相对薄弱。中级和基层两级法院执行机构面临案多人少的矛盾，执行干警难以符合规定的人数要求，执行经费、装备保障严重不足。二是执行队伍不稳定。执行部门与审判业务部门同属法院内设机构，审执人员经常因工作需要而调

---

[*] 课题组组长：李彦明，唐山市中级人民法院党组书记、院长。课题组成员：董秀军，唐山市中级人民法院党组成员、执行局局长；孙维林，唐山市中级人民法院副局长；焦翠霞，唐山市中级人民法院执行指挥中心主任；张海亮，唐山市中级人民法院执行指挥中心书记员；任旭，唐山市中级人民法院执行指挥中心书记员。执笔人：张海亮、任旭。

整，执行队伍正规化、专业化、职业化建设滞后。三是上下级之间的关系不顺。上下级法院是监督指导关系，执行工作需要跨区统一协调，既有的执行体制互不隶属、力量分散，难以形成合力。四是地方保护主义干扰。法院人财物受地方政府制约，在一些特殊主体执行案件中，往往遭受地方保护主义干扰。

二 改革进展及成效

（一）改革的进展

2010年初，河北省唐山市委八届六次全会决议提出"创新法院执行体制，打破行政区划界限，探索设立跨区域执行机构，着力破解案件执行难"的任务以后，唐山市中级人民法院（以下简称"唐山中院"）主导全市法院系统在执行体制改革方面开始了大胆探索。2010年7月，唐山市整合迁安市、迁西县、滦县三个基层法院执行力量，试点成立了唐山中院执行局第一分局。2013年1月，在总结试点经验的基础上，唐山市相继成立了唐山中院执行局第二、第三、第四和第五分局，至此，全市法院执行分局组织机构全部健全。2015年初，唐山市被最高人民法院确定为执行体制改革试点之一。

经过不断探索实践，唐山法院形成了垂直管理执行工作的新模式，即"上统下分，裁执分离，人财物案统一管理"[①]。2016年9月，唐山中院主要领导向全国法院系统汇报展示了执行体制改革的"唐山模式"。

（二）改革的成效

唐山法院在不断深化执行改革的过程中创造了历史，成效明显。

---

① 李彦明：《创建"两分一统"垂直管理模式 强力破解执行难题》，《人民法院报》2016年9月21日。

一是执行实施机构、职能和人员与基层法院彻底分离，执行工作实现了全市集中统一管理。唐山中院执行局派出设立5个跨区执行分局，每个分局下辖三个执行大队。执行大队由原基层法院执行局改设而成，脱离基层法院管辖后，由市中院执行局统一管理，实现"上统下分"。新的垂直管理体制整合了全市执行资源，理顺了上下级关系，推动执行力量形成合力，有效地弱化了地方和部门保护。2016年以来全市开展了一系列大规模专项集中执行行动，共采取查封、扣押、冻结、划拨、搜查等强制措施22000余件次，拘罚7022人，执行到位款物价值达12.6亿元，组织跨区集中执行195次，整合警力8876人次，拘传5687人，拘留1715人，强制搜查755件，移送拒执罪案件71件，公安立案侦查49件，已判决8件，主动履行695件，跨区集中执行和专项执行行动常态化态势逐步形成。

2017年1月23日，最高人民法院和网易合作开展的首场直播即选在唐山，对"抓老赖、搜财产、兑款物、保民生"集中执行行动进行了全程网络互动直播，行动展示了唐山法院执行体制改革的成效，社会反响强烈。此次专项执行行动合计成功拘传、拘留"老赖"64人，入户搜查129件，查获、扣押财产总值达1214万元。通过此次专项行动，集中发放农民工工资和各类赔偿款490万元，惠及农民工300余人。

二是执行裁决机构划归审判序列，强化了横向监督职能，审判权与执行权内部分离机制不断深化。将唐山市两级法院执行局内设的执行裁决部门剥离出执行局，成立单独的执行裁决庭，划归审判业务部门序列，与执行局由不同的院领导分管，实现"裁执分离"。执行裁决庭办理执行裁决和涉执诉讼案件，改变了执行局内部"自裁自执"的弊端，强化了审执内部制约和监督，提高了执行裁决的权威性和公信力。

三是设立执行督导处，加强纵向督导监察力度，消极执行、乱执行问题得到有效缓解。唐山中院执行局设立执行督导处，将治理消极执行、乱执行作为督导重点，专职督办全市范围的涉执信访案件。在处理信访案件中注重发挥"监""督""导"三大职能作用，通过对个案的调度、研究、指导提升了办案人员业务水平。2016年以来唐山中院执行局执行督导处共督办执结130余件长期未结案件，化解120余件重大疑难信访案件。经过执行督导处的严格把关，唐山法院在省委政法委批得的救助金数额在全省各市法院中最多，达384.1万元，市委政法委批得救助金35万元，向县（市、区）党委政法委争取救助金18万元，申请司法救助款项共计437.1万元。2017年6月，在全市法院执行队伍纪律作风建设视频会议上，执行督导处对8起典型信访案件进行了剖析，对问责到位的10起违纪案件进行了通报，执行督导工作收到了用身边事教育警示身边人的良好效果。2017年1~6月，唐山市全市执行信访总量同比下降5.98%，消极执行、乱执行行为大幅减少。

四是"人财物案统一管理"，打造专业化执行队伍，提升经费、装备保障水平，夯实了"两分一统"基础。唐山市将基层法院172名执行干警编制统一划转到唐山中院，由唐山中院执行局统一调配管理；在法官员额制改革中，将执行与审判同等对待，全市法院执行系统入额法官57名，入额比例达28%，是审判系统的79.4%，为组建执行团队、发挥团队优势提供了坚实的组织保障；开展执行人员转警工作，将符合条件的执行员转为司法警察，优化执法队伍结构；将执行干警的工资及经费装备保障统一纳入市财政预算，由唐山中院计财处统一提供办公保障。

三 改革意义

（一）发挥体制优势

习近平总书记曾多次强调"全面深化改革任务越重，越要重视基层探索实践"。实际上，"自下而上"是中国改革开放以来所遵循的一贯传统，诸如农村土地承包责任制、国企改革、金融改革等都是来自基层的改革探索，并取得了巨大的成功。在执行体制改革中，单纯依靠顶层设计、强制推行"理想化"的改革方案已无法满足基层执行工作的实际需要。最高人民法院多次强调"审执分离"原则，但在现行机制体制和总体框架下，执行机构很难从人民法院中分离出来，作为执行体制改革试点之一，唐山中院立足唐山实际，在全面理顺执行工作管理体制的基础上，专门成立执行分局，整合执行力量，提高了执行工作质效，更有利于带动审执分离体制改革。

"唐山模式"的执行体制改革并不是一蹴而就的，也带有自上而下的改革意味，在深入调研的基础上，以第一分局的成立为改革试点，经过一年的探索实践，跨区域执行机制基本形成，再有序推进其他各分局的组建，从而形成完备的执行管理体制。基层执行队伍长期深入一线，更能发现执行工作中实际存在的问题及制度上的漏洞，从而获取第一手资料，把基层改革创新中发现的问题、解决方案、蕴含的司法规律及时形成理性认识，推动面上的制度创新，从而带动顶层设计的修改完善。

（二）形成经验模式

唐山法院敢为人先，在"深化内分"的改革方向上发挥主动性，形成了"两分一统"垂直管理执行工作新模式。执行机构从基层法院中分离，实行垂直领导体制，唐山中院执行局统一领导和管理全市法院执行工作，各执行分局及执行大队的组织人事及各项工资福利均划归市中院，各执行分局在市中院执行局领导下，统一管理、协调和指导本辖区基层人民法院的执行工作，组织跨行政区域集中执行和专项执行行动，有利于执行力量形成合力，发挥执行机构的整体优势，进一步加强了执行力度，以制度保障克服地方保护主义，为全国改革提供了可资借鉴的"唐山模式"。2013年，唐山市执行指挥中心挂牌成立，并与各基层法院建立指挥网络，租用专线建立"点对点"查控系统，强力推动社会联动机制建设，提高综合化解执行难的效能和水平。

2016年初，河北省委全面深化改革领导小组决定在全省推开"唐山模式"，引起广泛关注。唐山法院多年来积累的改革经验为各地法院推进审执分离体制改革提供了有益的参考。唐山法院将在此基础上继续探索，创新符合现有执行队伍情况的新机制、新办法，形成可推广的经验模式。

四 困难瓶颈

（一）现有法制框架的制约

现有诉讼流程从整体上来说可以分为立案、审判、执行三个环节。中共中央十八届四中全会提出"完善司法体制，推动实行审判权和执行权相分离的体制改革试点"的改革任务。审判权和执行权相分离，是当前司法实践的要求，也是改革的必然趋势。严格意义上来说，审判权是司法权力，而执行权则带有行政权力的性质，两者相分离，由不同的部门分别行使这两种权力，是符合当前司法实际的，有利于实现司法公正。当前，中国现有民事执行理论及实务中已经确立了审执分离的原则，但审执分离体制改革缺少统一立法支撑。

《民事诉讼法》第228条规定，人民法院根据需要可以设立执行机构。但是立法规定过于简略，对于执行机构的设置、人员编制及管理办法等均未作出相应规定，使审执分离体制改革缺乏相应的法律支撑和制度保障，真正实施起来困难重重[1]。事实上的审执不分，审执分离后的协调运作不畅，加之财产查控、协助执行、委托执行等具体运行机制存在滞后性等问题，使实践中的"执行难"日益突出。因此，构建完备的审执分离体制框架和科学有效的执行机构运作机制已成为当前司法改革的首要任务之一。

（二）制度规范化亟待提升

唐山法院在改革过程中陆续出台了一系列执行规范性文件，这些规定亟待协调落实，并适应新形势作出调整。执行工作中普遍存在的执行

---

[1] 刘安丰：《审执分离制度重构——以当前执行分权运行模式为出发点》，中国法院网，2015年8月26日，http://www.chinacourt.org/article/detail/2015/08/id/1696503.shtml，最后访问日期：2017年8月28日。

规范化程度不高、纪律作风不实、选择性执行、消极执行等问题依然严峻。

一是执行管理制度不健全、有令不行的问题。虽然新的执行体制已经形成，但是执行管理制度长期缺失、执行队伍管理不严的状况仍未得到根本扭转。为此，2016年以来唐山中院集中制定实施了30余部规范性文件，旨在规范执行办案、人员管理、监督考核等多方面的工作，但是部分基层执行干警中仍然存在不按照部署和规定严格执行的问题，控制执行权力的"最后一公里"仍未全面打通。

二是执行规范化程度不高、办案节点控制不严的问题。执行立案后，有的案件主办人不严格遵守办案流程，不及时采取"四查两报"查控措施，不按要求送达程序性法律文书，不严格使用执法记录仪，采取的强制执行措施不及时录入办案系统，不告知当事人执行流程节点，执行办案存在很大的随意性。

三是执行行为存在瑕疵、纪律作风不实的问题。少数执行干警存在拖延立案、拖延采取强制执行措施、不按时发放执行款物等消极执行问题，挑选案件、区别对待当事人等选择性执行问题，超标的查封、违规采取强制措施、虚假结案等乱执行问题，以及"吃拿卡要""冷横硬推"等危害人民法院形象的行为。

（三）社会和其他部门的协作障碍

1. 社会公众对执行难的认知不理性

2016年3月13日，最高人民法院在十二届全国人大四次会议上庄严承诺："用两到三年时间基本解决执行难问题。"唐山中院作为改革试点在全国率先设立执行分局，探索审执分离体制改革，这在社会上引起了强烈反响，尤其让众多胜诉的当事人意识到自己的权益将能够快速得到实现，对法院执行抱有很高的期望。但是，随着执行宣传的深入和舆论声势的扩大，也让很多当事人陷入了认识的误区，他们仅从字面意思理解，认为既然提出了"解决执行难"的口号，那么法院就必须将每一个申请执行的案件都办理到位、解决到位,而忽视了司法的客观规律,混淆了执行难与执行不能的概念。案件得不到解决就以此为由到法院无理缠访、闹访,要求法院对其客观无法执行的案件进行兑现,而有些新闻媒体也以此为卖点,不经考证便进行失实的、非客观的报道,从而误导大众,降低了执行队伍的公信力。实际上,无论是普通群众还是新闻媒体,对执行难的认识都还存在一定误区,往往只注意结果而忽视了影响案件执行的各方面主客观因素,忽视了商业风险、交易风险或法律风险,而社会公众的这些不理性的认知,对解决执行难造成了极大阻碍。

2. 社会诚信体系不健全,司法权威不足

惩戒"老赖"需多方参与。2016年9月,唐山市委宣传部、市委组织部、市发展改革委等44个单位和部门联合出台了《唐山市联合惩戒失信被执行人实施方案》,同时唐山中院协调唐山市政府转发了律师持令调查的相关规定,与中国人民财产保险公司唐山分公司开展了悬赏执行保险协作,与唐山市公安局交通警察支队进一步强化了车辆查控和失信惩戒协作,丰富了执行调查手段,执行威慑力得到有效提升。但从全国范围来看,对于失信被执行人实施联合惩戒制度的覆盖范围还较狭窄,机制的系统性、协同性、规范性还有待进一步提升,同时惩戒工作的具体实现方式还未进一步细化、惩戒力度也不足[1]。解决执行难是一项系统工程,需要整体推进,任何一方面成为短板都会形成"木桶效应",影响工作的整体推进。除此之外,人民法院长期以来司法权威不足,被执行人规避、抗拒执行现象多发,也是造成执行难的主要原因之一。尽管现行法律规定了拒不执行判决、裁定罪(即"拒执罪"),但是只有在拒不执行且情节严重的情况下才可入罪,构成要件要求比较苛刻,这就给具体的司法实践带来极大困难。一般情况下,被执行人在裁判文书生效后,为了规避义务,将财产转移到他人名下,照样从事商业活动,照样进行高档消费,工作和生活完全没有受到影响,申请执行人明

---

[1] 徐隽:《加强信用监督 联合惩戒"老赖"——访最高人民法院审判委员会专职委员刘贵祥》,人民网,2016年9月26日,http://politics.people.com.cn/n1/2016/0926/c1001-28739105.html,最后访问日期:2017年8月28日。

知被执行人有执行能力却对被执行人拒不履行的行为无计可施。加之拒执罪的启动程序较为烦琐,需要搜集详细的证据材料,付出大量的时间和精力,而公安机关的立案要求又高,因此能够以拒执罪立案的少之又少,大部分拒执案件往往以拘留、罚款的处罚不了了之。正是在这种情况下,面对执行部门软弱无力的执行力度,被执行人有恃无恐,更加为所欲为,强制执行的威慑力受到削弱。

3. 协作单位的支持配合不力

首先,地方保护主义和部门本位主义严重,一些地方和部门为了维护本部门和本地方的利益,甚至出台一系列与法不合的政策、规章和规范性文件,干扰阻碍执行工作。受地方保护主义和部门本位主义的影响,涉党政机关执行案件往往受到来自各方的干扰。现阶段,中国的国情十分特殊,人民法院在审判和执行阶段并不能完全独立,执行部门在依法执行的过程中,特别是涉党政机关和涉地方支柱企业的案件,不得不请示有关部门和相关领导。而个别党政机关领导出于各种原因,以维护地方利益、部门利益为出发点,以权压法,滥用手中权力阻碍、干扰法院执行工作,一些作为地方经济支柱的大型企业往往成为重点保护对象①。而各地法院执行部门的人财物又受制于地方,在这种情况下,法院对于一些行政干预往往无可奈何,无法与其相抗衡,使执行工作陷入两难。因此,地方保护主义和部门本位主义亟待解决,否则将成为解决执行难道路上的一大拦路虎。

其次,虽然负有协助义务的部门多而广,但多是"联而不动",规避执行问题突出,缺少制度性的执行联动机制安排进行规范。唐山市根据上级要求,建立了执行联席会议制度,在协调解决重大问题执行难方面发挥了一定作用,但部门联动整体效果不佳,有的部门主动参与意识不强,致使执行信访案件明显增多,既严重影响"沿海强市、美丽唐山"建设,又制约了公平正义的实现。

---

① 蒋陆军:《论民事"执行难"之地方保护主义》,《法制与经济》2010年第2期。

（四）执行保障存在制度性缺陷

"执行难"问题长期困扰着各级法院的建设和发展，也影响着社会的和谐稳定。中央先后印发多个文件，明确要求各地党委、政府要高度重视法院执行难问题，进一步探索、推进司法体制改革。最高人民法院也出台文件，要求各级人民法院深化执行机制改革，尽快建立统一管理、统一协调、统一指挥的执行管理体系。对审执分离体制改革，上级法院和唐山市委市政府都给予了大力支持，但从某些方面来看仍存在一定的制度性缺陷。

唐山中院在法官员额制改革中，将执行与审判同等对待，但实际上仍有大批执行干警由于各方面的原因无法入额，有的执行大队甚至只有大队长一人入额，这极大地消解了执行队伍整体的积极性，也不利于执行法官主导的团队化办案模式的运作。现有执行队伍人员老化严重，年龄结构和学历结构不合理，难以适应日益复杂的执行形势和任务。在各执行分局，作为统管执行办事机构的分局办公室，除主任和副主任外，只有两名工作人员处理包括立案分案、信息统计、宣传、材料撰写等一系列纷繁复杂的工作。与此同时，因场地及经费制约，各执行分局和执行大队均需借用驻地基层法院的办公场所，办公用地紧张，办公设备及网络信息系统存在严重老化情况。同时，各执行分局和执行大队办案车辆数量少、车况老，缺乏更新购置装备的经费来源。这种状况与繁重的执行任务明显不匹配，与京津冀协调发展要求明显不相称。

五　今后展望

2017年以来，针对执行体制改革面临的困难，唐山法院确立了巩固、发展、提升执行改革成果，持续稳步推进基本解决执行难工作的总基调。唐山法院将以人民法院基本解决执行难第三方评估指标体系要求为指引，继续按照"一性两化"的基本思路谋划执行工作，从完善执行内部机制的角度推进基本解决执行难工作再上新台阶。

（一）发挥体制优势，推广执行行动常态化机制

强制性是法院执行工作的本质属性，没有强制性做保障，执行工作就无法顺利开展。唐山法院在执行工作中挖掘跨区整合执行力量的体制优势，规范集中执行行动常态化制度，及时跟进惩戒，有效运用各种手段制裁抗拒执行或规避执行的行为。

2016年唐山中院出台《关于坚持集中执行常态化的实施意见》以来，唐山中院执行局充分发挥体制优势，集中调度全市执行力量和装备，将跨区整合力量和分片集中调度执行相结合。2017年以来，唐山法院相继开展无可供执行财产案件专项执行行动和"百日执行攻坚"系列专项执行行动，综合施策，高频出击，推动跟进惩戒、集中执行行动的规范化和常态化，建立科学有效的执行工作长效机制。鉴于无财产执行案件数量庞大、出口不畅、权利人不理解、不认可等特点，唐山中院及时调整专项执行行动的主攻方向和工作重点，出台了《无可供执行财产案件专项执行行动实施方案》，合理确定了终结本次执行程序、转破产程序和司法救助案件指标，实行了首问首办责任制和定期通报释明制度。唐山法院通过开展集中执行常态化工作，使被执行人在心理上逐步认识到不尊重法院权威的严重后果，集中执行行动取得了积极的社会效应。

在执行威慑力普遍不足的社会背景下，有必要集中时间、集中力量、集中资源，建立集中执行行动常态化机制。通过各地法院协调联动，对规避、抗拒执行行为严肃处理，用足、用好强制执行措施，及时、集中跟进制裁，每月选定重点案件定期集中出动警力，采取定期与不定期相结合的方式，确保一月一次专项行动、一次专项行动一个主题的原则，让"老赖"无处可藏。围绕不断树立、强化法院权威的目标，加强集中执行行动常态化、制度化建设，从而改变被执行人不尊重、不服从法院权威的现状。通过高密度的集中专项行动，抓住典型进行集中处理，广泛宣传形成威慑力，向社会各界、向被执行人传达强有力的声音，通过长期积累、逐渐深化、不断传播，重塑法院的地位和权威。

（二）推进执行信息化，实施繁简分流办案机制

执行办案必须坚持过程与结果并重原则，既要注重个案是否实际执行到位和总体执行到位率，更要注重办案是否符合法定程序，执行行为是否规范。在此方面，信息化技术在提升质效、规范管理方面大有可为[①]。唐山法院针对执行案件流程和办理机制进行深度改造，突出和强化重过程兼顾结果的原则和理念，着力提高办案效率，通过信息化手段和科学的办案流程解决案多人少的矛盾，决定对执行指挥中心进行全面升级改造，推行繁简分流办案机制。

唐山中院制定了《关于完善执行实施工作机制的意见（试行）》，赋予执行指挥中心统一立案分案、类案集中管理、集约网络查控、繁简分流调控、统一财产处置和统一调度考核职能，将涉执评估拍卖职能划转给执行指挥中心。扩建执行指挥中心大厅，调整30名执行干警组成立案分案组、网络查控组、财产处置组和调度考核组在大厅集中办公，为一线执行干警提供集约服务，同时强化案件节点统一管控、对专项执行行动的统一指挥、对执行工作绩效的统一考核，有效补足补强了执行过程中的短板和弱项。未来，唐山法院将发挥体制优势，加大投入，争取早日成为全国做实做强执行指挥中心的样板法院。

当前，应当以全国法院执行指挥中心建设为契机，通过推行繁简分流办案机制，实现执行办案的分段集约、繁简分流、类案集中三大功能，提高执行工作信息化、规范化水平。分段集约是以金钱给付类执行实施案件所涉财产是否经过评估拍卖、变卖、以物抵债等处置性措施为界限，将每个执行实施案件分为财产查控、财产处置两大阶段，执行人员集约办理执行案件的阶段性事务。繁简分流是指执行实施案件经过集约查控后，按案件的繁简程度予以分流，简单易执案件和复杂案件分别由不同部门办理。类案集中是指对执行对象相同、被执行人相同或申请执行人为其他执行案件的被执行人的案

[①] 田禾、吕艳滨等：《中国法院信息化第三方评估报告》，中国社会科学出版社，2016，第43页。

件相对集中办理。对执行实施案件按繁简程度进行分类,个案执行事务集约办理、关联案件相对集中办理,将有效实现指挥中心指挥调度、监督管理、集约服务的作用,推动执行体制机制改革深入发展。

(三)加强规范化建设,建立执行团队办案模式

加强对执行权的监督制约,将权力关进制度的笼子,强化执行队伍管理考核,是深化执行体制改革的制度保障。唐山中院在执行规范化建设、执行团队化改革方面持续发力,以法官员额制和审执分离体制改革要求为基础,通过组建执行实施团队、创新界定人员职责和考核单元、规范办案流程,进一步优化人员分类管理。

唐山中院制定了《关于推行执行团队办案模式的意见》,积极组建执行实施团队,以入额法官为主导,对执行实施团队人员按阶段进行分工,在执行局实施处和执行分局各执行大队设立若干执行实施组。执行实施组接收案件前的网络财产查控、纳入失信被执行人名单、受理执行线索举报、执行公开、执行信访接待等集约性事务,由执行指挥中心集约办理。执行实施组接收案件后,对复杂案件进行精细化办理。执行局实施处及各执行分局可以将执行工作根据案件和程序的繁简程度适当分流,交由不同团队完成,根据不同案件类型或工作任务的需要灵活配置团队人员。同时,建立纪检与执行联署办公机制,建立健全执行督察巡视制度。以纪检监察室和执行局督导处干警为主体,组织成立了五个巡查组,每月对执行纪律作风情况,重点是遵守执行"十大禁令"情况巡查一次,每次不少于三天。执行局督导处负责汇总和移送问题线索,纪检监察室负责问责和通报。

为适应司法责任制改革要求,在深化执行体制改革的过程中有必要建立规范化的执行团队办案模式。立足各地实际,建立若干"1+N+N"模式执行法官团队,合理配置法官、执行员或司法警察、书记员,明确办案流程节点,规范执行措施和依据,并建立新的团队考核体系,加强对执行干警的监督制约。探索建立执行团队模式将有效推动执行队伍的规范化、专业化、职业化水平,提高执行队伍的战斗力。

六 结语

唐山法院的改革之路起步于对执行体制的创新性探索，在"深化内分"的改革过程中逐步形成了"两分一统"垂直管理执行工作新模式。通过审执分离体制改革形成了战斗力，初步解决了体制弊病，形成了可供推广和复制的经验。随着审执分离体制改革进入"深水区"，在"基本解决执行难"这一历史使命的大背景下，唐山执行体制改革又走上了新的征程。唐山法院将继续发挥体制机制优势，深入挖掘内部潜力，广泛借鉴先进改革经验，按照"一性两化"的基本思路谋划执行工作，专项集中执行行动逐步形成常态化、精准化、强制性的鲜明特色，全面实施繁简分流办案机制，为全国做实做强执行指挥中心提供样板参考，通过执行团队化建设和联合巡查制度提高执行工作规范化水平。

B.9
深圳市福田区法院金融类案全流程在线办理平台建设运行情况调研报告

深圳市福田区人民法院*

摘　要： 深圳市福田区人民法院根据金融案件网络化、类型化、批量化的特点，开发建设了金融类案全流程在线办理平台——"巨鲸"智平台，实现金融类案全流程在线办理，使案件全流程公开透明可视化，极大地提高了法官办案效率，节省了当事人的诉讼成本，强化了司法公开，为满足辖区金融司法需求、服务金融产业发展提供了更加有力的保障。

关键词： 金融类案　全流程　在线办理

深圳市福田区人民法院（以下简称"福田法院"）在深圳市中级人民法院的领导下，开发建设了金融类案全流程在线办理平台——"巨鲸"智平台，在全国率先初步实现了金融类案从立案、审判到执行全流程在线办理。该平台的建成运行，不仅提升了金融司法的服务水平，而且推动了金融机构对传统业务流程的信息化改造，有力提升了金融产业司法服务保障能力，对促进金融资产保值增值、化解金融纠纷、防范金融风险、维护金融行业健康发展意义深远，为福田区乃至深圳市金融产业升级发展、资源集聚贡献了重要力量。

---

* 执笔人：徐骏，深圳市福田区人民法院纪检监察室副主任；谭茜，深圳市福田区人民法院速裁庭三级法官；杨明，深圳市福田区人民法院研究室法官助理。

一 金融类案审判信息化的现实需求

(一)金融司法需求巨大

党的十八大以来,中国金融业改革发展取得新的重大成就。深圳作为全国领先的金融中心城市,金融业保持快速健康发展,规模效益稳步增长,支柱地位进一步提升,全国金融中心建设成效显著,金融业资产规模位居全国第三。福田区是深圳金融业的核心区,也是全国三大金融聚集区之一,金融总部机构聚集,全市70%的持牌金融总部机构落户福田,银行、证券、基金、期货、信托、保险等业态全面布局。

随着福田区金融产业聚集度持续增强,金融交易活跃繁荣,金融产品交易结构、盈利模式日趋复杂,福田法院近年来受理审结的金融案件数量始终高位运行,新类型金融纠纷不断涌现。2014年1月至2017年9月,福田法院共受理商事、刑事、行政等各类金融案件35764件,审结31754件;其中,2014年受理金融类案件6159件,2015年受理金融类案件9128件,2016年受理金融类案件8296件,2017年1~9月已受理金融类案件12181件。此外,新类型金融纠纷不断涌现,如证券领域出现了"伞形"配资等新型借款案件,小额借款领域出现了利用互联网平台进行无纸化、无接触的网络贷款纠纷,金融犯罪领域出现大量网络涉众型金融犯罪。

在大量金融类案件中,银行卡纠纷案件数量占比尤为突出。2014年至今,福田法院共受理银行卡纠纷案件20905件,审结20266件,其中信用卡纠纷案件占90%以上。尽管福田法院每年审结大量金融类案件,但与金融司法需求相比,司法资源仍然十分短缺。根据总部位于福田区的中信银行信用卡中心提供的数据,该行信用卡发卡规模已经达到近5000万张,信用卡纠纷可诉规模约74.4万户(标的约195.1亿元),但目前通过诉讼立案仅约6.5万户(约42.6亿元),仅占整体可诉讼规模的8.7%。中信银行的业务规模较整个金融行业而言仅为冰山一角，整个金融行业的待诉案件可谓之"海量"，但因司法资源不足，客观上无法进入诉讼，对整个金融行业发展带来一定的制约，金融行业贷款规模进一步发展、金融消费者权益保护的救济途径、社会信用体系的完善均受到司法资源不足的不利影响。

（二）司法资源严重不足

近年来，福田法院收案数量逐年大幅上升，新型疑难复杂案件不断增加。一是案件数量多、升势明显。福田法院2014~2016年受理案件数分别为39934件、56170件、66150件（其中新收案件数分别为36098件、41662件、52664件），其中2016年按当年全院108名员额法官计算，人均结案487.63件。截至2017年10月13日，总收案量已达99466件（新收86042件，旧存13424件），预计全年收案量将达11万件以上，法官人均办案量将超1000件，办案压力十分巨大。二是案件结构特点突出。与福田区作为深圳市中心城区的区位功能、经济特点相适应，福田法院每年审理的金融借款、商业保险、担保纠纷等商事案件数量巨大，居全市基层法院前列。三是案件类型多、标的大、处理难。福田法院受理新型、疑难案件多，涉及新型社会经济关系和复杂矛盾的大案、敏感案件多，社会关注度高，矛盾化解难度大。2016年，福田法院受理的66150件案件涉案金额达493.29亿元。

面对司法需求巨大和司法资源不足的突出矛盾，法院继续沿用传统的办案方式和手段已经难以为继，要提高司法效能，扩大司法供给，必须探索智能审判方式，向信息科技要效率。2017年，福田法院在深圳市中级人民法院的领导下，开发建设了金融类案全流程在线办理平台——"巨鲸"智平台，在全国率先初步实现了金融类案从立案、审判到执行全流程在线办理，显著提高了金融类案办理效率，司法能力大幅提升。目前，福田法院正致力于在"巨鲸"智平台在线办理金融类案的基础上，通过建立标准化办案流程，逐步把其他类型化案件纳入平台办理，实现办案快速快、标准化、公开化，逐步建立更加高效便捷的信息化司法服务体系。

二 "巨鲸"智平台的开发建设

2016年,智慧法院建设纳入《国家信息化发展战略纲要》和《"十三五"国家信息化规划》,标志着智慧法院不仅与人民法院自身现代化密切相关,也已成为国家发展战略的重要组成部分。随着司法改革的深入推进,尤其是司法责任制改革的落实,司法权力运行机制、法院内部管理结构已经发生了重大变革;而移动互联网、人工智能与经济社会各领域深度融合,使人们的价值观念、利益诉求、工作习惯、生活方式也随之发生适应信息社会的改变。新的法院、新的案件审判方式应当回应、适应信息化的时代需求,融合信息科技,建设"智慧法院",对审判执行工作进行线上线下流程重塑,对传统审判执行方式进行信息化改造。

为应对金融类案审判信息化的现实需求,福田法院以"智慧法院"建设为总目标,将开发建设"巨鲸"智平台纳入"智慧法院"建设规划,在半年时间内完成了平台建设的前期调研、规划论证和系统开发,于2017年6月28日实现了平台正式上线运行。

(一)建立科学的开发建设机制

在深圳市中级人民法院的统筹指导下,福田法院专门成立"巨鲸"智平台建设工作小组,统筹规划、跟踪落实平台建设。坚持以制度为先导,需求为方向,技术为支撑,建立JEC项目开发模式,由法官(Judge)、工程师(Engineer)、科技公司(Company)共同组成工作小组。通过JEC开发模式,以法官需求为前提,以工程师为纽带,以科技公司为支撑,实现平台建设充分满足办案需求,在平台建设过程中充分体现法官、工程师、科技公司的三方智慧。建立以现场驻地开发为主、远程开发为辅的模式,确保快速响应业务需求。强化法官在平台建设中的主体作用和主体责任,发挥法官作为项目负责人的领导作用,带领工程师和科技公司,共同研究确定平台建设方案，推动平台开发建设，在持续的系统调试过程中不断完善、优化平台的系统设置，使平台能更好地服务于诉讼需求。

（二）组建专业的金融审判机构

福田法院长期面临案件数量急剧暴增的局面，审判工作呈现案件增长快、数量大、标的额高、新型疑难案件多等特点。"巨鲸"智平台的有效搭建只是做到了第一步，要让平台更好地发挥实际作用，离不开办案力量的有效补给和优化配置。福田法院自2012年6月开展审判权运行机制改革之初，就成立了专门审理金融类案的专业团队，其中相当数量的资深法官已多年从事金融审判工作，部分法官还拥有在英国、中国香港等境外国家或地区学习金融法律的背景，为开展金融类案在线办理提供了坚实的人才支撑。2017年8月份，福田法院经深圳市编办批准设立了互联网和金融审判庭，通过组建专门机构、增加机构编制来补充办案力量，主要负责审理传统金融及互联网金融纠纷案件、因互联网产生的纠纷案件以及涉金融和互联网犯罪的刑事案件，并已开始全面推进互联网金融审判试点工作。近半年来，福田法院金融审判机构和团队通过不断总结归纳"巨鲸"智平台应用成果，不断探索创新优化平台运行管理模块，使平台有效适应了金融类案审判的实际需求。

（三）对起诉材料、裁判文书进行要素化分解

"全业务网上办理"构建"网络化"法院，"全流程依法公开"构建"阳光化"法院和"全方位智能服务"构建"智能化"法院是建设智慧法院的丰富内涵。金融类案在线办理，离不开办案流程的要素化和模块化。福田法院依托"法信"平台、庭审语音识别转录系统为代表的一批智能化辅助办案系统，组织专业审判骨干对金融类案进行了大量的大数据分析，以案件审判需求为导向，制定了相应起诉材料的要素化格式版本及类案的规范化证据目录，为诉讼当事人提供可预见性的指导，体现了智能化时代人民法院积极践行司法为民宗旨。

（四）引导金融消费合同升级

福田法院一直以来积极履行司法职能，充分发挥司法对经济社会发展的引领、保障和服务功能。提高送达效率是节约司法资源、提高司法效率的重要推动力。为提升"巨鲸"智平台电子送达功能的效用，福田法院与金融机构加强交流协作，为金融机构、金融消费者签订信用卡领用合约提供了规范化指引，指导各银行对信用卡领用合约进行修改，添加以领用人电子邮箱、微信等电子渠道作为诉讼法律材料送达方式的领用条款。目前已有部分银行对信用卡领用合约完成了修改。

（五）强化信息保障能力

福田法院一直以来高度重视网络安全和信息化保障能力建设，为了更好地保障平台的有序运行，专门成立了"智慧法院"建设工作小组，积极加强信息化基础设施建设，建立平台运维快速反应机制，提高信息安全保障水平，从而确保平台运维环境的安全、可靠、稳定以及响应迅速。

三 "巨鲸"智平台的强大功能——类案速裁，在线办理

通过半年来的建设运行，"巨鲸"智平台已初步实现八大功能。

（一）要素式立案

福田法院通过对大量类型化案件的数据化分析，归纳共性，制定了相应起诉材料的要素化格式版本。当事人只需在平台上按系统提示填入或从其本地文件导入相应信息，平台即可自动生成民事诉状并上传至后台申请立案。根据当事人起诉时完成的要素式表格，平台可通过抓取数据，结合格式文本，自动形成传票、举证通知书、应诉通知书等法律文书。

（二）网上自助诉讼

当事人远程在线自助录入立案信息，经法院确认立案后，当事人可在线缴费并随时查询其名下案件的最新进展，包括举证、质证、庭审、执行等。

（三）证据审核环节引入公证

由公证机关在原告上传立案材料扫描件时直接对原件材料表面一致性进行公证，节约了原告和法院对证据原件材料进行线下审核的时间。

（四）电子签名和盖章

平台直接提取数据生成的举证通知书、应诉通知书等法律文书，以及法官根据平台辅助生成文书最终完成的判决书，均可在平台获取电子签名和盖章。

（五）电子送达

对于双方约定了电子邮箱、微信等电子渠道作为司法文书送达方式的案件，平台可将加盖电子印章的传票等法律文书直接送达当事人，配加后台数据确认，法院工作人员可在平台上实时掌握电子送达状态。平台还与邮政EMS网上对接，可通过邮政EMS平台打印文书并安排线下投递，投递结果即时反馈。以信用卡案件为例，大部分案件由于需公告送达，以往办案周期需至少四个多月，通过有效电子送达可将办案周期控制在两个月以内。

（六）网上开庭和远程视频调解

平台具有远程视频调解和庭审功能，当事人可异地远程参与调解和庭审。充分借助人工智能技术创新庭审记录方式以加快录入速度，提高庭审效率。通过智慧庭审系统，将庭审语音同步转换为文字，庭审记录人员对系统识别后形成的初稿加以整理形成笔录。审理案件过程中，当事人可以通过智慧庭审系统进行在线调解，创新调解方式，灵活运用调解模式。

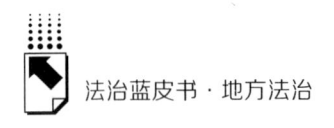

（七）裁判文书自动生成

平台直接提取原告起诉数据及庭审笔录，根据法官确认的要素来核定判决文书需要生成的内容，并辅以令状式裁判文书附表的形式，最终智能形成裁判文书。

（八）网上执行

判决生效可进入执行阶段后，原告的平台界面会生成申请执行的选项，申请执行人可在平台上对系列案件一键批量申请执行。执行法官可在平台上对被执行人提起五查，采取查封、冻结和扣划等执行措施，平台同步生成执行文书。

四 "巨鲸"智平台的运行情况

（一）平台收结案情况及案件特点

"巨鲸"智平台于2017年6月28日上线运行，截至2017年10月13日，已实现在线立案11898件，在线结案3732件，其中信用卡诉讼案件2142件，信用卡执行案件1590件。平台运行具有以下特点。

1. 主要受理信用卡纠纷等金融类案

金融类案案情简单、证据清晰、标的额较小，便于法院进行数据化分析归纳共性，进而制订相应的起诉状要素化格式版本。法院通过制订金融类案规范化证据目录，为当事人提交证据提供规范化指引，引导当事人提交形式规范的证据，进而实现要素式立案，极大地简化了当事人申请立案的手续。

2. 大力推进电子送达应用

一是"巨鲸"智平台整合电子送达功能，通过诉讼当事人注册时预留的手机号、电子邮箱送达诉讼法律文书，并实时提示当事人在线进行送达确认；同时引导金融机构修改信用卡领用合约，明确约定电子送达方式。二是对暂不能进行电子送达的，平台通过对接邮政EMS系统进行"E键送达"，由邮政EMS直接打印出相关诉讼材料后，进行线下送达，完成送达后进行线上反馈。三是对需要公告送达的，采用在线电子公告送达，除对公告送达方式有特殊要求、应当按要求方式进行外，其他公告送达均在法院官网刊登公告。

3. 系统智能辅助生成裁判文书

基于金融类案可进行数据化共性归纳的特性，裁判文书同样可以实现概括共性归纳出固定模板，同时平台亦会根据当事人起诉时完成的要素式表格以及法官确认的要素来抓取数据，核定裁判文书需要生成的内容，并辅助以令状式裁判文书的方式来形成裁判文书框架初稿，而法官可以根据庭审对裁判文书的内容进行修正完善，形成裁判文书。

（二）平台运行流程

1. 起诉流程

当事人通过"巨鲸"智平台进行诉讼，首先登录"深圳市福田区人民法院网上诉讼平台"，使用手机号码进行注册，进行实名认证，根据自身诉讼地位选择"我是原告"或"我是被告"来起诉或者应诉。

原告可根据系统提示选择案由、录入起诉相关信息，并上传证据扫描件。提交后，系统根据当事人录入的信息自动生成起诉状并附上证据扫描件。在此节点中引入公证环节，由公证机关在原告上传立案材料扫描件时直接对原件材料表面一致性进行公证。案件点击提交后即进入立案法官后台，由立案法官进行审核，审核通过后进行立案登记。立案登记后，被告即时收到短信以及邮件提醒。

被告可进入网上诉讼平台完成注册认证后，输入收到的关联码关联案件，进而了解案件相关信息并参与诉讼。在法院，立案法官可以选择案件进入诉前调解环节或者直接选择生成案号进入诉讼程序。如果选择进入诉前调解环节，系统即形成相应的诉前联调案号。若案件达成诉前调解，则按相应程序结案；若案件在法定期限内无法达成调解，则转入正式立案程序。此外，原告起诉、被告应诉均可委托代理人代为参与案件进程，委托代理文件亦可通过平台提交。

2. 审理流程

（1）送达流程。案件正式立案后，系统自动生成案件受理（应诉）通知书、举证通知书、应诉通知书等诉讼文书，同步生成法院电子印章。原被告均可在平台上查看系统生成的文书。系统通过短信和邮件提醒原告进行线上缴费，原告未按期缴费的按撤诉处理。原告完成缴费后，法院平台操作人员向被告注册认证时预留的手机号、邮箱等送达起诉状及证据、举证、应诉通知书等相关诉讼材料，并提醒被告进行线上送达确认。被告未及时确认的，系统自动抓取当事人阅览诉讼材料的时间节点作为有效送达时间。被告无有效手机号码或者邮箱等电子送达方式的，平台则通过对接邮政EMS，将相关诉讼材料发送至EMS端口，由邮政EMS直接打印出相关诉讼材料后，按被告的地址进行线下送达、线上反馈。对需要公告送达的，采用在线电子公告送达。

（2）庭审流程。送达完成后，审判法官可进行庭审排期。原被告可以在相应的举证及应诉期限选择在线或线下提出管辖异议、提交证据、进行答辩等。原被告在收到开庭通知后，可以申请选择远程在线或者到法院进行庭审。选择在线庭审的，当事人只需在传票指定时间登录平台，通过账户进入庭审界面，即开展在线庭审。庭审实现同步录音并自动转换成文字笔录，原被告进行核对并确认后由工作人员拷贝至笔录板块中。在案件裁判文书生成之前，原告申请撤诉或当事人选择诉中调解，均可在线进行。

（3）裁判流程。庭审结束后，平台通过裁判文书模板，根据法官确认的要素来核定裁判文书需要生成的内容，并以令状式裁判文书附表的形式智能生成裁判文书。裁判文书加盖法院电子印章后以电子方式送达至当事人预留的手机号或者邮箱，当事人亦可登录平台查看裁判文书。裁判文书有效送达并生效后，系统自动显示可申请执行的相关信息，当事人可以点击按钮申请执行立案。

3. 执行流程

（1）执行立案流程。通过"巨鲸"智平台，申请执行人在登录网上诉讼平台后，根据系统提示选择案由、录入申请执行相关信息，选择平台内已生效判决，由平台自动生成强制执行申请书，并上传执行主体资料及委托代理文件扫描件。点击提交后案件即进入立案法官后台，由立案法官进行审核，审核通过后转入正式立案程序。执行立案生成案号后，申请人、被执行人即时收到短信以及邮件提醒。

（2）执行流程。执行案件立案后，平台自动生成执行通知书、报告财产令、被执行人须知等执行文书，并同步生成法院电子印章。申请人、被执行人均可在平台上查看系统生成的执行文书。平台操作人员按送达流程进行线上或线下送达。

送达后，执行人员在平台上对执行案件提起财产"五查"（房屋、车辆、银行账户、股票证券、股权）。财产查询结果反馈后，通过平台打印"五查"结果。对查询财产结果反馈为无财产可供执行的案件，执行人员通过平台电子送达方式通知申请人来法院书面签署执行笔录。

查询财产结果反馈有银行存款的案件，平台自动生成执行裁定书、协助执行通知书等执行文书，由执行法官在平台上对银行账户进行扣划、冻结等措施，所扣款项扣划至法院账户。执行法官查询扣划结果后通过系统电子送达方式通知申请执行人领款。对有部分财产但不足以清偿的未足额案件，执行人员可通过平台电子送达方式通知申请人来法院书面签署执行笔录。

对于无财产可供执行、有部分财产但不足以清偿的未足额案件，执行法官可通过平台批量生成发布失信决定书、拘留决定书、限制高消费令以及终本裁定等文书，文书生成后，执行法官可通过平台提起失信决定的发布与屏蔽申请。

（3）执行结案。被执行人全额还款或者平台足额扣划的案件，平台自动生成结案通知书并送达双方当事人。被执行人无财产可供执行或有部分财产但不足以清偿的未足额案件，系统自动生成执行裁定书，裁定终结本次执行程序并送达双方当事人。上述文书均可通过EMS"E键送达"。

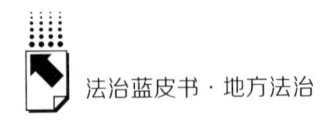

五 "巨鲸"智平台运行的成效

（一）诉讼服务更加便捷高效

平台建设立足司法供给侧改革，满足群众更高层次的司法需求，使群众享受到更高效、更便捷的司法产品和服务。"高效"体现在当事人通过在线立案，仅需以填空的方式填写数据或者从其业务系统导出相关数据及证据扫描件上传至平台，即可由平台自动完成立案，对系列案实现秒立连案。"便捷"体现在当事人可在线立案、在线缴费、在线诉讼、在线批量申请执行，实现完全足不出户而将案件从立案到执行一跟到底，真正实现"让数据多跑腿，让当事人少跑路"，为当事人节约了时间、金钱成本，最大限度减少诉讼对其工作、生活的不利影响，让群众获得更好的诉讼体验。

（二）司法效率得到显著提高

在线庭审在节约当事人往返法院时间的同时，帮助法院突破了审判法庭不足导致案件无法排期开庭的限制，案件排期效率大幅提升；类案批量自动生成裁判文书，大幅节约了法官制作法律文书的工作时间；通过电子送达及对接邮政EMS系统线下送达，有效缩短送达所耗时间。"巨鲸"智平台上线运行以来，已初步显现其在提升司法质效上的强大动力，目前已在线办结信用卡诉讼案件2142件，信用卡执行案件1590件。预计一个审判团队年均办理信用卡案件数可实现2倍以上增长，从2016年的4000件左右增至10000件以上，案件办理周期由四个月缩短为两个月。

（三）司法公正获得科技支撑

"巨鲸"智平台为金融类案审判提供全流程、全在线、全方位的信息化办理，使案件审理过程全程留痕，阳光透明，裁判标准明晰规范。实现类案办理标准化，通过要素化、模块化、数据化的办案方式，有效确保类案同判；实现事务工作轻量化，把法官从人工填写裁判文书原被告信息、争议事实等繁重的事务性工作中解放出来，集中精力研判事实认定和法律适用，提高审判质量；实现全程在线透明化，当事人通过"巨鲸"智平台随时随地了解案件进度，查阅案件信息，有效提高司法透明度；实现权力运行可视化，法官所有的履职行为在线操作，全程留痕，有效强化司法监督。

（四）司法保障助力产业集聚

信息技术在金融审判领域的高度集成和深度应用，为辖区金融司法能力和水平带来显著提升，从而有力提升辖区法治环境，并成为提升辖区营商环境的重要力量。由于民商事纠纷多数可以协议管辖，当事人会选择更加高效便捷、公信力强的司法服务体系，这将助力辖区吸引更多金融产业资源聚集，从而促进辖区金融产业竞争力的提升，更好地体现司法服务、保障和推动经济社会发展的特有功能。"巨鲸"智平台以信用卡案件为切入点，极大撬动了银行等金融机构的"兴奋点"，中信银行、平安银行、招商银行等金融机构纷纷主动要求对接"巨鲸"智平台。平台还推动了银行传统业务流程的改造，有关金融机构已在着手修改信用卡合同中有关"送达地址确认书"和"协议管辖"的内容，以适应案件全流程在线办理的需要。

六 "巨鲸"智平台运行发展展望

（一）法院各系统平台需要进一步对接

目前由于各个平台是由不同的研发公司、研发团队协助不同法院设计运行，各平台之间的对接和共享数据问题变得尤为突出。例如，深圳中院执行查控系统、广东省法院综合业务系统、全国执行管理系统等执行系统的对接存在一定难度，影响了各平台功能的充分发挥。

（二）裁判文书的送达方式有待进一步拓宽

按现行法律规定，裁判文书不能通过电子邮箱、微信、手机号等方式送达，使得法院在送达工作上耗费了大量的人力、物力和时间成本。随着信息科技的高速发展，手机、支付宝、微信、邮箱等的注册实名制认证都能保证用户身份及信息的真实性、有效性，电子送达已经具备充分的技术基础，但关于电子送达的法律规定还有待完善。

（三）电子公章系统需要金融机构进一步授权

金融机构作为原告在"巨鲸"智平台提起诉讼，需要加盖机构的电子印章。但金融机构基于印章安全考虑，仍然未给予电子印章充分的授权。

科技发展日新月异，法院信息化建设永远在路上。近年来，福田法院一直致力于研发、引进"智慧法院"的各种核心技术，促进科技与法院管理、审判执行工作的深度融合。"巨鲸"智平台是福田法院重塑审判流程，实现金融类案全流程线上办理的成功探索，同时，也是福田法院全面推进"融·智·慧"三大平台建设的重要组成部分。除"巨鲸"智平台外，福田法院还建设了"融"平台，整合在线立案、在线调解、在线司法确认、类案推送、"一键"转诉讼立案等功能，对诉前调解案件实现全流程信息化管理；加快开发"慧"平台，实现实时线上诉讼指引，审判法庭、陪审员、速录员等司法资源线上管理，在线智能排期，庭审记录方式数据化，全流程无纸化办案，审判管理工作线上进行六大功能。未来，福田法院将对"融·智·慧"三大平台进行整合并行，逐步打通内外网连接，实现电脑、手机、自助服务设备等终端全方位一体化，实现从诉前调解到立案、审判、执行直至归档的全流程网上办案，同时实现司法统计、审限跟踪等审判服务工作的全流程平台办理。

法治社会

Construction of a Law - Based Society

B.10
运用特区立法权营造生态优势的珠海探索

钟小凯*

摘　要： 珠海利用特区立法权，完善生态文明法规体系，并以此作为推动生态文明建设的制度保障和动力之源，制定完善环境保护、旅游、城乡规划等相应地方性法规，对广东乃至全国来说都是有益的探索。珠海制定以环境保护条例为龙头的生态文明建设法规体系，以立法引领生态环境保护、创新生态保护法律制度以及以生态立法理念统领地方立法、完善生态立法体制、规范生态立法工作机制等地方立法经验，值得总结、推广。

关键词： 珠海立法　生态法规体系　立法创新

---

* 钟小凯，珠海市人大常委会立法研究中心副主任、副研究员，法学博士。

珠海自建市以来，坚持以法治保障为主线，大力推进生态环境建设，实现了环境保护与经济发展双赢，走出了一条法治生态的可持续发展道路。多年来，珠海环境空气质量保持全国重点城市前六位，主要河流和饮用水源水质达标率保持100%，城乡生活垃圾无害化处理率达100%，城市绿化率达52%。珠海优良的生态环境得到了国内外的普遍认同与赞誉，获得全国首批"国家环境保护模范城市"称号，是中国首个荣获联合国"国际改善居住环境最佳范例奖"的城市，2014年创建成为全国首批"生态文明建设试点城市"。2012年12月，习近平总书记视察珠海时高度肯定珠海："珠海有很好的生态环境、自然禀赋，有多年的经验积累。"

珠海坚持顶层设计，充分运用特区立法权营造生态优势，积极立法实施生态环境保护，完善以环境保护条例为龙头的生态文明建设法规体系。2015年5月，珠海以立法创新促进和保障生态建设的实践，荣获环保部和中国法学会联合评选的"全国生态环境法治保障制度创新最佳事例奖"，创造了生态环境法治保障的珠海模式。

一 围绕生态城市定位，开展环境保护立法

围绕生态文明城市建设的战略定位，构建生态文明法规体系。20世纪八九十年代，珠海确立了坚持生态优先、严格保护环境的基本理念和经济发展与环境保护协调发展的城市定位，提出了建设生态文明城市的发展战略。围绕这一城市定位和发展战略，珠海市人大常委会突出生态环境保护立法，使之成为珠海立法的一大特色。在1996年获得立法权之后，即充分发挥拥有经济特区立法权的优势，将珠海土地管理"五个统一"、环境保护"八个不准"等实践经验上升为法规，出台的城市规划条例、环境保护条例、土地管理条例、人口规划管理条例、道路交通安全管理条例等五个基础性法规初步构成生态文明城市建设法规体系的框架。"不以牺牲环境获得一时发展""留住青山绿水、蓝天白云"等先进生态文明建设理念充分体现到法规条文中。此后，珠海逐步完善生态文明建设法规体系，逐步形成以《珠海市环境保护条例》

为龙头，囊括城乡规划条例、市容和环境卫生管理条例、旅游条例、道路交通管理条例等地方性法规的生态文明法规体系。这一生态文明法规体系包括生态城市规划、生态环境卫生、生态旅游、绿色交通等内容，形成了体系比较完整、内容衔接一致、结构严谨有序的综合体系。截至2017年7月底，珠海共制定地方性法规93件，废止30件，现行有效63件。现行有效法规中，包括环境保护条例等21件生态文明法规（见图1），占比达到33%。

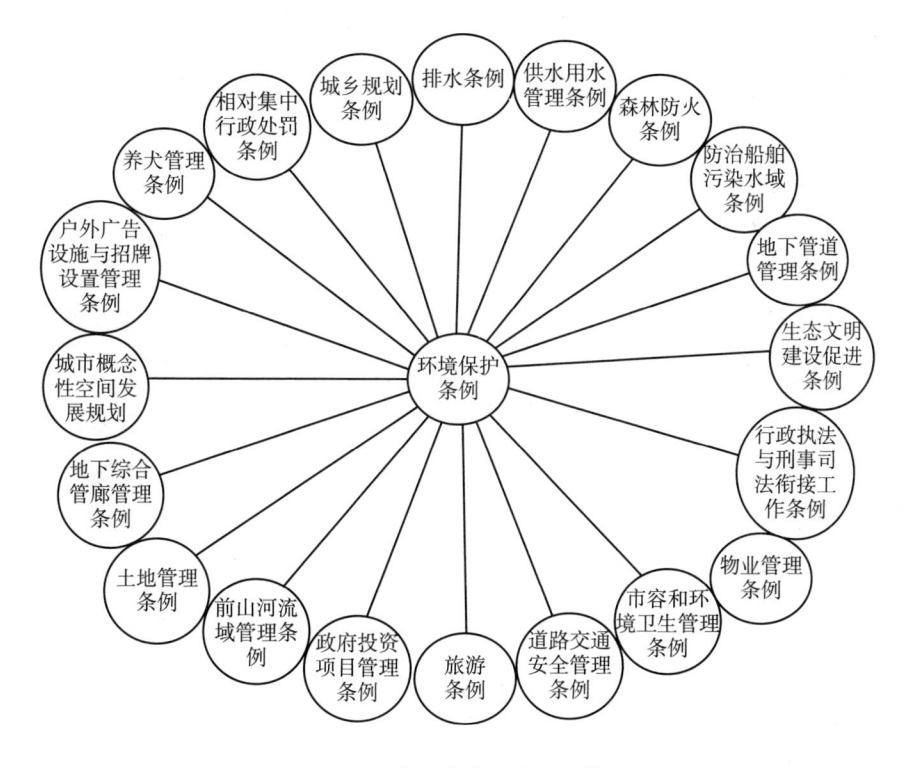

图1 珠海生态文明法规一览

资料来源：根据珠海市人大常委会材料整理。

创新生态文明建设立法，主动适应全面深化改革新形势。党的十八大以来，全面深化改革成为社会各界的共识，"法治中国"和"美丽中国"建设成了热门词语。中央层面尚未出台生态文明建设方面的专门法律、行政法规，地方生态文明建设立法也尚处于探索阶段。珠海市人大常委会主动适应新形势,充分发挥特区立法权的作用,用生态文明理念统筹谋划解决环境与发展问题,于2014年初在全国率先制定《珠海经济特区生态文明建设促进条例》,确立了珠海生态文明建设的法律地位。该条例是党的十八大后全国首部生态文明建设地方性法规,将党的十八届三中全会作出的《中共中央关于全面深化改革若干重大问题的决定》中关于生态文明建设的政策规定予以制度化和法制化。该条例理念先进,吸收国内外先进经验,要求积极探索建立系统完整的生态文明体系。同时,该条例结合实际突出了珠海特色,要求积极探索建立排放消减信用制度、重大项目生态影响预评估制度,规定了领导干部离任生态审计、生态环境损害责任终身追究制、排污权交易制度,等等。

开展战略规划立法,用法规保障"一张蓝图干到底"。概念性规划是城市未来的空间结构、用地布局、开发边界。珠海市人大常委会于2015年制定《珠海市人民代表大会常务委员会关于珠海城市概念性空间发展规划的决定》,为固化珠海市概念性规划的成果、核心理念、编制程序、监督管理等内容提供了法律保障。条例将概念性空间发展规划定位为最高规划,作为城市总体规划的直接依据,指导国民经济和社会发展规划、主体功能区规划、土地利用总体规划、生态环境建设规划以及涉及空间的各类规划的编制。条例通过法规手段确保《珠海城市概念性空间发展规划》的有效性、稳定性,引导珠海健康有序发展,为珠海市打造环境宜居、功能完善、可持续发展的生态城市和国际宜居城市提供法律保障。

二 "立柱架梁"筑牢基石,创新生态环境制度

规划优先,设定生态保护与建设的刚性要求。改革开放30多年以来,珠海在发展经济的同时也坚持对生态环境的有力保护,使得珠海守住了蓝天白云、青山绿水。珠海生态环境保护与建设的一条重要经验就是坚持生态优先,规划先行,早在1998年制定的城市规划条例中就规定城市规划管理的"八个统一"原则,即统一规划、统一用地规划审批、统一划分功能区、统

一竖向规划、统一基础设施建设规划、统一环境艺术规划、统一园林绿化规划、统一审查规划建筑设计。同时，为保持"山海相拥、陆岛相望"的特色城市风貌，还对城市沿海沿河建设规划、山体保护规划、绿地规划及城市总体规划等提出了量化的生态保护刚性要求，规定堤岸陆域沿河纵深60米和沿海纵深80米至100米范围内，禁止兴建任何建筑物、构筑物，主要用作绿化园林建设；海拔25米等高线以上实行封山育林，禁止兴建非公共休憩的建筑物、构筑物，防止阻挡山体风光；实施绿线、蓝线、黄线、紫线"四线"规划管理框架①，硬性要求全市人均公共绿地面积不得低于15平方米，海拔25米等高线以下的区域建筑红线应当保持在地形坡度25%以下，等等。这些量化的生态保护刚性要求，成为珠海生态环境基本制度，确保珠海生态城市建设有可执行的法规标准。在中国社会科学院发布的"生态城市绿皮书"《中国生态城市建设发展报告（2016）》中，珠海在284个城市的生态建设效果评价中综合排名第一。

绿色引领，设立产业项目的生态门槛。珠海坚定不移走绿色发展道路，让天更蓝、水更清、地更绿、家园更美丽，成为珠三角地区环境质量最好、土地开发强度最小、低端产业布局最少的城市之一。珠海积极探索创新产业发展路径，围绕产业现状和资源条件，进行有方向、有策略、有目标、有重点的高端产业布局，设立生态门槛，全力构建以高端制造业、高新技术产业、高端服务业以及特色海洋经济与农业为核心的"三高一特"现代产业体系。珠海在绿色发展理念的引领下，坚持"市区不发展有污染、耗能高及耗费原材料大的工业"的发展思路，早在1998年制定的环境保护条例中就明确规定了严格限制建设资源消耗大、污染严重的项目，要求发展高科技、技术含量高、附加值高、高效益、低能耗、污染少、重复利用率高的生态工业。环境保护条例全面贯彻落实了绿色发展的理念，设立"绿色门槛"，严把生态环保关口，加快"绿色经济"发展；对兴办或者设立产生污

---

① "四线"是指绿地山林、江河湖海保护和控制的地域界限，以及重要基础设施用地的地域界限，历史文化名镇等核心保护范围和建设控制地带界限。

染或者破坏景观的项目或者设施说不；严控市内噪声标准在45分贝以下；刚性要求对城市规划、旧村改造、重大项目引进、工业园区建设等重大决策进行环境影响论证，等等。珠海在特区成立伊始，就将保护生态环境放在首要位置，确立"生态优先"的生态城市建设发展定位，设定了较高的环境准入标准，在地方性法规中设定了一道"绿色门槛"，以绿色发展理念引领，为珠海城乡共美的幸福之城创造生态优势。

创新管理，全面划定并严守生态保护红线。珠海以提高环境质量为核心，全面实施环保领域改革创新，实施主体功能区制度，率先划定生态保护红线。环境保护条例规定了禁止开发区、生态发展区、集聚发展区、提升完善区等功能分区，生态文明建设促进条例规定了主体功能区管理，对主体功能区规划、划分功能分区、各功能分区的边界定位及开发、管制等进行了明确，为全面划定并严守生态保护红线提供了法律依据。通过对珠海的生态资源进行基础评估、案例剖析，明确生态控制线划定的技术路线和科学依据以及管理措施，对珠海的生态控制线进行目标研究，界定生态线划定的处理标准，提出生态控制线的划定指引，对生态红线进行规划管理研究等。目前，珠海划定了4个一级生态功能区、12个二级生态功能区和86个三级生态功能区，对禁止开发区、限制开发区、重点开发区和优化开发区四大分区提出了控制对策。这就为珠海城市发展的生态空间格局奠定了良好基础，确保珠海城市生态安全。

加大处罚力度，夯实环境保护责任。一直以来，珠海着力构建具有地方特色的环境保护法制体系，相对集中行政处罚权条例、行政执法与刑事司法衔接工作条例等地方性法规，为环境保护执法工作提供了很好的制度支撑。通过相对集中行政处罚权条例的集中授权，市容环卫管理、城市规划管理、城市绿化管理、市政管理等13个方面全部或部分行政处罚权集中到了一个执法机构——珠海市城管执法局，为依法严厉打击环境违法行为提供了可靠的组织保障。环境保护条例明确规定环境噪声污染、产生有毒有害烟尘、恶臭物质的环境违法行为统一由城市管理行政执法部门管理，有效解决了该类环境违法行为多头管理、执法难的问题。2014年制定的行政执法与刑事司法衔接工作条例对解决环境执法中存在的以罚代刑、有罪不究、渎职违纪等问题提供了很好的制度平台，缓解了环境执法机构和司法机关之间信息沟通不畅、案件移送不及时、协作配合不规范等问题，使珠海在环境违法行政处罚和刑事处罚无缝对接方面走在了全国前列。2014年出台的生态文明建设促进条例明确了生态文明建设责任，把生态文明建设纳入党政领导班子和领导干部政绩考核评价体系，规定了"一票否决"制度，明确未完成生态文明建设约束性指标的单位"一把手"年度考核不得确定为优秀、称职等级。2017年修改的环境保护条例增强了法规的可操作性，强化生产者环境保护的法律责任，违法处罚力度相应提高。此前对环境保护违法行为的罚款额度一般为2000元以上2万元以下。修改后的环境保护条例大幅提高了对7类违法行为的罚款额度，其中4类行为最高可罚20万元。按照规定，违法闲置、拆除、改装、损坏污染源自动监控设备，或故意改变自动监控系统获取数据的行为，可处2万元以上20万元以下的罚款，较修改前的罚款额度提高了10倍。修改后的环境保护条例还明确了环境执法"双随机"抽查机制，即环境保护主管部门对污染源日常环境监管实行随机抽取检查对象、随机选派执法检查人员的抽查机制。

三 生态立法理念引领，推动生态城市建设

在立法宗旨上，强调"以人为本"、为民服务。每部经济特区立法都有其明确的政策导向，也基本在每部立法的第一条将立法的目的予以明确。例如，《珠海市环境保护条例》第一条规定立法目的为保护和改善生活环境和生态环境，这就比较明确地指明了该条例的立法宗旨在于保护和改善珠海居民的生活环境，具有鲜明的人本色彩。该法第9条也规定了一切单位和个人都有享受良好环境的权利。这就比较突出地强调了环保立法是为人服务的，因此法规规定的所有制度措施均应该以之为目的，而不能脱离为民服务的宗旨。第26条规定拟在住宅区、学校、机关、医院等环境敏感区域设立可能产生油烟、恶臭、噪声、振动、热污染或者其他污染建设项目的，建设单位

应当在环境影响评价中提出有效保护周边环境的措施;第41条规定,高考前十日内和高考期间,在居住区、文教区不得从事产生噪声、振动超标的活动;第71条规定,灯光照明和霓虹灯的设置和使用不得影响他人正常的工作生活和生态环境;第75条规定,公共建筑内的单位夏季室内空调温度设置不低于26摄氏度;第86条规定,在自然保护区、风景名胜区、旅游区、公园以及海滨浴场,禁止兴建对环境产生不良影响的建设项目或者设施,禁止建设与旅游或者观赏无关的建筑物、构筑物,等等。这些规定从制度构建上直接体现了为民服务的人本思想。

在立法取向上,从"管理型立法"迈向"权利保障型立法"①。"管理型立法"具有方便政府管理、约束管理相对人的部门保护主义立法倾向,弊端明显。珠海市人大常委会在立法中贯彻生态是一种基本权利的价值选择,坚守规范政府行为、保护管理相对人合法权益的立法取向,走出了一条"权利保障型立法"的生态立法道路。《珠海市环境保护条例》《珠海经济特区生态文明建设促进条例》等法规名称均未冠以"管理条例",这和一般常有的冠以"管理条例"的法规名称存在明显的区别,正是意在立法取向上区别于以往的"管理型立法"的显著特征。珠海生态立法侧重于公民生态权利的保护,法规的行政管理内容也是围绕公民生态权利保护而展开。这就比较好地克服了以往地方立法中存在的为政府和其他主体提供"管理"的合法依据或者强化"管理者"权力的立法偏差,有效地解决了地方立法存在的"重管理、轻权利"问题。例如,《珠海市环境保护条例》第9条明确规定,一切单位和个人都有享受良好环境的权利;《珠海经济特区生态文明建设促进条例》第9条具体列举了公众的生态文明建设知情权、参与权、表达权和监督权。

在立法视野上,注重以世界眼光审视珠海发展。珠海的城乡规划条例、养犬管理条例、环境保护条例均借鉴了中国香港地区及国外的立法经验。

---

① 详见文华、钟小凯《从"管理型"迈向"权利保障型"的地方立法——基于内地与澳门公共安全技术防范立法的经验比较》,载《地方立法研究》2017年第1期。

2008年修改的《珠海市环境保护条例》借鉴欧美发达国家关于环境敏感区域等候机动车熄火的经验，规定在住宅、学校、机关、医院、停车场、旅游景点等区域应停车熄火，减少废气和噪声污染。城乡规划条例规定，住宅底层不宜设置商铺，居住小区的商业服务设施集中独立布置，也是借鉴港澳地区先进的治理经验。养犬管理条例规定，不得遗弃和虐待犬只、设立犬只电子身份标识，均是对标国际准则的制度措施。

在立法形式上，实行精准立法，一事一法。尽量控制综合性立法，不搞"大而全""小而全"，更多地规范具体问题。改变过去追求体例完整和章节条款一应俱全的"高大上"立法风格，重点寻求管用、有效。抓住"关键那么几条"，重在精准立法，立管用的法。珠海生态立法具有一定的规模，构建了生态法规体系。同时，也在立法质量上下足了功夫，体现了"精准立法、重点突出、务求实效"的特点，将宝贵的立法资源投入生态文明建设急需的领域，避免"遍地开花"。珠海生态立法除了环保条例具有综合性之外，大部分是针对单一事项立法，"一事一法"，仅就特定范围内的单一具体事项、特定问题，有针对性地立法，突出地方特色，聚焦具体问题。例如，关于珠海城市概念性空间发展规划的决定、户外广告设施和招牌设置管理条例、前山河流域管理条例、防治船舶污染水域条例等，均是单一事项的生态立法。在立法过程中，创新关键领域和薄弱环节的具体制度，有针对性地设计条款内容，确保法规可操作、可执行，实用、管用。在具体制度设计过程中，尽量用具体、明确的量化标准和规范的立法语言，减少笼统、模糊的原则性要求，一一具体列明保障条款和法律责任条款适用的对应情形，规范适用弹性空间和执法自由裁量权。

四 健全立法工作格局，完善生态立法体制

坚持党对立法工作的领导。党对立法工作的领导，是完善立法体制的核心和根本。一是围绕贯彻党的路线、方针、政策开展立法工作，努力使制定的法规符合党的主张。珠海市委制定了"严格控制土地、严格控制人口、

严格保护环境"的"三严"方针等政策文件。珠海市人大常委会迅速结合实际制定了环保条例、土地管理条例、人口规划管理条例等法规,将市委决策转化为经济特区法规,落实市委决策部署。珠海市委提出"生态文明新特区、科学发展示范市"的发展定位,珠海市人大常委会于2014年制定《珠海经济特区生态文明建设促进条例》,将市委关于生态文明建设的政策规定予以法定化。二是坚持在党的领导下开展立法工作。珠海市人大常委会党组制定《立法工作重大事项向市委报告的规定》,建立立法计划、表决法规或者立法涉及重大体制、重大政策调整向市委报告制度。形成了"两必须一及时"制度,立法计划、法规通过前必须向市委报告,立法调研情况以立法专报形式及时向市委报告,以取得市委对重大立法问题的支持和共识。例如,珠海市人大常委会在提请审议通过《珠海市环境保护条例》修正案、《珠海经济特区前山河流域管理条例》等环保法规前,向市委报告法规起草及调研论证情况,介绍法规的主要内容,并列出需要市委协调解决的主要立法问题。这些措施为法规的顺利制定和实施提供了良好的体制保障。三是围绕市委的中心工作和改革发展需要,开展重点立法。珠海立法紧紧围绕中心,服务大局,对接市委改革决策,积极探索,开拓创新,主动适应全面深化改革和法治建设的需要,加强重点领域立法。如珠海市第八次党代会提出发展生态海洋经济,珠海市人大常委会提出抓紧制定海域海岛保护与开发立法,围绕珠海发展生态海洋经济的重大决策,加强海域海岛领域立法。

发挥人大及其常委会在立法工作中的主导作用。人大主导是制定良法的重要保证。党的十八届四中全会《中共中央关于全面推进依法治国若干重大问题的决定》明确提出,健全有立法权的人大主导立法工作的体制机制。珠海在人大主导立法方面坚持"三个把握",即把握法规立项主导,把握立法进度主导,把握立法决策主导。在法规立项主导方面,珠海为制定好2015年的立法计划,向有关方面征集了17个立法项目建议,通过媒体和网络由市民勾选出重点立法项目,使立法更集中民智、体现民意。前山河流域管理条例立法是人大代表提出的议案,是人大代表立法议案推进地方立法的典型案例，充分体现了人大代表在法规立项环节的主导作用。在法规起草环节，人大主导立法主要体现在重要法规的起草上，实行由人大组织起草或者由相关工委提前介入共同起草，如在2014年起草珠海行政执法与刑事司法衔接工作条例过程中，珠海市人大常委会内务司法工作委员会会同珠海市人民检察院组织起草，着重解决条例规范范围不能超越地方立法权限的问题。该条例主要是对具体工作制度的规定，不涉及诉讼和司法制度的问题，因为诉讼和司法制度不属于地方立法权范围。关于立法决策主导，主要表现在法规草案的修改、审议上，草案内容不成熟的，退回起草部门修改或搁置审议，有些重要制度由珠海市人大常委会根据各方面意见，在充分论证基础上对草案作出重大变更。

充分发挥政府在立法工作中的依托作用。政府在提出地方性法规草案等方面担负着重要职责，应当充分发挥政府在立法工作中的依托作用。绝大多数生态立法由行政主管部门先行起草，其背后原因是，环保等行政主管部门对所要规范的领域有相对丰富的管理经验，对现实存在的急需立法规范的事项较为熟悉，对存在的问题较为清楚，起草的内容更具针对性和可操作性。但是部门起草法规往往成为一些部门占有权力资源的方式、分配既得利益的手段，它们借机扩张权力、减轻责任，将一些不明确的、职责交叉的管理领域，按有利于本部门的角度加以规定，导致部门立法利益化和部门利益合法化，不符合群众的切身利益，造成公民权利义务不恰当地增减。但是，虽然部门立法存在问题，也绝不能因此否定政府在法规起草中的重要职责，转由人大自己包揽法规起草[1]。珠海为改变"等米下锅"，政府部门提什么立什么、来什么审什么的生态立法尴尬处境，通过环境立法规划和立法计划统筹安排，"点菜上桌"，点什么就上什么，强化政府起草法规职责来主导立法。

---

[1] 从国内外历史经验看，立法机构并不完全承担法律草案起草工作，美国国会85%以上的立法都是由政府部门提出草案的。把"人大发挥主导作用"理解成起草法律法规草案的工作应该由人大来承担，存在认识上的偏差。具体参见沈国明《对"人大主导立法"的几点理解》，中国人大网，http://www.npc.gov.cn/npc/bmzz/llyjh/2016-06/06/content_1991142.htm，最后访问日期：2017年6月14日。

逐步完善与政府及相关部门的立法工作联系沟通机制,对立法过程中出现的重大问题、重大事项,加强与政府及有关部门的协调沟通,特别是对法规草案涉及的管理体制、职责分工、机构编制、预算安排等存在重大分歧的,认真研究、协调,有的问题让政府先行协调,提出方案后再审议研究。同时,建立多元化法规起草渠道,涉及综合性、全局性、基础性等事项的法规由人大牵头组织起草。对部分专业性、技术性较强或者涉及多个执法主体和不同利益群体、立法难度大的立法项目,采取委托高等院校、科研机构、社会团体起草的形式,发挥专家学者在立法工作中的智囊作用。2006年,珠海委托高校起草了《珠海市环境保护条例》草案,拓宽了法规起草渠道[1]。自2012年以来,对十多部法规采取了人大相关工委自主起草,委托高校、专业机构起草的方式。但是,仍要充分发挥政府在立法工作中的基础和支撑作用,除了一些综合性、全局性、基础性的立法项目,多数法规草案的起草工作还是由政府法制机构及相关部门承担。

扩大立法过程中的公众参与。各方参与是为民立法、民主立法的体现和必然要求。珠海生态立法全过程都注意吸纳民意,力争各项法规得到市民的广泛拥护和自觉遵守。一是创新问法于民机制。健全法规草案征询下级人大意见制度,选取了10个具有代表性的镇街、司法所等单位设立基层立法联系点,选取国家机关、高等院校、科研机构、社会组织和企事业单位中的业务骨干为立法工作联络员,最大范围收集对立法工作的意见和建议。二是拓宽公众有序参与立法渠道。制定《珠海市公众有序参与法规制定办法》,不断拓宽公众参与立法途径。开展立法协商,探索建立有关国家机关、社会团体、专家学者等对立法中涉及的重大利益调整论证咨询机制。三是坚持所有法规向社会公开征求意见。除了所有法规草案都以座谈会、登报和网络等形式广泛征求意见外,为增强公众有序参与的成效,在制定城乡规划条例等法规时,根据常委会审议意见提出若干专题,刊登在《珠海特区报》上,引

---

[1] 参见吕忠梅《地方环境立法中的专家角色初探——以〈珠海市环境保护条例〉修订为例》,载《中国地质大学学报》(社会科学版)2009年第6期。

导公众关注和讨论法规拟解决的主要问题。四是通过调查问卷对审议中的重点问题广泛征求公众意见。为制定好前山河流域管理条例、市容和环境卫生管理条例、养犬管理条例等法规，根据常委会审议意见集中的问题和条例拟规定的具体规范形成调查问卷，向公众广泛征集意见，更加准确地把握条例的立法宗旨。五是通过立法听证会、第三方调查等形式掌握立法热点问题的真实民意。在市容和环境卫生管理条例、养犬管理条例立法过程中，法规起草部门就立法中的热点问题举行听证会，在法规审议阶段委托第三方机构以专业统计口径在全市范围内开展入户调查，形成调查报告。六是聘请专家学者和港澳法律专业机构担任顾问。从2004年起，聘请一批执业律师和法学专家担任法律顾问。聘请中国（香港）法律服务有限公司和中国（澳门）法律服务公司作为立法顾问单位，成为珠海学习港澳先进立法经验的重要渠道。

五　规范立法工作机制，确保生态立法质量

规范立法论证工作机制。一是建立立项论证制度。确立法规立项审查原则，细化审查标准。建立论证审查制度，通过开展调研，举行法律顾问论证会、专家论证会、广泛征求社会各界意见等方式，深化法规立项论证工作。二是建立法律顾问论证制度。发挥法律顾问在立法工作中的作用，将法律顾问论证会作为每项立法的必经程序，法制委员会审议时要对法律顾问的论证意见进行逐条研究。三是建立立法咨询专家库。库内专家由本地区和港澳法学、规划、建设、环保等各个学科、领域专家学者组成。对生态立法过程中的专业技术问题，召集专家进行专题论证，使生态立法工作有更加充分可靠的智力支撑。

规范立法调研工作机制。一是建立法规文献梳理工作制度。在每部法规审议前组织专门人员梳理法规相关法律、政策及文献，全面掌握了解法规相关的法律法规等文献资料。二是建立走访调研制度。珠海在生态立法过程中，注意组织人大代表等深入基层单位和相关组织听取各方面意见，组织实

地考察法规涉及的利益对象的实际情况,把握社会的接受能力。例如,珠海市人大常委会对珠海城市概念性空间发展规划等专业性或者实操性较强的法规在审议前、审议中组织常委会委员实地立法调研。三是建立赴外地学习考察交流制度。注意与国内兄弟单位的学习交流,学习国内相同或类似立法的法规、政策经验,确保所制定法规在国内处于前沿地位。同时区别情况,组织赴中国港澳地区和其他国家、地区学习考察交流,对标国际准则,使法规符合国际社会发展趋势。四是建立立法调研工作会议制度。组织召开法规改稿会,听取法规涉及的相关利益群团组织、行政部门的调研意见,综合各方意见修改法规草案稿。珠海在立法过程中注重立法调研,组织基层调查、上门走访、实地考察和咨询专家、听取行内专家的解释和说明等立法调研活动已经制度化、常态化。

规范立法审议工作机制。一是常委会审议法规草案时,要求起草单位提供依据稿,列明每一条款的出处和上位法依据。二是对在起草和审议过程中争议较大的问题,形成专题调研报告印发会议,作为审议参考资料。三是对常委会组成人员和列席人员对法规草案的审议意见当天形成简报印发会议,并作为进一步调研论证的依据。同时,探索设立立法助理,协助立法机关及人大代表履行立法职责,提升人大常委会委员审议法规的能力,确保法规审议质量。

规范法规实施评价机制。一是将立法后评估工作制度化、常态化。形成通过问卷调查、实地调研、召开座谈会、听取汇报等方式对法规实施情况的评估机制。通过立法后评估,了解法规实施的有关情况,发现立法和执法中存在的问题和不足,为以后制定立法计划、对法规进行修改或废止奠定基础。二是要求法规明确规定有关国家机关对专门事项作出配套的具体规定的,有关国家机关应当自法规施行之日起一年内作出规定。三是在《珠海市制定法规条例》中明确规定,凡新制定法规实施满一年的,均由组织实施单位向珠海市人大常委会报告,经相关工委进行初审后报主任会议研究,并书面报告常委会会议。近年来,珠海市人大常委会坚持每年听取和审议珠海环境保护相关情况的报告。2017年,珠海市九届人大四次会议听取和审议珠海市政府关于2015～2016年度环境状况和环境保护目标完成情况的报告，对中央环保督察组意见的落实、"河长制"的推进、环保体制改革、生态示范创建等工作进行审议表决，认为珠海认真贯彻实施环境保护相关法律法规，坚持绿色发展和生态优先理念，环境质量保持在全国前列。

B.11
创新驱动下的智慧潍坊建设

潍坊市智慧潍坊建设课题组*

摘　要： 潍坊市积极践行新型智慧城市建设要求，以"接地气、惠民生"为主旨，注重以人为本，突出市民主体地位，立足解决市民的热点与难点需求，融合新一代信息技术手段，高起点谋划智慧城市建设，围绕城市精准治理和公共服务体系构建两大核心任务，努力探索智慧城市的创新发展。一是大力实施智慧城市建设的机制体制创新；二是不断探索智慧项目建设路径，创新智慧城市建设管理模式；三是紧扣时代脉搏，创新建设理念。智慧潍坊建设从政府宏观视野的角度，从市民切身体验的维度，积极探索出了可持续发展、可复制推广的新理念和新模式，为智慧城市的发展提供了样板。

关键词： 创新　惠民生　智慧潍坊

一　智慧潍坊建设背景与挑战

（一）潍坊新型智慧城市建设背景

潍坊是山东半岛的区域性中心城市、环渤海重要港口城市和山东半岛蓝

---

* 课题组负责人：张宝庆，潍坊市智慧潍坊建设办公室主任。课题组成员：胡延年，潍坊市智慧潍坊建设办公室副主任；王洋，潍坊市智慧潍坊建设办公室高级工程师。执笔人：胡延年。

色经济区、黄河三角洲高效生态经济区两大国家战略的交汇城市，辖4区、6市、2县，设有高新区、滨海区、综合保税区三个国家级经济园区，陆地面积1.61万平方公里，海域面积1400平方公里，常住人口930万，是世界风筝之都、中国画都、中国菜都、中国食品谷、中国动力城，先后获得多项国家级荣誉称号。潍坊市明确将智慧潍坊建设作为城市创新发展的新引擎，支撑城市品质、城市创新力和综合竞争力的不断提升。自智慧城市概念提出之初，潍坊市就积极谋划适合潍坊特色的智慧城市发展道路，积极推进各领域智慧化建设和应用。特别是国家发展改革委等25个中央国家部委成立促进智慧城市健康发展部际协调工作组共同推进新型智慧城市建设以来，潍坊市紧跟国家政策导向和建设要求，积极践行新型智慧城市发展要求，取得了较好的成效。

（二）潍坊新型智慧城市建设需求和挑战

当前，潍坊市正处在转型发展的关键历史当口，面临稳增长、调结构、防风险、惠民生等多重挑战。潍坊深刻把握"互联网+"、智能制造以及云计算、大数据、物联网等发展趋势和时代脉搏，创新一体化工作体制机制，创新智慧城市建设和投融资模式，改变过去技术导向和项目驱动等的建设模式。全力整合孤立、分散的公共服务资源，实现多部门联合监管和协同服务，同时多方式鼓励市场参与，创新各种服务模式，拓宽多服务渠道，以更加注重建设效能为着力点，构建方便快捷、公平普惠、优质高效的公共服务信息体系。更加注重应用效能，提升城市便民惠民水平，优化城市精准治理，提高居民幸福感和获得感，让民众和企业能够切实感受到智慧城市建设带来的便利，推动智慧城市健康有序发展。

二 智慧潍坊建设思路做法

潍坊市围绕新型智慧城市建设的基本原则，"推进技术融合、业务融合、数据融合，实现跨层级、跨地域、跨系统、跨部门、跨业务的协同管理和服务。深化互联网思维,发挥互联网的扁平化、交互式和快捷性优势,辅助政府决策科学化、社会治理精准化、公共服务高效化,用信息化手段更好感知社会态势、畅通沟通渠道、辅助决策施政",本着高效、为民、绿色、安全的宗旨,梳理完善"智慧潍坊"建设的思路和做法。

(一)搭建统一、开放、共享的总体架构

一是完善智慧城市建设管理的顶层设计和管理机制。在山东省首个成立市、县两级智慧城市建设办公室,出台了智慧潍坊总体规划和统一标准体系,实现了智慧城市建设的统筹管理和一体化推进。2015年以来,智慧潍坊建设办公室共对160多个市级信息化项目进行了评审,涉及资金5亿多元,核减资金8000多万元,有效避免了重复建设,提高了财政资金利用率,推动了各部门信息化项目的统一规划、集约建设。二是打造智慧城市云服务平台,作为智慧潍坊建设的基础框架,通过不断丰富、拓展和深化民生、政务、商务等各领域便民惠民利民应用,打造了精准、高效的公共服务体系和城市治理体系。三是以信息资源共享交换平台为基础,以云计算中心为核心,结合大数据运营和"物联潍坊"建设,着力在智慧教育、智慧食安、智慧医疗、智慧养老、智慧环保、智慧市政、智慧景区、智慧公交等领域取得突破,营造了开放共享的智慧潍坊创新发展新生态。

(二)构建先进、移动、泛在的"一张网"

一是通过深化"光网城市"建设,提升智慧潍坊城域网覆盖和延伸水平,形成覆盖城乡、质优价廉的宽带网络服务体系。二是布局无线城市网建设,为市民和企业融入"互联网+"提供统一入口、无时不在、安全可靠的移动上网服务,已在市区主要道路开通服务。三是按照"一张网、一个平台、N类应用"的模式,统筹推进基于NB-IoT标准的"物联潍坊"建设,从智慧停车、车联网、智慧市政、智慧环保和智能制造等12个领域入手,延伸智慧潍坊城域网的触角,搭建全市人与物、物与物交互的感知神经网络，构建潍坊市物联网产业生态圈，打造物联网产业前沿基地。

（三）打造智慧城市云服务平台

一是围绕提升市民城市生活品质，拓展"潍V"云服务平台内容，为市民提供更加便捷、高效、优质和公平的服务，让市民生活得更舒心、更省心、更安心。目前，平台服务已涵盖教育、健康、医疗、交通、旅游和电商购物、缴费支付以及行政审批等领域，活跃用户60多万。二是建设统一的绿色节能、按需分配的分布式云计算中心，建设国内领先的云计算中心基地。三是依托云计算中心，发展大数据产业，打造全市信息产业发展新的增长极。目前已形成300个机柜规模。

（四）完善信息资源共享交换体系

一是依托全市已建好的信息资源共享交换平台和云计算中心，梳理规范信息资源目录体系，完善政务云建设，不断丰富空间地理、人口、法人和经济运行基础数据库以及各领域专题数据库，包括基于空间地理信息的人口信息共享管理系统和基于空间地理信息的综合财税共享管理系统，形成了潍坊市人口专题库和财税专题库，其中人口库数据量285万条，财税库数据量24万条，并启动了全市电子证照库建设，支撑跨部门、跨行业、跨系统的数据交换共享。二是通过市场化运作模式，积极推进大数据发展，成立潍坊市大数据运营公司，开展大数据交易和运营，促进全市各行业、各领域数据资源的开放和集聚应用，解决各级各部门履职过程中信息不共享和政务数据难以有效归集等问题，真正形成统一归集、跨界融合和具有鲜活度、使用价值高的城市级数据宝藏，开展跨领域、跨渠道的综合分析，为群众提供个性、精准、主动的政务服务。

（五）建设城市运行指挥中心

一期以解决群众"记号难、办事难、投诉难、举报难"问题为目标，运用大数据和云计算技术，整合12345市长热线、12319市政服务热线和其他热线号码资源，构建"统一受理、分类处置、定期评估、持续优化"的政务服务热线，已于2016年12月正式运行。在此基础上，通过对民意大数据进行分析、综合研判和溯源问责，提炼、发掘公众需求，打造社情民意综合分析"最强大脑"，增强政府政策制定、决策评估等的针对性，通过大数据开放利用，开辟惠民新通道。二期通过整合数字城管、应急联动、智能交通、环保监测等相关信息系统，建设集城市管理、政府治理、执法监督、应急指挥和便民服务于一体的智慧潍坊运行指挥中心，开展大数据分析和决策支持服务，实现城市管理的精细化、动态化、科学化。目前，政务服务热线已整合完成，搭建完成热线大数据管理分析平台，为智慧潍坊运行管理指挥提供数据支撑。

（六）提升安全保障水平

潍坊市认真开展智慧城市网络安全工作的统筹协调和顶层设计，市委市政府制订了落实信息安全等级保护制度的具体措施，落实各级各部门网络安全责任。出台了加强网络与信息安全信息通报工作的相关文件，确定了172个通报机制成员单位，要求各级各部门建立网络与信息安全通报机制，建设网络安全预警和应急处置体系，从人员、经费、考核、追责等组织保障方面提出了明确要求。潍坊市已与国内相关信息系统安全与管理服务商等开展合作，开展面向潍坊市信息基础设施和云计算、大数据、移动互联服务以及各类智慧应用的第三方安全检测评估。

（七）健全标准体系

按照新型智慧城市建设的新要求，结合潍坊实践，不断完善"智慧潍坊"顶层设计，不断调整优化智慧潍坊各领域示范建设标准，制定新型智慧潍坊建设管理办法，狠抓落实，以考核确保项目建设规范统一，实现各项目汇集数据的共享集成和整合利用，为智慧城市更高层次发展奠定基础。

三　智慧潍坊建设特色亮点

（一）坚持以惠民为核心，注重民生实效

围绕惠民服务和城市精准治理目标，潍坊市重点在社保、扶贫、医疗、教育、食品安全、环保监测、社区服务等领域发力，市民满意度和幸福指数不断提升。

1. 惠民工程渗透千家万户

扎实推进"互联网+政务服务""互联网+益民服务"，以"一号一窗一网"为目标，优化民生服务流程，多元化便民服务模式，畅通惠民服务渠道，让越来越多的数据在网上跑起来，让市民办事跑腿越来越少。一是发行并普及社会保障卡，市民持卡率达90%，基本覆盖了全市常住人口，已实现集电子凭证、信息记录、就医结算、缴费和待遇领取、金融支付等多项功能于一体，为居民提供"一站式"社会保障业务办理和服务。二是市县镇三级联动为依托的智慧医疗平台建设，开发了远程医疗、预约挂号、电子病历和居民健康档案等医疗便民应用，二级以上医疗机构100%建立了电子病历，已为全市约90%的常住居民建立了健康档案。三是推广光纤接入"校校通"和多媒体教学"班班通"，数字教育平台实现了市、县、镇学校的网络交流和资源共享，是山东省覆盖面最广、注册人数最多的区域性教育平台，解决了应用平台重复建设、农村学校建设乏力的问题，有力推进了城乡教育均衡发展。四是以智能硬件实时监测与社区医疗联动服务为主要手段的智慧养老服务平台在社区推广应用，为老年人提供日常生活照料、紧急救助、主动关怀、医疗保健等服务，进一步提高了老年人晚年生活幸福指数。五是完善食品药品协同监管体制，扎实推进食药安全溯源服务，在食品生产企业中推行以条形码、二维码、自编码和追溯卡为载体的电子信息追溯，实现90%以上药品企业进入国家食品药品监管总局电子监管网。六是建设社区公共服务综合信息平台，实现社区一站式在线办理的公共服务事项全覆

盖，建成涵盖居民信息、退休人员服务、低保救助、残疾救助、优生优育、社区卫生等信息资源的数字化管理体系，为政府部门提供基础性数据支持，实现数据资源的信息化管理。七是建成了智慧交通服务体系，实现了道路交通状况实时查看和交通诱导，以及手机在线查询公交车次、运行状态等，实现了手机查询公共自行车站点信息、扫码免费骑乘和最短路径导航。八是环保在线监测平台实时监测，发布全市水、大气、重点污染源情况信息，提升了报警监管水平和透明度。九是建设"潍坊就业网""潍坊人才网"两大服务网站，开展一站式综合就业服务，通过网站开展政策宣传、求职招聘等公共就业人才服务。十是以社区网格化管理为基础的农村困难户和低保户电子信息档案建档率达到100%，有效支撑了精准扶贫。

2. 勤政善政精准治理

一是建立数字化城市管理体系。运用物联网技术，实现了对供水、供气、供热、污水处理等公用事业的在线监测，建设了以GPS监控和市政设施视频监控为主要内容的市政工作状态管理系统、以城市网格化管理为主要内容的市容秩序管理系统和相配套的城市管理质量考核评价系统，形成了数字环卫、数字园林、数字执法、数字设施、数字照明、数字养护、数字节水、数字防汛八大行业模块构成的数字化城市管理新框架。系统运行以来，年处理城市管理案件约50万件，案件办结率99.2%，市民满意率达99.9%。二是视频监控全覆盖和共享开放。潍坊市建设了全市社会图像信息资源共享平台，实现全市视频监控资源的整合与共享，提升了公安业务应用和实战能力。建立了视频图像信息数据库，统一调用PGIS地图服务，通过大数据分析研判，提升了视频图像信息在反恐维稳、指挥处置、治安防控、侦查破案、安全管理、服务民生、执法监督、内部管理和部门共享等方面的综合应用能力。已联网全市公安、交警、高速公路等一类目标监控约1.8万路，占全市社会图像信息资源一类目标监控总数的43%。目前，正在实施二期建设，进一步整合交通、教育、市政等部门和社会视频资源，充分利用"潍V"等互联网平台提供海量用户访问的视频服务，满足社会公众需求，提升行业的信息化应用水平，开创面向政府、企业和公众的全新服务形态。

三是共建共用时空信息云平台。不断完善包括矢量数据、影像数据、三维数据、2.5维数据、全景数据、街景点云数据和地名地址数据在内的基础空间数据，并从时间维度上充实历史和现势数据，建立了标准统一、内容丰富的地理信息数据库。依托时空信息云平台，为城市管理、规划管理、国土资源管理、智慧城市、社保、农业、教育、旅游、水利、物流等38个部门的80多个业务系统提供了地理信息共享引用服务。"天地图·潍坊"为公众提供便捷、精准的位置服务，点击率超500万人次。四是加强"政务云"建设，完善政务信息资源共享平台，编制印发了《潍坊市政务信息资源共享交换平台使用管理规范》《潍坊市电子政务数字证书使用管理规范》《潍坊市政务信息资源共享交换平台对接指南》等七项管理制度，初步形成了标准规范体系。目前，已有市发展改革委、市公安局、市民政局、市财政局、市人社局、市卫生计生委等18个部门接入，梳理形成了59个信息类，598个信息项，累计人口数据4000余万条。五是整合政务服务热线等，形成了汇集社情民意的统一渠道，对市民和企业反映的社情民意及改进政务服务的意见建议等进行梳理汇总，对受理的举报、投诉、意见、建议等数据资源进行可视化分析研判，并辅以网络舆情分析预警，为政府决策和制定政策提供参考依据。

（二）坚持以创新求突破，推进可持续发展

围绕城市精准治理和公共服务体系构建两大核心任务，在框架设计、云计算、云平台、城市无线网、大数据交易、物联网等方面持续发力，提高城市的公共服务水平和运行效率，推动城市的转型和发展，实现了九大创新。

1. 创新实践"一盘棋"的智慧城市建设体制机制

大胆创新，用创新的思维完善智慧城市的框架设计，用制度机制的创新实现相关利益格局再调整，是智慧潍坊建设的一个重要法宝。一是建立起上下一体的管理体制。潍坊市将智慧城市建设纳入全市统一顶层设计和城市总体发展规划，通过推行部门首席信息官（CIO）联席会议制度，CIO由部门班子成员担任，根据全市信息化及智慧潍坊总体部署，负责本部门、本系统信息化工作规划、决策和管理等工作；参与全市信息化及智慧潍坊规划、工

作计划编制及项目落实。形成工作协同、步调一致的全市"一盘棋"格局，有力推进了智慧潍坊的"全景式"发展。二是以标准规范保障一体化建设。潍坊市制定发布了区域内的智慧社区、养老、医院、校区、景区、停车场等一系列智慧应用标准规范，打破了信息孤岛，保障了各智慧应用系统与智慧潍坊云服务平台的互联互通和数据共享共用，实现了区域内资源共享、业务协同和集成创新。三是以考核促进一体化建设。潍坊市将智慧潍坊建设列为全市各级各部门科学发展观学习的重要内容，由市智慧城市建设办公室制订考核指标、负责考核，推动了各级各部门按照智慧潍坊总体规划实施各自建设任务。四是正在推动出台《智慧潍坊建设管理办法》和《智慧潍坊建设五年行动计划》，以智慧城市统领全市信息化建设，从规划设计、项目建设管理、基础设施统筹、信息资源共享和开放利用、人才队伍建设、信息安全保障六个维度，进一步规范全市信息化和智慧城市建设管理。

2. 创新建设"潍 V"智慧城市云服务平台

智慧潍坊建设以"接地气、惠民生"为着力点，从市民生活的痛点和市民关注的焦点入手，通过"潍 V"云服务平台，整合全市教育、医疗、健康、交通、旅游、电商购物以及行政审批等本地的公共资源，融合社交、支付、购物、服务等"互联网+"理念，打造精准化的公共服务体系，并以此为基础，融合智慧教育、智慧医疗、智慧养老、智慧食安、智慧环保、智慧市政、智慧公交、智慧景区、智慧政务服务等项目内容，深化了政务、民生、商务、信息基础设施各领域智慧应用，搭建起智慧潍坊建设总体框架。市民通过"潍 V"手机 App，动动指尖即可轻松体验"吃、住、行、游、娱、购"的智慧便捷生活。特别是"网上政务厅"建设，将全市 50 个部门的实时服务搬到网上，实现了政府负面清单、权力清单和责任清单的透明化管理，促进了政务公开，创新了政府管理与服务。该 App 自 2014 年 9 月上线以来，已有 60 多万本地化用户。

3. 创新建设城市云计算中心

潍坊市云计算中心旨在通过搭建政务云、民生云和工业云、农业云、商务云等统一的分布式云计算基础设施，促进智慧潍坊统筹、集约、绿色发展。按照"政府主导、市场化建设和运营"的模式，由潍坊市国有资本与国内知名IT公司合作，按照现代企业制度组建了潍坊市云计算中心建设管理公司，负责云计算中心项目建设和运营，这是国内首个城市云计算中心的类PPP模式探索。目前，首期建设面积达到2000平方米，形成300个机柜规模，已为70多个市直部门和部分县市区提供了云服务支撑。正在按照"积极稳妥、先易后难"的原则，推进市直部门和部分县市区业务应用向云计算中心迁移，实现高效、安全和可持续发展。到2018年，形成1000个以上机柜规模，服务辐射周边地市，建成国内领先的云计算中心基地。同时，借助合作伙伴上下游产业链和相关产业联盟资源优势，吸引云计算、大数据、物联网、"互联网＋汽车"、软件外包、信息消费等智慧城市领域相关企业来潍坊聚集发展，培育智慧产业集群。

4. 创新建立互联网金融平台

结合实名制认证，围绕互联网支付资金在潍坊区域内的闭环流动，着眼于区域内互联网支付资金收益，结合国家和省互联网金融政策，潍坊市创新开发了本土化的第三方支付平台——云支付平台，实现了互联网支付资金在潍坊市内的闭环流动和安全可控监管，创造新的财税增长点。目前，已成立了国有控股的潍坊市云支付科技有限公司，平台已在潍坊的社保医疗系统、交通系统、公共资源交易和部分商圈、电商平台等上线运行。依托该平台，市民通过手机即可实现购物、交通、充值等各种安全便捷支付，以及水电气等生活缴费和社保、教育等支付。目前搭建包括部门行政性事业收费、政府采购、公共资源交易等互联网支付平台。同时，基于云支付功能拓展，潍坊市正在创新打造国内首张"V派"手机虚拟市民卡，融合第四方支付理念和手机扫码等支付功能，集成居民电子身份证、医保卡、银行卡以及公交卡、自行车卡、门禁卡、图书借阅卡、旅游一卡通等各类城市IC卡，依托"V派"手机App，实现市民日常购物、消费、充值、医保、交通出行以及水电气暖和行政事业性缴费等的手机便捷支付和应用。继深圳、杭州后，"V派"在国内领先实现了社保卡的虚拟化集成，实现了手机端社保医保支付。2017年8月，"V派"在全国率先实现了电子身份证功能。据此，潍坊市结合实名认证系统,发起"三无智慧城市联盟",倡导"无卡、无证、无现金"的智慧城市品质生活,让公众切实感受到智慧城市建设带来的便捷和实惠,提升公众获得感和满意度。

5. 创新建设免费无线城市网

潍坊市依托城区骨干照明线路,通过合同能源管理方式,以城区2万余盏路灯市场获取企业投入。在更换城区LED路灯的同时,布设和"超级WiFi"设备一体化的LED路灯,设置提供WiFi的"潍V"热点,依托与公安部门联建的无线城市网安全管控平台,为市民和商家融入"互联网+"提供统一标识、统一标准、统一管理、安全可靠的免费WiFi上网服务。目前,已在市区7条主要道路开展建设,2017年内实现市区免费WiFi全覆盖,建成国内首个基于城市照明系统的"超级WiFi"免费无线城市网。

6. 创新开展大数据交易中心建设

潍坊市正在依托大数据运营公司,利用已有的云计算中心和"物联潍坊"建设基础,搭建大数据公共服务平台,开展大数据应用重点工程,推动政府大数据公开,快速开展各级各部门基于大数据技术的信息化提升项目和行业大数据重点工程,先期主要开展大数据公共服务平台、大数据交易平台、智慧医疗提升、城市运营大数据平台等重点项目,实现城市级大数据的有效归集,争创山东省大数据的汇聚中心和交易中心,引导和支撑全市经济社会的创新发展。以大数据在全市各领域的广泛应用市场,吸引国内外大数据上下游相关企业落户潍坊市,形成大数据产业集聚发展的规模优势。引进和培育具有行业领先地位的大数据企业,形成有较强辐射带动力的大数据产业园区。

7. 创新推进"物联潍坊"建设

潍坊市与国内知名信息与通信技术供应商合作成立了物联网应用创新中心。按照"一张网、一个平台、N类应用"的总体设计,统筹推进基于NB-IoT标准的"物联潍坊"建设。依托潍坊统一的云计算中心和无线城市网等基础设施,构建统一的城市神经传感网络,搭建统一的物联网公共服务平台,先期在车联网、智慧市政、智慧停车、智慧养老、智慧环保、智慧环卫、智能抄表、智慧水务、智能楼宇、智慧物流和智慧农业、智能制造等领域开展项目建设，带动物与物、人与物、人与人各领域的交互感知应用建设和产业发展。依托物联网创新研发中心，引进国内外物联网企业集聚潍坊市发展，建设潍坊物联网大厦及产业园区，努力打造全国首个窄带物联示范城市。

8. 创新打造先进制造创新中心

潍坊市正在积极推动与世界领先的服务器商业应用供应商合作，在潍坊市建立先进制造创新研发中心，建设为企业提供转型服务的先进制造创新平台，选取各产业领域的10个企业进行创新孵化，打造先进制造样板。按照"立足潍坊，服务山东，辐射全国"的定位，为企业的先进制造转型提供工业4.0层级的各种服务，推动传统企业的数字化转型，增强区域智能制造技术服务能力，驱动成果快速转化，助力潍坊市工业实现供给侧结构改革和新旧动能转换。

9. 创建"平安指数"机制

潍坊市运用大数据开展情报预警研判，创建"平安指数"机制，通过量化可视化方式监测预警各区域治安走势，找出治安热点区域和原因症结并主动向社会发布。将"平安指数"纳入社会治安综合治理体系，由各级党委政府牵头推进应用"平安指数"，充分调动政府、社会和市场的力量及资源，有效引领了全社会主动参与平安建设，推动社会治安向着源头治理、综合治理、社会化治理迈进。2016年，刑事警情、治安警情同比分别下降9.59%、8.72%，消防警情同比下降11.38%。

四 智慧潍坊建设主要成效

潍坊市先后被确定为首批国家级信息惠民试点市、信息消费试点市、电子政务公共平台示范地区、智慧城市时空云试点市、电子商务示范市等，以及山东省首批智慧城市试点市、两化融合试验区、无线城市试点市、测绘地理信息产业基地、物联网产业基地等。荣获了中国智慧城市示范城市奖、中国智慧城市惠民发展优秀城市、"互联网+公共服务"领先城市、中国智慧城市建设50强、中国智慧城市推进杰出成就奖、中欧绿色和智慧城市推广奖、中国城市信息化发展进步奖、中国信息化最受关注城市、中国信息化杰出成就奖等荣誉,并连续五届入选中国信息化50强城市。

全市互联网用户达到678.4万户,互联网普及率达到73.4%,电话普及率116部/百人,在山东省内首先实现了电话、宽带、广播电视等的村村通。通过建设"光网城市",通信光缆总长度达到129.5万芯长千米,光纤网络已覆盖城区内所有居民小区,城市家庭网络20Mbps(兆比特每秒)及以上接入能力覆盖率达到86%,农村家庭网络4Mbps及以上接入能力覆盖率达到88%,互联网出口带宽1500G(居山东省第4位)。移动宽带用户超过500万户,建成4G基站8700多个(居山东省第3位)。政务办公区域、商业区等重点公共场所已实现了无线网络免费覆盖。

基于创新的智慧潍坊建设思路,结合"潍V"智慧城市云服务平台建设,潍坊市已建成100多个智慧社区,完成108家幼儿园、18处景区、20家养老院、6个停车场和18个二甲以上医院的智慧应用改造,全市1800辆校车全部安装GPS定位和监控等安全设施,全市4万多辆公共自行车实现了手机扫码骑行,等等。深入推行"平安指数"工作机制,进一步增强群众的安全感,让市民全方位感受智慧城市建设的成果。

智慧潍坊创新发展不仅在服务本地民生和城市治理中取得了显著效果,为市民提供了智慧便捷生活和指尖上的政务服务,而且形成了可以为其他城市借鉴和复制的示范样板。"潍V"平台构建了智慧城市公共服务基础框架,形成了可移植的设计架构,在潍坊市成功运营的基础上,通过市场化途径,先后在十余个城市得到推广,结合各地特色和各自基础,实现了本土化改造上线。通过在潍坊市实施智慧路灯和免费无线城市网项目,企业实现了产品创新、技术创新等的转型发展,其解决方案在2016年巴塞罗那智慧城市展会上,吸引了国内外相关城市的广泛关注,与马来西亚、卡塔尔、西班牙等国家的有关城市达成了合作意向,企业取得了国际订单,智慧潍坊应用项目迈出了国门。

五　智慧潍坊建设未来展望

未来5年，智慧潍坊建设坚持目标导向、问题导向、需求导向，对标杭州、无锡和威海等先进城市，按照国家新型智慧城市建设要求，以"以人为本、创新驱动"为宗旨，通过政府主导、市场化运作、公司化运营，开展"5438"工程，即开展引领城市转型发展的5大智慧化行动，打造支撑新旧动能转换的4个中心，实施面向重点行业和领域的38个重点专项。到2019年，基本形成多方参与、协调融合的智慧潍坊发展氛围，建成物联网创新中心、大数据交易中心、先进制造创新中心和互联网金融创新中心，争创国家级新型智慧城市示范城市。到2021年，全面建成以物联网、大数据为基础的智慧潍坊3.0版。智慧产业链条趋于完善，智慧潍坊产业园和孵化器成为全国独具特色的产业集聚高地，便捷普惠的民生服务体系居国内先进水平，精准高效的城市治理和公共服务处于全国领先地位，信息化整体水平跻身全国前列。智慧潍坊成为全市建设创新型城市的有力支撑。

（一）建设四大中心，打造智慧潍坊战略高地

1. 物联网创新中心

利用来潍投资的国内知名信息与通信技术供应商的技术、人才和品牌等优势，争取国家、省物联网项目课题研究和政策支持，开展物联网产品和方案的测试认证服务，推动物联网创新应用，完善潍坊市物联网产业生态和发展链条，建设全国首个窄带物联样板，打造物联网产业集聚区。

2. 大数据交易中心

建成全市一体化的城市大数据中心，争创全省大数据交易许可，面向全省、全国开展大数据交易，通过公共数据和社会数据的"聚、通、用"，构建跨部门、跨行业数据资源共享共用、统一开放和有序交易的格局，形成大数据产业发展高地。

3.先进制造创新中心

依托来潍投资的服务器商业应用供应商全球领先的工业4.0应用经验和技术服务资源，推动制造等传统企业的数字化转型，增强区域智能制造技术服务能力，驱动成果快速转化，助力潍坊市工业实现供给侧结构改革和新旧动能转换。

4.互联网金融创新中心

将潍坊市打造成区域性互联网支付中心，推动"云支付"在经济、社会、民生等全域应用，创新建设国内首个全虚拟化手机市民卡，积极开展金融大数据采集挖掘和分析服务，探索供给侧金融创新服务，构建互联网金融生态，吸引现代金融企业聚集潍坊市，将潍坊市建成辐射周边城市的互联网金融中心。

（二）开展五大行动，实现智慧潍坊全面发展

1.基础平台支撑体系智能化行动

形成高速融合、安全泛在的"强基"新基础。建设云计算、物联网、大数据、时空信息云、城市运行管理指挥、"潍V"智慧城市云服务、云支付、信息资源共享交换、信息安全等公共平台，在全省率先实现政务信息系统整合上云并实现共享。

2.民生服务便捷化行动

建立起以人为本、公平普惠的"惠民"新体系。面向教育、医疗、健康、养老、社保、出行、旅游、扶贫、社区、文化等领域，不断满足潍坊市民日益增长的个性化、多样化需求，不断提高市民生活的幸福感和满意度。

3.城市治理智慧化行动

构建起精准高效、协同共治的"善治"新格局。优化提升市政、综治、应急、环保、安监、食安、安防、环卫、水务、楼宇、管网、人防等领域智慧化治理水平，实现对城市运行治理的精准把控和科学决策，保障提升市区等战略实施。

4. 政务服务高效化行动

打造出集约共享、透明便捷的"优政"新模式。全面落实中央关于"互联网+政务服务"的部署安排，实现政务服务事项"一号申请、一窗受理、一网通办"。推动政务云、政务系统、政务大数据等整合一体化发展，提升政府运行效能和作风建设水平。

5. 智慧经济高端化行动

培育出产业融合、创新发展的"兴业"新动能。建设智慧潍坊产业园区和孵化器，争创国家数字经济示范区，发展壮大物联网、大数据产业、VR（AR/MR）产业，把数字经济培育成为潍坊市经济转型发展的新动能和新引擎。

（三）加强保障，消除智慧潍坊发展的后顾之忧

1. 加强组织领导

落实智慧潍坊建设"一把手"工程，推动各级各部门主要负责人高度重视，严格按照智慧潍坊建设总体规划和"统一规划、统一网络、统一平台、统一标准和分级实施"原则，落实责任，密切配合，基于全市统一的云计算中心和共享交换体系建设各自的业务应用系统和业务数据库，同时按时保质完成市里统一安排的建设任务。强化各级智慧城市主管部门的地位，会同财政等部门建立项目申报、论证审查、招标采购、建设管理、项目验收、绩效评估等的信息化全流程闭环管理机制。

2. 完善管理机制

建立首席信息主管（CIO）制度，统筹各部门信息化项目建设，各部门设立首席信息官主抓本单位信息化项目，各级智慧城市主管部门建立定期培训CIO机制。推行首席信息官联席会议制度，作为常态化组织协调机制，定期召开联席会议，统筹全市信息化建设。围绕信息资源开发利用，开展智慧政务、智慧民生（教育、医疗、养老、社保、交通、旅游）、智慧园区等方面的标准规范落实和制订工作，推进新技术、新应用、管理规范的建立和实施。

3. 完善投融资机制

市各级财政设立智慧城市建设引导资金，吸引社会资金参与智慧城市建设，推动形成全市智慧城市自我完善和发展的良性互动模式。创新智慧城市建设和运营机制，完善资本金注入、服务外包补贴等政府资金支持方式，保障重点智慧项目建设需要。坚持"政府引导、市场化运作、多元化投入"原则，加大市场投入力度，通过购买服务、政府和社会资本合作（PPP）、特许经营等形式，引导优质社会资本参与智慧潍坊建设，在智慧城市方面探索政府与企业合作建设运营模式。

4. 落实考核督察制度

建立智慧潍坊重大项目监督听证制度和问责制度，将智慧潍坊建设纳入全市科学发展综合考核体系。通过传统政府督察或委托第三方评估等方式，对项目建设情况进行督促检查，并定期通报。

5. 强化信息安全保障

增强安全意识、风险防范意识，完善管理制度，加强网络安全，强化数据安全和信息保护，形成与发展水平相协调的网络安全保障体系。完善网络和信息安全基础设施建设，做好政务数据备份和灾难恢复工作，构建公共网络、政务网络信息安全体系，提高综合防范水平。以关系城市安全、社会稳定和经济社会发展的重要信息系统为重点，建立健全以信息系统等级保护、网络信任体系和应急事件处理机制为重点的信息安全保障体系。

6. 强化智力支撑，培养人才队伍

加强智慧城市理论和实践的研究与创新，发挥智慧潍坊研究院作用，延请外脑，牵头组建服务智慧潍坊建设的新型专家智库队伍，引入专家评估机制，构建充满活力的智库辅助决策机制。面向政府部门、企业组织开展智慧潍坊相关培训。鼓励和支持高等院校开设相关专业，建设公共实训基地，探索订单式、复合式、实训式等多种人才培养模式，引导企业与高校、科研院所等联合培养紧缺专业人才，结合职业教育，探索建立信息化人才队伍梯次培养体系。

B.12 泸州市食品药品安全依法治理报告

泸州市依法治市办课题组*

摘　要： 泸州市立足实际，坚持问题导向，聚焦重点难点，探索创新食品安全监管"334"工作法，从加大抽检监测及应急管理工作力度、加大重点监管力度、加大打击违法犯罪力度三方面着手，着力提升干部队伍能力、技术支撑能力、监管效能，不断强化综合协调、强化依法治理、强化示范创建、强化服务发展，扎实推进食品药品依法治理工作。近三年，泸州市未发生重大食品药品安全责任事故，坚决守住了食品药品安全底线，为全力创建国家食品安全城市奠定了坚实基础。

关键词： "三提升"　"三加大"　"四强化"　国家食品安全城市

一　背景动因

（一）落实中央、省委要求

民以食为天，食以安为先。食品药品安全是老百姓最关心、最在乎的大事，是各级党委、政府最牵挂、最重视的民生工程。中共中央、省委领导高

---

* 课题组组长：谭红杰，泸州市委副书记；副组长：张司伦，泸州市委副秘书长、依法治市办主任。课题组成员：周成明、刘亚东、龚绪。执笔人：刘亚东，泸州市依法治市办科员；龚绪，泸州市食品药品监管局政策法规科副科长。

度重视，强调要落实食品安全属地管理责任，把岗位、人员、手段、技术落实到位，坚决守住食品药品安全底线。泸州市始终把加强监督管理、促进产业提升放在首位，把深入基层调研、务实开展科学论证作为重要手段，切实分析研判食品药品监管形势，乐于直面难题，敢于摸石头过河，勇于推出创新举措，坚持依法推进、重点推进，不断提升食品药品安全保障水平。

（二）以法律作强有力支撑

2015年10月，"史上最严"的《食品安全法》正式施行，法律大幅提高了对违法行为的罚款幅度，最高财产罚数额可达违法生产经营的食品货值金额的30倍，进一步提高了违法成本，为作出巨额罚款提供了有力的法律支撑。同时，《医疗器械监督管理条例》《疫苗流通和预防接种管理条例》《食品生产经营风险分级管理办法》《食品药品行政执法与刑事司法衔接工作办法》等食品药品领域基础性法律法规和规章相继修订或制定出台，推动食药监管法治体系进一步完善，为食品药品监管执法提供了助力。

（三）破解监管难的必由之路

问题倒逼改革。目前市场上还存在销售标示不明的药品化妆品、虚假宣传的保健食品、"白板猪肉"，以及学校周边食品小摊贩监管不力等问题。这些问题暴露出泸州在检测能力、追溯办法、监管技术等方面建设落后，暴露出监管队伍法律水平不高，缺乏担当意识，为群众服务能力亟须提高，暴露出打击力度不强、监管水平不高等问题。这些问题的存在倒逼泸州寻找新方法、探索新路径，真正提升监管能力。

（四）有效回应群众殷切期盼

老百姓最关心、最在乎"吃"的问题。推进依法治市必须要坚持把老百姓最基本的诉求放在首位，回应社会关切和群众呼声，让他们在推进法治过程中受益，提高百姓获得感和满意度。泸州市高度重视食品药品安全问题，连续3年在依法治市工作中将保障食品安全作为重点工作安排、作为重要指标考核,并在市委的统一领导和集中部署下,开展食品药品安全监管专项整治,以保障人民群众食品药品安全权益为出发点和落脚点,努力解决食品药品不安全等利益问题,努力维护餐桌安全、药品安全,努力实现环境更改善、身体更健康、社会更稳定、生活更幸福的目标。

二 主要工作内容

(一)强化系统建设,实现"三提升"

1. 提升干部队伍能力

一是加强监管队伍建设。目前泸州食品药品系统有各类人员640名,在推动执法力量下沉后,每个镇街都建立了基层食药监所,保障了人员和设备,同时不断加强业务培训,开展"大练兵",促进工作经验交流,丰富专业知识,提升业务能力,切实提高队伍整体素质。二是加强协管员和信息员的配备。进一步加强食品药品监督管理工作,通过政府购买服务的方式,聘请食品药品监管协管员和信息员,并提高村补助标准,落实每人每年不少于三万元的经费,切实提升基层监管水平。三是开展培训。分批组织市食品安全委员会成员单位领导、县(区)局和市食品药品检验所班子成员及局机关干部赴高校继续培训,以增长见识、提升素质。在县(区)层面,各县(区)针对自身存在的问题,有针对性地制定年度培训计划,采取以会代训、以案说法、讨论交流等形式,补足队伍"短板"。同时,对协管员、信息员和村(社)干部进行全面培训,着力夯实基层基础。

2. 提升技术支撑能力

进一步提升检验检测能力,修建食品药品检验检测中心,抓好市食品药品检验所认证复评审和扩项认证工作。加快推进超市、农贸市场、农产品批发市场快检能力建设,每个县(区)在辖区内超市、农贸市场建立3~5家食品快检室,农产品批发市场全部建立食品快检室。扎实推进基层标准化建设,强化执法装备配发配备,推动快检室建成投用。深入推进"明厨亮灶"

工作,实现城区学校食堂、大型餐馆"明厨亮灶"全覆盖,着力提升其他业态餐饮服务单位"明厨亮灶"普及率。积极筹备建设"泸州市食品药品安全监测及审评认证中心",提升专职监测能力。

3. 提升监管效能

开展食品安全追溯体系建设,大胆探索建立全市统一的重点产品追溯标准体系,将企业作为基本可追溯信息源,严格追溯从原辅材料采购到产品出厂销售所有环节。对有条件的企业,鼓励采用电子信息化追溯系统。选取白酒、食用油和肉制品生产企业,及县(区)重点企业试点实施追溯体系建设。同时,把握综合信息平台试点的契机,扎实推动食品药品监管信息化建设,主动将食药品监管纳入智慧城市整体建设,努力推动数据资源共享互通。

(二)着重监督管理,做好"三加大"

1. 加大抽检监测和应急管理工作力度

一是明确抽检原则。坚持"四统一"、问题导向、风险防控和依法合规原则,确保上下级食品抽检监测工作有效衔接,实现产品、项目、地域、业态全覆盖。二是明确抽检任务。精心制定2017年食品安全抽检计划,除计划完成省抽检999批次外,市级监督抽检7360批次,县抽检8535批次;截至目前完成省、市任务共计4145批次(其中省抽检303批次,市抽检866批次,县抽检2976批次),占任务总数的24.49%;不合格257批次,不合格率6.2%。加大药品化妆品监督抽检力度,药品抽检2016年计划完成600批以上,重点覆盖基本药物、中药饮片、质量公告的不合格药品以及院内制剂品种①。三是抓好后处理工作。切实解决处理不及时、产品召回不力、处罚力度不够、问题整改不到位等突出问题,严格依法落实后处理措施,确保不合格产品处置件件落实到位。四是加强抽检信息公开。坚持"谁抽检、谁公布、谁检查、谁负责"原则,由监管单位第一时间公布检查信息,加强拟公布信息的审查,预防信息不实等情况带来舆论风险。市食品药品监管

---

① 数据来源:2016年泸州市食品安全监督抽检计划。

局每两月组织一次研判会，县（区）食品药品监管局每月召开一次风险研判例会，形成风险研判报告，落实食品安全风险研判工作，指导日常监管工作。五是抓好应急管理工作。健全完善应急处置机制，修订完善相关预案，及时监测和处置涉及本辖区的舆情，2016年组织一次省级较大规模的药品安全应急处置演练，各县（区）局创新演练方式，结合实际开展实战演练、桌面推演、无脚本演练，提升实战能力。

2. 加大重点监管力度

明确三个监管重点。全面贯彻落实《食品生产经营日常监督检查管理办法》，加大对婴幼儿配方食品、酒类、生鲜猪肉、食用农产品、中药饮片、基本药物等重点产品，白酒园区、医药园区、食品市场、学校食堂、校园周边小摊贩、乡村坝坝宴等重点场所，节假日、"酒博会"、中高考等重要节点的监管力度。推进4个监管精细化。推进食品监管精细化，强化基础档案建立，扎实推进分级评定，统一巡查表格，在食品生产环节实施风险分级监管，推行"四位一体"监管模式，及时召回和有效处置发现的不合格食品，建立完善食品经营者食品安全自查制度，探索网络食品监管和网上订餐食品安全管理，摸清全市网络食品交易现状，加强对网络食品经营活动的监督抽查，建立与食品销售第三方交易平台的质量安全联动机制。推进药品监管精细化，重点监督检查药品生产，实施"月巡季查"，采取"飞行检查"等突击检查方式开展"药品流通领域专项整治"工作，重点整治药品流通领域从非法渠道购进药品、不按规定开具税票、超范围经营、GSP认证后回潮反弹等六种违法经营行为。推进器械监管精细化，在医疗器械方面全面实施GSP，探索开展分类分级监管和第三方物流试点，强化无菌、植入、体外诊断试剂类医疗器械的监管，提升医疗器械使用环节质量管理水平。推进化妆品监管精细化，以追溯体系建设为基础，深入实施进货查验、索证索票以及进货台账管理，并加大整治力度，强力解决进货渠道不畅通、标签标识不清晰、仓储条件不够好等重点问题。

3. 加大打击违法犯罪力度

一是始终对违法犯罪保持高压态势，坚持从严从实抓打击、合理合规办案的原则，坚决打击社会影响大、公众反映强烈的大案要案，让百姓对食品安全能够看得见、感受得到，同时，强化行刑衔接，主动将涉嫌犯罪的相关案件移送司法机关依法办理。二是实施"管查合并"，在实施监管的同时进行稽查执法，在稽查执法的同时推进监管，推动监管前移，覆盖事前、事中、事后全过程，形成强大的监管稽查合力，推动稽查办案立案率、结案率及移送案件明显上升。三是加大打击力度，深挖违法线索，严查违法行为，着眼农村坝坝宴、学校食堂、校园周边等重点领域、关键节点强力推进专项执法检查，严厉查处食品违法添加非食用物质、滥用食品添加剂、制售假劣食品、乱播广告等违法行为。四是开展农村地区药械经营使用、在用医疗器械质量、特殊用途化妆品、中药材中药饮片、整形美容、皮肤泌尿专科医院和化妆品使用单位等专项执法检查。五是建立食药品违法举报及咨询中心，完善有奖举报机制，从严从快、狠抓严打百姓关注度高、难点集聚领域的违法犯罪，以严打立威，进一步营造不敢违法的食品安全环境。

（三）凝聚推进合力，着力"四强化"

1. 强化综合协调

一是积极发挥人大代表及人大常委会作用。把加强食品安全作为人大质询工作的重要内容，各级人大每月组织一次专题质询，人大代表积极提案、建言献策，进一步提升了食品安全监管能力。二是健全协调配合机制。完善食品安全责任绩效考核办法，加强管查衔接和主体责任落实，并强化食品安全委员会职能职责，定期召开食品安全委员会联席会议，研究部署全市食品安全工作，协调解决涉及多部门监管职责的问题。三是建立部门联动机制。实施联合执法，统筹多部门开展执法活动，既提高了综合执法能力，又避免了重复检查，减轻企业疲于应对检查的困扰；同时，加强行政执法与刑事司法的有机衔接，积极向司法机关移送违法案件。组建全市食品安全专家委员会，为食品安全监管和保障提供理论支持，组织专家对食品生产经营单位开展巡诊和培训工作，帮助企业解决生产经营中的困难。

2. 强化依法治理

一是建立健全"三张清单"制度。建立权力清单、责任清单和负面清单，并向社会公布，主动晒权放权。二是强化行政执法制度建设。狠抓全市系统行政执法制度的"废、改、立"工作，严格执行重大行政决策法定程序，组织行政执法人员进行执法资格考试，实行持证上岗，凡未参与考试或考试不通过的，不能取得执法资格。三是完善行政执法监督机制。每半年开展1次行政执法案卷评查活动，指导规范行政执法行为，最大程度减少行政复议被撤销和行政诉讼败诉情况。四是深入开展法治宣传教育。做好"七五"普法规划编制工作，以《宪法》《食品安全法》《药品管理法》等法律法规为重点，组织开展"食品安全宣传周""安全用药月""法律八进"等法律宣传活动，将"谁执法、谁普法"责任制落到实处。

3. 强化示范创建

积极向国家申请获得创建国家食品安全城市资格，为确保创建成功，高标准配置了创建指挥部，市长亲自担任指挥长，并召开创建国家食品安全城市动员会，对创建工作进行安排部署，签订《创建国家食品安全目标责任书》，将责任落实到人头；同时，扎实开展学法用法示范机关示范创建，市食药监局获评省级法治示范单位。

4. 强化服务发展

一是提升行政审批效能。积极推进简政放权，进一步减少审批项目，下放审批权力，做到应减则减，能放则放，切实提升审批服务效率。二是指导帮扶企业。2016年起，指导全市所有药品生产企业按照新修订的药品GMP组织生产，要求全市所有药品经营企业都要符合新公布的药品GSP标准，没有通过认证的监督其停产、停业。积极引导规模企业实施良好生产规范，开展HACCP和ISO 22000管理体系认证，提升泸州食品产业核心竞争力。三是争取政策支持。深入企业一线，加大调研力度，除白酒产业、医药产业两大产业外，还对黄粑、白糕、古蔺麻辣鸡等地方特色食品产业进行调研分析，及时掌握企业在发展过程中遇到的难题，鼓励企业创新创业，多争取上级机关为食品医药产业健康发展提供政策支持。

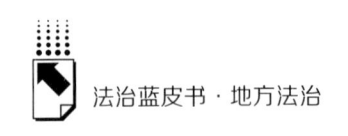

三 取得的成效

"334"工作法实施后取得显著成效。以保障食品安全状况为工作目标，泸州市着力构建市长牵头，监管部门、县（区）有力参与，食品生产企业积极配合的责任体系，努力搭建横向到边、纵向到底的食品安全工作机制，并建立健全工作督导和考核体系，组建常态化的督导工作组，细化明确考核标准和考核细则，同时，将创建工作任务分解为一般项目73项、重点工作事项12项，按照"清单制+责任制"的管理模式加快推进。2016年5月，国务院食品安全办公室确定泸州市为全国第三批37个国家食品安全创建试点城市之一[1]。

（一）监管能力明显提升

1. 队伍和阵地建设初见成效

监管队伍素质不断提高，人员配备不断充足，监管队伍到岗率不断提升，各级食品药品监管局到岗率均达到90%以上。配备村（社区）食品安全协管员、信息员共5518名，并提高了经费补助。在每个乡镇设立涉农农产品质量服务站，强化安全协管员监管责任，增强基层畜牧兽医站安全监管功能。积极推进基层监管所标准化建设，目前已投入专项资金509万元，配发执法和快检装备1129台（套），建成标准化监管所102个。分级培训全面覆盖，已通过自行组织、集体外派委培、岗位大练兵等方式组织系统业务培训13次，培训人员达738人次[2]。

2. 检验检测能力迅速提升

一是市药检所通过认证复评审和扩项认证。目前，市药检所已具备药品106个参数、食品微生物指标14个参数、食品添加剂19个参数等检验检测

---

[1] 《国务院食品安全办关于开展第三批国家食品安全城市创建试点工作的通知》（食安办函〔2016〕23号）。

[2] 数据来源：泸州市食品药品监管局。

能力，省质量技术评审组对市药检所进行了资质评审验收①。二是食品检（监）测能力建设项目加快推进。已完成基本建设，计划引入第三方检验检测机构英国天祥集团进行合作，提升监测能力。三是食品快检能力全面提升。建成泸州市食品检（监）测中心，实验室用房面积2700平方米，年检能力达15000批次。在2015年主城区大型超市和农贸市场成功建成10个快检室的基础上，新增40家大中型超市、农贸市场推进食品快检室建设②。

3.信息化建设加快推进

把食品药品安全监管综合信息平台纳入智慧城市和信息化建设工作重点项目，同时，强化省综合信息平台在泸州的落地运行。目前已基本建成数据中心、数据交换平台、综合业务系统、移动执法系统，正在加快建设覆盖全市各级各系统的食品药品安全监管综合信息平台。

（二）安全形势稳中向好

1.监管举措落实到位

一是食品生产追溯体系初步建成。出台《泸州市食品质量安全追溯体系》系列标准，用于指导全市各类食品生产追溯体系建设。目前，已确定10余家白酒、6家食用油和肉制品生产企业等30余家企业尝试推进追溯体系建设，这些企业已经初步实现在可追溯环节实行记录式追溯③。特别是"泸州老窖"等重点企业初步实现了电子化、信息化追溯，基本实现过程可追溯，一旦出现问题可及时反应、查漏补缺并追责。二是创新推进食用农产品市场监管。按照省市关于加强农产品市场销售质量监督管理的要求，在市场、超市等农产品销售市场积极创新施行执行索证索票、进货查验和不合格食品退市台账制度，并大力推进销售凭证统一工作。三是大力推进"明厨亮灶"工程。全市已有7554家餐饮单位，706家乡镇以上学校食堂，644家

---

① 检验检测机构资质认定证书（证书编号：162300140300）。
② 数据来源：泸州市食品药品监管局。
③ 出自《2016年泸州市食品生产企业食品安全追溯体系建设试点方案》（泸市食药监办〔2016〕36号）。

主城区、县城中型以上餐馆完成"明厨亮灶"工程，覆盖率分别达到87%、100%、91%。同时，深入开展餐饮服务量化分级管理工作，量化分级管理率及公示率分别达95%、100%，在部分中小学校试点推广"六位一体"食堂监管模式①。四是强化网络食品监管。印发《网络食品查处管理办法》，对网络食品经营主体、网络食品抽检、监管信息共享等进行规范，并在全市范围内开展网络食品交易现状排查。组织召开第三方网络订餐交易平台座谈会，宣传贯彻相关法律法规。五是监督抽检稳步推进。食品方面，全部完成国家级抽检544批次，省级抽检978批次，市级抽检1200批次，不合格134批次，仅占抽检任务的4.9%。食用农产品抽检、快检结果均全部合格。药品方面，全年完成抽验212批次，监督抽验完成556批次，评价性抽验完成212批次，覆盖588个药品品种，605家药品生产经营单位，检出不合格样品94批次。同时，依法公布了6期食品安全省级和市级抽检信息②。

2. **专项行动效果显著**

扎实推进"八大专项行动"，重点开展白酒违法生产集中整治、奶粉违规生产专项整治、猪肉违法生产专项整治、农村市场和校园周边专项整治、药品流通领域专项整治、化妆品流通领域专项整治，打击非法制售和使用注射用透明质酸钠行为专项行动，开展中药材中药饮片专项整治、"回头看"专项检查等专项行动，覆盖食品、药品、医疗器械等各领域，维护了和谐稳定的社会秩序。

3. **执法办案持续高压**

一是加大立案查处力度。2016年，全市共立案821件，结案1414件（其中当场行政处罚696件），涉案金额116.32万元，罚款没收金额达901万元。2017年上半年，全市共出动检查人员15889人次，出动检查车辆5358台次，检查单位15584家；共立案391件，结案468件（其中当场行

---

① 数据来源：泸州市食品药品监管局。
② 数据来源：泸州市食品药品监管局。

政处罚111件），涉案金额285.3万元，没收物品货值金额225.1万元，罚款金额542万元，移送司法机关12件，配合公安机关抓获犯罪嫌疑人10人。二是强化行刑衔接工作。进一步强化与刑事司法的衔接，定期召开联席会议，加强执法协作，全市移交司法机关案件数22件，配合司法机关抓获犯罪嫌疑人16人。三是及时妥善处置投诉举报。成立泸州市食品药品投诉举报中心，落实编制5名，统一受理涉及"四品一械"的投诉举报，并及时处理举报投诉和解答群众食品药品安全知识咨询，完成市长热线、市长信箱、网络问政24件，按时办结率、群众满意率均为100%。从严从快查处群众反映强烈、影响群众切身利益的热点、难点问题。2016年，全市共受理投诉举报588件，其中立案查处15件；已办结588件，办结率100%。2017年上半年，共受理投诉举报466件，已办结400件，办结率85.8%，立案查处25件，"四品一械"相关咨询共计686起①。

（三）治理迈入法治化

1. 建立权责清单，让权力在阳光下运行

按照统一要求，对权力事项和责任事项进行清理和动态调整，共清理出370项权力事项和责任事项，严格执行"两集中三到位"和"一站式服务"，行政处罚、强制及其他行政权力已全面录入行权平台公开运行，市食品药品监管局所有审批项目、服务项目全部进驻中心窗口，无体外循环。实施审批全程电子化，构筑"互联网+"体系。以"四川省食品药品监督管理综合业务系统"和"国家食品药品监督管理总局医疗器械经营许可（备案）信息系统"为载体，构建"互联网+政务服务"体系。2017年上半年共受理审批件821件，办结821件，按时办结率、现场办结率和群众满意率均为100%。将"药品经营许可证"和"药品经营质量管理规范认证证书"合二为一，实现了资料合一、现场合一和证照合一。

---

① 数据来源：泸州市食品药品监管局稽查、投诉举报中心月报表统计数据。

2. 强化行政执法法制审核

制定《行政处罚案件复核办法》《重大行政执法案件审议审核制度》《重大行政决策程序规定》，明确了法制审核审查的范围和程序，并聘请专业律师为法律顾问，参与重大行政决策合法性审查、重大行政案件以及行政复议和行政诉讼的研究讨论，并接受法律咨询。

3. 严格执法人员资格管理

2017年已组织200余人参加系统专业法律知识考试，食品药品系统新进执法人员和执法证件到期人员必须通过执法资格考试并取得执法证件后才能执法办案，全市食品药品监管系统共有540余人取得执法资格，坚决杜绝合同工、临时工等无执法资格人员进行执法的情况。

（四）企业获得感显著

1. 行政审批简政放权

按照应放尽放、能优则优的原则，依法清理优化和下放行政审批项目，并全部向社会大众公示公布，以公开促公正，确保依法行权。市食品药品监管局现有行政审批项目7个大项、37个小项，其中下放县（区）局1个大项、8个小项，暂停、收回审批项目各2项。于2016年6月1日全面实施"食品流通许可证"和"餐饮服务许可证"两证合一工作，统一发放"食品经营许可证"，切实提高了企业办事效率。

2. 帮扶企业升级改造

一是帮促药品生产经营企业落实GMP/GSP。结合日常监督检查，加强对药品生产企业GMP换证后的跟踪检查及指导，巩固GMP认证成果，市内所有营业的药品经营企业均通过了新版GSP认证。二是帮扶企业增效。成功帮扶华醇、石岭酒厂、泸牌酒业、向林老窖等公司进行资源整合，加强安全生产技能培训，推动企业盈利增收。三是鼓励白酒生产企业加快推进追溯体系建设。着力将企业白酒追溯体系建设给予奖励的内容写入《泸州市加快建成千亿白酒产业的意见》，加快企业自主建立追溯体系步伐。

3. 招商引资促进产业发展

推荐四川共筑医药有限公司与上海医药集团股份有限公司就泸州药品"三方物流"项目开展合作洽谈，积极协调浙江美华投资泸州百草堂四期风投项目，有利推进了企业发展。依托省、市出台的产业扶持政策，积极争取食品药品研发、生产企业落户泸州，着力推动四川共筑医药有限公司与人福医药控股公司达成战略合作（人福医药控股公司总计投资 2000 万元），上药控股有限公司与四川同春药业及四川凯美医药有限公司重组（上药控股有限公司预计总投资 18000 万元）。

四 问题与困难

（一）基层执法形势相当严峻

1. 基层监管所"两化"建设后劲乏力

截至 2016 年底，全市尚有 41 个基层监管所未达到"两化"建设标准要求，基层监管所办公用房仍显紧张，除泸县由县政府统一调配划拨原乡镇（街道）计生指导站的办公用房，作为乡镇（街道）食品药品监管所的办公场地外，其余县区的基层所办公场地普遍保障不够好。尤其是县区城区的监管所办公用房更是困难，有的乡镇（街道）只有 1 间办公室，有的基层所和其他部门共用一间办公室，部分基层所建成验收后，办公用房挪作他用。

2. 执法监管人员保障不到位

按照监管队伍建设全覆盖的工作要求，按每个基层食品药品监管所至少 2 名人员的标准配备落实监管人员。全市食品药品监管系统人员编制数为 640 名，实际到岗 562 名，离创建标准要求还有差距。全市 143 个乡镇监管所中还有 40 个乡镇监管所没有达到 2 名人员的标准。在已达到人员配备要求的 103 个基层监管所中，还存在食品安全监管工作精力投入不足的问题。比如：有的乡镇监管所人员到岗不到位（长期请病

假或借调其他单位），有的乡镇监管所人员身兼数职，有的乡镇监管所人员变动频繁，刚熟悉工作就调整到其他岗位，乡镇匹配人员实际到岗率低。

3. 村（社区）协管员配备不到位

部分县区未配备村（社区）食品安全协管员，有的基层单位配备后未将工资报酬等待遇落实到位，农村坝坝宴管理往往得不到有效落实。

（二）农贸市场管理不够规范

食用农产品产地准出与市场准入机制不完善。虽推动了执法部门间签订相关合作协议，但产地准出与市场准入衔接机制还不够健全，在对接农户、市场等方面缺乏有效的办法，实际效果不佳。

农贸市场快检室运行保障机制未完全建立。全市虽然已建成40个食品快检室并投入运行，但部分快检室建成后作用未得到有效发挥，因检测经费、技术人员未落实等问题，后续运行存在困难。

（三）生猪定点屠宰未全覆盖

个别县区生猪定点屠宰场存在布局不合理的问题，设置数量不能满足需求。全市现有屠宰场88个（其中江阳区有屠宰场7个，龙马潭区有屠宰场3个，纳溪区有屠宰场6个，泸县有屠宰场25个，合江县有屠宰场28个，叙永县有屠宰场14个，古蔺县有屠宰场5个），导致"白板肉"、问题猪肉流入市场。屠宰监管还存在缺人、缺设备、缺经费，生猪屠宰企业落实产品质量安全不到位的问题。

（四）创建重点工作推进缓慢

从督察和每月抽查情况看，重点工作推进缓慢，尤其是在"三小"整治、"明厨亮灶"工程、检验检测能力建设、信息化监管平台建设、生猪定点屠宰、餐厨废弃物处置等方面，各县区主动性不强，相关配套政策、措施未制定或不够健全。个别县区生猪定点屠宰场存在布局不合理的问题，设置数量不能满足需求，导致私屠滥宰现象频发。

五 启迪及思考

（一）依托党委政府重视

泸州市近三年未发生重大食品药品安全责任事故，并获得国家食品安全城市创建试点资格，是市委市政府高度重视和大力支持的必然结果。2014年至今，食品药品依法监管连续三年以独立段落写入依法治市年度工作要点，并作为年终考核的重点内容；市委市政府主要领导在市食品药品监管局班子组建、编制、经费和装备保障等方面都给予了大力支持，并亲自督导、亲自抓落实，多次深入调研工作进展、督促工作落实，为"六大领域"治理顺利有序开展注入了强大动能。

（二）必须坚持以人为本

食品药品安全离不开人的参与，必须把提高监管人员、从业人员和广大消费者的综合素质放在重要位置。要强化队伍建设，提升监管水平。"上面千条线，下面一根针"，食品药品监管制度的落实需要基层监管人员来承担，食品药品监管队伍特别是基层监管队伍的建设显得尤其重要，既要保障与监管工作量相适应的队伍和装备配备，又要不断学习提升监管能力。要加强食品药品从业人员培训。通过教育培训等形式，努力提高食品药品从业人员的综合素质，养成知法守法的法律敬畏思维，自觉遵守食品药品市场秩序、主动净化市场环境。大力普及食品药品安全法律法规和科普知识，提高人民群众的自我防范能力，让违法产品无处可售。

（三）全面实施社会共治

食品药品安全社会共治，就是要集合社会各方面的力量，形成食品药品安全齐抓共管的良好局面。既要强化监管主体的履职能力，也要拓展社会、市场各方的参与深度①。牢固树立"对食品药品违法行为的容忍，就是对老百姓的生命和健康最大的残忍"的监管理念，严格依法行政，有力打击和震慑违法行为。善于发挥市场主体的作用。大力开展诚信体系建设，建立失信惩戒、守信褒奖的"黑名单"制度，充分发挥行业自治自律优势，积极营造公平竞争、优胜劣汰、诚信经营的市场氛围。充分发挥人民群众的监督作用。积极推行食品药品投诉举报奖励制度，引导消费者举报身边的食品药品违法行为，发动广大人民群众参与食品药品监管工作。

（四）依法加大打击力度

针对当前食品药品领域一些违法现象仍比较突出的情况，要坚持"严"字当头，保持严厉打击食品药品安全违法犯罪的高压态势，按照"监管必须查案、查案必须从严、结案必须合规"的要求，创新执法理念，强化大案要案的查处力度，集中查处制售有毒有害食品药品的大案要案，并主动向司法机关移送一批涉嫌犯罪案件，让人民群众真切感受到党和政府坚决保障食品药品安全的决心和信心。

---

① 胡颖廉：《国家、市场和社会关系视角下的食品药品监管》，载《行政管理改革》2014 年第 3 期，第 47 页。

B.13
乐山依法治旅促进景城共治

乐山市依法治市办课题组*

摘　要： 随着经济社会发展进入大众旅游时代，居民旅游需求旺盛，国内各旅游城市纷纷提出了景城一体化发展战略。在景城一体化发展过程中，如何规范旅游景区和所在城市各涉旅主体的涉旅行为，充分调动旅游城市的各级党委政府、司法机关、社会组织和城市居民的积极性，发挥各自的优势，主动参与涉旅治理，维护旅游景区和所在城市的经济社会发展秩序，就成为摆在面前的新课题。

关键词： 涉旅治理　依法治旅　景城共治

当前，国内各旅游城市以做大、做强、做优旅游产业，提高本地旅游业竞争力为目标，纷纷提出了景城一体化发展战略，推动了各地旅游产业的规模化发展。但与此同时，由于各旅游城市过于注重旅游产业规模方面的扩张，忽略了涉旅治理体制机制的建立健全和畅通运行，导致了大量的涉旅矛盾纠纷产生，或者涉旅矛盾纠纷不能及时化解，加之中央和地方媒体也经常曝光全国各地的种种旅游乱象，严重影响了当地旅游业的发展。例如，2015

---

* 课题组组长：田文，乐山市委副书记。副组长：高鹏凌，乐山市委常委、秘书长。课题组成员：舒东平、王玻、霍超、杜晨霞、范寅崚。执笔人：邱家胜，乐山市市委党校经济学教研室主任、法学副教授。

年10月，媒体广泛报道的"青岛天价虾宰游客事件"①，给青岛带来了短期内难以消除的负面影响。

乐山是四川省旅游资源大市，旅游经济总量多年稳居全省第二位，同时旅游业也逐渐成为乐山市经济发展的主导产业。近年来，乐山市委市政府明确提出，通过扩容提质、景城一体、全域旅游"三篇文章"，把乐山市建设成为"国际旅游目的地"和"四川旅游首选地"。为实现这一战略目标，乐山市委市政府不断深化旅游管理体制改革，深入推进依法治旅兴旅工作，其改革和依法治旅的主要做法和成功经验多次受到国家旅游局、四川省委省政府及省级相关部门的充分肯定，并在全国、全省旅游行业系统大会上做交流发言。2015年以来，乐山市先后被国家旅游局、四川省政府确定为首批国家级旅游业改革创新先行区、全国综合行政执法改革试点市（市旅游综合执法改革）和四川省旅游综合改革试点市，特别是在2017年1月，四川省依法治省办确定乐山市为全省唯一的"依法治旅兴旅示范区"，开启了乐山大力推进依法治旅，促进"景城共治"的新征途。为深入推进依法治旅工作，乐山市委市政府决定在乐山两大核心景区——峨眉山市与峨眉山景区、乐山市市中区与乐山大佛景区（以下对乐山市市中区与乐山大佛景区简称"两区"）先行开展依法治旅兴旅试点工作，逐步在全市范围内推广依法治旅的成功做法与经验。

2017年6月，课题组深入乐山市市中区区委区政府及相关职能部门、乐山大佛景区管委会及相关职能部门、乐山大佛景区规划区范围内的市中区九峰镇政府、大佛街道办事处和主城区的市中区张公桥街道办事处，有针对性地开展调查，总结促进"两区"创新依法治旅机制和"景城共治"的成功经验，分析当前旅游治理中存在的普遍性问题，在此基础上，提出了推动旅游城市与旅游景区共同依法治理的对策与思考。

---

① 《青岛天价虾游客被宰 店主称38元一只很便宜》，http://legal.people.com.cn/n/2015/1006/c188502-27664936.html。最后访问日期：2017年9月25日。

一 做法与成效

近年来,根据乐山市委市政府统一决策部署,在市委市政府的坚强领导下、在市直相关部门的大力支持下,"两区"党委政府及相关职能部门以"景城共治"为目标,充分运用法治思维和法治方式,不断创新依法治旅机制,取得了良好成效。

(一)健全组织领导机构

为加强对"两区"依法治旅工作的领导,整合"两区"涉旅力量,推动"两区"联动执法,"两区"建立健全了涉旅治理的领导机构。

1. 推行党政主要领导兼任制度

为协调推进景城一体化发展,实现景城共同治理的目标,2016年9月,市中区党政"一把手"兼任了乐山大佛管委会的书记、主任,有机地整合了"两区"共同进行依法治旅工作的领导力量,保障"两区"依法治旅工作的顺利进行。

2. 建立旅游综合协调机制

2016年,乐山市成立了"两区"旅游产业发展领导小组,由"两区"党委领导任顾问,行政主要领导任组长,其他班子成员任副组长,"两区"相关职能部门负责人为成员,统筹"两区"旅游产业发展的推进工作,加强了"两区"涉旅治理工作的领导,及时研究解决"两区"依法治旅工作中的重大问题,领导小组每季度召开一次联席会议,专题研究"两区"涉旅治理中的重大复杂问题,积极发挥组织、领导和协调作用。

3. 成立旅游环境综合整治领导小组

为加强对市中区主城区和乐山大佛景区周边和重点地段的环境风貌、社会秩序的长期整治和管理,2016年,协调市中区和大佛景区两方力量,成立了"两区"旅游环境综合整治领导小组,由市中区区委常委、政法委书记任组长,"两区"其他分管领导任副组长,相关职能部门的负责人为成

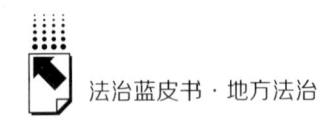

员，领导小组每年定期或不定期开展"两区"旅游环境综合整治工作，每月不少于2次。

（二）创新旅游综合执法

2015年乐山市被列入全国综合行政执法体制改革试点市，在市本级开展旅游综合行政执法体制改革试点工作，以此为契机，"两区"立足于标本兼治，构建涉旅治理的长效机制，大力改革创新旅游行政执法体制。

1. 建立健全旅游综合行政执法机构

根据《乐山市综合行政执法体制改革试点工作方案》（乐府办发〔2017〕16号）文件精神，"两区"分别成立乐山市市中区旅游执法支队、乐山市旅游综合执法支队大佛景区执法大队，以乐山市旅体委的名义在"两区"开展旅游综合行政执法工作，建立健全旅游综合行政执法机构，解决了长期困扰"两区"旅游执法主体资格的问题。

2. 推行集中行使涉旅处罚权制度

市中区旅游执法大队和大佛景区综合执法大队联合、集中行使"两区"范围内的旅游、工商、人力资源和社会保障、物价、环境保护、宗教管理、文化文物、交通运输、食品药品、卫生管理等方面法律、法规、规章规定的，且与旅游行业密切相关，违法事实直观、易于判断、易于取证的行政处罚权。在规定区域内开展旅游综合日常监督检查和行政执法工作。

3. 建立联合监管执法制度

充分发挥"两区"旅游产业发展领导小组的组织领导、统筹协调作用，定期召开"两区"会议，协调解决旅游综合执法中的难点、热点问题。同时，在重要的旅游时间节点、"两区"范围内的重点旅游区域和旅游者集中投诉的旅游业领域，"两区"定期组织开展联合执法，有效整治了旅游市场。例如，2016年10月20日~2017年3月15日，"两区"共同组织开展"旅游消费环境'打非治乱'的专项整治"活动8次；2016年11月2日，针对大佛景区旅游业经营户违规设置停车位，且游客投诉较多，严重影响景区秩序和形象问题,"两区"共组织了500余名执法人员,依法取消了47家经营户违规设立的81个候车位,大力提升了景区面貌。

(三) 完善旅游监管体系

2017年以来,以创建四川省"依法治旅兴旅示范区"为统领,"两区"积极探索建立综合旅游管理机构和旅游警察、旅游法庭、旅游工商等"1+3"模式,初步形成了依法治旅的长效机制。

1. 组建并派驻旅游警察队伍

为强化对景区旅游环境的综合治理,维护旅游者的人身、财产安全,2016年9月7日,组建了"乐山市公安局旅游警察支队",支队分片区设立了三个大队,其中第一大队负责打击"两区"区域内破坏旅游市场秩序的违法犯罪行为,指导相关县级公安机关监督检查景区景点安保工作。2016年,派驻"两区"旅游警察一大队严厉打击景区拦车拉客、欺客宰客等破坏旅游市场秩序的违法犯罪行为,强化对旅游景区和涉旅重点地区、路段的治安和交通整治,配合开展涉旅案件的执法工作,依法立案查处了4起"黑导游"案件。

2. 挂牌成立旅游巡回法庭

随着"两区"外地来乐山旅游的游客人数日益增多,涉旅矛盾纠纷也日益增多,旅游服务合同、人身损害、财产损害等纠纷案件时有发生,且具有突发性、时效性等特点。虽然此类纠纷往往标的额小、案情也不复杂,但往往纠纷双方抵触情绪大、矛盾容易激化,如果得不到及时妥善处理,会对乐山旅游形象、旅游环境、旅游市场秩序造成不良影响。为及时有效地化解涉旅矛盾纠纷,还来乐山旅游的游客一个放心舒心的旅程,2017年4月28日,乐山市市中区人民法院在大佛景区挂牌成立旅游巡回法庭。"两区"旅游巡回法庭的成立,有利于与旅游主管部门及景区相关职能部门密切配合形成合力,及时有效地解决旅游纠纷,切实保护游客合法权益,维护旅游市场秩序,进而为促进乐山旅游业的健康发展提供强有力的司法保障和优质的法律服务。

3. 成立旅游工商局

2015年3月，在大佛景区成立了乐山市工商局乐山大佛景区分局，市中区市场和质量监督管理局与景区分局积极配合，有效互动，加大了旅游市场经营秩序、涉旅企业和购物场所的工商监管力度，提升了旅游消费者维权便利化水平，同时，积极推进"放心舒心消费城市"试点创建工作，建立完善了"诚信乐山旅游信用公示与服务平台"，2016年以来，"两区"旅游工商部门已在"两区"范围内外地游客集中的嘉定坊、北门售票点、游船码头以及5个公交站台共9处地方设置了公共二维码、道旗和门型展架300余个，实现了旅游核心区域内的涉旅商家"一店一码"全覆盖，为180户经营户制作了350个"一店一码"并上墙公示，实现了企业信息、执法信息的开放共享、互联互通。同时，为保护旅游消费者的合法权益，及时调处旅游消费矛盾纠纷，2017年6月，"两区"在市中区张公桥好吃街、乐山港、大佛景区等游客集中地，由市中区工商质监局、市中区司法局、市中区综治办、大佛景区管委会等部门牵头成立了行政调解、司法调解、人民调解各有侧重的旅游纠纷调解中心（工作室）。

（四）形成涉旅治理合力

涉旅治理是一个综合、系统工程，除了要依靠"两区"相关职能部门依法主动履职加以管理外，还应引导社会力量主动参与，积极发挥作用，形成涉旅治理的合力。

1. 涉旅相关职能部门依法履行管理职责

"两区"涉旅职能部门加强自身的法治化建设，健全行政执法管理制度，加大了涉旅执法力度。2016年以来，"两区"规划建设、监察、食药、安监、交通、物价、城管、海事等涉旅职能部门根据法律、法规和规章的规定，结合"两区"实际，细化了执法管理制度，如《乐山大佛景区规划建设监察大队巡查管理制度》《乐山大佛景区食药安监大队巡查管理制度》《乐山市城管局景区城管大队巡查管理制度》《乐山大佛景区管理委员会候车场管理暂行办法》《黄金周旅游管理服务应急预案》等16项制度，构建完善的"两区"涉旅执法部门执法管理制度化体系。

2016年以来,"两区"涉旅相关职能部门在重点区域、重点时段、重点场所,加大了对违法违规行为的执法力度,2016年,共查处摩托车追客喊客34起、"野导""黑导"110人次(没收假导游证、假讲解证共计200余个)、占道经营100余次、违规修建9户,依法取消了景区47家经营户违规设立的81个候车位(见图1)。同时针对旅游行政相对人有违法倾向、无违法事实等"边缘地带"问题,创造性建立了旅游行政约见机制,及时主动加以提醒,防范旅游重大违法违规案件发生,确保旅游市场监管重心前移,做到了防控与惩处相结合。

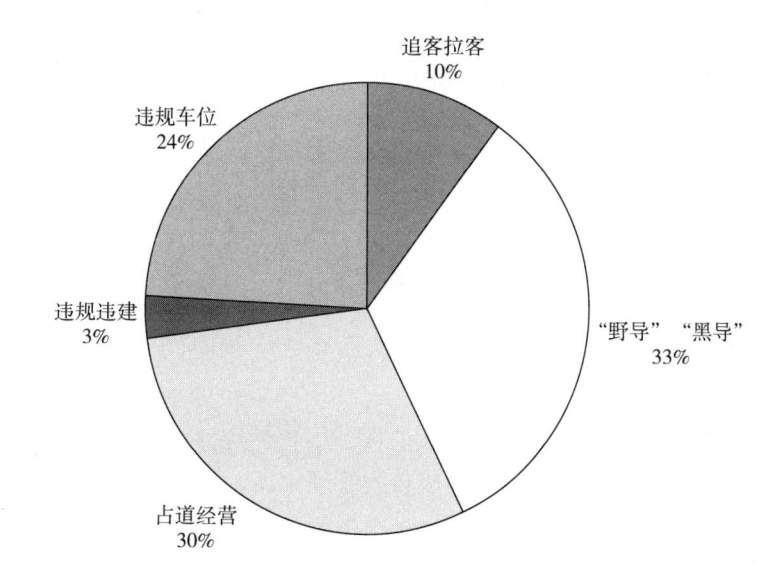

图1 2016年景区旅游执法情况

数据来源:乐山市依法治市办公室。下同。

2. "两区"区域内的乡镇、街道主动发挥治理作用

乐山大佛景区位于乐山市近郊,景区规划面积共17.88平方公里,包括核心区,即世界遗产保护区面积2.81平方公里,保护区面积4.38平方公里,控制区面积10.69平方公里。除景区规划的核心区外,保护区和控制区均处于乐山市市中区所辖九峰镇和大佛街道办区域内,土地或林地性质绝大多数为农村集体所

有,尚有城镇居民居住或从事农业生产活动。与国内各个旅游景区一样,乐山大佛景区的景区规划、发展、保护与农民的承包经营权益,景区环境保护与农民的生产生活之间存在利益冲突,有时不可避免地会发生紧张情绪或矛盾纠纷。

为缓解、疏导和解决景区与本乡镇、本街道居民的紧张情绪和矛盾纠纷,九峰镇和大佛街道办党政和各职能部门主动作为,在环境卫生治理、旅游环境整治、环境保护、矛盾调处、志愿者服务等涉旅治理方面,充分发挥自身的桥梁和纽带作用。2016年以来,九峰镇和大佛街道分别与景区管委会共同成立了共建领导小组,每月召开工作联席会,交流、研究涉旅的综合治理工作;与景区党工委开展了结对共建活动,实行互派干部到对方挂职制度,增加了对双方工作的了解,积极形成涉旅治理的共识,同时,景区党工委每年给九峰镇和大佛街道办划拨6万元工作经费至村(社区),用于村(社区)公益事业开支和困难党员群众帮扶等;与景区管委会联合加强了对村民的法治、政策宣传教育;积极引导、协调和解决村民反映的合法正当诉求,近几年来,九峰镇为明月村、鞍山村等村村民积极争取到了2649亩森林的公益林管护费,与四川奥甘林农业科技有限公司签订了秸秆回收换有机肥的协议,有效地解决了秸秆禁烧问题。

3. 行业组织积极发挥自律作用

在"两区"党委政府和涉旅相关职能部门积极指导下,各涉旅行业纷纷成立行业协会,制定协会章程,形成自我管理制度,强化行业管理和行业自律,着力打造诚信、文明、安全、卫生、优美的景城一体化旅游环境。2016年9月,市中区张公桥街道好吃街61户餐饮经营者成立了餐饮协会,组织经营者与协会签订了"门前三包责任书"和"诚信经营承诺书",同时在协会内组建了餐饮党支部、工会,打造张公桥特色小吃街党员志愿服务队伍,统一服装为游客提供志愿服务,维护街道的旅游综合环境,充分发挥党员先锋模范作用。

4. 社会公众和其他社会组织积极参与涉旅综合治理

"两区"立足于旅游环境共享共治的治理理念,大力引导社会公众和其他社会组织积极发挥各自的作用,共同参与涉旅环境综合治理,各方共同治理。2016年,"两区"及乡镇、街道共青团在重要的节假日、重大赛会期间分别组织"小海棠"青年志愿者、"两区"党政部门工作人员志愿者和社区居民志愿者2000多人次共同开展文明旅游服务、文明交通引导、环境卫生保护、违法小广告清理和景区森林防火管控等服务工作，成为乐山大佛景区一道靓丽风景，传承了乐山人热情好客的传统，给来乐山旅游的游客营造了和谐、安全、舒心和温馨的旅游氛围。

总之，"两区"党委政府积极创新依法治旅机制，推动了"两区"旅游经济的快速健康发展。2016年，乐山大佛景区接待游客363.15万人次，同比增长0.31%，市中区旅游综合收入达224亿元，占乐山全市旅游收入的36%，同比增长了24.5%（见图2）；通过景城联动执法和景地党建共建形式，加强了对"两区"旅游环境的综合治理和矛盾纠纷及时化解，提升了"两区"的旅游风貌，维护了"两区"旅游秩序，得到来乐山旅游的游客和中央及地方媒体的高度评价。在来乐山旅游的游客对乐山市旅游资源最感兴趣评价中，乐山大佛景区排名第一，占39.5%。

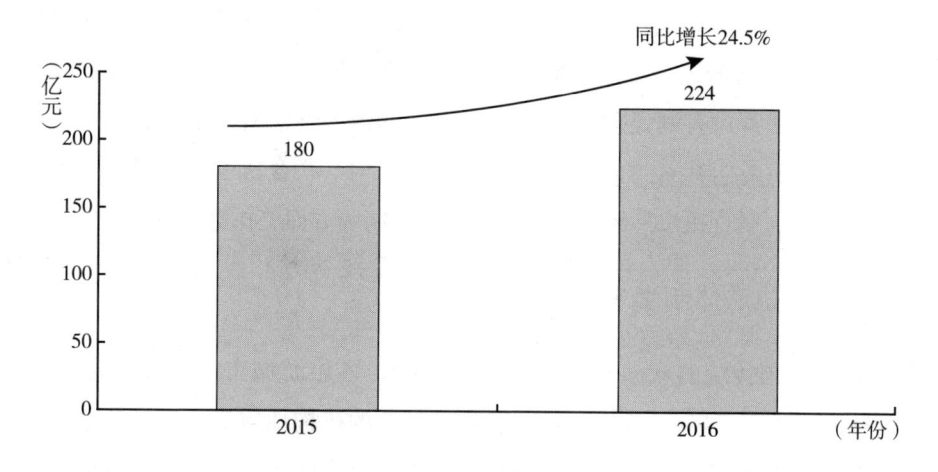

图2 2015~2016年市中区旅游收入

二 仍存在的问题

多年来，国内各旅游城市先后提出了景城一体化旅游发展战略，但各旅游城市党委政府均未能提出"景城共治"系统化制度化的治理方案，同时国内学术界对如何实现景区与城市共同治理的研究也不多见。因此，在推进景城一体化发展过程中，国内各旅游城市在实现景城共同治理方面出现了一些共性问题也就在所难免。

（一）制度化建设仍相对滞后

总体上，就中国旅游法律制度建设而言，由于国内旅游业整体发展起步晚，发展速度快，导致了旅游立法工作滞后于旅游业发展实践，旅游法律体系建设还不能完全满足旅游业发展的现实需要。截至2016年12月，仅有《旅游法》一部旅游基本法和《旅行社条例》《导游人员管理条例》《旅游行政处罚办法》等十几部旅游行政法规、部门规章。因此，在国家层面的旅游法律制度体系尚未建立健全的情况下，国内各旅游城市在推进景城一体化建设中、在实现景城共同治理的地方性法律体系和具体操作性制度化建设方面更是滞后于当地旅游业发展实践，"景城共治"的地方性法律法规体系和制度化建设尚需进一步建立健全。比如，在实施景城一体化旅游发展战略的各旅游城市都没有制定规范"景城共治"的地方性法规，同时，各旅游城市也大多没有专门针对"景城共治"的领导机构、联合执法组成机构、人员及职能职责、联合执法具体事项和督察考核机制等方面工作进行制度性规定。

（二）执法体制尚未完全理顺

深受中国传统的旅游行政管理体制影响，各旅游城市"景城共治"执法体制尚未建立健全。各旅游景区管理委员会的机构性质基本上是各旅游城市人民政府的派驻机构，与景区所在地的人民政府同等级别、互不隶属，共同受旅游城市人民政府领导，景区管理委员会职能部门与景区所在地的人民政府旅游行政职能部门也互不隶属，共同受旅游城市人民政府旅游行政职能部门领导，景区的发展建设长期以来与景区所在地人民政府、职能部门以及所辖乡镇（街道办）没有任何工作关系；同时，在传统的旅游行政管理体制下，景区管理委员会虽然成立了旅游管理机构，但并没有旅游行政执法资格，景区所在地人民政府大多没有专门的旅游执法机构和执法人员；另外，各旅游城市在推进"景城共治"的过程中，由于景区、旅游城市人民政府和景区所在地人民政府涉旅执法部门众多，部门职能职责交叉，难免存在多头执法、推诿扯皮的现象。

（三）执法监管机制有待完善

中国现有旅游行政执法仅限于对旅行社经营行为、导游及领队等从业人员服务行为的监督检查，只涉及"吃、住、行、游、购、娱"旅游业六大要素中"游"的一部分，旅游行政执法部门单兵作战的行政执法体制凸显了国内各旅游城市"景城共治"旅游市场执法监督机制的不完善，导致了各旅游城市旅游市场行政执法机制运行不畅、执法效能不高和执法效果不佳[①]。旅游市场监管工作具有涉及面广、关联度大、综合性强的特点，需要多个职能部门同心协力、齐抓共管。近年来，虽然各旅游城市在节假日旅游高峰期间均采用了多个职能部门联合集中执法的形式，开展集中整治旅游市场的综合治理活动，但是，在国内各旅游城市中，各种违法违规损害旅游者人身财产权益和败坏旅游城市形象的行为仍反复滋生、久治不绝，根本原因在于各旅游城市在"景城共治"过程中没有形成有关各方参与的常态性、长效性和有效性旅游市场行政执法监管机制。

（四）行业自治功能发挥不够

当前，无论是各地旅游市场上的普遍性问题，还是各旅游城市在推进"景城共治"过程中遇到的难点、热点问题，都或多或少地与旅游行业组织不能充分发挥自我管理与服务功能有关。比如，虽然各旅游城市的政府相关职能部门多次联合整治，有所好转，但旅行社不合理低价和导游欺骗讲解的问题、旅游市场拉客影响城市形象的问题、少数涉旅企业欺客宰客的问题

---

① 参见张补宏、董彩娟《关于健全我国旅游行政执法体系的若干思考》，载《华南理工大学学报》（社会科学版）2015年第2期，第59页。

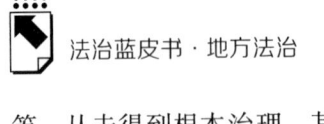

等，从未得到根本治理。其主要原因之一在于，各旅游城市在推进"景城共治"过程中，相关职能部门要么没有指导并完善各级涉旅行业协会的设置，要么虽然设置了各级涉旅行业协会但未明确规定各级涉旅行业协会的具体职能职责，影响了涉旅行业组织自治功能的发挥，必然影响和制约"景城共治"目标的实现。

（五）市民法治意识尚待增强

在推进"景城共治"的过程中，国内各旅游城市一个较为普遍的问题是一些市民的法律素质不高，法治意识不强。具体表现在：一方面，国内各旅游城市、旅游景区大都出现过个别旅游企业和从业人员丧失法律和道德底线，唯利是图，不惜损害旅游者的人身财产权益和旅游城市形象，违法违规追求、获取个人不正当利益的事件，如低价游骗取旅客购物、以次充好欺骗游客、诱骗游客高价宰客等；另一方面，在旅游景区的规划发展过程中，处于景区规划范围内的市民借承包农村土地或林地被征用，或所居住的房屋拆迁之机，目光短浅，缺失社会责任感和法律意识，违法违规提高补偿要求，征地或搬迁机构不予满足，就聚众闹事干扰景区正常的旅游秩序。另外，个别市民不爱护城市和景区的综合旅游环境秩序，乱扔垃圾、乱停车等，市民法治意识不强的问题必然会严重影响各旅游城市推进"景城共治"的进程。

三 对策建议

结合"两区"创新依法治旅机制，促进"景城共治"的具体实践，立足于解决四川省内乃至国内各旅游城市在推进景城一体化过程中出现的共性问题，课题组认为，各旅游城市党委政府应充分运用法治思维和法治方式，加强"景城共治"制度化建设，改革创新涉旅行政执法体制机制，充分发挥各涉旅主体的积极作用，大力提升旅游城市市民的法治素养，真正实现"景城共治"的目标。

（一）加强制度化建设

加快制度化建设是实现"景城共治"目标的前提基础。当前,针对推进"景城共治"过程中制度化建设滞后的问题,国家立法机关应尽快制定、修改和完善国家旅游法律法规,在此基础上,国内各旅游城市也应加快制定、修改和完善旅游地方性法律、法规、规章,促进"景城共治"制度化和法治化建设。结合"两区"推进"景城共治"的具体实践,课题组认为应从以下方面加快"景城共治"的制度化建设:一是加快"景城共治"领导机构的制度化建设,强化景城一体发展化领导力量,为推进"景城共治"提供坚强保障;二是加快"景城共治"组织机构的制度化建设,强化组织机构职权职能和组成人员配置,为推进"景城共治"提供坚实内核;三是加快"景城共治"联合执法管理制度化建设,强化针对性和可操作性,为推进"景城共治"提供长效机制;四是加快"景城共治"监督考核的制度化建设,强化失职、渎职责任追究,为推进"景城共治"提供制度保障。

（二）理顺执法体制

理顺执法体制是实现"景城共治"目标的根本要求。为打破传统的旅游行政管理体制桎梏,构建适应"景城共治"需要的旅游行政执法体制,必须进行旅游行政执法体制改革创新:一是创新旅游综合执法体制,建立旅游综合行政执法机构,并相对集中行使在景城范围内应当依法由其他部门主管的、与旅游行业密切相关的、违法事实清楚、证明责任简单直观的行政执法权;二是改革旅游行政执法机关单一执法模式,强化景城一体化互动执法,建立联合执法制度;三是加强与景区规划区范围内的乡镇、街道办共享共建的制度化建设,建立乡镇、街道办参与的旅游行政执法制度,充分发挥乡镇、街道办的桥梁和纽带作用,夯实"景城共治"的基层基础。

（三）改进监管机制

完善旅游市场综合执法监管机制是实现"景城共治"目标的关键。旅游市场综合行政执法监督管理工作具有综合性强、关联度大和专业领域广的特征,这决定了单靠旅游综合执法机关进行旅游市场综合执法是达不到执法目的的,这就要求涉旅各职能部门必须共同参与旅游市场综合行政执法工作,才能提升旅游市场综合行政执法监督管理的效能,最终实现"景城共治"。借鉴"两区"创新依法治旅的具体实践,课题组认为,"两区"创新建立的"旅游综合执法支队+旅游警察、旅游法庭、旅游工商"的"1+3"旅游市场综合执法监管模式,破除了旅游市场传统的监管体制瓶颈,符合"属地管理、部门联动、行业自律、各司其职、齐抓共管"的原则,有利于各部门在旅游市场综合监督管理中明确各自的部门责任,依法对旅游市场进行监管,提升旅游市场监管效能,最终推动"景城共治"目标的实现。

(四)强化行业自律

行业组织充分发挥行业自律功能,广泛参与景城共建是实现"景城共治"的重要基础。实践证明,行业组织充分发挥行业自律功能能够降低或减少在推进"景城共治"过程中出现的一些涉旅普遍性问题。例如,通过旅游协会发挥自身作用,进行行业自我管理,就能减少旅行社不合理低价和导游欺骗讲解的问题。课题组认为,要充分发挥行业组织的自律功能,应当做好以下工作:一是行业组织正式脱离行政序列,指导并完善各级涉旅行业组织的机构设立、组织章程的制定;二是指导并明确各级涉旅行业组织在旅游管理、"景城共治"中承担的具体职能职责,如分类制定行业接待服务标准细则,通过发布行业指导价、签订诚信守法经营承诺书等形式,促使涉旅企业诚信守法、规范经营;三是相关职能部门的涉旅执法应主动加强与行业组织的平等合作,建立旅游管理、"景城共治"交流合作长效机制。

(五)增强法治素质

提升市民的法律素质,增强市民的法治观念是实现"景城共治"的基础性工程。城市市民形象展现一个旅游城市的精神面貌,市民爱护旅游环境、维护公共秩序、诚信经营、遵纪守法等等,都是一个城市形象的集中展现。可以说，城市市民的法律素质和法治观念的高低事关各旅游城市能否最终实现"景城共治"的目标。

在此方面建议如下：一是加强对旅游市场综合监管人员、旅游从业人员的《旅游法》等法律法规普法宣传教育，使其准确把握法律法规的主要内容，树立依法治旅、依法经营和旅兴我荣的观念和意识；二是加强对景区内的村民（社区居民）、旅行社和宾馆等服务行业为重点的各类从业人员法律知识的宣传教育，增强他们的法治观念，树立依法维权、依法诚信经营的理念；三是开展"平安景区"创建工作，开展文明礼仪培训，结合依法治旅兴旅工作修订涉旅地区村规民约、居民公约。

总之，实现"景城共治"目标是国内各旅游城市在推进景城一体化过程中面临的一项新课题。乐山实践表明，必须充分运用法治思维和法治方式，加强制度化建设，健全旅游综合执法体制，完善旅游市场综合监管机制，充分发挥涉旅行业组织自律功能，提升市民的法律素质，增强市民的法治观念，从而最终实现"景城共治"的目标。

B.14
探索社区矫正的中国模式
——以江阴实践为例

徐 卉[*]

摘 要: 社区矫正作为中国刑罚执行的一个重要方面,以非监禁刑的执行替代监禁刑,既是实行宽严相济刑事政策的体现,也是中国社会治理体制改革的一项重大创新举措。本文以江苏省江阴市的12年实践为样本,考查社区矫正运行的整体状况,在此基础上建议加速专门立法,通过立法明确其定位、性质,权责分配和教育帮扶等内容。

关键词: 社区矫正 制度建设 社区矫正法

社区矫正制度,以其人道、开放、利于罪犯复归社会、节约资源等优势,成为重要的刑事制度,是人道化、社会化和轻缓化发展方向在刑罚制度中的体现。经过了200多年的发展,社区矫正制度已被全世界多数国家所采用和接纳,逐步成为各国刑罚政策中不可或缺的组成部分,系国际社会刑罚制度发展的重要趋势。

在中国,社区矫正作为由国外引进的"舶来品",是中国实行恢复性司法的有益探索,也是国家社会治理体制改革的一项重大创新举措。社区矫正在中国首先是从实践中的个别试点开始,进而再逐步全面推开。社区矫正制度

[*] 徐卉,中国社会科学院法学研究所研究员。

已经正式被法律所承认，成为一项具有重要意义的刑罚执行制度。但由于起步较晚，尽管已开展了十多年试点，仍"试而未定"，未形成定型的制度模式。

一 社区矫正在中国的发展进程与制度规范

中国还没有关于社区矫正的专门法律。社区矫正在中国的地方实践先于中央文件。上海、北京两个城市较早试点。2003年7月，最高人民法院、最高人民检察院、公安部和司法部联合下发了《关于开展社区矫正试点工作的通知》（以下简称"两高两部"《通知》），由此社区矫正制度正式启动。"两高两部"《通知》确定了6个试点省（市），并对社区矫正工作规范作出了初步规定。2004年，司法部印发了《司法行政机关社区矫正工作暂行办法》，这两个部门规章级别的文件成为中国试行社区矫正的主要依据。2005年1月，"两高两部"联合下发了《关于扩大社区矫正试点范围的通知》，决定将12个省（自治区、直辖市）列为第二批社区矫正试点地区。此外，其他一些省份也进行试点。到2009年9月，社区矫正工作已在全国全面试行铺开。2011年2月通过的《刑法修正案（八）》对判处管制、宣告缓刑和裁定假释的犯罪分子依法实行社区矫正进行了明确规定，并新增了有关对管制、缓刑罪犯可以适用禁止令的规定，这是中国刑罚制度的重要革新。2012年3月，十一届全国人大第五次会议通过了第二次修订的《刑事诉讼法》，并于2013年1月1日生效实施，其中第258条规定，"对被判处管制、宣告缓刑、假释或者暂予监外执行的罪犯，依法实行社区矫正，由社区矫正机构执行"。《刑法》和《刑事诉讼法》关于社区矫正的规定标志着中国社区矫正法律制度的确立。2012年1月，"两高两部"联合下发了《社区矫正实施办法》，对社区矫正执行体制、执行程序、矫正措施、法律监督等作出全面规定。到2015年2月，社区矫正工作已在全国所有的省、地、县、乡四级展开，覆盖全国31个省（自治区、直辖市）和新疆生产建设兵团的347个地（市、州）、2879个县（市、区）、40686个乡镇（街道）。2016年9月，"两高两部"联合下发了《关于进一步加强社区矫正工作衔接配合管理的意见》，对社区矫正适用的调查评估、社区服刑人员的交付接收、日常实施监督管理、依法及时收监执行等作了明确规定和细化要求，这是"两高两部"继《社区矫正实施办法》之后联合出台的关于社区矫正工作的又一重要规范性文件。2016年12月1日，国务院法制办发布了《关于〈中华人民共和国社区矫正法（征求意见稿）〉公开征求意见的通知》，将法制办负责起草的《中华人民共和国社区矫正法（征求意见稿）》及其说明全文公布，向社会征求意见。

作为与监禁矫正相对的行刑方式，中国的社区矫正是指：将符合法定条件的罪犯置于社区内，由司法行政机关（司法局）及其派出机构（司法所）在相关部门和社会力量的协助下，在判决、裁定或决定确定的期限内，矫正其犯罪心理和行为恶习，并促进其顺利回归社会的非监禁刑罚执行活动。在中国，社区矫正的对象仅限于被判决或裁定为管制、缓刑、假释、暂予监外执行的犯罪服刑人员。2012年的《社区矫正实施办法》中，明确规定司法行政机关是社区矫正工作的实施主体，同时规定了司法行政机关、人民法院、人民检察院、公安机关以及社会工作者和志愿者应在社区矫正工作中分别承担相应的任务和责任。由此形成了中国社区矫正工作的基本架构：由司法行政机关负责指导管理并组织实施社区矫正工作，县级司法行政机关社区矫正机构负责对社区服刑人员的监督管理和教育帮助，司法所承担社区矫正日常工作的开展。

从2003年起，社区矫正在中国从试点、扩大试点到全面试行，直至进入全面推进阶段。截至2016年7月，全国各地社区矫正机构累计接收社区服刑人员298万人，累计解除社区矫正228万人，现正在接受社区矫正的超过70万人，社区服刑人员在矫正期间的再犯罪率一直处于0.2%左右的较低水平。全国共有从事社区矫正工作的社会工作者8.3万人，社会志愿者69.0万人，全国共成立矫正小组67.8万个，建立教育基地9353个，社区服务基地25204个，就业基地8216个[①]。

---

① 《加强社区矫正工作衔接配合，确保社区矫正依法适用规范运行——司法部负责同志就最高人民法院、最高人民检察院、公安部、司法部〈关于进一步加强社区矫正工作衔接配合管理的意见〉答记者问》，《人民调解》2016年第10期。

中国的社区矫正开展十多年来，取得的成绩是非常明显的。但在实践中，同样存在一些问题，这主要是由于一些地方政府缺乏现代社会治理观念，没有认识到社区矫正工作的重要性，导致这项工作在实践中开展不力。而且由于一直没有制定专门的立法调整和规范社区矫正工作，各地在社区矫正开展中存在诸多领导、管理、协调不到位、队伍不稳定等方面的问题，社区矫正机构不健全、经费得不到有效保障等问题突出。社区矫正工作在各地的发展情况不一，如何建立符合中国国情的社区矫正制度及其社会治理模式仍处在不断探索阶段。

二 社区矫正的江阴经验

江苏作为最早全面推开社区矫正试点的省份，其社区矫正工作在全国也一直领先，并率先出台了社区矫正地方性法规①。江阴作为江苏省社区矫正工作的示范区，自 2005 年 5 月开展社区矫正工作以来，一直在实践中进行积极探索，裁决前评估、人员分类管理、社区矫正官等做法都是由江阴社区矫正机构首创的，并且被写入江苏省关于社区矫正的地方立法中，考察江阴社区矫正的经验很有样本意义。

（一）社区矫正的制度建设

江阴市位于中国华东，江苏省南部，是由无锡市代管的县级市。江阴民营经济发达，制造业实力强，是城镇经济的领航者。2016 年，江阴市有 9 家企业成为"中国企业 500 强"，在全国县域经济基本竞争力排名中连续 14 年蝉联榜首。江阴全市共有 10 个镇、5 个街道，243 个行政村、98 个社区

---

① 《我省深入推进社区矫正工作 社区矫正工作绩效连续多年位居全国前列》，央视网，2014 年 6 月 29 日，http://news.cntv.cn/2014/06/29/VIDE1404047880121903.shtml；《江苏近 5 年接收社区服刑人员 14.9 万人》，人民网，2014 年 6 月 30 日，http://js.people.com.cn/culture/n/2014/0630/c360308-21540832.html。

（其中43个村居合一）。全市常住人口164.2万人，户籍人口124.8万人。江阴的外来人口数量一直较多，一度外来人口数高于本地居民数。大量外来人口的复杂性和流动性也使得该地的刑事案件数量较高且犯罪类型呈多样化，虽然近年来外来流动人口违法犯罪的绝对数呈逐年递减态势，但仍占总数的70%之多。

江阴市于2005年5月全面启动了社区矫正工作。12年来，全市共接收社区服刑人员近8000名，有约7000人按期解除了社区矫正。由于民营经济发达，外来人口数量多，相比周边地区，江阴的社区矫正特点是：社区服刑人员基数大，进出人员频繁；社区矫正工作量大，压力大，责任重。近年来，江阴市平均每月在矫服刑人员都在700人左右，如2015年新增社区服刑人员797人，解除社区矫正769人；2016年共计接收社区服刑人员736人，解除社区矫正782人，全市在册社区服刑人员762人。2016年回归刑释解矫人员1469人，解除强制戒毒人员65人，在册安置帮教对象3921人。

作为一种探索，社区矫正在中国各地的具体适用都不尽相同，乃至存在明显差异。江阴自一开始，就强调流程的规范性和管理制度的严格化。

1. 社区矫正执法流程标准化

根据《社区矫正实施办法》以及《江苏省社区矫正工作条例》（2014年3月1日施行），社区矫正执法的基本流程主要包括以下环节。

（1）审批、送达。社区矫正现仅限于适用管制、缓刑、假释、监外执行这四类罪犯，而拥有社区矫正审批权力的机关分别为人民法院、公安机关和监狱。在作出社区矫正决定前，公、检、法、监可以委托县一级的司法行政机关对该人进行调查评估，以判断其对所居住社区的影响。在社区矫正判决、裁定生效起三个工作日内，应送达相关法律文书。

（2）报到、宣告。社区矫正人员应当自法院判决、裁定生效之日或者离开监所之日起十日内到居住地县级司法行政机关报到，并在三日内到指定的司法所接受社区矫正。司法所接收后，应及时向社区矫正人员宣告有关法律文书的主要内容、社区矫正期限、矫正小组人员组成及职责等①。

（3）制订方案、登记、建档。司法所应根据被矫正人的综合评估情况制订有针对性的矫正方案，并适时调整，以期达到监管、教育和帮助的目的。同时，县级司法行政机关应为被矫正人建立社区矫正执行档案，司法所应当在其报到时，建立社区矫正工作个人档案。

（4）矫正。在充分了解被矫正人员基本情况，初步评估分析其问题、需要和任务的基础上，矫正工作者与服刑人员初步建立矫正专业关系，制订矫正工作目标、确定实施方案，并与其签订工作契约，达到矫正目的。

（5）考核、奖惩。司法所应定期对被矫正人在遵纪守法、认罪服法、社会劳动、学习情况及群众意见等方面进行考核，并根据考核结果进行奖励或处罚。奖励的方式有表扬、物质奖励、减除矫正内容或缩短刑期，而处罚的内容是根据其违反规定的程度分别给予警告、治安处罚以及收监。

（6）解除、备案。解除社区矫正的法定情形有四种，即矫正期满、暂予监外执行期满、收监或被羁押、被矫正人死亡②。解除矫正后，应将相关资料和有关情况报社区矫正负责机关进行备案。同时，矫正工作人员应对被矫正人进行后续照管，进行一段时间的随访，巩固矫正效果。

在执法过程中，江阴市司法局从标准化操作、精细化管理入手，对办理审前调查、接收、衔接、汇报、教育、社区服务以及定位管控、奖惩、解矫等各个执法活动都进行流程设计，并制作执法流程图，要求各司法所在主要执法场所上墙公示，突出抓好执法行为规范化操作的日常养成。江阴市司法局执行社区矫正的具体流程示意见图1。

---

① 《社区矫正实施办法》第10条。
② 《社区矫正实施办法》第30、31条。

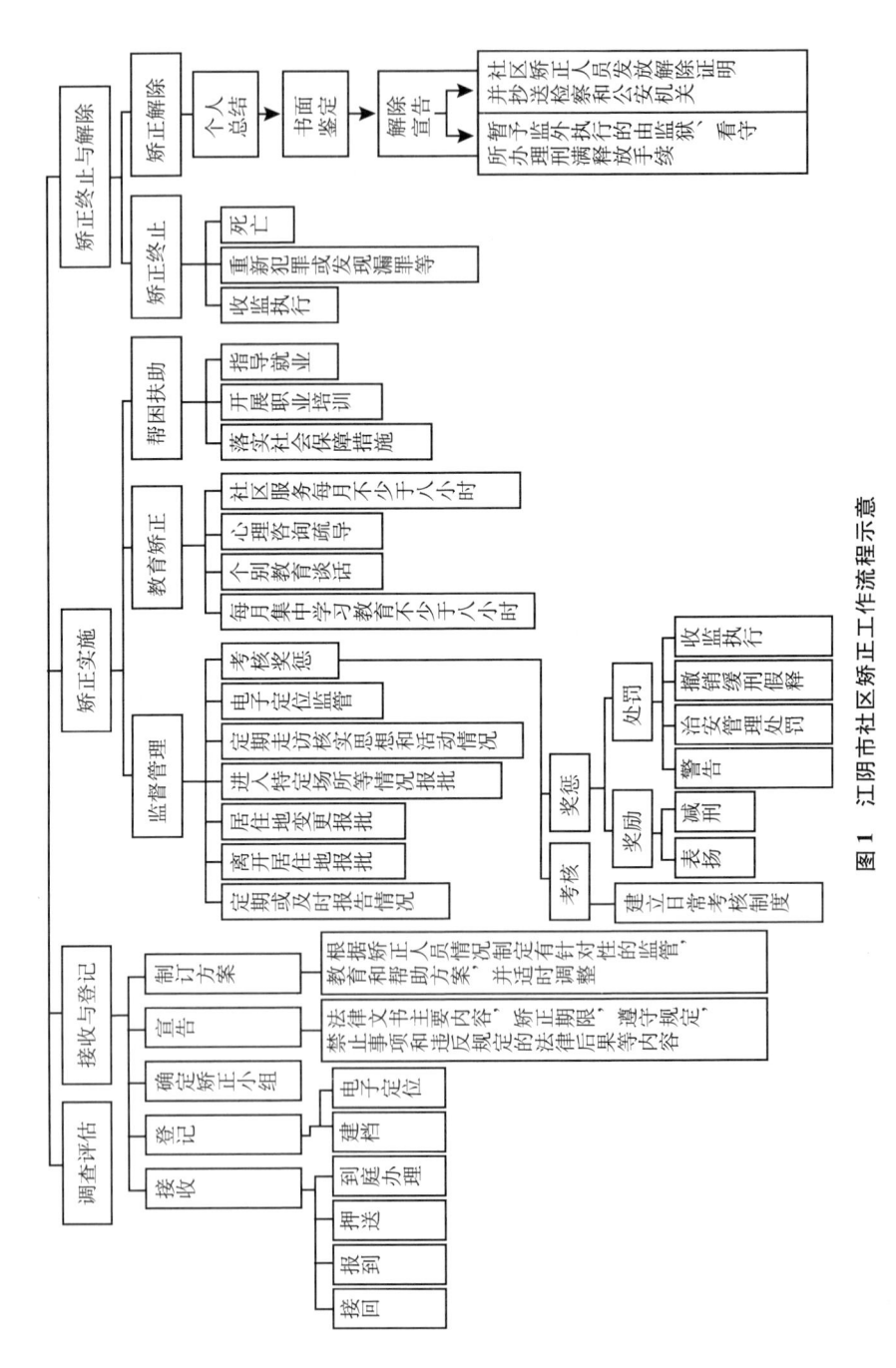

图 1 江阴市社区矫正工作流程示意

资料来源：根据江阴市司法局提供材料整理。下同。

裁决前调查评估是社区矫正的入口环节，江阴是全国最早开展此项工作的地区。早在2005年下半年，江阴市司法局即对刑事案件被告人试行裁决前评估，2006年4月在全市全面推开，对于所有拟适用非监禁刑的被告人都要先行由司法局派专人按照规定流程到被告人居住地的乡镇（街道）进行调查，出具评估报告，提出能否适用社区矫正的建议。裁决前评估对于把好社区矫正的入门关起到了非常重要的作用，这一做法很快在江苏省以及全国得到了推行。江阴市司法局注重社区矫正的源头管理，规范调查评估工作，明确要求在接受法院、检察院、公安机关委托进行审前、诉前、拟假释调查评估过程中，要进行严格的条件对比，详细的环境调查，多方意见采纳，统一审核等多个步骤，对有多次违法犯罪记录、明显不具备社区监管条件以及涉毒、涉赌、惯偷等成瘾性犯罪人员，建议法院慎用非监禁刑。2015年，全市共完成各类调查评估1032件，其中审前评估952件，诉前调查评估44件，拟假释罪犯矫正环境评估36件，出具不适合在江阴市范围内进行社区矫正的评估意见352件，法院采信率达到98%。2016年，全市共完成各类评估1350例，采信率达到98%以上。

　　江阴市司法局及其下辖的15个镇级司法所都严格按照流程指示开展社区矫正执法工作，实行执法标准化工作程序，统一社区矫正执法文书格式，制作执法基础台账，对应不同层级执法机构的执法权限分别设计相应执法活动的登记文本，要求各执法机构对所有执法活动进行统一登记；规范设计调查笔录、询问笔录、发文登记等格式文本，下发到各司法所，要求规范使用①。在实践中，流程规范化管理收到了很好的效果。2012年来，未发生社区矫正工作人员违规违纪现象，未发生社区服刑人员脱管、漏管和严重再犯罪，未发生社区服刑人员上访、闹访现象，未发生社区服刑人员参与群体性事件，为促进社会和谐稳定发挥了积极作用，江阴市司法局被江苏省司法厅表彰为社区矫正、安置帮教先进集体。

---

① 《江阴"三个三"推进社区矫正执法管理实现"三化"》，法制网，2015年12月23日，http://www.legaldaily.com.cn/locality/content/2015-12/23/content_6413224.htm? node = 37232。

2. 严格履行管理职责

江阴市司法局社区矫正工作主要是依托一中心、一平台、一基地开展。

一中心是江阴市社区矫正管理教育服务中心，该中心是社区矫正工作的管理平台和实战指挥中心。2012年，市司法局投入120多万元，以较高标准建立了集监管、教育、过渡安置于一体的社区矫正管理教育服务中心。中心设有规范的入矫宣告庭、各具特色的矫正教育室等，在矫正衔接、管理教育、心理疏导、扶困救助以及对基层司法所的指导、督察、考核等方面发挥了重要作用。

一平台是指社区矫正信息管理系统。2007年，江阴市司法局投入170多万元建立了社区矫正移动信息管理平台，当时在江苏省属于最为先进的对社区服刑人员实行手机定位监控平台。2014年，江苏省司法厅开发了专门的社区矫正信息管理系统和电子腕带，提升对重点人员的管控能力。江阴使用了矫务通App、越界自动报警、手机腕带等跟踪定位工具，实现了对被矫正人员24小时的活动轨迹全覆盖，通过社区矫正信息管理平台，构建了手机定位、视频监管、安全监管、现场实时工作等一体化的技防体系，使社区矫正监管工作从"人防"向"技防"转变，有效解决了以往社区服刑人员脱管、漏管难以及时发现并控制的问题，从根本上使社区矫正监管落到了实处，实质性地提高了管控的质量和效果。

一基地是指江阴市区社区矫正劳动教育基地。基地依托徐霞客万龙庄于2008年建立，劳动场所占地400多亩，设有办公室、会议室、训诫室、心理咨询室等，涵盖劳动、教育、培训、心理咨询等，功能比较齐全。同时，为了便于组织，化整为零，还设立了不同片区的劳动教育基地，以便于就近集中组织；有条件的乡镇也结合实际，在本镇范围内建立了劳动教育基地。根据《江阴市社区矫正公益劳动管理办法》，每名矫正对象每年赴劳动教育基地参加公益劳动和集中教育不得少于六次，每次公益劳动不得少于四小时。

江阴推行严格的社区矫正管理机制。一是重大执法活动核审机制。在调查终结上报审批过程中，对依法办理警告处罚、提请治安处罚、提请撤销缓刑、提请撤销假释、提请收监执行、提请减刑等六类重大执法行为的拟处理意见进行核审，发现有不规范的执法行为，及时通知予以纠正，必要时，下发"整改建议书"予以督办整改。二是执法活动质量考评机制。采取日常检查和年度抽查考评相结合的方式，对司法所进行百分制考评。日常检查主要体现在核审环节，对照考核标准对报批的每个执法案件进行打分。年度抽查考评主要是针对审前调查、案卷档案，在年度考评中抽取一定数量的案件进行检查，对不符合标准的案件，按件在百分制中扣减分数。三是执法过错责任追究机制。对社区矫正工作人员在开展执法活动中，由于故意或者重大过失，导致认定事实失实、证据不足、定性不准、适用法律法规规章和上级规范性文件有误，作出错误的处理决定或不履行法定职责，违反法定程序的，按照"谁执法、谁负责，谁审批、谁负责"的原则，按照各责任人的过错程度，根据有关规定分别给予通报批评、限期改正、行政处分和移送司法机关处理，确保社区矫正执法行为规范准确①。

同时，加大监管教育力度，严格执行周报告、月汇报、每月一走访和外出请销假制度，建立社区服刑人员日常管理事项逐级审批制度②，社区服刑人员分类管理制度，社区矫正工作重大事项报告制度，社区服刑人员奖惩审核制度、社区矫正工作监督管理等一系列工作制度，每季度会同检察院对全市社区矫正工作进行监督检查，并在此基础上抽调骨干组成督察组不定期开展抽查，将所有治安处罚、撤销收监的案例列为必查类，在全市范围内长期开展"三防"（防脱管、防漏管、防严重再犯罪）及"双严"（严格执法、严格管理）专项整治活动，全面摸排社区服刑人员情况，并对排查出的不稳定、有重新违法犯罪倾向的社区服刑人员进行重点管理教育。江阴是最早建立社区矫正人员等级分类管理制度的地区，即将社区服刑人员分为A、B、

---

① 《江阴"三个三"推进社区矫正执法管理实现"三化"》，法制网，2015年12月23日，http://www.legaldaily.com.cn/locality/content/2015-12/23/content_6413224.htm?node=37232。
② 《江阴市社区矫正严把"四关"显成效》，法制网，2014年1月8日，http://www.legaldaily.com.cn/locality/content/2014-01/08/content_5183796.htm?node=34626。

C 三类，分别实行严管、普管和宽管，并制定了管理等级测评办法。测评意见由司法所人员、社区民警、志愿者及社区服刑人员所在村干部组成的测评小组根据其社会表现集体作出，每三个月进行一次测评，并根据考核结果适时对管理登记进行调整，有效提高了矫正质量①。在严格管理的基础上，实施严格惩处制度，2015 年先后对 33 名违反社区矫正管理服刑规定的社区服刑人员实施了警告处分，提请公安部门对 4 人进行了治安处罚，对 10 名不服从管理、严重违规违纪的社区服刑人员，提请法院撤销缓刑并收监执行。2016 年，进一步加大检查管理力度，在全市范围内开展专项督察工作，有 26 人/次被给予警告处分，3 人被给予治安处罚，6 人被撤销缓刑收监执行。严格执法、严格管理，既增强了社区矫正的严肃性，也对其他社区服刑人员起到了警示作用②。

3. 实施权力清单制

2015 年 3 月，江苏省司法厅在总结监督管理、教育矫正等 20 项制度的基础上，公布了社区矫正"三项清单"，明确刑罚执行权力清单 33 项、矫正机构责任清单 74 项、社区服刑人员义务清单 16 项，将市、县（市、区）司法局和基层司法所在社区矫正刑罚执行中的权力名称、依据和运行程序进一步规范明确，社区矫正工作法治化、规范化水平明显增强（见表 1、表 2、表 3)③。

表 1 省辖市司法局社区矫正刑罚执行权力清单

● 社区服刑人员减刑建议审核及提请 【权力运行】县级司法局提出减刑建议→设区的市司法局审核、提请→居住地中级人民法院裁定
● 社区服刑人员不服警告处罚的复核 【权力运行】社区服刑人员自收到警告处罚决定之日起十日内向设区的市司法局申请复核→设区的市司法局应当在十五日内作出决定并送达当事人，复核决定为最终决定

---

① 《探索有效手段 注重工作创新 构筑"江阴模式"社区矫正新机制》，http://www.wxzf.org/news_show.aspx?id=38740。
② 《江阴市社区矫正严把"四关"显成效》，法制网，2014 年 1 月 8 日，http://www.legaldaily.com.cn/locality/content/2014-01/08/content_5183796.htm?node=34626。
③ 《江苏社区矫正精细化管理的探索与实践》，《法制日报》2016 年 4 月 7 日。

续表

- 对中级人民法院裁判的缓刑、假释社区服刑人员撤销缓刑、假释的建议

 【权力运行】设区的市司法局向原裁判人民法院提出撤销缓刑、假释建议→人民法院依法作出裁定
- 居住地变更异议指定

 【权力运行】社区服刑人员提前一个月向司法所提出书面申请→司法所在三个工作日内审核上报→县级司法局在三个工作日内发函征求新居住地县级司法局意见→新居住地县级司法局五个工作日内作出答复→县级司法局在五个工作日内作出是否准予变更决定→设区的市范围内居住地和新居住地的县级司法局意见不一致的→设区的市司法局指定

资料来源：根据江苏省司法厅官方文件整理。

表2　县（市、区）司法局社区矫正刑罚执行权力清单

- 适用前调查评估

 【权力运行】县级司法局根据委托指派工作人员或者指定被告人（犯罪嫌疑人、罪犯）居住地的司法所进行调查→出具评估报告（意见）→县级司法局研究决定→十个工作日内提交委托机关
- 报到登记

 【权力运行】社区服刑人员自人民法院判决、裁定生效之日或者离开监所之日起十日内到居住地县级司法局报到→县级司法局核实身份，办理登记手续，发放社区服刑人员须知→告知三日内到指定司法所接受社区矫正

 社区服刑人员未按规定时间报到或者到司法所接受社区矫正→县级司法局组织查找，通报决定机关和居住地同级人民检察院、公安机关→公安机关采取纳入信息大平台红色预警等措施协助查找
- 管理等级审批

 【权力运行】司法所对社区服刑人员风险评估→提出管理等级建议→县级司法局批准实施
- 管理等级调整审批

 【权力运行】司法所提出严格管理、普通管理等级调整为宽松管理建议→县级司法局批准
- 外出请假审批

 【权力运行】社区服刑人员申请外出七日以上三十日以内→司法所审核→县级司法局审批
- 居住地变更审批

 社区服刑人员提前一个月向司法所书面申请→司法所在三个工作日内审核上报→县级司法局在三个工作日内发函征求新居住地县级司法局意见→新居住地县级司法局五个工作日内作出答复→县级司法局在五个工作日内作出是否准予变更决定
- 进入特定场所审批

 【权力运行】社区服刑人员提出进入禁止令规定的特定场所申请→司法所审核→县级司法局审批→告知同级人民检察院和公安机关
- 会客审批

 【权力运行】社区服刑人员提出接受媒体采访、会见外国人申请→司法所审核→县级司法局审批
- 保外就医罪犯参加社会活动审批

 【权力运行】保外就医罪犯提出参加社会活动申请→司法所审核→县级司法局审批

续表

- 社区服务审批
  【权力运行】社区服刑人员提出免于参加社区服务申请→司法所审核→县级司法局批准
- 表扬审批
  【权力运行】社区服刑人员连续六个月月度考核良好→司法所呈报表扬→县级司法局审批
- 减刑建议
  【权力运行】县级司法局提出减刑建议→设区的市司法局审核、提请→居住地中级人民法院裁定
- 警告审批
  【权力运行】司法所对违反监督管理规定具有相关情形的社区服刑人员提请给予警告→县级司法局审批，或由县级司法局直接给予警告
- 治安管理处罚建议
  【权力运行】对违反监督管理规定、人民法院禁止令或具有相关情形的社区服刑人员→县级司法局提出治安管理处罚建议→公安机关决定
- 提出撤销缓刑、收监执行建议
  【权力运行】对违反监督管理规定、人民法院禁止令或具有相关情形的社区服刑人员→县级司法局提出撤销缓刑、收监执行建议→原裁判人民法院裁定
- 对暂予监外执行罪犯收监执行建议
  【权力运行】县级司法局对暂予监外执行罪犯违反有关法律、行政法规和监督管理规定提出收监执行建议→批准、决定机关研究决定
  暂予监外执行罪犯条件消失的，司法所进行审核→县级司法局研究提出建议→批准、决定机关研究决定
- 社区服刑人员出境报备
  【权力运行】县级司法局向同级公安机关通报社区服刑人员情况→公安机关出入境管理部门办理法定不准出境手续

资料来源：根据江苏省司法厅官方文件整理。

表3 司法所社区矫正刑罚执行权力清单

- 适用前调查评估
  【权力运行】司法所调查并出具评估报告→县级司法局研究决定
- 对社区服刑人员接受监督管理、参加教育学习和社区服务等情况进行考核
  【权力运行】司法所按月对社区服刑人员接受监督管理、参加教育学习和社区服务等情况进行考核→评定社区服刑人员良好、合格、基本合格、不合格四种情况→公示
- 等级管理
  【权力运行】对宣告执行后三个月内社区服刑人员实施严格管理→三个月期满后进行风险评估→提出严格管理、普通管理、宽松管理等级建议→县级司法局审批
  司法所根据季度考核结果调整等级→拟调整为宽松管理的，提出调整建议→县级司法局批准
- 外出请假审批
  【权力运行】社区服刑人员申请七天内的请假→司法所审批→县级司法局报备
  社区服刑人员申请超过七天、三十天内的请假→司法所审核→县级司法局审批

续表

- 居住地变更审核
  【权力运行】社区服刑人员提前一个月书面申请→司法所审核建议→县级司法局发函征求新居住地县级司法局意见→县级司法局审批
- 月度考核
  【权力运行】司法所每月对社区服刑人员遵纪守法、接受监督管理、参加教育学习和社区服务等情况进行考核→按季度评定管理等级→公示考核结果
- 禁止进入场所审核
  【权力运行】社区服刑人员提出进入禁止令场所申请→司法所审核→县级司法局审批
- 会客审核
  【权力运行】社区服刑人员提出接受媒体采访、会见外国人等申请→司法所审核→县级司法局审批
- 保外就医罪犯参加社会活动审核
  【权力运行】保外就医罪犯提出参加就医以外社会活动申请→司法所审核→县级司法局审批
- 社区服务审核
  【权力运行】社区服刑人员提出免于参加社区服务申请→司法所审核→县级司法局批准
- 提请警告
  【权力运行】司法所对违反监督管理规定具有相关情形的社区服刑人员提请给予警告→县级司法局审批
- 对暂予监外执行的罪犯收监执行审核
  【权力运行】司法所对暂予监外执行罪犯条件消失进行审核→县级司法局研究提出建议→原批准、决定机关研究决定

资料来源：根据江苏省司法厅官方文件整理。

（二）社区矫正的队伍建设

江阴建立并完备了社区矫正的四支队伍。一是以市司法局社区矫正科人员和各司法所长为主的司法干警队伍，包括司法局机关社区矫正工作科4名干警，1名监狱挂职民警，15个镇街的司法所所长和部分专兼职干警；二是社区矫正专职队伍，即社区矫正官67名，他们是按照社区服刑人员15∶1的比例聘用的社区矫正专职工作者；三是社区矫正联络员队伍，现有380名联络员，由每个社区（村）主任担任；四是社区矫正志愿者队伍，志愿者有1000多人，按照社区服刑人员1∶1的比例配备，此外还有30多名心理咨询师队伍，其中8人为有资质的专职社工，形成了"盖边沉底、不留空白"的全覆盖工作网络。

在专职队伍建设方面，对于从事具体社区矫正工作并承担管理社区服刑

人员的工作人员,全国各地有多种不同的称谓,较为普遍的是"司法助理员"。根据"两院两部"《通知》,"司法行政机关要牵头组织有关单位和社区基层组织开展社区矫正试点工作,会同公安机关搞好对社区服刑人员的监督考察,组织协调对社区服刑人员的教育改造和帮助工作。街道、乡镇司法所要具体承担社区矫正的日常管理工作"。街道、乡镇司法所的正式工作人员——司法助理员,是社区矫正工作的主要承担者,其具体承担社区矫正的日常管理工作。另外,有的地方使用"司法所工作人员""社区矫正工作者""专业社区矫正人员"等名称,江阴是在全国范围内最早使用"社区矫正官"这一名称的。相比其他名称,"社区矫正官"明确地表明了专职从事社区矫正工作人员的身份,清楚地将他们与其他人员区分开来,突出了他们作为从事非监禁刑罚执行工作的执法者地位[1]。

江阴重视社区矫正工作队伍培训,采取分级分阶段培训、以会代训、输出培训、自学培训等方式,以提高矫正工作队伍的素质和专业化水平,如开展关于审前调查与评估的专题培训,请优秀的矫正工作者传授工作经验和技巧,定期组织心理咨询专家开展培训等。江阴的矫正工作人员先后获得全国、全省各类奖项12人/次。

自2012年起,江阴市有7名社区矫正专职工作人员和其他律师、教师、离退休干部等共计32人,被聘请为"合适成年人"参与涉及未成年人的刑事诉讼,即当公检法机关的执法人员讯问或审判涉罪未成年人时,在其法定代理人无法或者不宜到场的情况下,依法由办案机关通知聘请的"合适成年人"作为诉讼参与人到场,行使法定代理人的部分诉讼权利,维护涉罪未成年人合法权益,保证涉罪未成年人得到公正对待,从而发挥缓解压力、同步制约、协助沟通、教育感化的功能[2]。

在志愿者队伍建设方面,江阴出台《关于社区矫正、安置帮教志愿者的选聘和规范志愿服务活动的工作意见》,明确了志愿服务工作目标措施,

---

[1] 吴宗宪:《论社区矫正官》,《中国司法》2011年第11期。
[2] 丁国锋、高峰:《江阴社工可参与涉未审判》,《法制日报》2012年3月26日。

规定了志愿者选聘原则，建立了组织机构、协商通报、表彰激励等工作机制，通过组织发动、层层选拔推荐、典型带动等方式，充分挖掘社区人力资源，把企事业单位职工、离退休人员、学生队伍中一些既热心于志愿服务活动，又有丰富专业知识、专业技能的人员吸收进志愿者组织。同时，制定了社区矫正、安置帮教岗位服务细则和纪律要求，加强对志愿者队伍的管理，开展特殊人群业务培训，建立社区志愿者考核评估机制，激发志愿服务积极性，提高志愿服务质量，在定期开展业务培训的基础上，适当提高志愿者补贴，已达到每人每年1500元①。

（三）矫正教育与帮扶相结合

在矫正教育方面，江阴探索创新集中教育模式，依托社会资源开发公共道德教育合作项目，改变以往的灌输式教育方法，尝试将体验式课程引入集中教育。积极改进方式方法，丰富内容，以提升针对性和有效性②。

组织社区矫正人员集中劳动，对其进行宣传、教育，是社区矫正中强制性的重要内容。江阴充分考虑社区矫正人员的个人特点、犯罪性质、生活环境、工作条件等因素，创造了公益劳动"服务令"制度，即社区矫正人员需要持司法所签发的公益劳动"服务令"到有关公益劳动服务单位报到，从事安排的公益劳动。服务单位则对社区矫正人员的劳动态度和表现进行评定，评定级别分为好、较好、一般、差四个级别。矫正办再根据"服务令"回执对社区矫正人员进行考核并记录存档，以此作为矫正期间的行为评估和社区服务记录③。通过灵活机动的公益劳动"服务令"方式，可以开展针对性矫正，如对交通类和暴力犯罪类社区服刑人员，分别采取参加交通文明督导和参与社区治安巡逻方式开展社区服务，青少年社区服刑人员可以选择去

---

① 吴婷、丁文明、秋石：《江阴首家社区矫正安置帮教志愿服务工作站落户祝塘镇》，《江阴日报》2017年5月5日。
② 田杰、思危：《优秀传统文化"植入"社区矫正　德法同行"江阴模式"获全省推广》，《江阴日报》2015年12月28日。
③ 曾垂平：《江阴澄江：演绎基层法治建设新气象》，《民主与法制时报》2012年12月10日。

小学帮助维护学生上学、放学秩序，或去社区帮助社区保安执勤，或去敬老院为孤寡老人做好事，等等①。

针对长期以来集中教育形式缺乏生动性、内容缺乏针对性的问题，江阴积极探索社区矫正对象教育方式的多样化和针对性②。例如，组织拍摄专题教育视频向社区服刑人员播放，由于视频涉及的问题都是本地区社区矫正工作中较为突出的问题，都是在当地社区近年来发生的实际案例，针对性很强，突出警示性，且内容真实可信，教育矫正效果很好。江阴还组建了对社区服刑人员开展教育活动的讲师团，讲师团成员熟悉心理和法律知识，对社区服刑人员有针对性地开展各类法治教育系列讲座，定期给社区矫正人员上课，使他们的遵纪守法意识和法制观念得到增强。

江阴市司法局与市青少年权益保护协会共同开展了"奔跑吧，少年"系列活动之一——"法制伴我行"主题活动，30名25周岁以下青少年社区服刑人员参加活动。该活动通过团体游戏、观看视频、律师说法等丰富多样的形式，改变了以往集中教育内容相对单一的弊端，现场气氛活跃，服刑人员参与度高，这种教育方式更容易被年轻人所接受，取得了明显的社会效果③。

近年来，江阴还探索将优秀传统文化"植入"社区矫正教育，江阴司法局组建优秀的传统文化讲师团队，并与一家文化公司达成合作，由该公司派教员担任讲师，尝试实施"德法同行　文明改造"。通过每日诵读，每月组织两次团体辅导，邀请专家解读传统文化经典、剖析典型案例、解答疑难困惑、互动交流心得、分享实践体会、开展有针对性的讨论与辅导等方式，增强对传统美德的认知度，并为学习班量身定做了中期成果自我检视表、期末成功自我总结检视表、家庭反馈信息表。改变以往的灌输式教育为体验式

---

① 《江苏江阴："社区矫正"让失足少年成人成才》，新华网江苏频道，http：//www.js.xinhuanet.com/xin_wen_zhong_xin/2009-11/20/content_18287512.htm。
② 吴婷、周龙：《每月一主题　江阴司法局社区帮教"妙招"迭出》，《江阴日报》2015年11月20日。
③ 吴婷、周龙：《每月一主题　江阴司法局社区帮教"妙招"迭出》，《江阴日报》2015年11月20日。

教育，引导服刑人员自省、自励①。10名社区矫正官不仅是5个学习小组的组长，带领他们开展学习培训活动，同时通过全程参与公共道德教育培训，掌握了体验式教育管理的新理论和新模式，提高教育引导的理论和实践能力，增强组织和运用体验式教育的技能和水平。通过优秀传统文化的教化力量和感化作用，激发社区服刑人员形成善良的道德情感，加强社会公德、职业道德、家庭美德、个人品德教育，社区服刑人员以往的负面情绪和消极心态得到有效缓解，对家人的冷漠态度也在悄然转变②。

在矫正教育的同时，江阴还积极开展社会解困和帮扶。为家庭经济困难的社区服刑人员及其家人提供就业机会，为生活困难但又不符合低保条件的社区服刑人员申请生活困难补助，切实帮助矫正对象解决就业生活问题③。具体采取的举措包括：为矫正对象建立就业信息库，全面掌握矫正人员的就业情况，一人一档，实行动态管理；与相关劳动部门联系，及时发布辖区各企业的用工需求信息；提供创业项目信息服务，帮助社区服刑人员自己创业，以创业带动就业；提供免费的技能培训，聘请创业模范、农技专家开展专业技能培训和就业创业指导讲座等；提供就业政策法律咨询，为他们在就业过程中遇到的涉法问题提供咨询；针对未成年人，构筑起家庭、学校、社会三位一体的帮扶模式，通过每月个别见面、有问题随时沟通的方式，督促监护人严格履行监护职责，将矫正工作与学校教育相结合。通过帮助就业，引导社区服刑人员走入正常生活轨道，重新融入和适应社会，从而最大程度地预防和减少重新犯罪④。

江阴徐霞客镇为使社区服刑人员尽快回归社会，在"霞客耕耘园"内

---

① 《江阴召开社区矫正工作安全形势分析会》，法制网，2015年3月23日，http://ah.legaldaily.com.cn/content/2015-03/23/content_6010763.htm? node=73124。
② 田杰、思危：《优秀传统文化"植入"社区矫正 德法同行"江阴模式"获全省推广》，《江阴日报》2015年12月28日。
③ 《江阴市社区矫正严把"四关"显成效》，法制网，2014年1月8日，http://www.legaldaily.com.cn/locality/content/2014-01/08/content_5183796.htm? node=34626。
④ 《江阴徐霞客镇成立"社区矫正就业指导基地"》，法制网，2014年11月3日，http://js.legaldaily.com.cn/content/2014-11/03/content_5830110.htm? node=34626。

成立了徐霞客镇"社区矫正就业指导基地",把法制教育与就业指导相结合,把日常帮教与社会帮扶相结合,利用"耕耘园"的农庄优势,每月一次让矫正对象实地学习,实地操作进行种养殖技术学习、培训。同时在每月常规法制教育的基础上,对矫正对象进行就业指导,引导他们获取就业信息,树立正确的择业观①。

三 中国推进社区矫正的前瞻展望

社区矫正制度是完善刑罚执行、创新社会管理的一项重要制度。2017年,《社区矫正法》已作为"全面深化改革急需的项目",纳入国务院2017年立法工作计划,属于"要抓紧办理,尽快完成起草和审查任务"的立法项目。从以江阴经验为代表的地方实践视角,对照2016年12月国务院法制办发布的《中华人民共和国社区矫正法(征求意见稿)》,推进社区矫正制度在中国的发展与完善,应在立法中明确以下几方面内容。

一是社区矫正性质的科学定位。这是社区矫正立法的基础问题,也是完善社区矫正管理体制、明确社区矫正工作人员身份的基本前提。对于社区矫正机构的性质、社区矫正机构工作人员的身份及保障等多方面的制度建设,同样是一个基础性问题。社区矫正在中国十余年的实践探索,已经确立其应当属于刑罚执行性质与司法行政性质,且非监禁刑罚执行是社区矫正的根本性质。对此,《社区矫正法》应当予以明确,并且应体现其作为司法行政管理的特性。

二是社区矫正机构及其人员性质。在这个问题上,理论和实践的共识都认为社区矫正机构是刑罚的执行机构。实践经验也表明,由县级以上政府的司法行政部门设置机构负责执行社区矫正,既符合国情,也有利于组织开展。社区矫正机构作为公权力机构应当在立法中明确,相应地,社区矫正执

---

① 《江阴徐霞客镇成立"社区矫正就业指导基地"》,法制网,2014年11月3日,http://js.legaldaily.com.cn/content/2014-11/03/content_5830110.htm?node=34626。

法者作为代表国家对社区服刑人员执行刑罚的人员，应当具有公务员身份，并为社区矫正工作人员执行职务活动提供法律保障。从实践中看，因机构性质的模糊，加之事业编、聘用制的身份属性，已经在相当程度上制约了社区矫正制度的发展与有效运行。

三是关于司法行政机关进行社区矫正管理的权力运行以及对社区服刑人员进行监管和权利保护的职责与权限，应作出明确规定。这方面，江苏采用的权力清单模式值得借鉴。

四是关于社区矫正中教育帮扶的规定，征求意见稿第31条规定："社区矫正机构可以公开择优购买社区矫正社会工作服务，为社区矫正在思想教育、心理矫治、职业培训等方面提供必要的帮扶。"教育帮扶是社区矫正工作中的重要内容，也直接关系到社区矫正制度的实际成效。但是实践中，司法所在执行过程中，除有所规定的之外，其他方面的问题解决就非常困难，社区矫正机构并没有相应的职权。在这方面，立法应当给予特定的职能授权，推动发展社区项目，使社区矫正真正发挥其应有的作用。

目前，监狱矫正与社区矫正已成为中国刑罚执行的两大支柱，但是，中国的社区矫正制度仍处于建设阶段。积极推进社区矫正立法，统一规范社区矫正制度，建立形成切实有效的社区矫正的中国模式，有助于推进国家治理体系和治理能力现代化，促进国家长治久安。

海洋海事

Marine and Maritime Affairs

B.15
中国海事仲裁年度报告（2016）

中国海事仲裁委员会课题组*

摘　要： 本报告运用理论研究和实证分析的方法，系统梳理2016年中国海事仲裁的相关大数据，全面客观地展现2016年中国海事仲裁的法制环境与仲裁实践，涵盖2016年中国海事仲裁委员会大数据分析、中国海事仲裁司法协助与监督大数据分析、评述等内容。

关键词： 海事仲裁　司法监督　案例

---

* 课题组负责人：陈波，中国海事仲裁委员会副秘书长兼仲裁院副院长；初北平，大连海事大学法学院院长，教授。课题组成员：周清华，大连海事大学法学院教授；于诗卉，大连海事大学法学院讲师；齐骥，中国海事仲裁委员会业务发展处职员；邢厚群，大连海事大学法学院博士研究生；程斌、申璐璐、解晓桐，大连海事大学法学院硕士研究生。执笔人：周清华。

一 2016年度中国海事仲裁概况

2016年，中国海事仲裁业迎来新的发展机遇，其发展得到了前所未有的有力支撑。最高人民法院高度重视并支持仲裁事业发展，积极加强法院与仲裁机构的对接，大力推动多元化纠纷解决机制改革，支持仲裁制度改革，促进了仲裁事业发展。中国海事仲裁委员会（以下简称"海仲委"）在2016年提出，要将中国建设成为"国际仲裁中心"。业界普遍认为，在建设国际仲裁中心的愿景中，将建设国际海事仲裁中心的任务单独分立出来非常重要，这将对国际海事司法中心提供重要支持。

2016年，海事仲裁进一步网络化，作为国内专业化程度最高的海事仲裁机构，海仲委在已设立的上海、天津、西南、福建、香港5个分会，天津、大连、广州、青岛、宁波、辽宁6个办事处的基础上，挂牌成立海仲委华南分会（海仲委广东自贸区仲裁中心）、上海自贸区仲裁中心、天津自贸区仲裁中心、海仲委舟山办事处，逐步形成覆盖全国的服务网络，为业界提供更加便捷的服务，并积极为推动自贸区建设提供特色仲裁服务。

2016年，海事仲裁服务更加多元化，在提供传统仲裁服务的基础上，海仲委举办各类培训和研讨会，开展针对性宣传活动，落实仲裁条款。海仲委继续提供延伸仲裁服务，将仲裁服务前置，充分发挥仲裁在多元化纠纷解决机制中的作用。实践证明，海仲委的委托调解机制形成了司法与专业调解互相配合、共同化解社会矛盾的整体合力，为当事人提供低廉、高效、优质的争议解决方式，对中国司法制度改革具有开创性的实践意义，具有鲜明的中国特色，形成了可复制、可推广的海仲委调解业务模式。

二 2016年中国海事仲裁委员会案件分析

课题组以海仲委2016年的统计数据（截至2016年12月31日）为准，

从受案量、争议金额、简易程序适用情况、结案量、在办案件量、延裁限案件、当事人涉及国家和地区、案件类型这八方面对海仲委 2016 年的案件进行整理、分类、分析。

（一）受案量

2016 年海仲委受理案件总计 69 件，各会受案量的具体数值详见图 1。2016 年海仲委受理案件数量分布不均，集中分布于北京总会和上海分会。

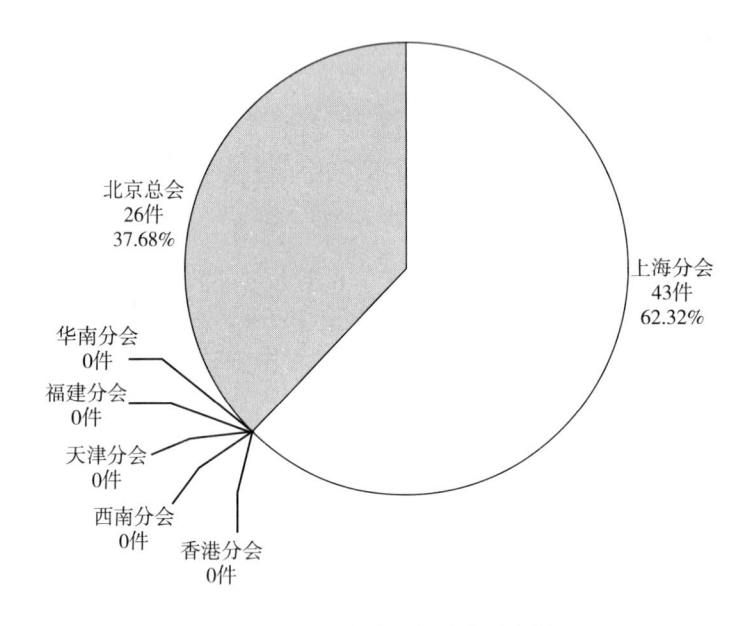

图 1　2016 年海仲委各分会受案量

资料来源：根据中国海事仲裁委员会提供素材整理。下同。

从案件数量变化来看，相比 2015 年，2016 年案件总量、各地区均有较大幅度下降（见图 2）。案件总量同比减少 67 件（49.26%），接近半数。从各地区情况来看，北京总会变化幅度相较最小，同比减少 8 件（23.53%）；上海分会减少幅度最大，同比减少过半数（58 件），同比减少幅度高达 57.43%（因天津分会 2015 年案件数仅为一件，2016 年无案件，无法找寻其规律，在此不予表述。西南分会、香港分会等亦同)。分析发现,案件总量呈递减趋势主要与上海分会案件数递减有关(见图3)。

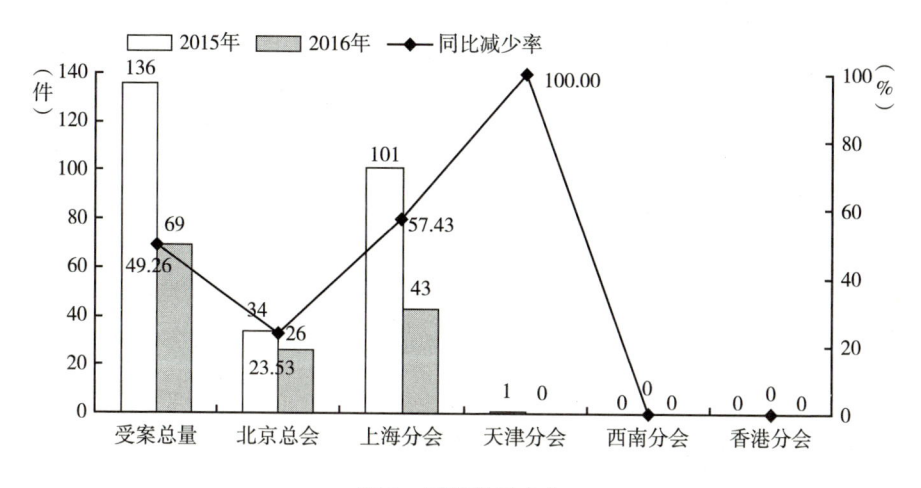

图2 受案数量变化

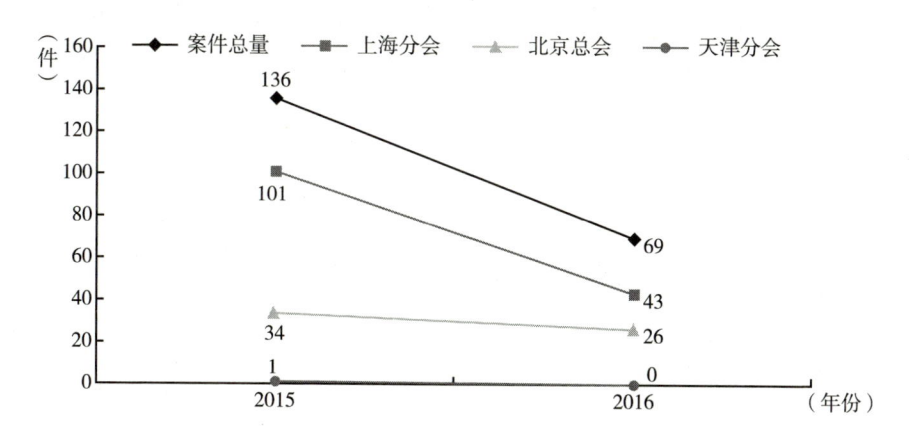

图3 受案总量变化

1. 涉外案件

2016 年受理的 69 件案件中涉外案件、国内案件所占比重详见图 4。

2016 年海仲委受理的 69 件案件中,以国内案件为主,国内案件数量过半数;但国内案件并不具有压倒性优势,涉外案件仍占有相当比重(见图4)。

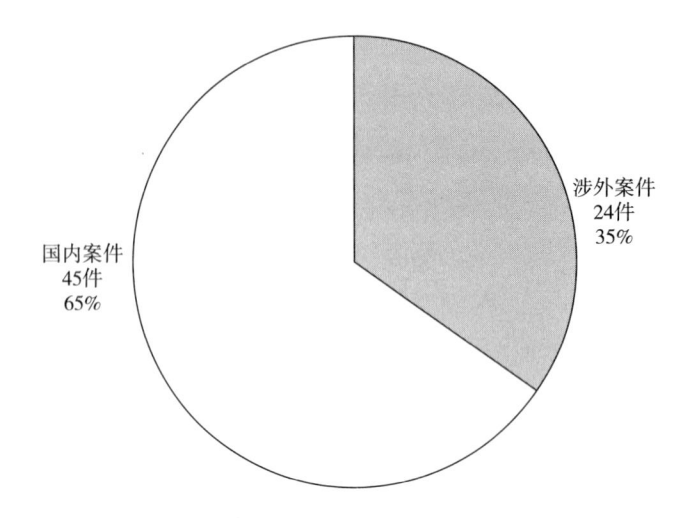

图4　2016年受案总量分布

（图为饼图：国内案件 45件 65%；涉外案件 24件 35%）

2. 北京总会受案量

北京总会受理案件仍以国内案件为主，国内案件与涉外案件所占比重具体情况详见图5。涉外案件数量有所增长，国内案件数量下降（见图6）。

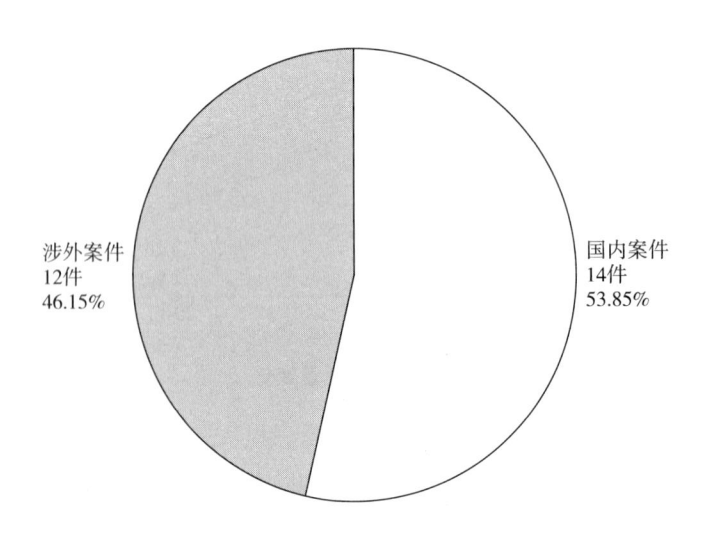

（图为饼图：涉外案件 12件 46.15%；国内案件 14件 53.85%）

图5　2016年北京总会案件分布

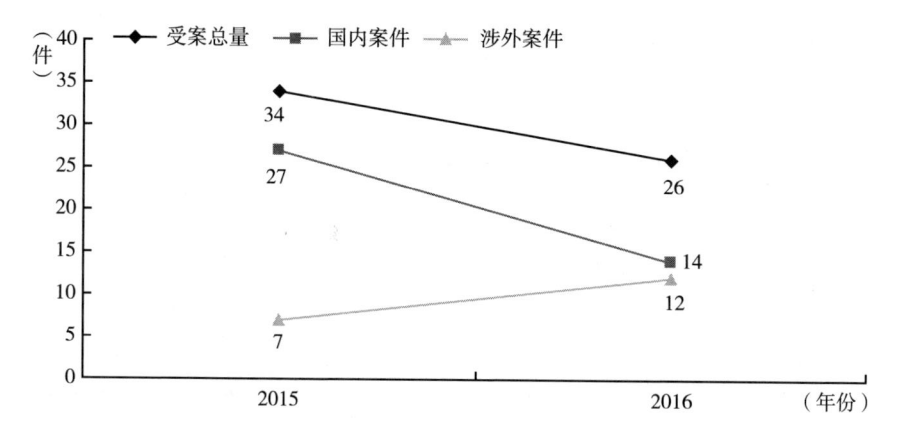

图 6　北京总会案件分布变化

3. 上海分会受案量

2016 年上海分会受理案件以国内案件为主（见图 7）。这与 2015 年以涉外案件为主的情况相反。2016 年上海分会国内案件比重增大，占受案总量的 2/3，同时涉外案件数量锐减导致上海分会受案总量同比减少 58 件（57.43%）（见图 8）。

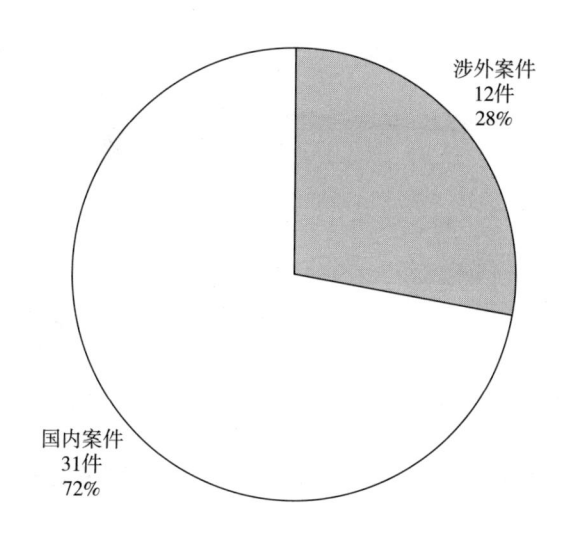

图 7　2016 年上海分会案件分布

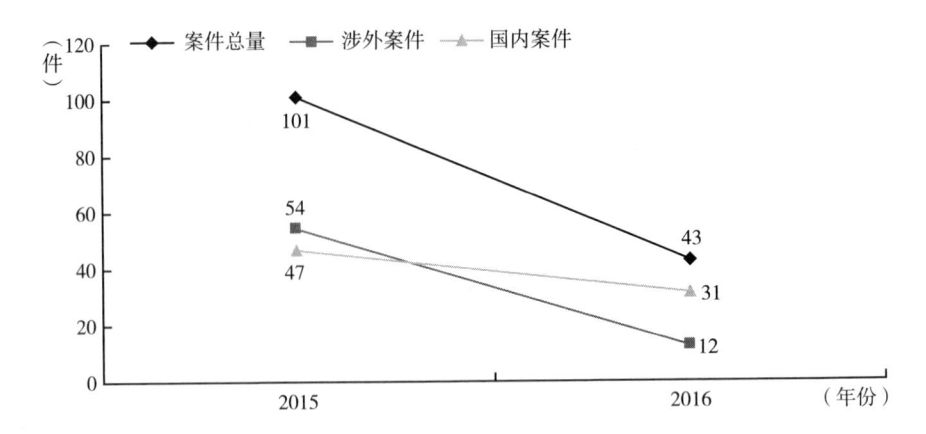

图 8 上海分会案件总量及国内案件、涉外案件数量变化

横向从国内案件与涉外案件的变化来看，2016年呈现出与2015年相反的趋势，即国内案件数量反超涉外案件数量，并且国内案件和涉外案件的数量差异也在增大。纵向从案件数量变化来看，虽然国内和涉外案件数量都在下降，但是涉外案件数量下降幅度较大，减少42件，同比下降77.78%（见图9）。

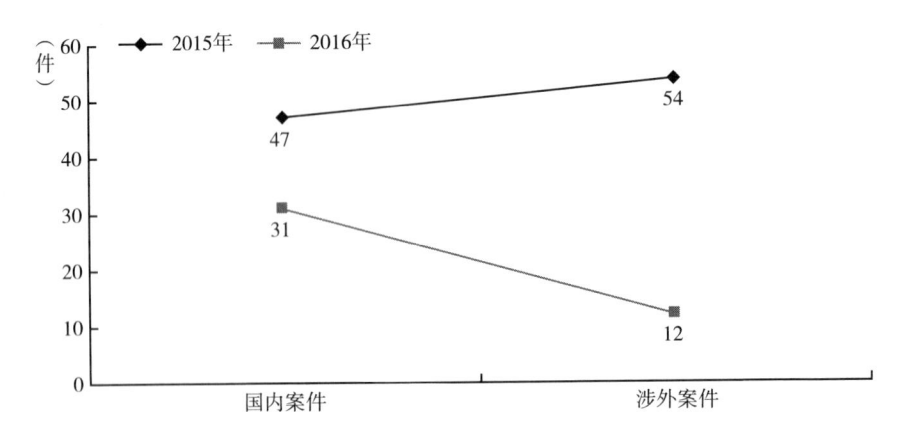

图 9 上海分会国内案件、涉外案件数量分布变化

2016年北京总会与上海分会的涉外案件数量相同，上海分会仅在国内案件部分占据数量优势（见图10）。

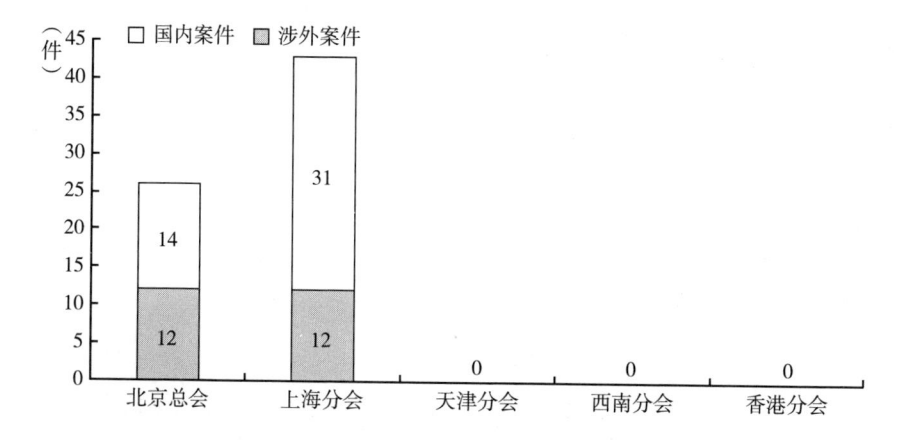

图10　2016年各地区国内案件、涉外案件数量

（二）争议金额

2016年争议金额总计人民币119375.56万元，案件争议金额总体呈下降趋势，各地区中仅北京总会案件争议金额呈现增长态势（见图11）。

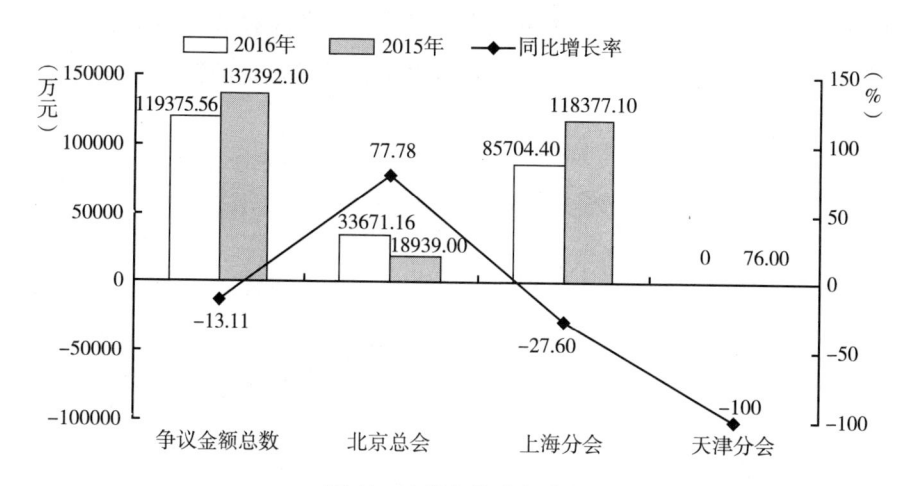

图11　案件争议金额变化

由图12可知，上海分会在这两个范围的案件数量相同，均为两件，比较稳定。同时，北京总会案件争议金额为1000万~5000万元的比重较大，有四件，而大于5000万元的案件数量仅为一件。

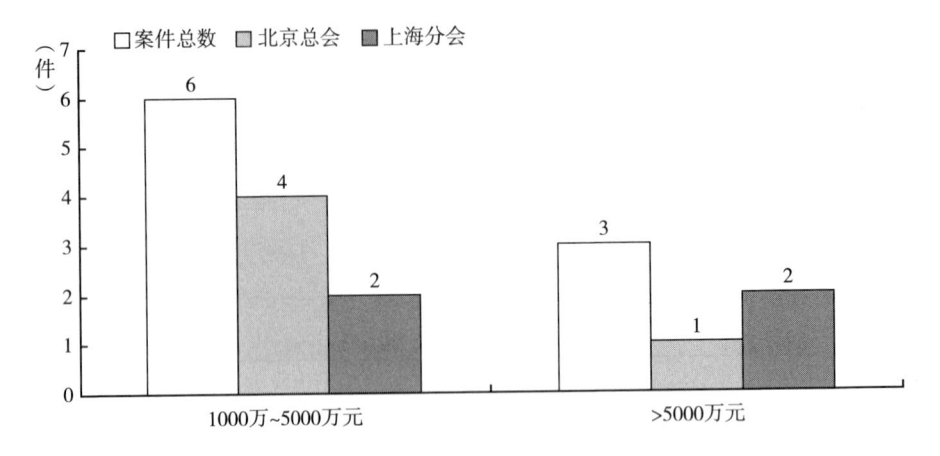

图 12　争议金额较大案件数量

（三）简易程序适用情况

2016 年适用简易程序案件数总计 47 件，所占比重过半数（68.12%）（见图13）。在各地区中，上海分会适用简易程序案件数量超过北京总会的两倍（见图14）。总体上，适用简易程序的案件数量呈递减趋势，这与受案

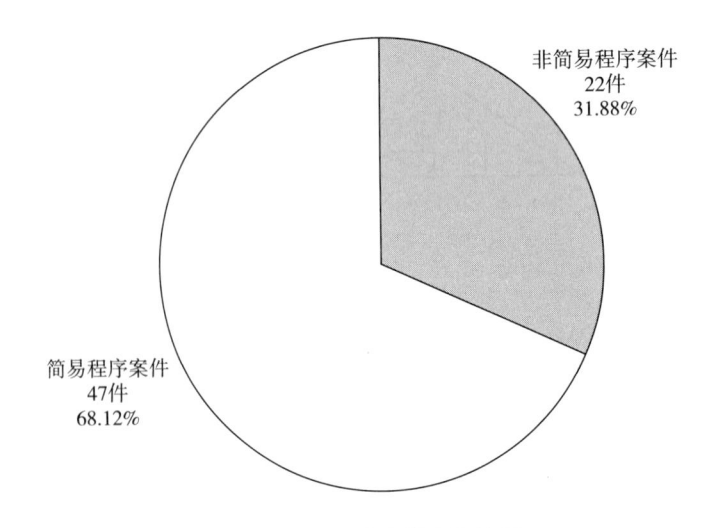

图 13　简易程序案件占比情况

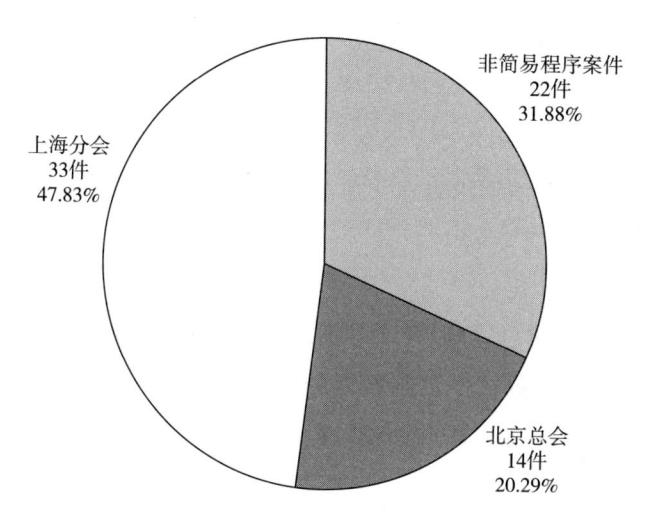

图14 简易程序案件数量各会分布

总量的减少有一定关系。从数量变化来看,适用简易程序案件总数递减主要是受上海分会适用简易程序案件数量减少的影响(见图15)。

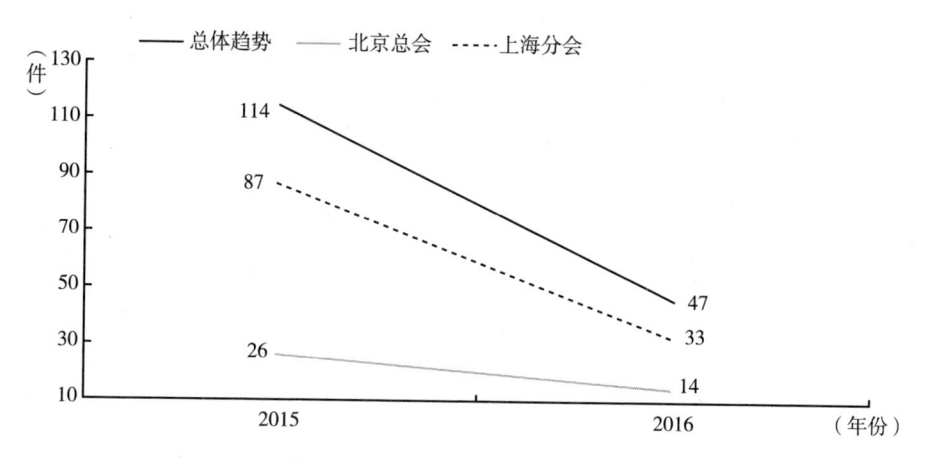

图15 适用简易程序案件数量变化

1. 北京总会适用简易程序情况

北京总会适用简易程序案件数量为14件,占其受案数量的53.84%。值得注意的是,国内案件适用简易程序的比例高达78.57%,即14件国内案件中仅3件未适用简易程序。

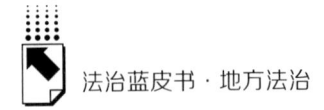

2. 上海分会适用简易程序情况

上海分会适用简易程序的比例较北京总会更高,占其2016年受案总数(43件)的76.74%。与北京总会截然不同的是,上海分会并未在国内案件适用简易程序数量上有突出表现,却在涉外案件适用简易程序上格外亮眼。

(四)结案量

2016年结案数量总计68件(见图16),总体呈下降趋势。从各地区来看,除北京总会结案数量呈上升趋势外,上海分会、天津分会均呈下降态势,结案总量的下降与上海分会结案量的减少密不可分(见图17)。

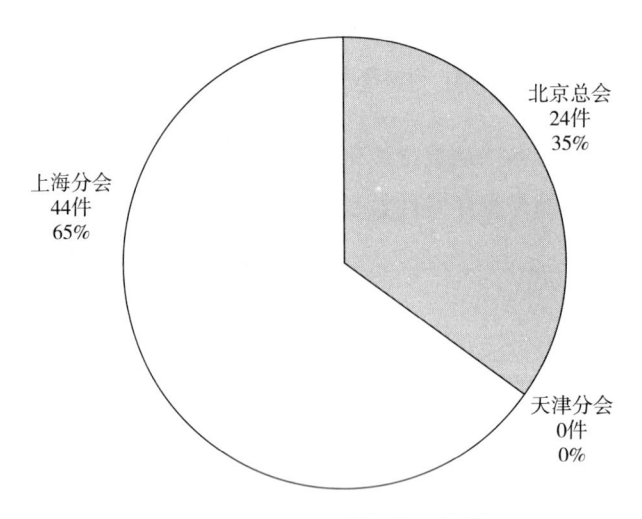

图16 2016年结案数量及比例

(五)在办案件量

2016年在办案件总计62件,各分会案件数量见图18。

在办案件数量与受案数量并无直接的关系。在案件数量出现较大幅度的下降时,在办案件数量仍保持增长。

(六)延长裁决期限案件

2016年延长裁决期限案件总计27件(上海分会17件,北京总会10件)。

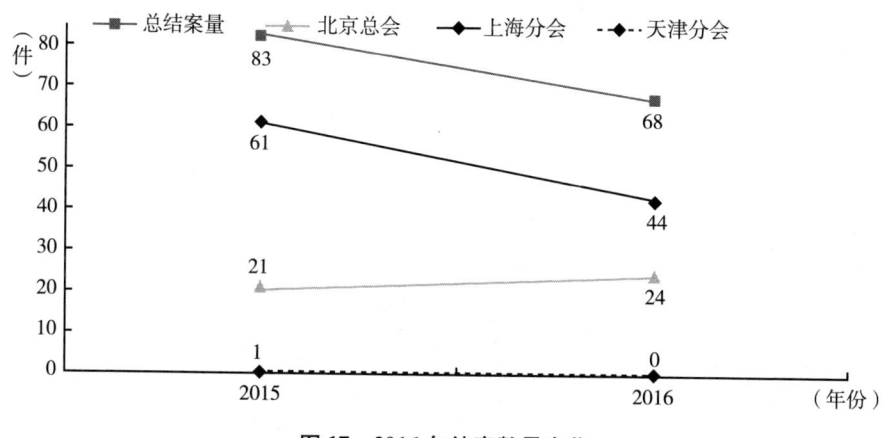

图 17　2016 年结案数量变化

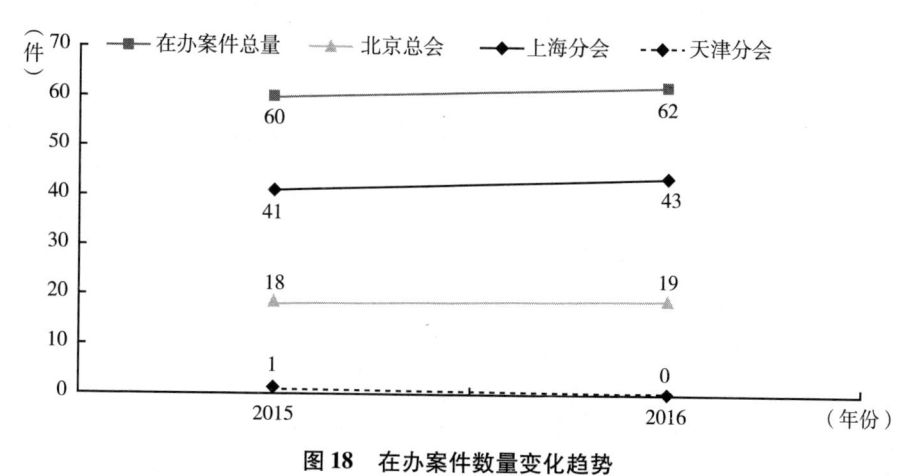

图 18　在办案件数量变化趋势

（七）当事人涉及国家和地区

2016 年海仲委所受理案件涉及包括中国在内的 14 个国家和地区，具体国家和地区及案件数量见图 19。

当事人涉及国家和地区比较分散，并未特别集中于某几个国家和地区。

（八）案件类型

2016 年受理 69 件案件中涉及的案件类型见图 20。

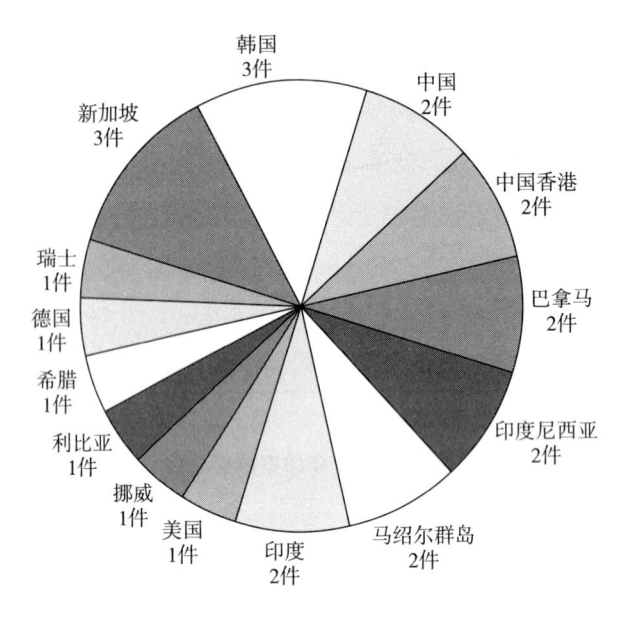

图19 案件当事人涉及国家和地区数量及分布

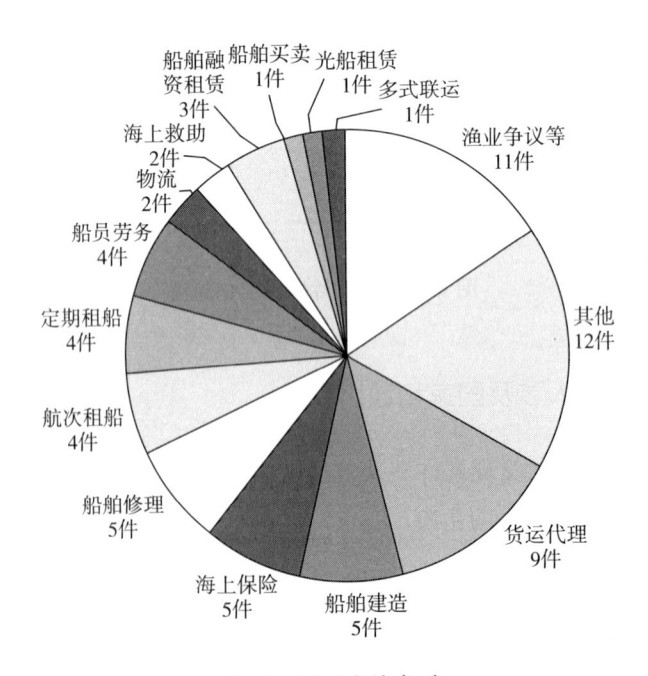

图20 涉及案件类型

2016年的案件类型主要集中于渔业争议、货运代理、船舶建造、海上保险、船舶修理、航次租船、定期租船、船员劳务等。

三 2016年中国海事仲裁司法协助与监督案件数据分析

基于裁判文书网以及天同诉讼网所公开的裁定书，2016年中国海事仲裁司法协助与监督案件共48件。

笔者利用基础数据进行分析，在大数据分析前进行了如下事项的检查：①数据是否重复；②下一级分类数据累计之和与其上一级数据数量是否相同；③可能影响大数据分析准确性的其他事项。现将数据分析如下。

（一）案件检索

从法院对海事仲裁的司法监督情况来看，2016年中国海事仲裁司法协助与监督案件共48件，对应的裁判文书共48份，其中执行裁定书19份，特别程序裁定书3份，一审民事裁定书23份，二审民事裁定书2份，其中1份维持原裁定、1份撤销原裁定，另有保全裁定书1份，在这48份文书当中共有12份文书是终审裁定（见表1）。

表1 案件检索结果

单位：份

执行裁定书	特别程序裁定书	一审民事裁定书	二审民事裁定书		保全裁定书	终审裁定	合计
			维持原裁定	撤销原裁定			
19	3	23	1	1	1	12	48

（二）2016年中国海事仲裁司法协助与监督案件基本情况

1. 案件审理法院

2016年中国海事仲裁司法协助与监督的案件共计48件，按照审理法院类型、审理法院地区分布以及当事人所选择的仲裁机构进行统计发现，大多数案件由海事法院审理完结，只有极少数案件由铁路运输法院审理（见图21）。

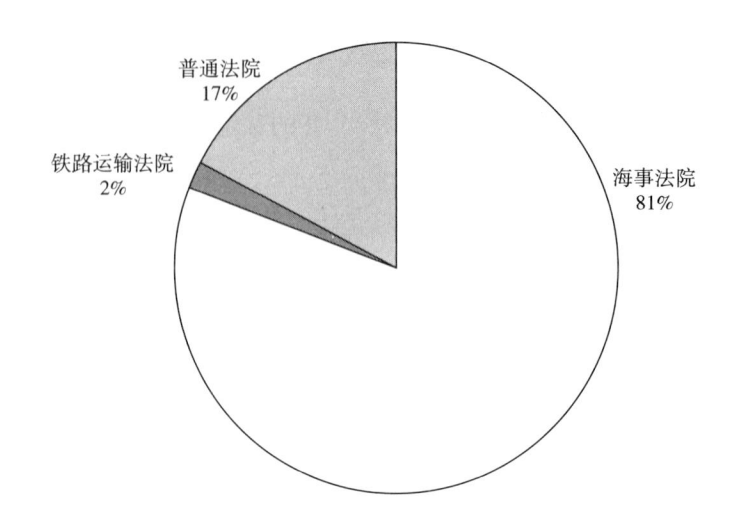

图21 案件审理法院分类

由图22可以看出，三分之一多的案件在上海的法院审理，同2015年相比，增长幅度较大，而广州的法院2016年受理案件数量有所减少，仅占案件总数的7%。

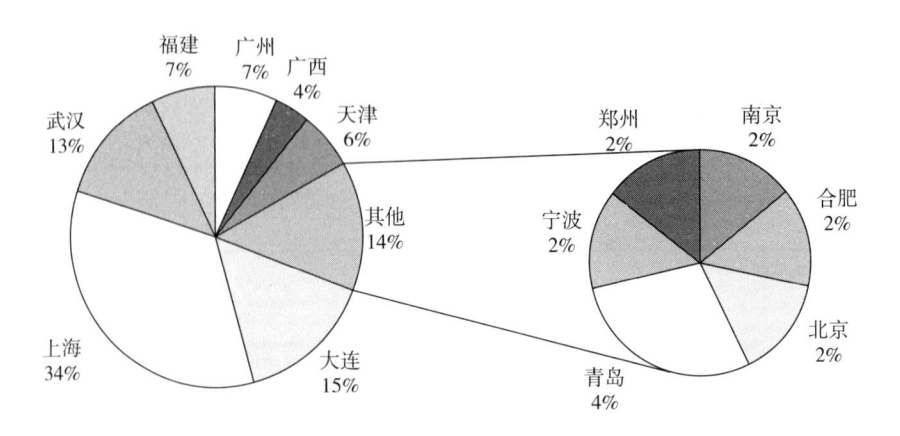

图22 审理法院地区分布情况

2016 年中国海事仲裁司法协助与监督案件共 48 起,只有 31 起案件披露了其仲裁机构,因此图 23 是以这 31 起案件为基数进行数据统计,可以看出,这 31 起案件中接近一半是在中国海事仲裁委员会上海分会仲裁,选择国际仲裁机构的案件,分别在香港国际仲裁中心、新加坡国际仲裁中心和英国仲裁机构仲裁。

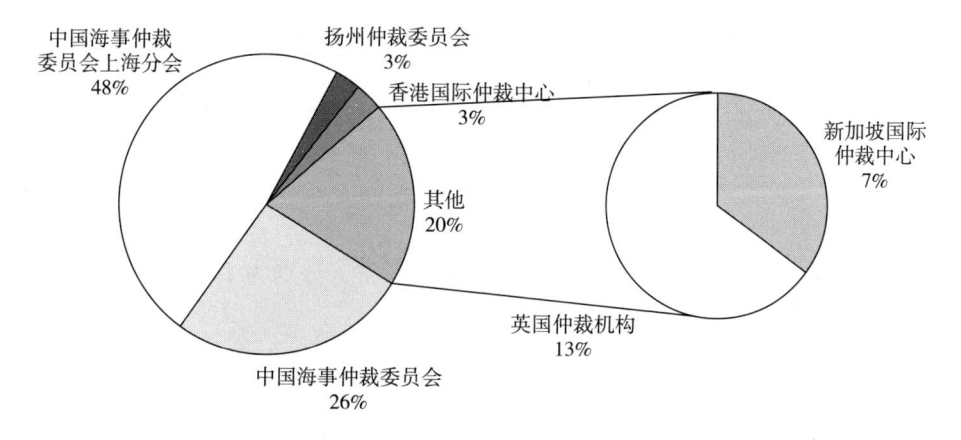

图 23 原仲裁机构分布情况

2. 案件案由

2016 年中国海事仲裁司法协助与监督案件共 48 起,其中有 9 起案件并未披露案件事由,所以此处统计案件数量为 39 件,笔者以这 39 起案件为基数,进行如下数据分析。

披露案件事由的 39 起案件主要涉及各类船舶合同、货物运输合同、财产保全等其他合同纠纷,有关船舶合同纠纷的案件主要分为船舶修理合同纠纷、船舶建造合同纠纷、船舶租赁合同纠纷三类,其中船舶租赁合同纠纷案件数量最多,共 9 件(见图 24)。

3. 当事人地区分布

2016 年中国海事仲裁司法协助与监督案件涉及当事人共 103 人,其中有 5 人未披露住所地,有两个案件涉及的 4 个当事人在同一天分别作出三份裁定书,在排除重复当事人 8 人之后,可查明住所的当事人为 90 人,其中

图24 案件事由

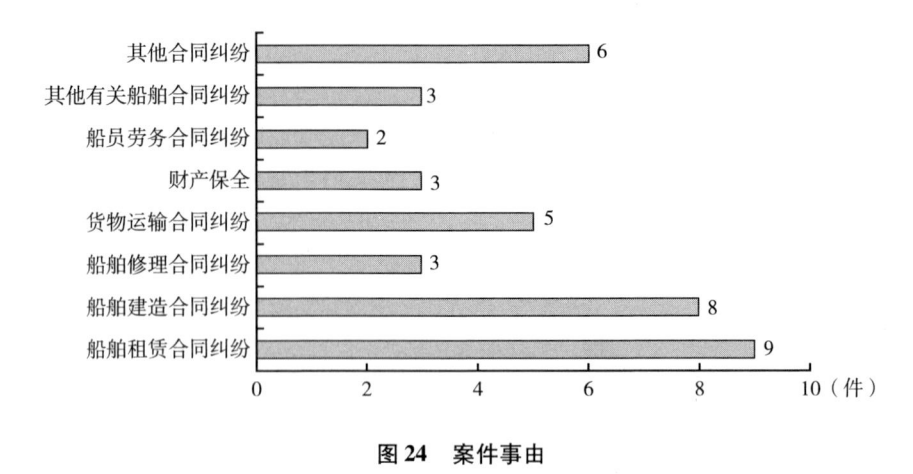

国内当事人主要分布在江苏省、上海市和浙江省，分别为14人、13人和9人，外国当事人有12人（见图25）。

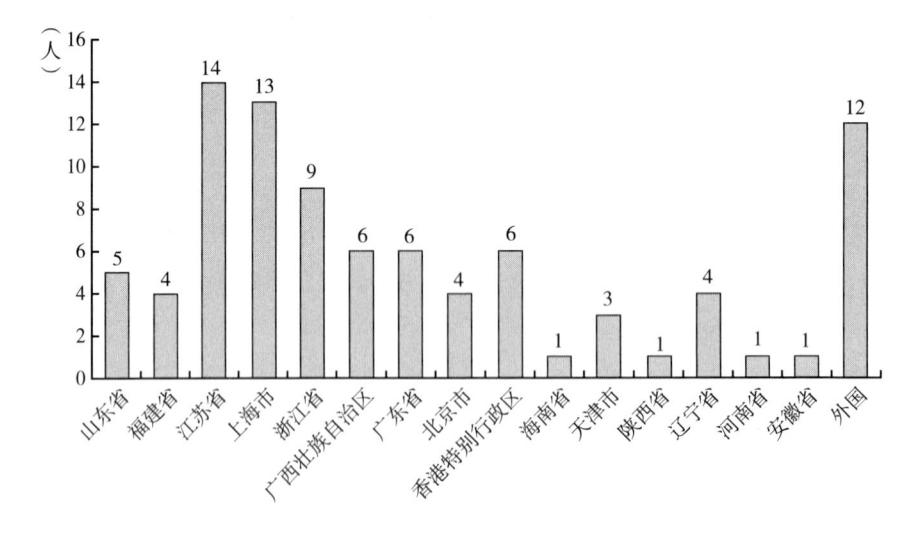

图25 当事人地区分布数量

4. 聘请律师情况分析

对于海事仲裁类案件，大多数当事人选择聘请律师处理，在未聘请律师的当事人中有少数将案件交由公司法务处理。在未聘请律师的当事人中，被申请人、被执行人、被告、被上诉人所占比例较大，由此可以看出他们对案件的消极态度（见图26）。

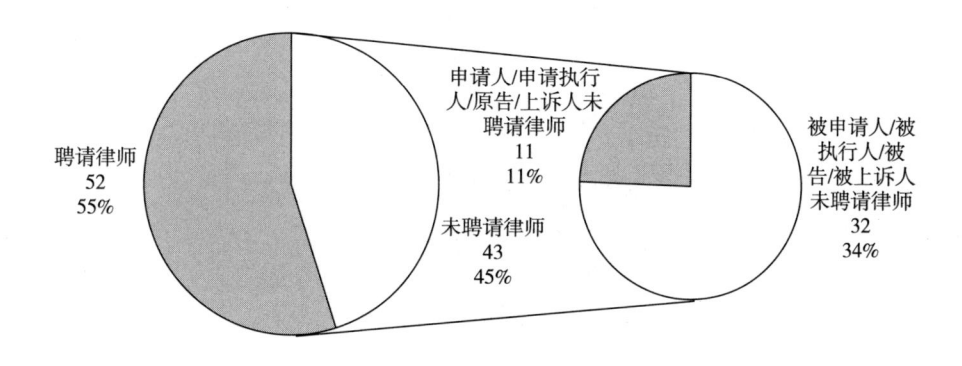

图 26 聘请律师情况

（三）案件类型以及处理结果

1. 案件争议类型

2016年中国海事仲裁司法协助与监督的48起案件中，有16起案件是申请执行仲裁裁决，占案件总数的33%，申请仲裁裁决的承认与执行和申请撤销仲裁裁决的案件数量相同，各9起，分别占案件总数的19%（见图27）。

2. 案件处理结果

2016年中国海事仲裁司法协助与监督的48起案件审理结果有九类：终结执行/撤销程序、予以执行、不予支持、驳回申请、撤回起诉、撤销裁定、仲裁协议有效、仲裁协议无效和准许申请。其中终结执行/撤销程序的案件数量最多，占案件总数的35%，其次是驳回申请，占总数的19%（见图28）。

从图28可以看出，案件处理的消极结果略微大于积极结果：终结执行/撤销程序的案件多于予以执行的案件，驳回申请的案件比准许申请的案件多。

（四）案件裁定数量与月份

从图29可以看出，2016年中国海事仲裁司法协助与监督案件的高发期

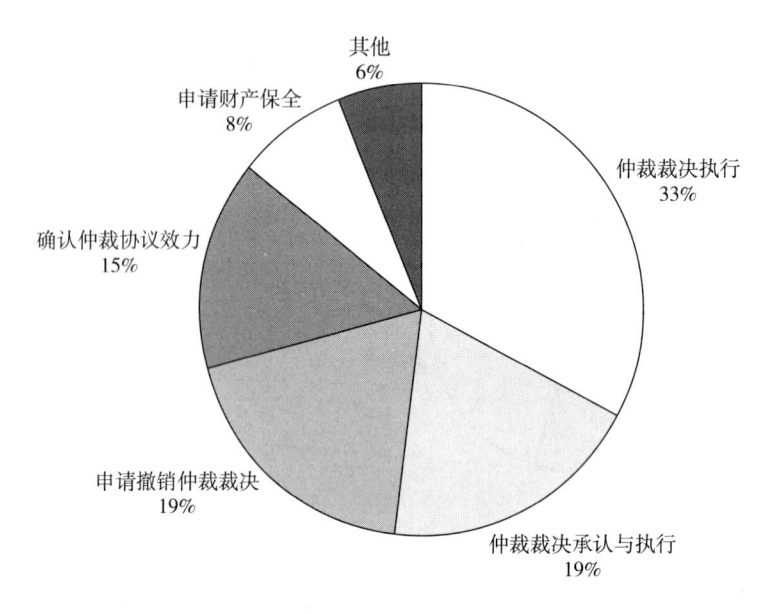

图 27 案件争议类型分布

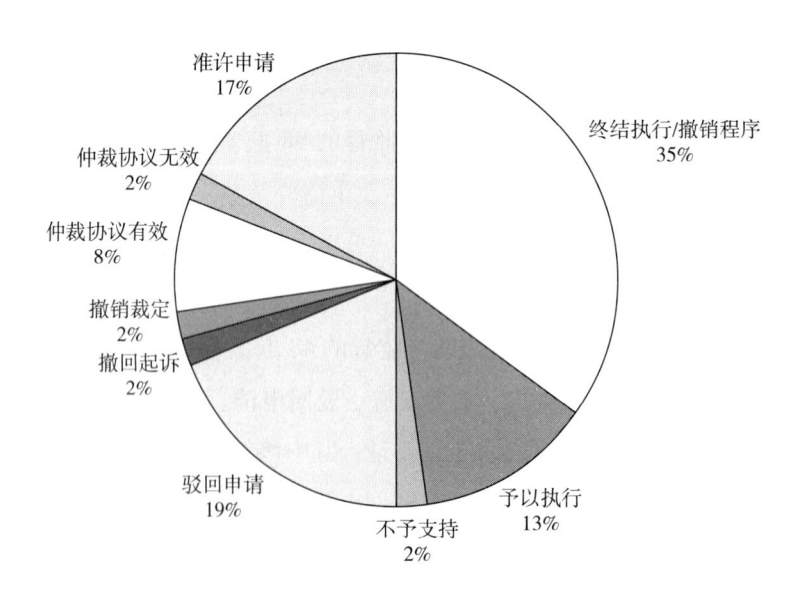

图 28 案件结果比例

为3月份和6月份，分别发生海事仲裁案件10件和11件，而2016年4月份和11月份没有海事仲裁案件发生。

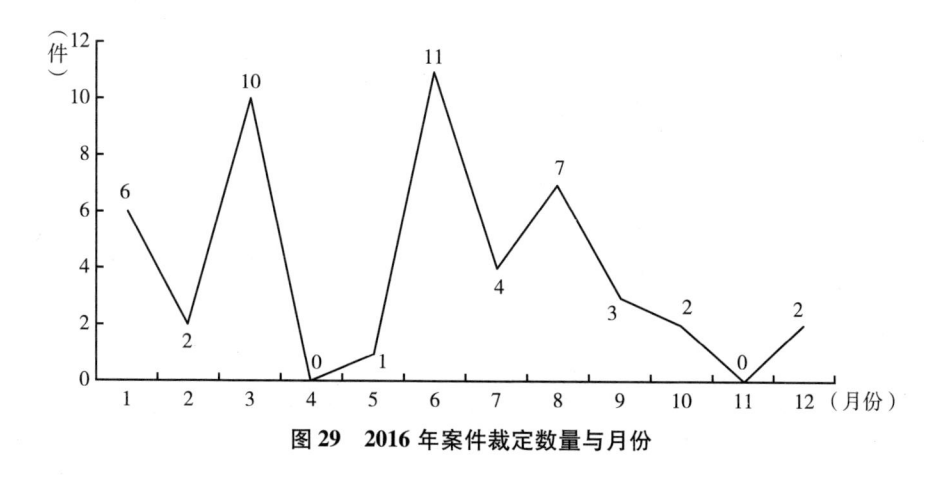

图 29 2016 年案件裁定数量与月份

（五）适用程序法的数量及比例

2016 年中国海事仲裁司法协助与监督适用的程序法及其司法解释条文共 38 条，主要集中适用《民事诉讼法》第 154 条、第 283 条，《最高人民法院关于适用〈中华人民共和国民事诉讼法〉的解释》第 519 条以及《仲裁法》第 58 条，其余条款因其适用的次数较少（适用次数在 1~3 次），在此不作详细列举（见图 30）。

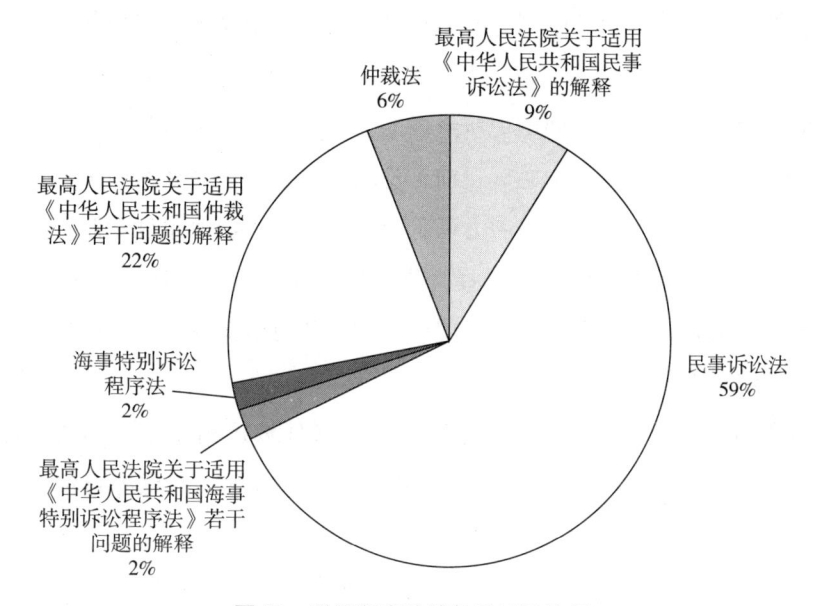

图 30 适用程序法的数量以及比例

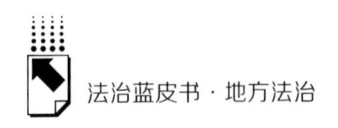

四　年度小结

2016年，中国海运船队运力规模已超过一亿载重吨，远洋船舶保有量在世界上位居第三，其中中国远洋海运集团的船舶总运力已经跃居世界第二，港口货物吞吐量和集装箱吞吐量已经位居世界第一。与此同时，中国的造船产业也出现了惊人的增长，2015年、2016年中国造船订单量连续两年居世界首位，在国际上已成为具有重要影响力的造船大国。这均表明中国已然成为世界海运大国。

"加强海事审判工作，建设国际海事司法中心"被正式写入了最高人民法院2016年工作报告。目前，中国法律界正在致力于"两个中心"建设，一个是国际海事司法中心，一个是国际海事仲裁中心，"两个中心"堪称服务海上丝绸之路的并蒂莲花。在"一带一路"倡议、建设国际海事仲裁中心目标的大环境、大背景、大战略下，中国海事仲裁事业的发展面临前所未有的历史机遇。

虽然在海事仲裁领域中国与国际接轨阶段已基本完成，在仲裁规则、标准、人才储备等方面初步完成了与国际接轨[1]，但是依然面临严峻的挑战。一方面，由于国际航运发展历史所形成的惯例等因素，中国是世界海运大国却不是国际海事纠纷解决中心。目前，伦敦、新加坡被公认为国际航运中心和国际海事纠纷解决中心。另一方面，由于缺乏对中国海事仲裁制度的了解和信心等因素，当事人更多地选择海事法院解决争议。2016年各级法院审结海事案件1.6万件，中国海事法院受理的各类海事案件已经远远超过其他国家相关海事案件的总和。

对于当事人而言，选择海事法院还是选择仲裁机构，选择国内仲裁还是域外仲裁，这只是一个路径选择问题，体现了当事人的意思自治。但是

---

[1] 参见张莉《中国海事仲裁业机遇与挑战并存》，载《中国对外贸易》2017年第1期，第43页。

对于仲裁机构而言，应该积极迎接挑战。中国仲裁机构应当继续推动中国本土海事仲裁品牌建设，积极参与行业规则的制定，拓展中国航运业整体话语权；同时推动仲裁法律制度的修改与完善，加强海事仲裁的司法协助与监督；强化国家海事仲裁的理论研究、人才队伍培养与仲裁文化建设；不断完善规则与实践，走国际化与本土化相结合的发展道路，加快海仲委的国际化进程；发挥机构管理的优势，不断提升服务能力与水平，提高仲裁公信力；充分发挥中国海事仲裁在国际海事争议中的重要作用，以紧贴市场、运行高效、服务优良为主旨，为中国建设成为国际海事仲裁中心作出贡献。

B.16 船员劳务纠纷疑难问题调研报告
——以宁波海事法院为样本

浙江省高级人民法院与宁波海事法院联合课题组*

摘　要： 维护船员合法权益是海事法院为民司法的集中体现。宁波海事法院以船员劳务为主线全面梳理船员劳务相关案件情况，分析司法实践中的疑难问题并采取有效举措，为全国海事法院依法加强船员权益司法保护进行富有创新意义的探索。本文就海事海商实体法与海事诉讼制度的修改完善提出以下建议：体现对航运公司岸上人员的工资、工伤赔偿的保护，以受害人收入作为计算船员人身损害赔偿的依据，将船舶优先权的程序予以阶段化。

关键词： 船员权益　海事法院　司法保护

中国已成为世界公认的对外贸易大国、航运大国和海员大国。加强对船员权益的保护，是2016年11月对中国正式生效的《2006年海事劳工公约》的基本要求。自2012年至2016年，宁波海事法院共受理船员劳务纠纷5432件，包括船员劳务合同纠纷4944件（见图1）和船员人身损害责任纠纷488件，数量位居全国海事法院首位。该院近年来探索解决船员相关海事纠纷存在的疑难问题，对于建构新型的船员相关海事纠纷司法机制具有重要参考意义。

---

* 课题组成员：朱深远、沈晓鸣、吴勇奇、胡世新、王佩芬、孙伊涵、张碧青、童心、柯丽娟、罗孝炳、吴静、杨世民、邵颖凤、李书芹、吕辉志。统稿人：罗孝炳，宁波海事法院研究室主任科员。

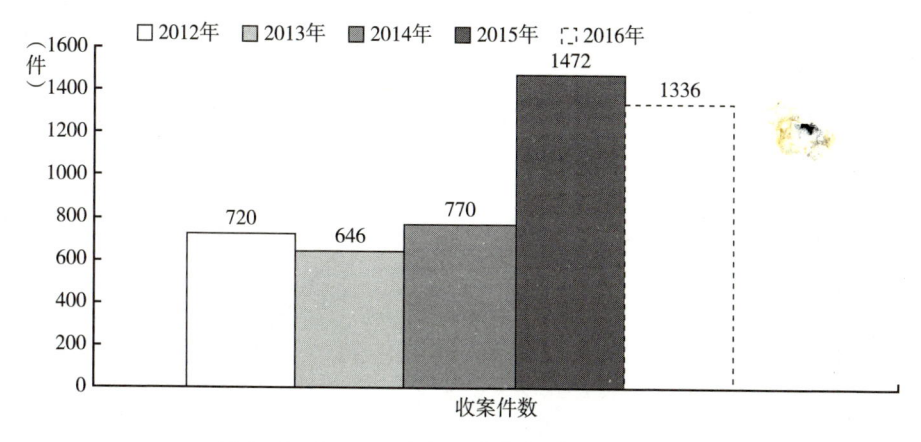

图1　2012~2016年船员劳务合同纠纷收案数量

数据来源：宁波海事法院及浙江法院内网平台。下同。

一　发现的问题

在海事司法实践中，与船员劳务有关的海事纠纷包括两大类，即船员劳务合同纠纷和海上（含通海可航水域，下同）人身损害责任纠纷。前者主要是由船员被拖欠工资引发，后者主要是船员在工作期间受到意外伤害而向雇主或侵害人要求民事赔偿。船员工资和船员受伤引起的损害赔偿，依法均可以向海事法院请求确认船舶优先权，以扣押和拍卖当事船舶的方式维护其权益。

（一）船员劳务合同纠纷的问题

1. 纠纷内涵不清引发诉讼边界不明

诉讼层面的船员劳务合同纠纷系约定俗成后经有关程序类司法解释和法律所确定，法律和实务上缺乏对应的船员劳务合同概念。2003年《最高人民法院关于适用〈中华人民共和国海事诉讼特别程序法〉若干问题的解释》第8条规定："因船员劳务合同纠纷直接向海事法院起诉的，海事法院应当受理。"由于对船员劳务合同纠纷的内涵认识不清，对于船员能否就船员工资以外的劳务费用直接向海事法院提起诉讼，尚无统一认识（见图2）。

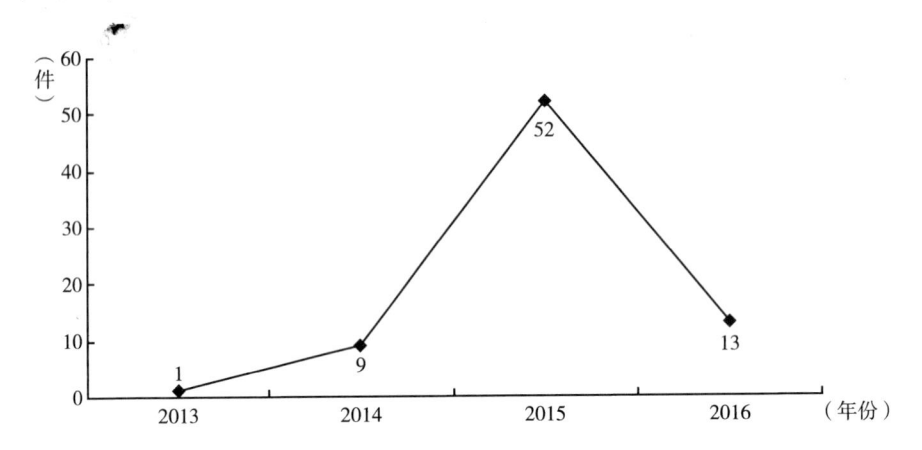

图2 2013~2016年船员劳务合同纠纷中依据劳动合同法提出诉讼请求的案件数量*

*通过浙江法院内网办案数据关联检索平台，输入"船员劳务合同纠纷 劳动合同法"共找到裁判文书84份，其中宁波海事法院共75份，均发生于2013~2016年。最后统计日期：2017年8月18日。需要说明的是，在中国裁判文书网输入上述关键词搜索，仅找到宁波海事法院裁判文书49份，故以关联检索平台数据为准较为合适。

2.劳务合同相对方难以准确识别

船员劳务合同主体的特殊性主要体现在船员的相对方，即用人单位和用工单位的复杂化、多样化。与船员签订劳动合同的主体包括船舶所有人、光船承租人、船舶管理人、船舶经营人、劳务派遣机构等，很多用工方没有与船员签订书面合同。船员被拖欠工资后向谁起诉？为避免遗漏责任人，船员往往在起诉时列出多名被告，被告人数在二人及以上的案件占同期船员劳务合同纠纷案件总数的二成以上（见图3）。

3.关于船员的加班工资

船员在船上工作适用何种工时工作制，在没有通过合同或其他书证约定加班时间和加班报酬标准的情况下，船员举证证明确有加班事实存在的，如何计算船员的加班工资？表1为中国主要工时制度下的加班费支付规定。

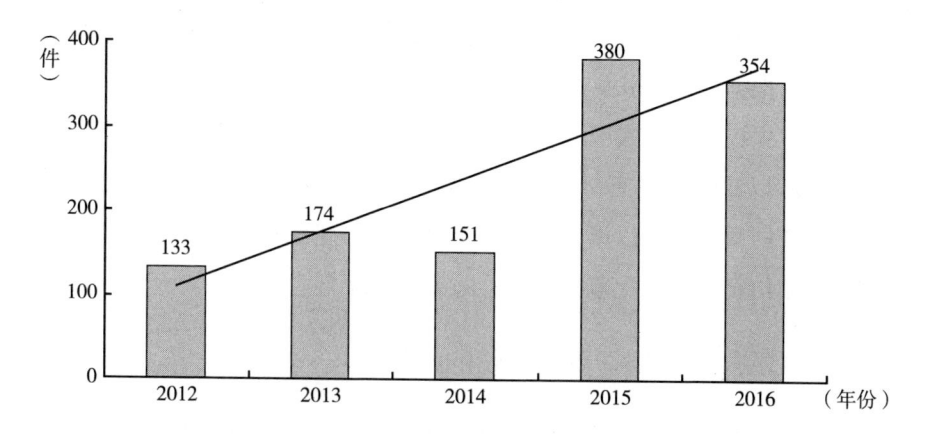

图3　2012～2016年船员诉请两名以上被告承担共同责任案件数量*

* 通过浙江法院审判信息系统搜索2012～2016年船员劳务合同纠纷，手工汇总被告数量在两个以上的案件数量，该数据可以反映船员起诉时主张的被告数量。

表1　中国主要工时制度下的加班费支付

工时制度类型	法定节假日	休息日	延长工作时间	备注
标准工时制	不低于劳动者本人工资的300%支付加班费	不低于劳动者本人工资的200%支付加班工资（不安排补休的情况下）	不低于劳动合同规定的劳动者本人小时工资标准的150%支付加班费	无须办理审批或备案手续
综合工时制	不低于劳动者本人工资的300%支付加班费	视为正常工作，不需要支付加班费	在综合计算周期内的实际工作时间超过法定标准日工作时间的部分按不低于劳动合同规定的劳动者本人小时工资标准的150%支付加班费	需办理审批或备案手续
不定时工时制	不低于劳动者本人工资的300%支付加班费	视为正常工作，不需要支付加班费（无须安排补休）	视为正常工作，不需要支付加班费	需办理审批或备案手续

4. 航运公司岸上人员的工资欠款能否参与到船舶拍卖价款分配

船舶经营除船员在船舶上负责驾驶、轮机等事项外，工程船一般设有项目经理，某些航运公司为在专业领域技艺娴熟、对船舶安全与业务管理负有一定职能但主要在岸上工作的员工赋予"总船长""总轮机长""指导船长""指导轮机长"等称号，此类员工实为公司高级管理人员，均可归为非在船人员。根据《海商法》第22条第1项的规定，非在船人员的工资不能享有船舶优先权。但是参照《企业破产法》关于破产财产的清偿顺序、《劳动合同法》以及政策层面对劳动者工资予以优先保护的精神，在船舶系企业主要资产的情形下，以岸上人员工资不属于与船舶有关的海事请求为由拒绝纳入船舶拍卖价款分配范围，社会效果可能不佳。

（二）船员人身损害责任纠纷的问题

在宁波海事法院受理的海上人身损害责任纠纷中，80.13%的案件的受害人系在船上履行职务的船员，另有19.87%的受害人系船舶靠泊期间因在船上进行装潢、装卸、修理或其他原因发生伤亡（见图4）。

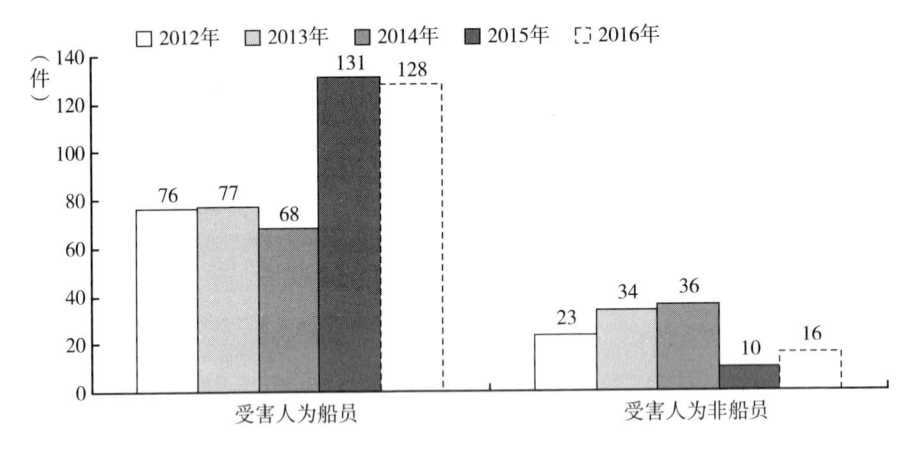

图4 2012~2016年人身损害责任纠纷案件中船员与非船员数量对比

1. 受诉法院所在地的确定

海事法院审理非劳动关系船员人身损害纠纷时一般适用人身损害赔偿司法解释确定的赔偿项目、赔偿标准。该解释以受诉法院所在地为赔偿数额"基点"，运用定型化模式，采用受诉法院所在地的相关统计数据作为参照的标准，根据受害人户籍情况，计算误工费、残疾赔偿金、死亡赔偿金、丧葬费和被扶养人生活费等。但海事法院的管辖地域无一不超过其所在的地级行政区域，有些甚至超过其所在的省级行政区域，故海事法院在具体审理时往往很难确定何为"受诉法院所在地"。以宁波海事法院为例，宁波市作为国民经济与社会发展计划单列市，宁波海事法院无疑应依据宁波市的相关统计数据确定赔偿数额。但就宁波海事法院的管辖范围而言，在计算相关赔偿数额时适用浙江省的统计标准亦符合法律规定。这种不确定性使得不同案件结果有所差异（见表2）。

表2　2016年判决审结海上人身损害责任纠纷适用赔偿标准情形[*]

上年度人均纯收入的统计标准	浙江	宁波	舟山	未构成伤残等级或未明确赔偿标准
共判决58件	45	3	1	9

[*] 通过浙江法院审判信息系统查询宁波海事法院2016年度以判决方式结案的海上、通海可航水域人身损害案件，查阅判决书对死亡赔偿金、残疾赔偿金、误工损失、被扶养人生活费适用的收入标准。

2. 第二次鉴定的标准确定以及多次鉴定的费用负担

原告方通常会在起诉前自行委托人身伤害鉴定，以鉴定结论作为诉请依据，而多数被告则会以单方鉴定有失公平等理由向法院提出重新鉴定的申请。在司法实践中，一些案件对人身损害纠纷重新鉴定的申请标准掌握得十分宽松。由此导致一个案件就有两份性质不同的鉴定意见书，以及因两次鉴定而产生的相关费用。在第二次鉴定（诉讼法意义上真正的鉴定）结果与第一次相异的情况下，相关费用如何负担系承办法官自由裁量，并无统一标准（见表3）。

表3　2012～2016年海上人身损害责任纠纷重新鉴定情况[*]

项目＼年份	2012	2013	2014	2015	2016	合计
维持诉前鉴定结论	4	3	5	2	3	17
改变诉前鉴定结论	1	5	3	4	0	13
因调解或未交鉴定费而未重新鉴定		4	3	2	3	12
对重新鉴定申请未予准许	1	0	0	0	1	2
合计	6	12	11	8	7	44

[*] 通过浙江法院内网办案数据关联检索平台，输入"宁波海事法院　残疾赔偿　重新鉴定"共找到61份裁判文书，其中2012～2016年的53份。经进一步查阅文书发现，被告在诉讼中对原告诉前自行鉴定所形成的鉴定意见申请重新鉴定的案件数量实际为44件。

3. 工伤赔偿的适用及工伤赔偿与侵权赔偿的法律竞合

现行法律规定，如用人单位侵权造成船员人身损害并构成工伤，应先适用工伤保险相关规定进行赔付；第三人侵权造成船员人身损害，赔偿权利人可以请求侵权人承担民事赔偿责任，也可以主张工伤赔偿。由此，产生了工伤赔偿与侵权责任赔偿的竞合问题。第三人与用人单位的平行责任应如何处理，用人单位侵权时工伤保险先行的制度应如何理解，都值得思考。

（三）船员主张确认和行使船舶优先权的问题

1. 船舶优先权担保的范围

除正常的标准工资、遣散费用属于船舶优先权担保的范围没有疑义外，以下项目是否属于船舶优先权担保的海事请求范围，尚有争论。①未签订劳动合同的二倍工资。由于船员管理相对落后，船员的流动性较高，自由船员不签订劳动合同的情况是中国航运和渔业生产行业的常态，相关纠纷屡见不鲜。诉讼中有的船员就以此为由，要求用人单位依据《劳动合同法》第82条的规定支付二倍工资。②船员依据《劳动合同法》第46条规定要求用人单位支付解除劳动合同的经济补偿金。③船员请求补缴社会保险金的案件也逐渐开始出现。

2. 垫付船员工资的相关主体能否行使船舶优先权

因航运市场低迷、海洋渔业资源衰竭，船东拖欠船员工资时间和数额都呈上升趋势。船东弃船时，船员工资虽可以从拍卖款中优先受偿，但是拍卖及诉讼耗时较长，船员生活急迫之下，常将矛头指向法院，增加法院执行压力。时常有相关权益方提出由船舶抵押权人、登记所有权人、接收委托看管船舶一方、政府基层组织、渔业协会等先行垫付船员工资。实务中所采取的变通措施为：由第三方支付船员一定数额的金钱，形成借贷关系，船员起诉船方，船员预期可以获得的由船舶优先权担保的工资作为该借贷合同的担保，在执行款到位后由法院相应支付给该第三方。第三方提出能否作为垫付人直接向法院主张船舶优先权。

3. 对船员主张的船舶优先权能否以调解方式确认

按传统观点，当案件处理涉及船舶优先权、留置权或抵押权等的确认时，不能以调解方式结案。主要理由有以下三点：一是船舶优先权等是否成立、有效，具有严格的法律规定，不能由当事人进行协商确定；二是船舶优先权等涉及第三人的利益，不宜由当事人协商确定，否则，容易侵害第三人的利益；三是法院如在调解书上确认了船舶优先权等，一旦当事人对船舶优先权等确认不服，其上诉权便被剥夺了。这种对调解的排斥造成船舶优先权确认之诉的审理期间拉长、船舶处置成本增加的弊端。

4. 船舶优先权行使的方式与程序

传统上主要采取两种方式：一是船员根据《海事诉讼特别程序法》第21条第15项和第23条第1项的规定[①]，在法定期限内向法院申请诉前扣押船舶，法院裁定准许后，船员又按照第28条规定提起诉讼并主张优先权；二是船员在法定期限内直接起诉并主张优先权，法院根据《海商法》第28条规定，向船员释明通过诉讼申请扣船以行使其优先权。传统做法在司法实践中也存在以下障碍：船员难以提供申请扣押船舶所需的担保、船员诉讼成本高、船舶扣押频繁加重了航运企业负担。为克服实际扣押船舶的种种弊端，"活扣押"作为变通方式为十家海事法院在司法实践中广泛采用，但这种变通并不符合《海商法》第28条的规定。所谓的"船舶活扣"，既不能起到船舶优先权不再消灭的作用，又不能作为拍卖船舶的前提，还与启动船舶拍卖前，再由当事人申请将"船舶活押"转为"扣押船舶"，而后再进行拍卖的实际做法相矛盾。

二　举措经验

宁波海事法院在上级法院指导下充分调研，形成指导船员劳务纠纷案件

---

① 《海事诉讼特别程序法》第21条规定，下列海事请求可以申请扣押船舶：船员的工资和其他款项，包括应当为船员支付的遣返费和社会保险费。第23条有下列情形之一的，海事法院可以扣押当事船舶：船舶所有人对海事请求负有责任，并且在实施扣押时是该船的所有人。

审理的工作报告，得到上级法院的肯定。针对船员劳务疑难问题的一些举措转化为审判实践，大大提升了船员劳务纠纷审理水平和船员对司法公正的获得感。

（一）化解船员劳务合同纠纷疑难问题的措施

1. 以新的受案范围规定为切入点，确定海事诉讼与劳动仲裁、工伤、社会保险的分工协作

2016年3月1日出台的《最高人民法院关于海事法院受理案件范围的规定》第24条规定，"船员劳动合同、劳务合同（含船员劳务派遣协议）项下与船员登船、在船服务、离船遣返相关的报酬给付及人身伤亡赔偿纠纷案件"属于海事法院受理的案件。据此，船员与用工方构成劳动关系，则适用船员劳动合同这一诉讼案由，反之则适用船员劳务合同纠纷。在存在劳动关系时，船员主张的诉讼请求除应付工资外，还涉及劳动关系和工伤认定、社会保险金、经济补偿金等的，应当告知船员按劳动争议程序先行仲裁或向地方法院申请立案，海事法院不宜直接受理。如船员要求确认船舶优先权，则向船员释明其有权在一年的船舶优先权除斥期间向海事法院主张船舶优先权。

2. 从侧重维护船员利益出发，灵活识别船员劳务合同的相对方

从侧重维护船员利益出发，将船舶所有人作为单一雇主或者共同雇主之一承担责任，体现在三个方面。①在船员直接与船舶所有人（或光船承租人）签订合同时，船舶所有人或光船承租人与船员间成立劳务合同关系；船员与船舶管理人签订合同时，船舶管理人为用人单位，船舶所有人为用工单位；如果同时存在船舶所有人和船舶经营人①，而船员与其中之一签订合同，根据《最高人民法院关于设立海事赔偿责任限制相关纠纷案件的若干规定》对船舶经营人的界定及从保护船员权益角度出发，将船舶所有人、

---

① 《最高人民法院关于设立海事赔偿责任限制相关纠纷案件的若干规定》第12条规定，《海商法》第204条规定的船舶经营人是指登记的船舶经营人，或者接受船舶所有人委托实际使用和控制船舶并应当承担船舶责任的人，但不包括无船承运业务经营者。

船舶经营人认定为共同的雇主。②以租船方式出借水路运输许可的案件中，名为定期租船，权利义务承担上又类似光船租赁，发生工资拖欠时，出租人作为合同签订方、承租人作为船舶经营人和劳务管理方均应认定为雇主。③关于劳务派遣下船员劳务合同相对方的界定，船员派遣机构是用人单位，与派遣机构签订劳务派遣协议接受派遣的机构是用工单位，根据《劳动合同法》第58条的规定可以认定派遣机构作为用人单位与劳动者之间存在劳动关系。此外，用工单位和自然人雇主出于船舶经营需要，将船舶所有权登记到他人名下或者委托船舶管理公司雇用船员上船工作，挂靠单位、劳务派遣机构以自身名义和船员签订劳务合同，可以依法认定其为劳务合同关系下的相对方，并根据劳务合同承担责任。如经审理查明船员劳务的招录管理者、船舶实际经营者与合同签订方不一致，船员工资实际由船舶经营者支付的，船舶经营者以书面或行为方式承诺支付船员工资，构成债的加入，不影响合同相对方的识别。

3. 对劳动关系下船员的加班权益予以保护

在船员劳务合同相对人系自然人时，船员与船舶所有人或其雇用人之间系成立雇佣关系，不属于《劳动法》等法律调整的领域①，故亦不存在加班工资保护等问题。在船员劳务合同相对方系《劳动合同法》第2条所规定的中国境内企业、个体经济组织等时，船员与相对方的劳动关系应系成立，故有关加班费应依据劳动法等确定。根据《关于企业实行不定时工作制或综合计算工时工作制的审批办法》的规定，船员劳务市场的工时形式符合综合计算工时工作制。依据《工资支付暂行规定》第13条第3款的规定，实行综合计算工时工作制的用人单位，仍应支付劳动者延长工作时间的工资。依据《劳动法》第44条和《工资支付暂行规定》第13条第1款的规定，航运公司应当按照不低于劳动合同规定的船员本人小时工资标准的150%向船员支付延长工作时间的加班费。根据《最高人民法院关于审理

---

① 《船员条例》第四章第27条也规定，船员用人单位应当依照有关劳动合同的法律法规和中华人民共和国缔结或者加入的有关船员劳动与社会保障国际条约的规定，与船员订立劳动合同。

劳动争议案件适用法律若干问题的解释（三）》第9条规定，劳动者主张加班费的，应当就加班事实的存在承担举证责任。但劳动者有证据证明用人单位掌握加班事实存在的证据，用人单位不提供的，由用人单位承担不利后果。

4. 对航运公司岸上人员的工资予以适当保护

对于经诉讼确认的工资欠款，一般由地方法院执行部门通过委托执行的方式进入海事法院执行部门，再由执行法官组织召开债权人会议，形成一致方案，如无法达成一致，可由审判委员会讨论决定。在船舶系拖欠工资的航运企业主要甚至唯一资产的情况下，对岸上人员的工资（指工资本身，不含依据有关劳动法律判定的双倍工资和经济补偿金等）可酌情按照70%左右比例与有船舶优先权的船员工资一同参与分配。如果船舶拍卖价款在清偿具有优先受偿效力的债权后仍有剩余，可全部优先用于岸上人员的工资债权。

（二）化解船员人身损害责任纠纷疑难问题的措施

1. 以管辖范围与赔偿标准一致为原则，推动赔偿标准统一和尊重当事人处分权

宁波海事法院总结裁判经验，逐步形成较为成熟的做法，具体包括三个方面。①残疾赔偿金、死亡赔偿金等赔偿标准，一般以受害人的户籍确定，但经常居住地和主要收入来源地位于城市，或所在集体土地已被国家征收无法以农业为主要收入来源的农村居民，可以城镇标准进行赔偿。②涉及计算损害赔偿标准的统计数据，以浙江省统计局公布的浙江省数据作为计算标准。如果受害人举证证明其户籍地数据高于浙江省的，采用受害人户籍地赔偿标准，但应以其户籍地地级市统计局公布的数据为准。原告提出以某个统计标准计算，而被告无异议的，应当尊重双方的选择。③被扶养人生活费不作为单独的人身损害赔偿项目，有关费用金额合并计入残疾赔偿金或死亡赔偿金；其赔偿标准，一般适用对受害人的赔偿标准，但受害人与被扶养人分别居住在城镇和农村的，被扶养人生活费应依照被扶养人实际生活的环境计算。

2. 审慎把握司法鉴定的启动标准，对照前后鉴定结果决定鉴定有关费用的承担

当事人提交的其自行委托的鉴定结论是当事人提出的证据材料，故其应适用一般证据规则，通过质证来确认效力。在另一方当事人只提出重新鉴定的申请而没有相应证据反驳的情况下，法院将驳回其申请[①]，鉴定申请人应承担无法举证证明其抗辩的不利后果，即负担被申请人因自行委托鉴定而产生的损失（鉴定费、交通费等）。判断重新鉴定的理由是否充分，可以从下列情形入手：有证据足以反驳鉴定意见、鉴定机构无相应资质、鉴定程序违法、对鉴定意见有合理怀疑理由、伤残经治疗进一步好转、各自委托鉴定的意见不一致。宁波海事法院2016年审结的海上人身损害责任纠纷中，没有一起当事人申请司法鉴定改变受害人自行委托鉴定所形成鉴定意见的案例，有效减轻了重复鉴定带来的诉累。

根据司法鉴定结论和伤残等级区分三种情况，决定鉴定相关费用的承担。①法院委托鉴定的结果较当事人自行委托鉴定的结果轻微，但仍构成伤残。此时船员的鉴定报告属于其为证明诉请提供的证据材料，由此产生的鉴定费及相关住宿、交通费用是其为举证而遭受的损失，和医疗费、伙食费等其他诉请一样，可以向被告提出赔偿。重新鉴定产生的费用应由被告自己承担。②法院委托鉴定的结果较当事人自行委托鉴定的结果轻微，不构成人身伤残。船员因自行鉴定而产生的相关费用属于其必要诉讼费用，应由其自行负担。③法院委托鉴定的结果与当事人自行委托鉴定的结果相同或相比更为严重。船员自行委托的鉴定和重新鉴定的相关费用均应由被告承担。

3. 采用补充模式，充分考虑同一性质项目的重复索赔问题

在审理船员人身损害赔偿纠纷且构成工伤赔偿的案件中采用补充模式，以损害填平、代位求偿、不当得利为基本原则，充分考虑同一性质项目的重复索赔问题，在现有的法律框架内，区分用人单位侵权和第三

---

① 《最高人民法院关于民事诉讼证据的若干规定》第28条规定：一方当事人自行委托有关部门作出的鉴定结论；另一方当事人有证据足以反驳并申请重新鉴定的，人民法院应予准许。

人侵权的情况。具体解决方法如下：用人单位侵权时，受伤船员可以待工伤赔偿确定后向有管辖权的海事法院提出侵权之诉，就工伤赔偿未包括的项目（如精神损害赔偿、营养费）及工伤与侵权在同质性项目上的差额（如残疾用具费因工伤、人身不同计算标准产生的数额差异），向用人单位提出索赔。第三人侵权时，应当赋予受伤船员选择权，而船员的选择并不导致对未选择一方的权利主张放弃，但未填平部分的损失只能在已选择的赔偿程序确定具体化赔偿数额后才能向另一方提出索赔，法院可以先后受理这两个不同请求权基础产生的案件，这种情况不属于"一事不再理"。依据代位追偿和不当得利原则，航运公司和工伤保险机构在支付了相应的工伤保险补偿后，享有向第三方侵权人追偿的权利，但专属自身的义务除外。

具体来说区分三种情况。①在一般性受伤的情况下：护理费、交通费、食宿费和伙食补贴费，功能和目的完全相同，构成重复填补。医疗费顾名思义是指受害人因遭受人身损害而引起的治疗费用，构成重复填补，但受害船员工伤保险项目以外的合理医疗费用可以要求侵权人填补。营养费未涵盖在工伤保险赔偿内，受害船员可以要求侵权人给付。一次性工伤医疗补助金是工伤职工解除或终止劳动关系时由工伤保险基金一次性支付的医疗补助，不构成重复填补。误工费和停工留薪期工资目的相同，构成重复填补。②在伤员构成残疾的情况下：护理费均指因生活障碍需他人护理的费用，构成重复填补。残疾赔偿金与伤残补助金，都是为了弥补因劳动能力丧失而减少的收入，构成重复填补。一次性伤残就业补助金，是工伤保险基金对受害人可能产生的就业弱势的补偿，不构成重复填补。③在受害人死亡的情况下：丧葬费与社保基金支付的丧葬补助金，均是为了安葬死者，构成重复填补。侵权中的死亡赔偿金是对受害人未来收入的补偿，社保支付的一次性工亡补助金是对受害人近亲属得以预期的财产损失的补偿，功能与目的相同，构成重复填补，但因为计算标准不同，赔偿权利人可以就差额部分提出请求。被侵权人的精神损害赔偿不在工伤保险待遇范围内，不构成重复填补。

（三）便利船员主张确认和行使船舶优先权的措施

1. 将债权确认与船舶优先权的确认作相对区分

对于船员二倍工资的主张，宁波海事法院一般根据《劳动合同法》以及相应法律规定予以保护。二倍工资虽然冠以"工资"之名，而实质上其中一半并非劳动者的劳动力付出所应得的劳动报酬，而是由法律所规定的特别款项，对用人单位来说具有惩罚性质，对劳动者来说具有补偿性质。对该部分工资的优先权不予确认。对船员要求支付经济补偿金、社会保险金并确认享有船舶优先权的请求，一般不予支持，理由与二倍工资相仿。

2. 基于船员工资、船员人身损害赔偿这一海事请求依法禁止转让，故相应的船舶优先权也不得转让给垫付人

根据《合同法》第73条第1款和最高人民法院《关于适用〈中华人民共和国合同法〉若干问题的司法解释（一）》第12条规定，劳动报酬、人身伤亡损害赔偿请求权具有人身专属性，不得进行债权的转让。若船舶优先权随船员工资海事请求权的转让而移转，工资债权受让人对于船员在船工作情况、工资支付情况并不清楚，若船员不予配合或无法配合，则对于查明船员工资拖欠情况极为不利。因此，船员工资债权在获得法院判决认定前，不能进行转让，附着于其上的船舶优先权也不能随之转移。但是，在判决确定之后该项债权可以进行转让，以利于船员及时获得清偿。

3. 准予以调解方式确认船舶优先权，但要遵循必要的程序

具体分六个步骤。①在调解处理涉及船舶优先权等案件时，如当事人没有提出船舶优先权等主张的，法官应予释明，并将释明过程和当事人是否主张的情况予以记录。②对与船舶优先权等有关事实，在调解过程中应予查明，如当事人的债权是否属于具有船舶优先权的项目，船舶优先权是否已经丧失等，并对相关证据进行质证、认证。③在调解处理时，应将法院对当事人所主张的船舶优先权等是否成立、有效的确认结果告知双方当事人，并记录在案。④必须征求双方当事人对确认结果的意见，并将当事人的意见记入调解笔录，只要有一方当事人对船舶优先权等的确认表示不服，就应终结调解，经开庭审理后作出判决，只有双方当事人对船舶优先权等的确认都没有异议，才能以调解方式结案。⑤对船舶优先权等的确认，可在调解书的"上述协议符合有关法律规定，宁波海事法院予以确认"之后，表述为"宁波海事法院同时确认原告的船舶优先权主张成立（或不成立），上述款项对产生该债权的船舶享有（或不享有）船舶优先权。对此确认，原、被告双方均无异议"。⑥对涉外船员劳务合同纠纷案件，鉴于外国当事人对中国诉讼调解程序的了解程度，应慎用调解方式结案。遵循上述程序后，调解逐渐成为宁波海事法院确认船员工资享有船舶优先权的主要方式。2012～2016年，宁波海事法院共有2280份民事调解书确认船员工资享有船舶优先权，而同期确认船员工资享有船舶优先权的民事判决书仅1886份（见图5）。

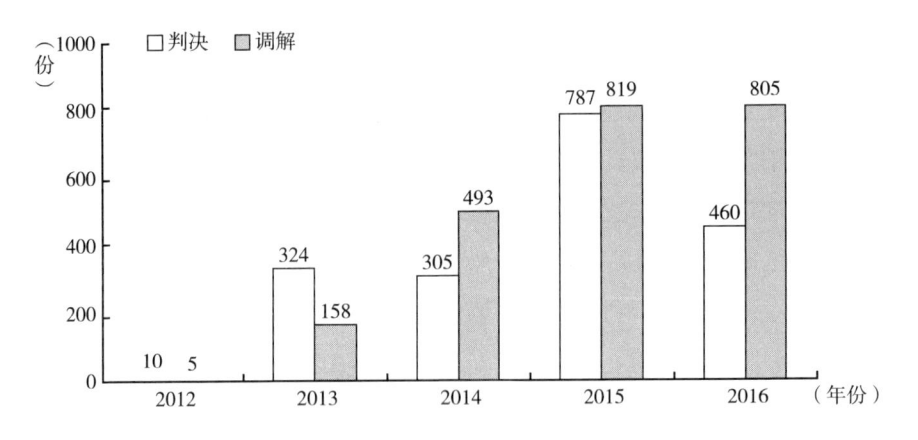

图5 2012～2016年对船员工资享有船舶优先权确认方式情况 *

*通过查询浙江法院内网办案数据关联检索平台，输入"船舶优先权　民事判决书　工资"和"船舶优先权　民事调解书　工资"进行搜索，继而甄别年份，可以得出图中所示数据。

4. 在船舶优先权的有效期间内，允许和鼓励船舶优先权先确认再行使

2015年起，宁波海事法院开始推行船舶优先权的确认和行使相互分离的做法，法律依据是船舶优先权作为《海商法》第21条、第22条赋予特定海事请求权人的一项法定权利，并非当事人的约定权利。在确认船舶优先权时，《海商法》并未要求实际扣押船舶。原告起诉要求被告立即支付拖欠的船员工资、伙食费且原告就上述债权享有船舶优先权。宁波海事法院支持了原告的诉讼请求,并在判决书中作了"原告自 2015 年 1 月 13 日起一年内就上述款项对涉案船舶享有船舶优先权,并应当通过扣押该轮行使"的表述。在涉及船舶优先权的案件执行中,可以综合考虑债务人的经营状况、财务状况、债权金额等因素,决定是否径行采取实际扣押船舶的措施。债务人经营状况正常且债权金额不大,无须通过扣押、拍卖船舶实现债权的,可以先采取限制船舶处分的措施,督促航运企业主动履行债务;如果采取限制船舶处分措施后,航运企业在规定的期限内拒不履行债务的,可以采取实际扣押船舶的措施以实现船舶优先权。

三 若干立法建议

(一)在法律中体现公司员工工资钱款及工伤赔偿

对于单船公司而言,船舶拍卖所得价款是公司员工实现其工资欠款、工伤赔偿金的主要对象。虽然宁波海事法院通过组织债权人协商,争取船舶抵押权人同意以及一般债权人理解,最终以所有债权人协商达成并经海事法院裁定认可的受偿协议,或者无法协商一致、经审判委员会讨论决定的船舶拍卖价款分配方案作为依据,对航运公司岸上人员的工资进行按比例折算清偿或全额清偿,但是并无相应的实体法律依据。

为此,建议在现行《海事诉讼特别程序法》第 111 条基础上,增加第 2 款:"船舶所有人系以被拍卖船舶为主要财产的航运企业时,与船舶所有人建立劳动关系的劳动者可以就其工资欠款向拍卖船舶的海事法院申请债权登记。"在现行《海商法》第 25 条第 1 款后加一句话:"船舶所有人系以被拍卖船舶为主要财产的航运企业时,与船舶所有人建立劳动关系的劳动者可以向海事法院请求就其工资欠款参与船舶拍卖价款分配,其受偿顺位排在本法第 22 条规定的具有船舶优先权的海事请求之后,但在船舶留置权担保的海事请求之前。"

（二）以受害人收入减少作为计算船员人身损害赔偿的依据

在将来制定的"海事法"中设置"海上人身损害责任"章节，或者由最高人民法院制定规范海上人身损害责任纠纷法律适用的司法解释，统一调整和规范海上侵权事故造成的人身损害赔偿关系。摒弃目前人身损害法律体系以城乡居民或居住地作为赔偿依据的做法，代之以受害者收入减去支出的纯收入减少方式，更为合理。若受害人死亡，则按照受害人的真实收入减去其实际支出，计算至其法定退休年龄，加上退休工资减去支出计算至全国平均死亡年龄（男女不同）止，即为其因死亡而造成的损失，作一次性赔偿。致残的根据残疾等级乘以相应的系数，即为残疾而遭受的损失。单纯受伤的则只计算医疗费和误工费等即可。受害者因从事的工作不同而产生的收入亦不同，其对家庭成员的作用也因收入不同而不同。而且无须再计算被扶养人生活费等其他项目的费用。也可以取消因城乡区别带来人为的差异。至于收入和支出，有固定收入的按其实际收入，无固定收入的按当地统计局公布的同工种社会平均工资计算。至于支出举证一般比较困难，可以采用统计局公布的社会平均支出水平计算。

（三）将船舶优先权的程序细化为三个阶段

在修改《海事诉讼特别程序法》以及相关司法解释时，在制度上将船舶优先权的程序分为主张、行使和实现三个阶段。

1. 船舶优先权主张阶段

当事人提出确认其海事请求享有船舶优先权的主张，海事法院应先依《海商法》第22条的规定审查判断当事人的海事请求是否具有船舶优先权，再根据《海商法》第29条的规定审查判断该船舶优先权是否已经消灭。如船舶优先权已经消灭，则对当事人的船舶优先权主张不予支持；如未消灭，则确认当事人在何时之前享有船舶优权。就立法修改而言，建议在现行《海商法》第28条后增加一款作为第二款，内容为："海事请求人提供的证据表明船舶优先权尚未消灭，向海事法院请求确认船舶优先权的，海事法院可以予以确认,但应当明确告知海事请求人通过申请扣押船舶行使船舶优先权的期限。"

2. 船舶优先权行使阶段

当事人提出扣押当事船舶以行使船舶优先权的申请,海事法院应依据《海商法》第 28 条的规定审查判断当事人的扣船申请是否自船舶优先权产生之日起一年内提出。若已超过一年期间,则当事人的扣船申请仅可作为一般的财产保全申请处理。需要注意的是,如果当事人在船舶优先权存续期间申请扣押当事船舶,由于无法提供船舶位置信息导致法院未能扣押船舶,那么当事人并未怠于行使权利,船舶优先权可以继续行使,例外则是其依附的海事请求未获司法支持,则船舶优先权的行使缺乏权利基础。就立法修改而言,建议在现行《海商法》第 28 条后增加一款作为第三款,内容为:"海事请求人在船舶优先权存续期间内通过申请法院扣押船舶的方式行使船舶优先权,则船舶优先权的后续行使不受第一款规定的时间限制,但海事请求依法消灭或法院不予支持的除外。"

3. 船舶优先权的实现阶段

判决生效后或申请扣船后,如果债务人均未清偿债务的,当事人只能根据《海事诉讼特别程序法》第 29 条的规定申请拍卖船舶以实现船舶优先权。海事法院依法拍卖船舶后,依照《最高人民法院关于扣押与拍卖船舶适用法律若干问题的规定》第 22 条的规定进行分配,使当事人享有船舶优先权的债权得以实现。

根据《海商法》第 30 条的规定,在海事赔偿责任限制下,海事法院无须对债权的船舶优先权属性予以认定。反之,法院如果认定债务人不享有海事赔偿责任限制,则应对债权的船舶优先权属性进行认定,并在判决作出前对债权人进行释明,要求其申请扣押船舶,以行使船舶优先权[①]。

---

① 吴勇奇:《浅论海事赔偿责任限制下的船舶优先权认定》,载《人民司法·案例》2015 年第 8 期。

自贸区法治

Free Trade Zones

B.17
法治保障自由贸易试验区发展调研报告

黄 晋*

摘 要： 中国已经建立了11个自由贸易试验区，在制度先行先试上取得了一定的突破和进展，形成了一些可复制和可推广的经验。为进一步深化自由贸易试验区改革开放，构建开放型经济新体制，有必要梳理当前自由贸易试验区的立法和管理体制、投资开放、贸易便利化和金融创新方面的内容，并就当前存在的问题提出相应的对策建议。

关键词： 自由贸易试验区 投资开放 贸易便利 金融创新

---

* 黄晋，中国社会科学院国际法研究所副研究员，国际法研究所竞争法中心副主任兼秘书长。

自 2013 年 9 月国务院批准建立中国（上海）自由贸易试验区以来，中国自由贸易试验区建设已经形成"1+3+7"的新格局①。当前，分三批次建立的上海、天津、福建、广东、辽宁、浙江、河南、湖北、重庆、四川和陕西等 11 个自由贸易试验区将对构建开放型经济新体制起到重要作用，也将为转变政府职能、创新行政管理模式、推动贸易和投资便利化以及深化金融改革提供重要支撑②。

本文从自由贸易试验区的立法与管理体制、投资开放政策、贸易便利化措施、金融创新政策等内容展开，旨在总结评估当前自由贸易试验区的发展和创新制度，为完善自由贸易试验区法治建设提出一些思路和建议。

一　自由贸易试验区的立法与管理体制

自由贸易试验区法治先行已经取得积极进展。在 11 个自由贸易试验区中，上海、广东、天津和福建等第一批和第二批设立的自由贸易试验区已经制定了本地的自由贸易试验区条例，将自由贸易试验区管理体制、投资开放与贸易便利、高端产业促进、金融创新与风险监管、综合管理与服务和法治环境等内容纳入地方法规进行调整③。其中，广东、天津和福建根据国务院要求制定的符合各地区特点的自由贸易试验区总体方案，分别以专章形式提出了粤港澳合作和"一带一路"建设、服务京津冀协调发展、闽台交流与合作等具有本地经济发展特色的内容④。辽宁、浙江、河南、湖北、重庆、四川和陕西等第三批自由贸易试验区则在正式挂牌后开始着手制定各自的自

---

① 《我国自贸试验区成"1+3+7"格局》，新华社，http://news.xinhuanet.com/2017-03/31/c_1120735370.htm，最后访问时间：2017 年 8 月 27 日。
② 《我国自贸试验区成"1+3+7"格局》，新华社，http://news.xinhuanet.com/2017-03/31/c_1120735370.htm，最后访问时间：2017 年 8 月 27 日。
③ 参见《中国（上海）自由贸易试验区条例》《中国（天津）自由贸易试验区条例》《中国（福建）自由贸易试验区条例》和《中国（广东）自由贸易试验区条例》。
④ 参见《中国（天津）自由贸易试验区条例》《中国（福建）自由贸易试验区条例》和《中国（广东）自由贸易试验区条例》。

由贸易试验区条例。步伐较快的河南、湖北和四川省政府已经通过了各自的自由贸易试验区管理办法，陕西省政府正在对本省的自由贸易试验区管理办法征求意见。

多数自由贸易试验区已经建立了明晰的管理体制。根据各自由贸易试验区条例或者管理办法的规定，自由贸易试验区通常建立了三级或者四级管理体制。自由贸易试验区所在省或者直辖市人民政府设立自由贸易试验区工作领导小组和办公室，统筹规划和研究决定自由贸易试验区的重大事项；片区所在设区的市成立片区工作领导小组，负责研究制定促进片区发展的政策措施；省或者直辖市人民政府在自由贸易试验区设立派出机构，成立自由贸易试验区管理委员会，负责自由贸易试验区的具体事务，履行有关职责[1]；在片区层面，自由贸易试验区片区管理机构具体行使对自由贸易试验区相应片区的行政管理职能，承担相应管理责任。例如，上海市设立了保税区管理局、陆家嘴管理局、金桥管理局、张江管理局和世博管理局等5个区域管理局作为市政府派出机构，并委托浦东新区进行管理；天津市则在自由贸易试验区管委会下设立三个派出机构，在原有东疆保税港区管理委员会、保税区管理委员会、滨海新区中心商务区管理委员会基础上加挂片区办事处牌子，行使对自由贸易试验区相应片区的管理职能，承担相应管理责任。

二 自由贸易试验区的投资开放政策

（一）外商投资领域

各自由贸易试验区对外商投资实行准入前国民待遇加负面清单管理模

---

[1] 需要指出的是，有些自由贸易试验区管理委员会与区一级人民政府合署办公，如上海自贸区管理委员会与浦东新区、广东自由贸易试验区广州南沙片区与南沙区人民政府、广东自由贸易试验区横琴新区片区与横琴区人民政府等。

式①。准入前国民待遇，即准入阶段的国民待遇，是指东道国在企业设立、取得、扩大等阶段给予外国投资者及其投资不低于本国投资者及其投资的待遇②。负面清单，又称消极清单或者否定列表，是东道国禁止外商投资准入或者对外商投资有限制要求的清单。在负面清单中，东道国会明确列出禁止外资进入或有限制要求的领域，即不符合国民待遇等原则的外商投资准入特别管理措施，清单以外的领域则充分开放。

中国已经出台了4版负面清单。当前最新的负面清单是2017年7月10日施行的《自由贸易试验区外商投资准入特别管理措施（负面清单）（2017年版）》（以下简称"2017年版负面清单"）③。

与上一版负面清单相比，2017年版负面清单的内容更为透明和详细。2017年版负面清单依据《国民经济行业分类》制定，划分为15个门类、40个条目、95项特别管理措施，适用于当前11个自由贸易试验区④。清单进一步放宽了外资并购的准入限制，除了涉及负面清单的外资并购以外，其他全部由审批改为备案管理⑤；提高了投资领域的开放度，主要涉及第二产业和第三产业⑥；增强了外资准入的透明度，如规范27个领域具体条目的表述、列明银行服务等领域的限制性措施，包括投资者资质、业绩要求、股比要求和业务范围等⑦。对于负面清单内的非禁止投资领域，2017年版负面清

---

① 参见《中国（上海）自由贸易试验区条例》《中国（天津）自由贸易试验区条例》《中国（福建）自由贸易试验区条例》和《中国（广东）自由贸易试验区条例》等。
② 胡加祥：《国际投资准入前国民待遇法律问题探析——兼论上海自贸区负面清单》，《上海交通大学学报》（哲学社会科学版）2014年第1期。
③ 见中国政府网，http://www.gov.cn/zhengce/content/2017-06/16/content_5202973.htm，最后访问时间：2017年8月27日。
④ 见中国政府网，http://www.gov.cn/zhengce/content/2017-06/16/content_5202973.htm，最后访问时间：2017年8月27日。
⑤ 减少的条目包括轨道交通设备制造、医药制造、道路运输、保险业务、会计审计和其他商务服务等6条，同时整合减少了4条；除关联并购以外，凡是不涉及准入特别管理措施的外资并购，全部由审批改为备案管理。
⑥ 如采矿业、制造业、交通运输业、信息和商务服务业、金融业、科学研究和文化等领域。
⑦ 《2017年版自贸试验区外商投资负面清单减至95项》，商务部，http://www.mofcom.gov.cn/article/difang/201706/20170602601811.shtml，最后访问时间：2017年8月27日。

单要求须进行外资准入许可；负面清单外的领域，取消了2015年版负面清单关于清单之外领域由所在地省级人民政府发布实施指南的要求，在自由贸易试验区内实施内外资一致原则；同时为与《民法总则》相衔接，增加了清单未列出的与非营利组织的特别管理措施，按照相关规定执行的内容。

此外，2017年版负面清单保留了自由贸易试验区内外商投资须遵守清单未列出的特别管理措施、涉及国家安全的应当进行安全审查的内容①。

当前，国家已经在上海等4个自由贸易试验区改革试点的基础上修改了《外资企业法》等4部法律，将外商投资备案管理改革向全国全面铺开②。对于在自由贸易试验区内设立及变更外商投资企业不涉及国家规定实施准入特别管理措施的，《外商投资企业设立及变更备案管理暂行办法》授权自由贸易试验区的相关机构负责区内外商投资企业设立及变更的备案管理工作③。2017年7月30日，商务部对《外商投资企业设立及变更备案管理暂行办法》作了进一步修订，明确指出，对外国投资者并购境内非外商投资企业以及对上市公司实施战略投资，不涉及特别管理措施和关联并购的，也适用备案管理④。

除了涉及国务院明确规定的特别的国内投资项目以外，自由贸易试验区对外商投资的一般项目均实行备案管理。2014年施行的《外商投资项目核准和备案管理办法》将上海自由贸易试验区试点的外商投资项目备案管理制度进一步推广到全国。核准管理的项目仅适用于关系国家安全、涉及全国重大生产力布局、战略性资源开发和重大公共利益等类型的项目，其余都实

---

① 见中国政府网，http://www.gov.cn/zhengce/content/2017-06/16/content_5202973.htm，最后访问时间：2017年8月27日。
② 见中国人大网，http://www.npc.gov.cn/npc/xinwen/2016-09/03/content_1996747.htm，最后访问时间：2017年8月27日。
③ 见商务部网站，http://wzs.mofcom.gov.cn/article/n/201707/20170702617572.shtml，最后访问时间：2017年8月27日。
④ 见商务部网站，http://wzs.mofcom.gov.cn/article/n/201707/20170702617572.shtml，最后访问时间：2017年8月27日。

行备案管理①。根据《企业投资项目核准和备案管理条例》的规定，备案管理的项目依属地原则实施，备案机关及其权限由省、自治区、直辖市和计划单列市人民政府规定；核准项目依照政府核准的投资项目目录执行②。2017年4月，为具体落实《企业投资项目核准和备案管理条例》的要求，国家发展改革委发布了《企业投资项目核准和备案管理办法》③。

为进一步提升外商投资环境，国务院于2017年8月16日发布了《关于促进外资增长若干措施的通知》④。通知对国务院外资管理部门提出了新的要求，涉及进一步减少外资准入限制、制定财税支持政策、完善国家级开发区综合投资环境、便利人才出入境、优化营商环境等5个方面的内容⑤。通知明确要求国家发展和改革委员会、商务部尽快在全国推行自由贸易试验区试行过的外商投资负面清单⑥。

（二）境外投资

当前，各自由贸易试验区内均立法鼓励投资者开展多种形式的境外投资。除了国务院规定以外，自由贸易试验区内企业境外投资一般项目均实行备案管理。根据国家发展和改革委员会2014年5月施行的《境外投资项目核准和备案管理办法》，需要进行核准的境外投资项目有：中方投资额达到10亿美元及以上的，涉及敏感国家和地区、敏感行业的；中方投资额20亿

---

① 参见《企业投资项目核准和备案管理条例》，http://www.gov.cn/zhengce/content/2016-12/14/content_5147959.htm，最后访问时间：2017年8月27日。
② 见中国政府网，http://www.gov.cn/zhengce/content/2016-12/14/content_5147959.htm，最后访问时间：2017年8月27日。
③ 见国家发展改革委网站，http://www.ndrc.gov.cn/zcfb/zcfbl/201703/W020170322375599892028.pdf，最后访问时间：2017年8月27日。
④ 见中国政府网，http://www.gov.cn/zhengce/content/2017-08/16/content_5218057.htm，最后访问时间：2017年8月27日。
⑤ 见中国政府网，http://www.gov.cn/zhengce/content/2017-08/16/content_5218057.htm，最后访问时间：2017年8月27日。
⑥ 见中国政府网，http://www.gov.cn/zhengce/content/2017-08/16/content_5218057.htm，最后访问时间：2017年8月27日。

美元及以上,并涉及敏感国家和地区、敏感行业的①。当前,国家对备案项目实施分级管理。上海市、福建省和天津市等已经将注册在自由贸易试验区片区内地方企业实施的省级权限内的境外投资一般项目备案管理权下放给自由贸易试验区(或者自由贸易试验区片区)管理委员会②。

为加强企业境外投资管理,商务部于2014年9月颁布了《境外投资管理办法》,企业境外投资涉及敏感国家和地区、敏感行业的,实行核准管理;企业其他情形的境外投资,实行备案管理③。境外投资同样实行分级管理。上海市、广东省、天津市、福建省等已经将地方企业非敏感国家和地区、非敏感行业境外投资备案管理权下放给自由贸易试验区(或者自由贸易试验区片区)管理委员会④。

2017年8月4日,为进一步规范境外投资,国务院办公厅转发了《国家发展和改革委员会、商务部、人民银行、外交部关于进一步引导和规范境外投资方向指导意见的通知》⑤。《关于进一步引导和规范境外投资方向的指

---

① 见国家发展改革委网站,http://www.ndrc.gov.cn/zcfb/zcfbl/201404/W020140410560098013507.pdf,最后访问时间:2017年8月27日。
② 《中国(上海)自由贸易试验区境外投资项目备案管理办法》,上海市商务委员会网站,http://www.scofcom.gov.cn/wgtzgl/232017.htm,最后访问时间:2017年8月27日。另见福建省人民政府网站,http://www.fujian.gov.cn/ggfwpt/zsyz/zcfg/cyzc/sfgw/201512/t20151228_1114914.htm,最后访问时间:2017年8月27日;天津市人民政府网站,http://www.tjzb.gov.cn/2015/system/2015/04/29/010000498.shtml,最后访问时间:2017年8月27日。
③ 见商务部网站,http://www.mofcom.gov.cn/article/b/c/201409/20140900723361.shtml,最后访问时间:2017年8月27日。
④ 《中国(上海)自由贸易试验区境外投资开办企业备案管理办法》,上海市商务委员会网站,http://www.scofcom.gov.cn/wgtzgl/232015.htm,最后访问时间:2017年8月27日;《广东省商务厅关于境外投资管理的实施细则》,广东省人民政府网站,http://www.gd.gov.cn/govpub/bmguifan/201512/t20151214_222334.htm,最后访问时间:2017年8月27日;《福建省商务厅关于印发〈中国(福建)自由贸易试验区境外投资开办企业备案管理暂行办法〉的通知》,福建省商务厅网站,http://www.fiet.gov.cn/zjswt/jgzn/jgcs/zcfgc/gfxwj_346/swtgfxwj/201506/t20150603_61345.htm;《中国(天津)自由贸易试验区〈境外投资管理办法〉实施细则》,天津市人民政府网站,http://www.tjcoc.gov.cn/html/2015/gongshigonggao_0420/32807.html,最后访问时间:2017年8月27日。
⑤ 见国家发展和改革委员会网站,http://wzs.ndrc.gov.cn/zcfg/201708/t20170818_858262.html,最后访问时间:2017年8月27日。

导意见》从指导思想、基本原则、鼓励开展的境外投资、限制开展的境外投资、禁止开展的境外投资和保障措施等6个方面对中国企业的境外投资方向提出了意见和建议，有助于规范境外投资活动。

三 自由贸易试验区的贸易便利化措施

海关监管是自由贸易试验区贸易制度的核心内容。当前自由贸易试验区在通关监管上实施"一线管理放开，二线管理安全高效关注"原则。一线管理是指自由贸易试验区与境外之间的管理，二线管理是指自由贸易试验区与境内区外之间的管理。根据该原则，中国海关在各自由贸易试验区已经逐步建立了与国际贸易业务发展需求相适应的监管模式。

继 2013 年海关总署发布《关于安全有效监管支持和促进中国（上海）自由贸易试验区建设的若干措施》在上海自由贸易试验区创新海关监管、推动贸易便利化以来①，海关总署又通过了 3 个规范性文件②，积极支持广东、天津和福建等自由贸易试验区的建设与发展③。目前，上海自贸区海关推出的"23 + 8"项制度中已有 21 项在全国复制推广，占上海、福建、天津和广东自由贸易试验区的 84%，其中"先进区、后报关""自行运输""三自一重"等改革成果在全国复制推广④。针对广东、天津和福建自由贸易试验区的不同定位，海关总署还依据各地自由贸易试验区的区位优势分别

---

① 《海关总署关于安全有效监管支持和促进中国（上海）自由贸易试验区建设的若干措施》，海关总署，http：//wzs. mofcom. gov. cn/article/zt _ zymysyq/column02/myl/201611/20161101991618. shtml，最后访问时间：2017 年 8 月 27 日。
② 这 3 个规范性文件分别是《关于支持和促进中国（福建）自由贸易试验区建设发展的若干措施》《关于支持和促进中国（天津）自由贸易试验区建设发展的若干措施》和《关于支持和促进中国（广东）自由贸易试验区建设发展的若干措施》。
③ 《海关总署出台措施支持 7 个新设自贸试验区发展》，海关总署，http：//www. customs. gov. cn/publish/portal0/tab49564/info845310. htm，最后访问时间：2017 年 8 月 27 日。
④ 《对标国际 深耕改革——上海自贸区新型海关监管制度基本形成》，人民网，http：//paper. people. com. cn/rmrbhwb/html/2016 - 09/29/content _ 1716109. htm，最后访问时间：2017 年 8 月 27 日。

就粤港澳深度合作、天津自由贸易试验区优势产业发展和闽台经贸合作等提供了一定的政策支持。

2017年4月，海关总署又分别出台了支持辽宁等7个新设自由贸易试验区建设发展的措施，分别拟定多方面支持措施①。这些支持措施主要有：创新海关监管制度、推进自由贸易试验区"互联网+海关"特色服务、建设国际贸易"单一窗口"、实施保税监管改革、改革加工贸易监管模式、加快海关特殊监管区域和保税监管场所整合优化、支持新型贸易发展、培育法治化营商环境、实施知识产权海关保护等②。这些措施突出了7个自由贸易试验区的区位优势。

四 自由贸易试验区的金融创新政策

上海自由贸易试验区成立以来，已先后开展了自由贸易账户业务、投融资汇兑便利化、人民币跨境使用、利率市场化、外汇管理改革等一系列金融创新试点③。

在中国人民银行、银监会、证监会、保监会等国家有关部门支持下，上海市政府在资本项目可兑换和金融服务业开放为重点的金融制度创新上取得了突破性进展。

一是构建了金融领域制度创新框架。中国人民银行、银监会、证监会和保监会等国家有关部门和上海市政府分别发布了《关于金融支持中国（上海）自由贸易试验区建设的意见》《关于中国（上海）自由贸易试验区银行业监管有关问题的通知》《关于资本市场支持促进中国（上海）自由贸易试

---

① 《海关总署出台措施支持7个新设自贸试验区发展》，海关总署，http://www.customs.gov.cn/publish/portal0/tab49564/info845310.htm，最后访问时间：2017年8月27日。
② 《海关总署出台措施支持7个新设自贸试验区发展》，海关总署，http://www.customs.gov.cn/publish/portal0/tab49564/info845310.htm，最后访问时间：2017年8月27日。
③ 《上海自贸区基本形成金融创新制度框架》，《新华每日电讯》2017年1月11日，第7版。另见《上海自贸区基本形成金融创新制度框架》，中国政府网，http://www.gov.cn/xinwen/2017-01/10/content_5158530.htm，最后访问时间：2017年8月27日。

验区若干政策措施》《保监会支持中国（上海）自由贸易试验区建设》（以下简称"金改51条"）和《进一步推进中国（上海）自由贸易试验区金融开放创新试点　加快上海国际金融中心建设方案》（以下简称"金改40条"），并出台了近20个实施细则，发布了7批共80个金融创新案例，内容丰富、种类多样①。

二是创设了自由贸易账户体系。自由贸易账户已广泛应用于贸易结算等领域②。

三是完善了金融市场开放制度设计，推进了金融市场平台建设，如扩大银行间债券市场开放，开展"熊猫债"发行；成立上海保险交易所，打造国际再保险、国际航运保险等业务平台；成立上海国际黄金交易中心等③。

四是加强金融监管协调，有效防控金融风险。自由贸易试验区搭建了跨部门的协调机制，促进信息共享和沟通协调。同时，上海积极发挥自由贸易试验区制度创新优势，启动了金融综合监管试点工作④。

国务院于2017年3月印发了《全面深化中国（上海）自由贸易试验区改革开放方案的通知》（以下简称《全改方案》）⑤。《全改方案》指出，上海自由贸易试验区应深化开放创新，与上海国际金融中心建设加强联动，构建面向国际的金融市场体系，建设人民币全球服务体系，有序推进资本项目可兑换试点；上海自由贸易试验区应推动上海国际金融中心与"一带一路"沿线国家和地区金融市场、境外人民币离岸市场的合作，推进人民币债券和

---

① 《上海自贸区满三年　金融开放创新为上海纽约打开更大合作空间》，第一财经网站，http://www.yicai.com/news/5133141.html，最后访问时间：2017年8月27日。
② 《上海自贸区满三年　金融开放创新为上海纽约打开更大合作空间》，第一财经网站，http://www.yicai.com/news/5133141.html，最后访问时间：2017年8月27日。
③ 《上海自贸区满三年　金融开放创新为上海纽约打开更大合作空间》，第一财经网站，http://www.yicai.com/news/5133141.html，最后访问时间：2017年8月27日。
④ 《上海自贸区满三年　金融开放创新为上海纽约打开更大合作空间》，第一财经网站，http://www.yicai.com/news/5133141.html，最后访问时间：2017年8月27日。
⑤ 见中国政府网，http://www.gov.cn/zhengce/content/2017-03-31/content_5182392.htm，最后访问时间：2017年8月27日。

资产证券化产品,支持境外企业利用上海资本市场,吸引沿线国家央行等投资境内人民币资产,发展海外投资保险等业务,支持金砖国家新开发银行的发展等①。此外,上海自由贸易试验区改革还应与上海市改革强化联动机制,在浦东新区或上海推广改革试点任务②。

2015年12月,在总结和借鉴上海自由贸易试验区经验基础上,中国人民银行又分别发布了关于金融支持广东、天津和福建等3个自由贸易试验区建设的指导意见③,这些指导意见各具特色。其中,广东自由贸易试验区主要以粤港澳金融合作为重点,开展跨境人民币双向融资;福建自由贸易试验区以深化两岸金融合作为主线,支持两岸经贸合作和21世纪海上丝绸之路核心区建设;天津自由贸易试验区则立足天津区位特征和经济特色,围绕金融支持租赁业发展特点,带动全国租赁业繁荣④。

这些指导意见有利于促进广东、天津和福建自由贸易试验区跨境贸易和投融资便利化,进而支持区内实体经济发展。以天津自由贸易试验区为例,截至2017年2月,天津融资租赁企业近1300家,其中金融租赁公司8家,内资融资租赁试点企业30家,外资融资租赁企业达1260余家,其绝大部分注册在滨海新区;注册资金4400多亿元,融资租赁企业总资产超过9000亿

---

① 见中国政府网,http://www.gov.cn/zhengce/content/2017-03/31/content_5182392.htm,最后访问时间:2017年8月27日。另见《上海自贸区"3.0"版改革:建设自由贸易港区》,中国证券网,http://news.cnstock.com/news,yw-201704-4058382.htm,最后访问时间:2017年8月27日。

② 见中国政府网,http://www.gov.cn/zhengce/content/2017-03/31/content_5182392.htm,最后访问时间:2017年8月27日。

③ 见中国政府网,http://www.gov.cn/gongbao/content/2016/content_5059111.htm,最后访问时间:2017年8月27日。《人民银行关于金融支持中国(天津)自由贸易试验区建设的指导意见》,中国政府网,http://www.gov.cn/gongbao/content/2016/content_5059109.htm,最后访问时间:2017年8月27日;《中国人民银行关于金融支持中国(福建)自由贸易试验区建设的指导意见》,中国政府网,http://www.gov.cn/xinwen/2015-12/11/content_5022937.htm,最后访问时间:2017年8月27日。

④ 《央行发布金融支持广东、天津、福建自贸区指导意见》,新华网,http://news.xinhuanet.com/fortune/2015-12/11/c_1117434081.htm,最后访问时间:2017年8月27日。

元，资产规模占到全国的近三分之一①。

随着辽宁等7个自由贸易试验区挂牌成立，这些自由贸易试验区的金融支持政策也在积极酝酿中。当前有关这些自由贸易试验区金融支持的规范性文件主要有：《关于四川银行业支持中国（四川）自由贸易试验区建设的指导意见》《关于金融支持中国（辽宁）自由贸易试验区建设的指导意见》《金融服务中国（陕西）自由贸易试验区的若干意见》等。

五 自由贸易试验区发展的问题与建议

尽管自由贸易试验区建设已经取得了一定的成效，然而自由贸易试验区在立法和管理体制、投资开放、贸易便利化和金融创新等方面仍然存在一些问题和不足。

一是管理体制机制有待进一步理顺。当前自由贸易试验区所在地多有国家级新区、跨境工业区、保税区、经济技术开发区等各种园区，部分自由贸易园区管理人员或者直接由上述园区管理人员兼任，或者直接由自由贸易园区所在地人民政府人员兼任，导致自由贸易园区管理工作难以有效展开，某些自由贸易试验区片区至今仍没有建立网站，信息并不公开透明。此外，监管部门之间联合监管和跨部门协调不通畅，投资、贸易和金融方面事权多集中在国务院各部门，中央层面政策支持力度不够，均会导致地方自主性、能动性不足。

二是贸易、投资和金融支持政策含糊不清难以落地。由于缺乏上位法授权，国务院各部门对自贸园区的支持政策多以规范性文件为主，内容模糊，导致各地方难以有效落实。例如，在人民币跨境使用方面，存在个人跨境人民币业务中的个人身份难以认定的问题；在外汇管理方面，存在外债额度不明确的问题等。

---

① 《天津融资租赁业总资产逼近万亿 占全国近三分之一》，第一财经，http://www.yicai.com/news/5222301.html，最后访问时间：2017年8月27日。

三是部分自由贸易试验区受到产业和服务同质化竞争以及政策趋同的限制。沿海自由贸易试验区所在地区的发展多以航运物流、国际贸易、金融服务为主，产业和服务同质化竞争严重。这种同质化竞争给自由贸易试验区带来了深远的影响，当前自由贸易试验区纷纷立法争相发展总部经济、营运中心、结算中心和服务贸易公共服务平台。尽管国务院针对不同自由贸易试验区提出了具有一定差异化的总体方案要求，然而受制于这种同质化竞争，以及国务院各部委针对不同自由贸易试验区缺乏明显差异化的政策支持，自由贸易试验区在制度创新上的探索能力受到约束。

有鉴于此，有必要从以下几个方面继续对自由贸易试验区提供法律和政策支持。

第一，加强顶层设计，尽快出台"自由贸易试验区条例"。"自由贸易试验区条例"应当成为调整当前11个自由贸易试验区的法律基础，也是国务院各部门和地方政府制定适用于自由贸易试验区规章的上位法，从而为规范自由贸易试验区发展、为自由贸易试验区进行制度创新提供法律保证。"自由贸易试验区条例"应涉及：自由贸易试验区的概念、定位与目标，自由贸易试验区的管理体制和职责，规划、建设与发展，贸易、投资与金融促进，以及法律责任等内容。

第二，理顺自由贸易试验区的管理体制和机制，落实其促进制度创新发展的作用。自本届政府执政以来，一直致力于简政放权、放管结合、优化服务的协同推进，通过行政体制改革助推政府职能转变，以激发市场活力和社会创造力[①]。为此，有必要厘清自由贸易试验区与国家级新区、跨境工业区、保税区、经济技术开发区等各种园区的关系，精简效能，理顺自由贸易试验区的管理体制和机制，节约资源，促进政府职能转变，从而发挥自由贸易试验区制度创新发展的应有作用。

第三，放宽对各自由贸易试验区商事和差异化监管制度创新的政策限

---

① 《三大关系逐步厘清　行政体制改革渐入佳境》，第一财经，http://www.yicai.com/news/5061821.html，最后访问时间：2017年8月27日。

制,提高自由贸易试验区的创新能力。当前各国和各地区的竞争不仅包括产业、服务与标准的竞争,更重要的是制度的竞争。制度越好,资源就会越多,反之亦然。为此,有必要鼓励各自由贸易试验区试行差异化的商事和监管政策,调动各地自由贸易试验区更大的能动性,积极探索发展创新制度,进而一定程度上抵消各地区产业和服务同质化竞争带来的负面影响。

自由贸易试验区是国家全面深化改革、构建开放型经济新体制的试验田。通过吸收国内外立法、执法经验和发展实践经验,我们才能真正把自由贸易试验区建设成为投资贸易便利、规则制度透明、政府服务高效、营商环境便利的高标准自由贸易园区,从而为在全国范围内完善政府治理能力、促进投资便利、调整贸易结构、提高通关效率、深化金融创新发展服务。

B.18
上海海事法院涉自贸区案件审判的进展(2016)

上海海事法院课题组*

摘　要： 随着上海自由贸易试验区和国际航运中心建设的全面落实推进，海事司法通过发挥其职能作用为自贸区建设提供良好的司法服务和有力的司法保障，既是海事司法的职责使命，也是当前面临的新课题、新任务。上海海事法院自由贸易试验区法庭自成立以来，紧随自贸区改革探索的步伐，积极应对新形势对海事审判工作提出的新需求，为自贸区内航运行业的有序健康发展保驾护航。本文对2016年度涉自贸区审判工作的总体情况进行了梳理，对上海海事法院围绕涉自贸区审判工作的亮点，以及值得关注的问题等进行了总结。

关键词： 自由贸易试验区　海事审判　审判工作综述

随着"一带一路"、海洋强国等国家战略不断深化，海事司法在维护国家海洋权益和服务保障上海国际航运中心建设方面肩负更加重大的责任。2016年，上海跨入深入推进中国（上海）自由贸易试验区建设和到2020年基本建成具有全球航运资源配置能力的国际航运中心的关键时期。上海海事法院紧紧围绕服务国家战略和上海"创新驱动发展、经济转型升级"的目

---

* 课题组负责人：金晓峰，上海海事法院自由贸易试验区法庭庭长。执笔人：廖璐琪，上海海事法院研究室法官助理。

标，主动适应自贸区和上海国际航运中心建设对海事司法的新需求，对接"国际化、法治化、市场化"目标，在公正高效解决纠纷、优化自贸区营商环境等方面发挥了积极作用。

一 上海海事法院涉自贸区海事审判工作面临的形势

上海自贸区的设立，是加快推进上海国际航运中心建设的重要契机。与自贸区成立之初相比，近两年来新政策落实的步伐明显加快，各种因素的叠加效用使得放大效应更加突出，对行业的带动作用也更加明显。自贸区内航运产业的经营规模和影响力逐步扩大，整体经营发展环境更加国际化、市场化、高端化、专业化。涉自贸区的海事审判工作也面临外部发展环境迅速变化、改革措施陆续落地、新类型案件不断出现等新情况。

首先，《上海市推进国际航运中心建设条例》正式出台，融合国际航运中心与自贸区建设两大核心，目标指向是营造具有国际竞争力的航运发展环境，为自贸区内航运产业的诸多创新提供了便利条件和依据。上海海事法院顺应形势发展对海事司法的新需求，发布了《关于深入实施海事审判精品战略的工作意见》和《关于强化海事司法职能服务 保障国家战略的工作意见》，这一系列规定对做好自贸区海事审判工作提出了更高要求，也为各项服务保障举措提供了政策依据。

具体到航运产业的发展情况，随着"负面清单"制度的落实，船舶管理行业的大门正缓缓开启，撬动了航运资源的配置结构。包括威仕、泰昌祥等在内的14家优质外资船舶管理企业先后在自贸区设立分支机构，并与20余家船舶管理上下游企业签订战略合作协议，覆盖了机务、船员、船舶租赁买卖、海上保险等广泛领域，以点带面激活了上下游产业的协同发展。多个"第一家"在自贸区内纷纷破土：第一家专业再保险经纪公司、第一家独资游艇设计公司、第一家独资国际船舶管理公司等纷纷随之落户；上海保险交易所、中远海运集团等专业机构和要素市场也在自贸区落地生根，促进了上海国际航运中心服务能级的提升。

自贸区内纠纷的解决途径也得到了扩展，中国海事仲裁委员会上海分会在自贸区开启仲裁业务，香港国际仲裁中心、新加坡国际仲裁中心、国际商会仲裁院也先后在区内成立了该中心的上海代表处，与仲裁活动相配套的中国国际贸易促进委员会上海海损理算中心、上海海事司法鉴定中心等机构也相继入驻，实现了自贸区内多元化纠纷解决方式和配套机构的突破，成为服务业对外开放的典型案例之一。今后，随着贸易投资便利化、开放程度扩大，国际投资贸易活动频繁势必产生更多的矛盾纠纷，市场主体在纠纷解决途径上被赋予了更多选择。涉外海事仲裁的发展离不开司法的支持和监督，也为海事审判的发展和与仲裁的协作提供了新的议题。

与此同时，航运市场上的"中国声音"也开始发挥影响力。中国海事仲裁委员会标准造船合同（上海格式）正式发布，这是第一个由中国制定的国际航运通行标准，打破了航运业界采用的造船、租船等格式合同长期由西方国家制定，并在伦敦依据英国法律进行仲裁的传统纠纷解决模式。新格式的出现和发展，有待业界和司法、仲裁共同加以打磨完善，需要海事司法迅速适应新合同、及时反馈新问题。

此外，港航基础设施建设也取得了一系列突破，如全球规模最大、最先进的全自动化集装箱码头在上海洋山深水港投入运营，以外高桥港和洋山港为主的上海港继续保持全球集装箱第一大港地位，外高桥港区六期、洋山深水港区四期等扩建工程的开展，迅速扩充了上海地区港航业的基础设施规模，良好的物流设施基础将为今后发展航运枢纽、开展多式联运、实现内陆与沿海以及海外的物流互通中心创造可能。

二 2016年度上海海事法院涉自贸区审判工作情况概述

上海海事法院对涉自贸区案件采取集中管理的模式，主要由自由贸易试验区法庭（以下简称"自贸区法庭"）承担涉自贸区案件的审判任务，另有少量航运金融案件交由设在海商法庭的航运金融合议庭处理。

就案件总量而言，随着自贸区内入驻企业逐年增加、营商活动日渐活跃，近年来受理的涉自贸区案件数量也呈现逐年大幅上升的趋势。近三年来涉自贸区案件的收结案情况见图1，2014~2016年，上海海事法院共受理涉自贸区案件分别为119件、351件、477件，逐年上升保持较大增速，分别达到194.96%、35.90%。

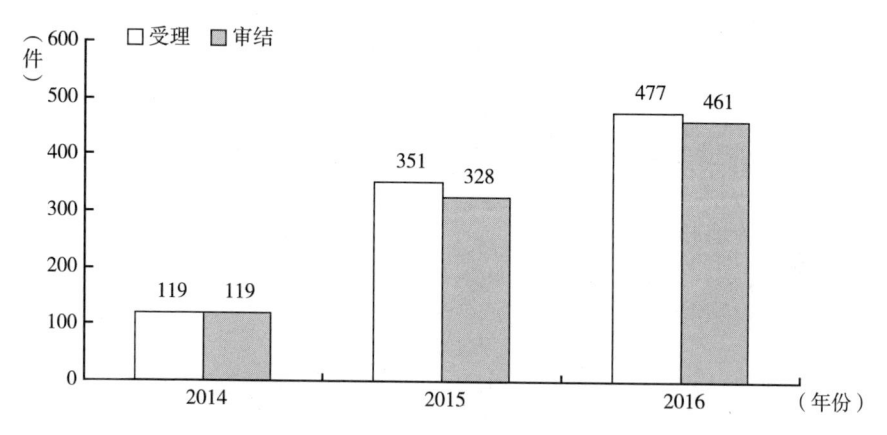

图1　上海海事法院2014~2016年涉自贸区案件收结情况

数据来源：上海海事法院。下同。

就受理案件的类型构成来看，2016年度受理的案件中一审海事海商案件所占比例较高，共423件、占比88.68%，特别程序等案件共54件、占11.32%。数量较多的案件案由为：海上货运代理合同纠纷181件，海上货物运输合同纠纷148件，航运金融类案件39件（包括船舶营运借款合同纠纷、金融借款合同纠纷、船舶融资租赁合同纠纷等）。其余船员劳务合同纠纷、港口作业纠纷、物料和备品供应合同纠纷等案件数量均较少（见图2）。这与自贸区内港航行业中货代、运输、航运金融等领域基础较好、发展较为迅速的情况保持一致。

从审结案件的方式来看，涉自贸区结案中的407件一审海事海商案件，以撤诉和调解方式结案的比例较大，具体的数量和比例见图3。以撤诉和调解方式审结的案件占大多数，分别为292件和52件，判决方式结案的50件，另有13件以其他方式结案。

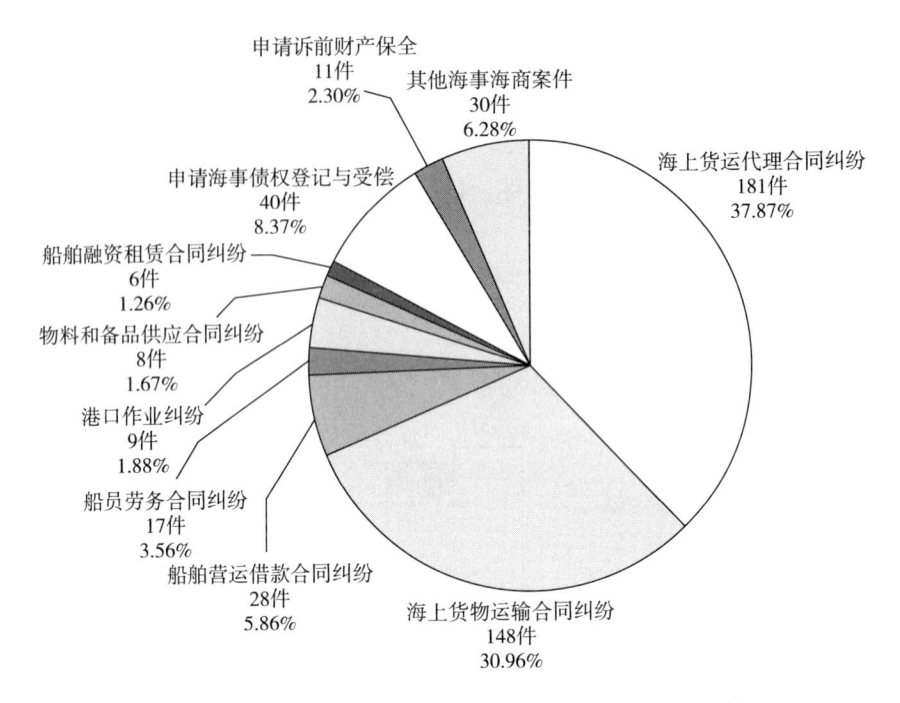

图2　上海海事法院2016年受理的涉自贸区案件类型分布情况

- 申请诉前财产保全　11件　2.30%
- 其他海事海商案件　30件　6.28%
- 海上货运代理合同纠纷　181件　37.87%
- 申请海事债权登记与受偿　40件　8.37%
- 船舶融资租赁合同纠纷　6件　1.26%
- 物料和备品供应合同纠纷　8件　1.67%
- 港口作业纠纷　9件　1.88%
- 船员劳务合同纠纷　17件　3.56%
- 船舶营运借款合同纠纷　28件　5.86%
- 海上货物运输合同纠纷　148件　30.96%

说明：因保留小数点后两位四舍五入，百分比总和略有浮动。

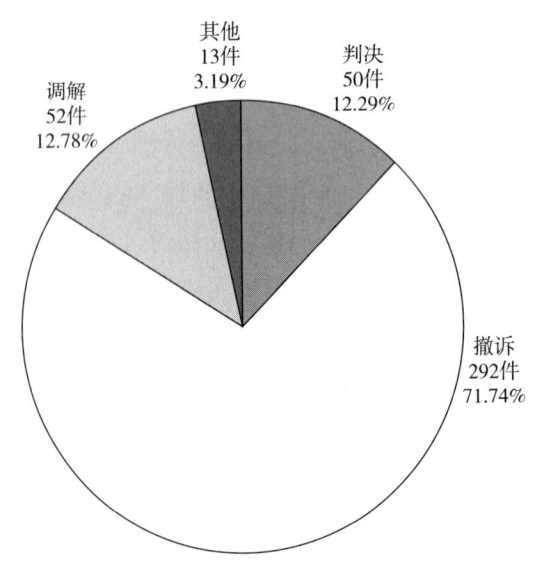

图3　上海海事法院2016年审结的涉自贸区案件结案方式情况

- 其他　13件　3.19%
- 判决　50件　12.29%
- 调解　52件　12.78%
- 撤诉　292件　71.74%

三 2016年度上海海事法院涉自贸区案件反映的突出特点

通过对2016年度上海海事法院受理和审结的涉自贸区案件进一步细化统计分析可以发现，2016年度并非只是案件数量的单纯增长，案件的具体情况和特点较之前两年发生了一些变化。

（一）伴随收案数量增长，案件类型分布也有明显变化

2016年，上海海事法院受理的涉自贸区海事海商案件增幅达到了35.90%，大幅增长的态势不容小觑。伴随收案数量的增长，收案类型也出现了较为明显的变化。上一年度收案数量最多的几类案件依次为船员劳务合同纠纷、海上货运代理合同纠纷、海上货物运输合同纠纷，在全部案件中所占的比例分别为29.34%、15.38%、10.26%；其他类型的案件数量均较少，普遍不超过5件。特别是航运金融类纠纷仅有10件（其中船舶营运借款和抵押合同纠纷9件、海上保险合同纠纷1件）。如前文所述，2016年度收案类型分布中，货代合同纠纷和运输合同纠纷的数量和比例都有大幅度增长。同时，与航运金融有关的船舶营运借款合同纠纷、船舶融资租赁合同纠纷、金融借款合同纠纷等案件更为抢眼，达到了39件，标的额也普遍较大。

这一情况由多重因素共同造成。一方面，自贸区的各项政策落实和扩围后，区内注册企业数量增加，营商活动更加活跃，引发的纠纷也有所增加。另一方面，航运市场整体不景气的情况依然持续，航运企业长期累积的亏损大多都依赖诉讼途径解决，故上海海事法院的整体收案量近年来也保持高位增长，近两年的收案总量都在5000件上下，较之前几乎翻了一番，同期其他海事法院受理案件量也普遍明显增长；受大环境影响，自贸区内涉及港航行业的纠纷也比较突出。同时，航运金融案件的明显增长源于区内航运金融领域的快速发展，从事融资租赁、航运保险等业务的企业纷纷入驻自贸区，大型保险公司纷纷将其航运保险运营中心设在自贸区内，涉及这些主体的案件相应也有所增长。最后，部分航运公司因经营状况恶化而集中涉诉也是涉

自贸区案件数量增长的偶然性因素。例如，受海口南青、韩进海运等大型航运企业申请破产保护的影响，自贸区内多家提供港口服务的企业集中申请诉前保全和诉讼的案件数量突增。

（二）案件的区域分布差异较大，自贸区片区功能定位凸显

自贸区目前划分为六大功能片区，分别侧重于不同的贸易产业领域。涉自贸区的海事案件在这些片区中的分布数量差异较大，可以看出自贸区各功能片区定位有较大差别。近两年来受理的涉自贸区案件涉及的片区分布见表1，定位于为货物贸易提供海上运输服务的洋山片区内，航运企业的集聚程度高于其他片区，出现的纠纷也多与货物运输、船舶租赁、港口作业等相关，涵盖货物运输、港口作业、船员劳务等多种类型。而定位于发展货运代理、物流等运输辅助性行业和加工贸易等运营的外高桥保税区、外高桥保税物流园区聚集了一大批从事海上货运相关的物流服务的货运代理企业，这一片区涉及的纠纷则以海上货运代理合同纠纷为集中表现形式。陆家嘴金融片区为港航行业发展提供了资金这一要素，以船舶营运借款合同纠纷和船舶融资抵押合同纠纷为最常见的纠纷类型。

2016年度，案件的片区分布情况除了延续以往集中在洋山、外高桥、陆家嘴三个片区外，案件在片区内的相对数量多寡也发生了变化，这与此前提及的案件类型分布发生较大变化相对应，以陆家嘴金融片区内的航运金融类纠纷增多最为典型，而洋山保税港区作为专业从事航运业务的片区，仍然是案件最主要的来源地。

表1 上海海事法院2015~2016年受理的涉自贸区案件的片区分布*

单位：件，%

片区	2015年		2016年	
	件数	比例	件数	比例
洋山保税港区	306	86.69	172	35.68
外高桥保税区、外高桥保税物流园区	16	4.53	171	35.48
浦东机场综合保税区	1	0.28	0	0

续表

片区	2015 年		2016 年	
	件数	比例	件数	比例
陆家嘴金融片区	15	4.25	136	28.22
金桥片区	15	4.25	1	0.21
张江高科技片区	0	0	2	0.41

* 部分案件原被告分别涉及不同的片区，统计中分别计算案件数。

（三）中小企业陆续进驻，案件在企业中的分布逐渐分散

在自贸区设立之初，自贸区法庭曾对涉案企业作了统计，2014 年度涉及上港、中远、中海三家航运集团旗下企业的案件共计 58 件，占当年全部案件的 48.74%，且多数为这些企业作为原告起诉区外企业，案件呈现高度集中的状况。此后两年，涉及上述集团公司下属企业，作为原告起诉的案件比例逐年降低。与之相对应的是，自贸区内其他中小航运企业的涉诉数量和比例逐年增长。这一情况反映出涉诉企业正由原先的高度集中发展到相对分散状态，自贸区内从事港航业务的主体正在扩充，国有大型航运集团之外的中小企业也纷纷进驻自贸区开展经营，同时也能看出中小企业作为原告通过诉讼方式维权的案件正在增多，这部分主体对于自身权益维护的意识和能力相对较弱，有待给予适当引导和援助，以利于区内整体法制环境的改善和意识的提升。

（四）涉及区内企业的航运金融案件占比较大，涉案标的总额较高

2016 年，涉自贸区的航运金融类案件显著增长，共受理此类案件 42 件，占上海海事法院年度受理的全部此类案件总数（101 件）的 41.58%。涉案标的总额达 7.99 亿元，约占涉自贸区案件涉案标的总额的一半。其中船舶营运借款合同纠纷 28 件，船舶融资租赁合同纠纷 6 件，金融借款合同纠纷 6 件，海上/金融保险合同纠纷 2 件，此外，还出现了再保险合同纠纷

等新的类型。有相当一部分航运金融案件系由于借款人无力偿还借款引发，银行、融资租赁公司等遂起诉主张实现其对船舶享有的抵押权，而受制于船舶价值大幅缩水，船上还附带有在先顺位的船厂修船欠款的留置权、船员工资的优先权等，这些金融机构享有的船舶抵押权最终实际受偿的额度大幅缩减。这反映了金融机构、融资租赁企业对航运金融的风险把控能力仍有较大提升空间，需要对船舶作为抵押物的特殊风险提高认识。预计在今后一段时间内，类似的纠纷还会保持多发态势。

（五）注册地与营业地分离的现象突出，对审执工作的困扰仍在持续

从自贸区成立之初，案件审理中就发现相当部分企业的实际经营地与登记注册地相分离，区内注册企业实际在区外其他地点办公的情况非常普遍。这些企业在自贸区或保税区注册，几乎都是受到区内享受的政策红利和税收优惠的吸引，除洋山深水港区内的企业必须依托港口码头硬件设施外，其他企业的业务开展并不必然在区内进行。这一情况给法院的审执工作带来直接的困扰，无论是应诉材料的送达和执行工作的开展，都由于注册地和实际经营地分离的影响，需要耗费更多的精力。经统计，近两年来受理的被告登记注册在自贸区内的案件中，超过七成的企业实际营业地位于自贸区以外，依据注册信息无法完成诉讼材料的送达。对于企业注册地和营业地分离的情况，建议制定一套离区经营企业实际营业地的备案制度，方便市场主体辨识交易对象、评估交易风险，便于职能部门开展对企业运营状况的监管，也解除对法院审执工作的困扰。

四 2016年度上海海事法院服务保障自贸区建设工作亮点

按照国务院对上海自贸区改革开放的方案规划，"提升国际航运服务能级"是自贸区建设的主要任务和措施之一，着力构建法治化、国际化、便

利化的营商环境。上海海事法院作为审理海事海商纠纷案件的专门法院，妥善解决好相关纠纷、保障自贸区航运制度创新顺利开展、营造法制化营商环境是海事司法服务保障改革发展大局的应有之义。2016年，上海海事法院深化落实各项工作新举措，积极创新工作机制，延伸司法服务功能、主动对接政府管理需求、提升涉自贸区海事审判工作的质效，为自贸区改革试点营造良好的法治软环境。

（一）互联网通信技术与海事审判深度融合，为审执工作提供助力

为实现更便利、迅捷的纠纷化解，自贸区法庭尝试将互联网通信技术融入海事审判工作，借助"互联网+"更为便捷地查明案件事实，实现诉讼效率的提升。

在涉外案件的事实查明中，互联网技术带来的便利最为显著。在涉外案件的处理过程中，境外事实的查明工作通常需要耗费大量物力，还需要等待较长的办理时间，是影响和制约涉外海事案件审理效率和效果的一大瓶颈问题。为此，自贸区法庭开始了技术与审判融合的大胆尝试。在一起运输案件的审理中，借助互联网通信技术，采用远程视频连线的方式，将境外目的港货物状态的查看情况通过视频实时同步传送到法庭上，在合议庭和双方当事人共同见证下直观地完成举证、质证、认证过程，过程展示直观、清晰、完整，有关事实的细节问题当场得到了确认，达到了预期的目的和良好效果。在另一起案件中，借助远程视频连线技术实现了对境外电脑的远程控制，操作的全过程均可实时投射在法庭内的大屏幕上，法庭和双方当事人顺利查证固定了存储在境外计算机设备内的证据信息，整个过程实现了可回放、可验证。经过多次实践摸索，自贸区法庭正着手总结通过技术手段便利境外证据查明的基本规则，并有针对性地进行验证完善，为今后推广适用积累经验。

此外，互联网通信技术也在纠纷解决中被正式运用，网上立案、e-调解、远程网络视频庭审等措施的适用已在海事审判中正式铺开，诉讼当事人

起诉、参与调解和出席庭审足不出户就能完成,极大地节约了诉讼成本,提高了纠纷解决的效率和效果。

(二)创新诉讼便利措施,以概括性授权制度破解制约涉外案件审判效率的瓶颈问题

随着自贸区开放程度的扩大,越来越多的境外主体参与到自贸区的营商活动中来,海事纠纷中的涉外因素也日渐增多。特别是海上运输业中,国际知名航运公司的市场份额占到市场总量的绝大多数,涉及的案件不断进入法院。通常境外主体涉诉后,都需要就某一案件专门办理主体身份和律师授权委托书的公证、认证手续,增加了诉讼的成本和时间。特别是对于案件数量较大的境外知名航运公司而言,就不同案件办理高度类似的授权委托材料的问题更为突出,诉讼效益与诉讼程序保障要求之间出现了一定的矛盾。为破解这一矛盾,上海海事法院引入了诉讼代理概括性授权委托书的司法认可机制。涉诉的境外企业可就一段时间内在上海海事法院进行的诉讼活动,概括性委托授权一家境内律师事务所或律师进行诉讼活动,也可授权其在境内的关联企业或分支机构代为处理相关事务。法院在期限内认可该概括性的总授权文件的公证认证。这种情况下,即便有大量案件需要处理,一个时期内需要办理公证认证的手续也可以简化到一份或数份。该项制度一经推出,众多国际航运企业就积极响应表示对这一措施的支持,法国达飞海运集团、皇家加勒比 RCL 游轮有限公司等多家境外航运公司向上海海事法院提交了概括性授权,实现了诉讼效益与诉讼程序保障价值的兼顾,纠纷解决效率得到显著提升。

(三)变革传统船舶拍卖方式,运用市场机制提升船舶变现偿债能力

船舶拍卖是海事执行案件常用的资产变现方式。特别是近年来,航运企业普遍经营困难,资产贬值银根紧缩,采用拍卖船舶的方式最终解决船舶公司借款纠纷、船员劳务纠纷等的情况越来越多。通过纸媒公告、现场拍卖的传统拍卖方式具有许多的局限性,在拍卖信息传播、潜在买家参与、拍卖费

用等方面都不够理想，不仅看管费用和耗费时间增加，船舶同时面临着贬值、船损等额外风险，不利于债权人和债务人的利益保护。于是，基于网络平台的船舶网拍新模式被应用到船舶司法拍卖环节。船舶网上拍卖依托淘宝网或有关产权交易机构设立的网络平台进行，具有信息传播范围广、拍卖成本低、竞价充分、全程可视的明显优势，提高了船舶拍卖的成功率、成交价和公正性。船舶的价值得到最大程度实现，拍卖时间大大缩短，需要支出的费用也得以降低，涉案的船舶融资租赁企业和船员群体的合法权益得到最大程度的实现。2016年全年，在船舶市场不景气的不利条件下，11艘船舶通过网络拍卖的方式成功拍出，平均溢价率达42.88%，成交价款总额达到1.17亿元。

（四）发挥司法职能作用，为自贸区法治环境优化和制度创新建言献策

继2015年度积极参与《上海市推进上海国际航运中心建设条例》的制定工作，推进航运中心建设的配套地方立法进程后，上海海事法院继续发挥在自贸区法治环境优化和制度创新中的积极作用，反馈审判工作中发现的问题，从司法角度提出意见与建议。近期，与21家航运业相关主管部门、科研院所、行业协会、航运仲裁等机构集体签署了《中国（上海）自由贸易试验区航运法治建设公约》，共同为自贸区建设提供政策引导、法律咨询、纠纷化解等法律服务一致努力，为航运资源高度集聚、航运服务功能健全、航运法制规范和完善发挥应尽的义务。针对案件中反映的中资背景的外资船舶融资租赁企业遭遇国内业务资质受限的瓶颈问题，积极向自贸区相关管理部门提出建设性建议，在适度放宽对出租人资格限制的同时，加强对承租人资格条件的把控，实现航运和金融两个市场的统筹兼顾，这一建议得到自贸区金融服务局的积极回应，表示将会同相关部门、行业协会等共同开展专题研究，为自贸区金融发展提供更好的制度环境。对海事局取消沿海船舶进出口港签证制度对船舶扣押带来的影响，一方面做好当事人的释明工作，另一方面做好海事部门的沟通协调，积极提出建

议，争取海事部门的支持与配合，共同研究签证制度取消后对被扣船舶的妥善监管措施。

（五）主动全面司法公开，打造行为有遵循、结果可预期的自贸区营商环境

自贸区法治化的一个重要标准是规则明确，各项规则的实施都需要以适当的方式公开，让市场主体明规则、知规则。这不仅是对行政管理机构的要求，也同样是对司法机构透明度、公开度的要求。上海海事法院在案件审理中尤其重视以裁判的方式来彰显规则，并坚持通过各种途径向社会公开。除常规的审判流程、裁判文书公开外，近年来庭审电视和网络直播的覆盖面也正朝常规化、制度化的方向发展。此外，抓住新媒体时代的传播特点，还自主搭建了以官方网站为基础，结合微博、微信公众号和新闻客户端为一体的"两微一端"新媒体传播矩阵，主动适应"互联网＋"时代的传播方式和舆论生态变化，大大提升了海事司法动态及案例推送的即时性。在自主平台之外，上海海事法院还广泛发掘外部资源，向《中国航务周刊》《中国水运报》和《航运交易公报》等专业航运报刊定期刊发最新案例，体现司法过程的透明度，同时还编撰出版案例精选丛书等资料，形成海事司法观点的集成，让市场主体在评估交易的法律风险时能够有例可循。近年来还保持与上海航运交易所的协作，向其提供会员企业的涉诉信息、败诉信息以及被执行案件情况，经上海航运交易所综合评估后，转化为可供公众查询的航运企业信用评价工具，促进航运市场信用环境的优化完善。

五 值得关注的问题与应对

（一）航运市场参与者对"负面清单"管理模式的理解需要修正

自贸区为扩大开放范围，创设了"负面清单"管理模式。航运业一直以来受到行政许可制度的严格限制，在"负面清单"制度在自贸区推行后，区内经营的主体需要对"负面清单"和行政许可的交叉作出正确的规则理解。"负面清单"管理的不是经营许可的领域,其主要目的是解决外商投资领域的国民待遇问题。实践中,并非所有领域都是"负面清单无禁止则自由",法律法规对特定经营领域实行的行政许可制度在区内仍然有效,航运企业在从事具体经营活动时,如果中国法律法规对该项具体经营活动有特殊的许可或备案要求,国内企业和外商投资企业均必须遵守。

中国对无船承运人的管理就属于比较典型的例子。《国际海运条例》对中国的无船业务经营者资质提出明确要求,取得经营资质必须在交通主管部门办理提单登记并缴纳保证金或购买责任保险,禁止未取得资质的主体从事无船承运业务。而"负面清单"中并没有设置对无船承运业务相关的限制内容,但不能理解为自贸区内从事无船承运业务的经营者无须取得资质即可开展业务。部分企业对这一方面的规定作出错误理解,并在案件中提出其不具资质的经营活动未违反无船承运业务禁止性规定的抗辩,最终未能得到法院采纳。所以,在自贸区内从事营商活动的主体,有必要厘清"负面清单"管理模式和强制性许可制度的区别,按照既有的法律规定妥善解决相关纠纷,对经营活动加以调整规范,自贸区内从事相关领域行政管理的机构也应对类似现象加以特别关注。

(二)市场准入放宽背景下个人投资航运业所涉纠纷呈多发态势

随着自贸区商事登记制度改革的实施,在区内设立企业的手续大大简化、成本有所降低,低门槛、低投入吸引了大批个人来到自贸区注册企业从事航运业相关经营活动。由这类企业的经营引发的纠纷在近年来受理的涉自贸区案件中较为突出。从案件审理中可以发现,个人投资的中小航运企业较多从事成本低、见效快的货运代理和租船中介等业务,单纯依赖信息资源优势开展业务,门槛低、资产少,不规范、不谨慎的经营活动比较普遍,往来账目也较为混乱,受上下家履约情况的牵连,极易产生连环效应,导致这类企业发生纠纷的概率远大于其他企业。案件进入审理和执行程序之后,这类企业通常难以提供充足完备的证据材料,还会因法定代表人个人为企业提供担保，涉及家庭财产、共同债务等问题，出现民商纠纷混杂的现象，处理难度增大，执行效果都受到明显影响。对这一情况，有待法院和行政管理部门研讨有效的破解策略，提示营商主体在日常经营中注意业务操作的规范性，注意合作伙伴的资质审查，必要时做好风险防范和止损工作，减少此类纠纷的发生。

（三）自贸区航运市场需要建立营商主体的诚信评估公示体系

如前文所述，自贸区航运投资门槛降低、主体增多，难免鱼龙混杂，诚信度不高的问题时有显现。区内经营主体在诉讼过程中就出现了当事人虚构付款过程、企图歪曲事实逃避法律责任的情况，但在法院调取监控视频等相反证据后，最终承认未付款事实的例子。其他案件中，还出现了船舶被扣押，涉案各方协商向法院隐瞒船舶保险赔款情况，企图绕开其他船舶债权人，私自达成和解的情况。此类虚假陈述、伪造证据的情况在涉自贸区案件的处理中并非偶然出现，涉嫌虚假诉讼的情形更是越来越趋于隐蔽，给司法了解准确事实、作出正确裁断造成障碍，也造成了自贸区航运市场诚信环境的负面影响。对此，法院将对虚假诉讼行为严肃惩处，坚决抵制诉讼中的不诚信行为，也呼吁自贸区相关管理机构建立自贸区内企业的诚信评估公示体系，汇总各企业在行政事务、诉讼过程中的不诚信行为，建立记录和公示平台，对各机关、营商主体开放查询功能，倡导依法诚信经营。

（四）"互联网+航运"交易模式或将成为航运纠纷新的增长点

伴随"互联网+"席卷各个产业的潮流，航运业开启了与互联网融合发展的新时代。"互联网+航运"所催生的新型交易模式正悄然改变着传统航运业的经营流程，新类型的法律关系和纠纷必然会出现在诉讼之中。上海海事法院早在2014年就已经注意到远程提单打印系统下的"套约"新型纠纷，以案例等形式加以引导并积极宣传，为业内防范类似风险提供参考。近两年受理的案件中又出现了一些新的航运纠纷表现形式。比如，航运公司推出的"运价直销电商平台"取代了传统由货代作为中介向航运公司预约的模式，由货主直接向航运公司"约号"。航运公司取得了货源竞争优势，货主节约了中间环节的支出，船货双方形成了共赢。但在已受理的案件中已出现了因"约号"信息未能正确及时披露、过期、运费价格确认差错等问题，导致最终结算运费有所出入产生的纠纷。随着第三方航运电商平台的逐步兴起，平台的法律地位以及与平台权利义务有关的争议势难避免。因此，正确界定互联网因素融入航运业运行带来的新型纠纷，厘清"货主—平台—航运公司"三方的地位和权利义务，理顺"互联网+航运"模式下的交易规则将成为海事司法和航运业界需要共同面对和研究的新课题。

指数报告

Reports on Rule of Law Indices

B.19 中国立法透明度指数报告（2017）

——以人大常委会网站立法公开为视角

中国社会科学院法学研究所法治指数创新工程项目组*

摘　要： 为准确把握立法透明度的状况，促进立法公开，进而推动民主立法和科学立法不断完善，本文通过对全国人大常委会以及31个省、自治区和直辖市人大常委会门户网站的观察，围绕立法工作信息、立法活动信息、立法过程信息和立法优化信息的公开情况进行了测评。报告分析了人大常委会在立法公开方面取得的成绩与存在的问题，并就立法公开的不断完善提出了建议。

---

* 项目组负责人：田禾，中国社会科学院国家法治指数研究中心主任，法学研究所研究员。项目组成员：吕艳滨、王小梅、周婧、栗燕杰、刘雁鹏。执笔人：周婧，国家行政学院法学教研部副研究员。刘雁鹏承担了部分测评工作，特致谢忱。

关键词： 人大　立法　公开　透明　人大常委会网站

中国社会科学院法学研究所法治指数创新工程项目组（以下简称"项目组"）于2014年和2015年通过对省级人大常委会门户网站的观察，对地方立法情况进行了测评。考虑到立法公开是公众参与立法、为立法献言献策的前提，是提高立法质量、实现科学立法的基础，是使法律法规真正反映最广大人民的共同意愿、真正实现立法为民的重要保障，项目组对测评指标进行了调整，聚焦立法公开。

一　测评指标与方法

中国各级人民代表大会（以下简称"人大"）及其常委会的立法活动是社会主义法治体系的重要组成部分，对于确保宪法和法律的有效实施、维护法律权威和法制统一、实现国家治理法治化而言具有积极作用。在地方各级人大及其常委会的立法当中，省级人大及其常委会的立法一方面承接着中央立法，直接关系到国家层面的法律规范能否在各省得到有效实施；另一方面连接着设区的市和自治区的立法，对省级以下的立法具有指导和约束作用。省级人大立法可谓承上启下，作用尤为突出。根据《宪法》和《立法法》的规定，全国人大常委会是法律的制定者，其重要性不言而喻。因此，本次调研将全国人大常委会纳入测评范围。

门户网站不仅是人大常委会展示立法工作成效的有效途径，还是人大常委会向公众公布立法信息、让公众了解并参与立法的重要平台。基于此，本次调研采用网上测评的方法，通过观察人大常委会的门户网站来分析、评估立法公开的情况。

项目组用了一年多时间，在反复论证、咨询专家、预测评和调整的基础上设定了立法透明指标体系。立法透明度测评的是人大常委会立法相关信息的公开情况，其他事项如人大常委会部分变更国民经济和社会发展计划、任免本级政府负责人等信息的公开情况暂不测评。依据宪法和法律的规定，人大常委会的立法职责职能包括两部分。一是制定法律和地方性法规。全国人大常委会制定和修改除应当由全国人民代表大会制定的法律以外的其他法律；在全国人民代表大会闭会期间，对全国人民代表大会制定的法律进行部分补充和修改。省级人大常委会则根据本行政区域的具体情况和实际需要，在不同宪法、法律、行政法规相抵触的前提下，制定地方性法规。二是在立法完成之后，通过立法后评估、执法检查、备案审查等机制完善和优化立法，确保法律法规得到有效实施，维护社会主义法制的尊严和统一，不断提高立法质量。首先，通过立法后评估，分析法律和地方性法规的实施效果，为今后的立法提供经验。其次，通过备案审查对地方性法规进行审查，确保其不违背上位法、具备合宪性合法性。根据《立法法》的规定，省、自治区、直辖市的人民代表大会及其常务委员会制定的地方性法规，报全国人民代表大会常务委员会和国务院备案；省级和较大的市的人民政府制定的规章、较大的市的人大及其常委会制定的地方性法规以及自治州、自治县制定的自治条例和单行条例应当报省级人大常委会备案审查。再次，人大常委会对法律法规的实施情况进行检查，提升法律法规的有效性。因此，指标体系主要围绕法律制定和法律优化两个方面，由四大板块组成，即立法工作信息（权重20%）、立法活动信息（权重30%）、立法过程信息（权重30%）、立法优化信息（权重20%），具体指标设置见表1。测评时间为2017年8月24日至10月9日。

表1 立法公开指标体系

立法工作信息(20%)	常委会领导信息(10%)
	常委会机构职能信息(20%)
	立法工作总结信息(30%)
	本级人大代表信息(20%)
	法规数据库(20%)
立法活动信息(30%)	立法程序(35%)
	立法计划(45%)
	立法前评估(20%)

续表

立法过程信息(30%)	立法草案(40%)
	立法征求公众意见平台(40%)
	立法听证(20%)
立法优化信息(20%)	规范性文件审查程序(25%)
	立法后评估(20%)
	执法检查(30%)
	备案审查(25%)

二 测评结果

(一)总体情况

根据4个板块的测评结果和权重分配,项目组核算并形成了32家人大常委会的总体测评结果(见表2)。

表2 人大立法公开总得分情况

单位:分

人大常委会名称	总分(满分100分)
全国人大常委会	72.70
上海市人大常委会	68.40
重庆市人大常委会	65.00
湖北省人大常委会	64.15
广东省人大常委会	63.30
北京市人大常委会	62.35
广西壮族自治区人大常委会	61.65
贵州省人大常委会	59.10
辽宁省人大常委会	59.05
山东省人大常委会	57.50
江苏省人大常委会	57.05
青海省人大常委会	55.25
福建省人大常委会	55.05
海南省人大常委会	54.50
浙江省人大常委会	53.45

续表

人大常委会名称	总分（满分100分）
四川省人大常委会	52.65
安徽省人大常委会	51.95
云南省人大常委会	50.05
黑龙江省人大常委会	49.10
甘肃省人大常委会	48.80
内蒙古自治区人大常委会	48.55
陕西省人大常委会	48.50
江西省人大常委会	44.35
宁夏回族自治区人大常委会	42.85
河北省人大常委会	41.40
山西省人大常委会	40.10
吉林省人大常委会	39.30
湖南省人大常委会	38.95
天津市人大常委会	37.60
河南省人大常委会	33.45
新疆维吾尔自治区人大常委会	30.50
西藏自治区人大常委会	22.35

根据最终测评结果，本年度总分超过60分的省级人大常委会有7家，即全国人大常委会、上海市人大常委会、重庆市人大常委会、湖北省人大常委会、广东省人大常委会、北京市人大常委会、广西壮族自治区人大常委会，其中全国人大常委会以总分72.7分高居榜首。

（二）立法公开的亮点

调研发现，人大常委会在立法公开方面已经积累了一些经验，取得了一些成绩，也形成了一些较好的工作机制。

第一，人大立法工作信息公开程度较高。全国人大常委会和31家省级人大常委会在门户网站上普遍公开了人大常委会领导信息、人大常委会机构信息、本级人大代表名单。此外，上述人大常委会网站都设立了法律法规数据库，一些数据库还按年份、法律法规涉及领域、颁布机构、是否有效等对法律法规进行分类。

第二，人大立法计划和立法总结公开情况较好。立法计划设定了每一年度的立法目标、原则、重点要求和任务分工，是人大立法的重要信息。全国人大常委会和大部分省级人大常委会的门户网站都公布了本年度的立法计划，有的人大常委会还在制订本年度立法计划的过程中发布了征求公众意见公告。此外，全国人大常委会和大部分省级人大常委会都公布了上一年度人大常委会工作报告，其中专门介绍了上一年度立法的信息，包括立法数据、重点领域和过程等信息。

第三，人大立法草案普遍公开。全国人大常委会和绝大部分省级人大常委会都在门户网站上公布了立法草案。一些人大常委会的门户网站设立了专门的栏目，集中公布立法草案信息，包括草案说明、草案审议结果等。有的草案说明下还设立《发表意见》栏目，公众在阅读草案及其说明之后可以直接在网上提出意见和建议。这为公众参与立法提供了便捷的渠道。

（三）立法公开存在的问题

立法公开在取得一定成绩的同时，也存在一些问题。

第一，各类立法信息的公开情况不够均衡。测评结果显示，四大板块总体情况尚不均衡。在"立法工作信息"板块，平均分为58.688分，得分超过60分的省级人大常委会共计18家。在"立法活动信息"板块，平均分为55.797分，得分超过60分的省级人大常委会共计8家。在"立法过程信息"板块，平均分为41.906分，得分超过60分的省级人大常委会共计4家。在"立法优化信息"板块，平均分49.211分，得分超过60分的省级人大常委会共计12家。由此可见，4个板块的得分情况差距较大，人大常委会公开立法工作信息和立法活动信息的情况较好，而立法过程信息以及立法优化信息公开的情况仍不够理想，这两方面应成为未来立法公开工作着力的重点。

第二，各地区的立法公开工作发展不够均衡。测评结果显示，4个板块最高分和最低分的差距较大，不同人大常委会之间的差距较为明显。在"立法工作信息"板块，全国人大常委会和上海市人大常委会得分最高，为81.5分，新疆维吾尔自治区人大常委会和西藏自治区人大常委会得分最低，为24分，相差57.5分。在"立法活动信息"板块，广东省人大常委会得分最高，为100分，宁夏回族自治区人大常委会、湖南省人大常委会和河南省人大常委会得分最低，均为22.5分，相差77.5分。在"立法过程信息"板块，湖北省人大常委会得分最高，为70分，新疆维吾尔自治区人大常委会得分最低，为10分，相差60分。在"立法优化信息"板块，青海省人大常委会、江苏省人大常委会、重庆市人大常委会、四川省人大常委会和辽宁省人大常委会得分最高，均为72.5分，西藏自治区人大常委会得分最低，为6.25分，相差超过66分。

第三，听证和立法评估信息的公开程度有待提升。兼听则明，听证有助于确保各利益相关方充分参与立法、充分表达意见，是实现科学立法的重要保障。立法评估包括立法前评估和立法后评估，前者是在制定法律法规的过程中对草案的可行性、出台时机、可能出现的问题进行评估，后者是对法律法规实施之后的社会效果进行评估。立法评估也有助于确保科学立法，提高立法质量。而被测评的32家人大常委会门户网站提供上述信息的较少。及时且充分地公布听证和立法评估信息，推进民主立法和科学立法应当成为未来人大立法公开工作的重点。

三 立法工作信息

第一板块"立法工作信息"着重考察全国人大常委会和31家省级人大常委会通过门户网站公开立法工作相关信息的情况。该板块由五个子板块构成，即"常委会领导信息""常委会机构信息""立法工作总结""本级人大代表信息"和"法规数据库"。调研发现，被测评的32家人大常委会门户网站基本上都开设了"立法工作"专栏，集中发布立法信息。

(一)常委会领导成员信息的公开程度较高

被测评的32家人大常委会都在门户网站上提供了常委会领导名单,其中21家提供了所有常委会领导成员简历,占比为65.6%;2家提供了部分领导成员简历,占比为6.3%;有9家完全没有提供,占比为28.1%。而且,全国人大常委会和上海市人大常委会等提供的常委会领导成员简历较为详细,公布了各个领导成员的具体工作履历。

(二)常委会机构职能信息的公开情况较好,但常委会及其机构联系方式的公布程度有待提高

在机构职能信息公开方面,被测评的32家人大常委会都在门户网站上提供了机构名单,其中26家提供了常委会机构职能说明,占比为81.3%;27家提供了常委会机构的处室名单,占比为84.4%;22家公布了机构负责人信息,占比为68.8%。

但是,人大常委会及其机构联系方式的公开情况较差。只有11家人大常委会网站提供了常委会的地址和电话等联系方式,占比为34.4%;还有21家没有提供人大常委会的任何联系方式,占比为65.6%。在常委会机构联系方式公开方面,只有2家人大常委会网站提供了全部信息,1家提供了部分信息,还有29家没有提供相关信息,占比高达90.6%。

(三)上一年度立法总结的公开情况较好

被测评的32家人大常委会中,有24家的门户网站提供了上一年度的立法总结,占比达到75%。其中,22家的立法总结是作为人大常委会工作报告的一部分予以公开,广东省和吉林省人大常委会则公布了专门的立法总结。这些立法总结的信息较为丰富。24家人大常委会的立法总结都提供了立法数据和立法重点领域。比如,海南省人大常委会在工作总结中指出,2016年共审议地方性法规及法规性决定28件,通过和批准了27件。云南省人大常委会在工作报告中介绍了2016年立法的重点领域,即落实党中央关于加强全口径预

算审查监督的要求，修订《预算审查监督条例》；落实党中央关于健全统一司法鉴定管理体制的要求，制定《司法鉴定管理条例》；依据国务院《居住证暂行条例》，修改《流动人口服务管理条例》；落实党中央关于改革完善计划生育服务管理的重大举措，修改《人口与计划生育条例》；制定《边境管理条例》，促进对外开放新高地建设；修订《林木种子条例》，完善保障森林云南建设的地方性法规；修订《抚仙湖保护条例》，加大湖泊保护区红线管控力度；制定《工会劳动法律监督条例》，维护职工合法权益。山西省人大常委会的工作报告提到，2016年常委会围绕经济发展重点领域立法，修订了《山西省安全生产条例》，制定《山西省通信设施建设与保护条例》；围绕生态文明建设和改善民生立法，制定《山西省永久性生态公益林保护条例》和《山西省汾河流域生态修复与保护条例》，修订《山西省环境保护条例》和《山西省实施〈中华人民共和国老年人权益保障法〉办法》；围绕人大制度建设立法，制定《山西省各级人民代表大会常务委员会监督司法工作办法》和《山西省各级人民代表大会常务委员会专题询问办法》；贯彻中央关于实施全面两孩政策的决策部署，及时修改山西省人口与计划生育条例。有的人大常委会对立法重点领域的介绍非常详细，除了指出立法重点外，还介绍相关立法的特点。例如，河南省人大常委会在工作报告中指出，修改后的人口与计划生育条例规定，提倡一对夫妻生育两个子女，并适当延长产假；独生子女父母年满60周岁之后，住院治疗期间给予其子女护理假。

21家人大常委会的立法总结还提供了立法过程信息，占被测评的32家人大常委会的65.6%。福建省人大常委会在工作报告中提到，发挥常委会组成人员和人大代表在立法中的主体作用，完善公民有序参与立法机制；将14项法规委托给立法基地开展论证和起草，选择部分审议项目分解给基层立法联系点征求意见建议。北京市人大常委会工作报告指出，在修订全民健身条例过程中组织198名市人大代表通过三级代表联系平台，召开了有714名区、乡镇人大代表和350名群众代表参加的85场座谈会，区、乡镇人大代表和群众代表共提出意见建议633条，对法规的修改发挥了重要作用。

（四）本级人大代表名单的公开情况较好，但代表联系方式的公开欠佳

被测评的32家省级人大常委会中有26家在网站上提供了本级人大代表名单，占比为81.3%。其中西藏自治区和青海省人大常委会等18家人大常委会还提供了代表的职业背景信息（包括出生年月、性别、民族、籍贯、学历、党籍、现任职务和参加工作时间等）。湖南省、湖北省人大常委会等还在门户网站上设立了《代表风采》专栏，公布代表的履职信息，增加公众对代表工作的了解。

只有4家人大常委会在网站上提供了本级人大代表的电话或邮箱等联系方式，占比只有12.5%。其中，云南省和上海市人大常委会的网站还提供了联系代表的栏目，公众可以直接通过网站给代表提出意见和建议。这为公众联系代表提供了便捷有效的渠道。但是，还有28家人大常委会网站没有提供本级人大代表的联系方式，占比高达87.5%。

（五）人大常委会网站的法律法规数据库有待完善

《立法法》第58条规定，法律签署公布后，及时在全国人民代表大会常务委员会公报和中国人大网以及在全国范围内发行的报纸上刊载。第79条规定，地方性法规、自治区的自治条例和单行条例公布后，及时在本地方人民代表大会网站刊载。据此，被测评的32家人大常委会在门户网站上公布法律法规是其法定职责，而通过建立专门法规数据库的形式来公开更为便捷，有助于公众迅速查找相关立法信息。调研发现，在被测评的32家人大常委会中，有21家网站设有法律法规数据库，而且数据库具备搜索检索功能，占测评人大常委会的65.6%。有的数据库按照法律法规的颁布时间、制定机关和调整领域进行分类。有的还设立"新法速递"和"法规解读"栏目，便于公众及时深入地了解法律法规。尽管如此，法律法规数据库的建设仍需继续推进。11家网站或者没有法规数据库或者无法打开，占比达到34.4%。即使是已有的21个法律法规数据库，明确表明有效和已失效法律

法规的也只有8个。如此一来，公众难以区分某一法律法规是否仍然有效，也就难以准确把握法律法规的效力情况。

第一板块得分情况见表3。

表3 立法工作信息板块得分情况

单位：分

人大常委会名称	得分（满分100分）
全国人大常委会	81.5
上海市人大常委会	81.5
福建省人大常委会	78.5
广西壮族自治区人大常委会	76.5
辽宁省人大常委会	73.5
湖南省人大常委会	69.5
重庆市人大常委会	69.5
青海省人大常委会	69.5
海南省人大常委会	68.5
陕西省人大常委会	66.5
贵州省人大常委会	66.5
安徽省人大常委会	66.5
北京市人大常委会	65.0
湖北省人大常委会	64.5
河南省人大常委会	64.5
江苏省人大常委会	63.5
云南省人大常委会	62.5
天津市人大常委会	62.5
吉林省人大常委会	58.0
四川省人大常委会	56.5
广东省人大常委会	56.0
黑龙江省人大常委会	55.0
内蒙古自治区人大常委会	53.5
山东省人大常委会	48.0
山西省人大常委会	46.5
甘肃省人大常委会	45.0
河北省人大常委会	41.0
浙江省人大常委会	38.0
西藏自治区人大常委会	38.0
宁夏回族自治区人大常委会	37.0
江西省人大常委会	31.0
新疆维吾尔自治区人大常委会	24.0

四 立法活动信息

"立法活动信息"板块主要考察32家人大常委会制定地方性法规的整体情况。人大立法活动涉及甚广，本次调研主要测评立法程序、立法计划和立法前评估信息三个方面的公开情况。调研发现，立法程序公开情况较好，立法计划公开情况一般，立法前评估信息公开程度非常低。

（一）普遍公开立法程序

立法程序设定了人大及其常委会的权限，明确制定法律法规的步骤。公布立法程序有助于公众了解立法的权限、步骤和方法，有助于公众参与立法。基于此，项目组对立法程序的公开情况进行了测评。调研发现，被测评的32家人大常委会中，有28家在门户网站公布立法程序，占比为87.5%。

（二）立法计划有待进一步公开

立法计划明确年度立法的重点领域，确定初步审议和继续审议的法律草案，是人大常委会年度立法工作的重要指引。被测评的32家人大常委会中，有18家的网站提供了立法计划，占比为56.3%；仍有14家人大常委会网站没有公布立法计划，占比达到43.8%。立法计划的公开程度还需要不断提高。

调研发现，在门户网站上发布立法计划征求公众意见或者向社会征集立法计划建议项目公告的人大常委会有14家，占被测评的32家人大常委会的43.8%。这说明一些人大常委会已经积极引入公民参与立法，而且公民参与立法的范围已经从法律法规的制定扩大到立法计划的制定。这些好的方法和机制还需要推广，不断拓宽公民参与立法的渠道和范围。

（三）立法前评估信息的公开情况欠佳

《立法法》于2015年进行了修改，对法律的立法前评估作了明确规定。此后，一些人大常委会开始了立法前评估的实践探索。但是，在被测评的32家人大常委会中，只有3家在门户网站上公布了立法前评估信息，占比仅为9.4%；还有29家没有提供任何立法前评估信息，占比高达90.6%。而且，信息较为简单，主要是新闻报道，并没有提供有关草案可行性、出台时机、实施效果以及可能出现问题的评估信息。

第二板块得分情况见表4。

表4 立法活动信息板块得分情况

单位：分

人大常委会名称	得分（满分100分）
广东省人大常委会	100.0
全国人大常委会	84.0
上海市人大常委会	84.0
甘肃省人大常委会	80.0
海南省人大常委会	80.0
贵州省人大常委会	80.0
重庆市人大常委会	80.0
山东省人大常委会	80.0
安徽省人大常委会	57.5
湖北省人大常委会	57.5
广西壮族自治区人大常委会	57.5
青海省人大常委会	57.5
北京市人大常委会	57.5
福建省人大常委会	57.5
云南省人大常委会	57.5
新疆维吾尔自治区人大常委会	57.5
浙江省人大常委会	57.5
江苏省人大常委会	57.5
四川省人大常委会	57.5
内蒙古自治区人大常委会	57.5
辽宁省人大常委会	57.5
江西省人大常委会	57.5
天津市人大常委会	35.0
西藏自治区人大常委会	35.0
黑龙江省人大常委会	35.0
山西省人大常委会	35.0
吉林省人大常委会	35.0
陕西省人大常委会	35.0
河北省人大常委会	35.0
宁夏回族自治区人大常委会	22.5
河南省人大常委会	22.5
湖南省人大常委会	22.5

五 立法过程信息

向社会公开立法的全过程是公众参与立法过程,使法律法规充分反映公众意愿,确保立法为民的前提基础。基于此,项目组从立法草案信息、立法征求公众意见平台和听证三个方面,对立法过程的公开情况进行了测评。

(一)立法草案普遍公开,但公开的信息有待完善

立法草案公开是立法公开的重要组成部分。在被测评的32家人大常委会中,有28家在门户网站上设立了《立法草案公开》栏目集中发布立法草案信息,比例高达87.5%。有26家在发布立法草案征求公众意见公告的同时,还提供了草案征求意见有关事项的说明,即公众提出意见的渠道和时限。21家公布了草案的审议结果公开情况,占比为65.6%。但是,只有11家提供了草案说明公开情况,占被测评的32家人大常委会的34.4%。仅1家公布了意见反馈情况,占比只有3.1%。只公布立法草案,而未提供相关信息,公众难以了解草案的立法意图、目标和争议的焦点,也就难以有效参与立法。因此,人大常委会在公开立法草案时需要提供草案说明等相关信息,以便公众全面了解草案,公布公众提出的具体意见和建议,还要对公众意见进行反馈,公开草案审议结果,以便公众及时了解所提意见建议的采纳情况以及草案的修改审议情况,进而保障公众有序参与立法,确保立法机关和社会公众的有效沟通。

(二)立法征求公众意见平台需不断健全

在门户网站上设立立法征求公众意见平台,不仅便于集中公布征求公众意见公告和立法草案相关信息,而且为公众对草案征求意见稿提出意见和建

议提供了便利条件。为此,项目组对32家人大常委会网站设立立法征求公众意见平台的情况进行了调研。在32家人大常委会中,28家在门户网站上设立了立法征求公众意见平台,占比为87.5%。其中,山西省等人大常委会在门户网站上设立了"法规草案征集意见系统",公众可直接进入系统对草案发表意见,提交相关资料。但是,在平台上公布公众意见的人大常委会只有3家,占比仅为9.4%。未公布公众意见的多达29家,占比高达90.6%。其中,有的平台虽然显示公众意见数量,但未公布具体内容。在平台上公布针对公众意见的反馈意见的人大常委会只有1家,31家人大常委会都没有提供反馈意见,占比为96.9%。因此,需要不断完善立法征求公众意见平台建设,提高信息的完备性和及时性,把平台构建成为公众及时了解并参与人大常委会立法过程的重要渠道。

(三)听证公开亟待完善

立法听证是公众参与立法的重要渠道,是提高立法质量的重要方式,也是实现立法为民的重要保障。为此,项目组对立法听证的公开情况进行了测评。被测评的32家人大常委会中,在门户网站上发布听证会情况的只有4家,比例为12.5%;还有28家未提供任何有关听证的信息,占比高达87.5%。仅2家公布了听证报告,占32家被测评人大常委会的6.3%;其中,2家提供了个人、机构参与听证的情况,1家提供了人大代表参与听证的情况。还有30家未发布听证报告,占比为93.8%。可见,推进听证公开应成为未来立法公开工作的重点。

对于规范听证的有序进行、保障公众有效参与听证而言,制定立法听证相关规则是一种重要的方式。实际上,许多人大常委会制定了听证规则。但在32家人大常委会中,只有3家在门户网站上公布了听证规则,占比为9.4%;还有29家未提供听证规则,占比高达90.6%。这不利于公众了解听证的程序、判断自己能否参与听证以及监督听证的过程,因此听证规则的公开亟待推进。

第三板块得分情况见表5。

表5 立法过程信息板块得分情况

单位：分

人大常委会名称	得分（满分100分）
湖北省人大常委会	70
宁夏回族自治区人大常委会	64
山东省人大常委会	63
北京市人大常委会	62
全国人大常委会	59
上海市人大常委会	58
广西壮族自治区人大常委会	52
黑龙江省人大常委会	52
浙江省人大常委会	52
河北省人大常委会	49
安徽省人大常委会	46
湖南省人大常委会	42
福建省人大常委会	42
贵州省人大常委会	42
广东省人大常委会	42
吉林省人大常委会	42
江苏省人大常委会	42
重庆市人大常委会	42
陕西省人大常委会	42
辽宁省人大常委会	42
河南省人大常委会	36
山西省人大常委会	36
云南省人大常委会	36
海南省人大常委会	36
江西省人大常委会	33
青海省人大常委会	32
四川省人大常委会	32
内蒙古自治区人大常委会	32
甘肃省人大常委会	26
天津市人大常委会	17
西藏自治区人大常委会	10
新疆维吾尔自治区人大常委会	10

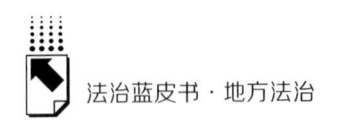

六 立法优化信息

除了法律法规，通过备案审查、立法后评估、执法检查等机制优化立法也是人大常委会的立法职责。为此，项目组对人大立法的优化情况进行测评。该板块分为四个子板块，即"规范性文件审查程序""立法后评估信息""执法检查信息"和"备案审查信息"。

（一）规范性文件审查程序普遍公开

根据《立法法》的规定，对国务院制定的行政法规和省、自治区、直辖市的人民代表大会及其常务委员会制定的地方性法规进行备案审查是全国人大常委会的职责；对省政府制定的行政规章、设区的市和自治州的人民代表大会及其常务委员会制定的地方性法规等规范性文件进行备案审查，是省级人大常委会的重要职责。为了确立备案审查的程序、规范审查行为，许多人大常委会制定了备案审查办法。在被测评的32家人大常委会中，有26家在网站上公布了规范性文件审查程序，占比为81.3%。可见，规范性文件审查程序公开程度较高，这便于公众了解不同级别人大常委会的备案审查权限、审查的方式方法，也有助于公众有效地提出审查申请。

（二）立法后评估公开情况欠佳

立法后评估是在法律法规实施之后对其实施效果的评估，对于不断完善立法、提高立法质量而言至关重要。但在被测评的32家人大常委会中，只有3家在网站上公布了立法后评估程序，如安徽省人大常委会立法后评估办法；有29家没有提供相关程序，占比为90.6%。仅2家提供了立法后评估信息，占比为6.3%；还有30家没有提供评估信息，占比高达93.8%。而且，没有一家人大常委会网站公开立法后评估报告。实际上，自2015年修改后的《立法法》将立法评估确立为一项法律制度之后，不少人大常委会开展了立法后评估，有的人大常委会还在立法计划中提出就某项地方性法规的实施效果进行评估。但是,立法后评估信息的公开非常有限。就此而言,提高信息公开意识,建立推进立法公开的机制极为必要。

(三) 执法检查公开情况较好

对法律法规的实施情况进行执法检查,是人大常委会提高法律法规有效性的重要方式,也是立法监督的重要内容。在被测评的32家人大常委会中,有28家网站发布了执法检查情况报道,占比为87.5%;还有4家没有提到相关信息,占比为12.5%。其中,有的人大常委会还在执法检查过程中征求公众意见,如北京市人大常委会公布了《关于公开征求对〈全民健身条例〉和〈北京市全民健身条例〉贯彻实施情况意见的通告》。

除了公布执法检查情况,一些人大常委会还提供了更为详细的信息。有17家公布了执法检查计划,如天津市、福建省、云南省人大常委会在工作报告的未来一年计划中具体指出对哪些地方性法规的执行情况进行检查。北京市人大常委会网站还公布了《关于向社会公开征集2018年监督议题建议的公告》,就未来一年应对哪些地方性法规进行执法检查公开征求公众意见。这不仅在很大程度上增强了执法检查公开的完备性,而且拓宽了公众参与立法的范围,推进了民主立法。此外,11家还公布了执法检查报告,占32家人大常委会的34.4%。比如,海南省人大常委会执法检查组关于检查《海南省珊瑚礁和砗磲保护规定》实施情况的报告、关于《黑龙江省人大常委会执法检查组关于检查〈中华人民共和国安全生产法〉和〈黑龙江省安全生产条例〉实施情况的报告》审议情况的汇报、关于检查《广西壮族自治区乡村清洁条例》实施情况的报告。有的人大常委会还公布了年度执法检查报告,如安徽省常委会审议执法检查报告。

(四) 备案审查公开程度还需提高

备案审查对于维护宪法法律的权威、确保法制统一至关重要。为有效解决立法冲突,2015年修改后的《立法法》强化了主动审查机制,规定全国人大有关的专门委员会和常委会工作机构可以对报送备案的规范性文件进行主动审查。此后，全国人大常委会不但进行被动审查，还主动出击，对报送备案的规范性文件进行审查。实际上，不仅全国人大常委会，各省级人大常委会也积极进行备案审查，通过沟通、交换意见和发函的形式解决立法冲突的问题。基于此，项目组对备案审查的公开情况进行了测评。在32家人大常委会中，有12家在网站上公布了备案审查情况报道，占比为37.5%；还有20家网站没有备案审查情况报道，占比为62.5%。有8家在网站上发布了备案审查报告，但有的备案审查报告需登录之后才能阅读，只向特定人群公开。有的人大常委会不仅提供了特定规范性文件的备案审查报告，还公布了整个年度的备案审查报告。例如，青海省人大常委会发布了《法制工作委员会关于2016年规范性文件备案审查工作情况的报告》，该报告详细介绍对报送的规范性文件进行备案审查之后的处理意见，还附上了2016年度规范性文件备案目录。这不仅有助于公众了解备案审查的运作，使公众知晓如何通过审查建议来保护自己的权益，还有助于公众了解人大常委会的备案审查工作及其成效，提高公众对备案审查的支持和监督力度。但公布备案审查报告的人大常委会尚属少数，备案审查公开工作还需进一步推进。

第四板块得分情况见表6。

表6 立法优化信息板块得分情况

单位：分

人大常委会名称	得分（满分100分）
青海省人大常委会	72.5
江苏省人大常委会	72.5
重庆市人大常委会	72.5
四川省人大常委会	72.5
辽宁省人大常委会	72.5
广西壮族自治区人大常委会	67.5
北京市人大常委会	67.5
全国人大常委会	67.5
湖北省人大常委会	65.0
浙江省人大常委会	65.0
陕西省人大常委会	60.5
黑龙江省人大常委会	60.0
内蒙古自治区人大常委会	55.0

续表

人大常委会名称	得分（满分100分）
江西省人大常委会	55.0
天津市人大常委会	47.5
宁夏回族自治区人大常委会	47.5
山西省人大常委会	47.5
福建省人大常委会	47.5
云南省人大常委会	47.5
上海市人大常委会	47.5
广东省人大常委会	47.5
贵州省人大常委会	46.0
甘肃省人大常委会	40.0
河北省人大常委会	40.0
安徽省人大常委会	38.0
海南省人大常委会	30.0
湖南省人大常委会	28.5
新疆维吾尔自治区人大常委会	25.0
山东省人大常委会	25.0
吉林省人大常委会	23.0
河南省人大常委会	15.0
西藏自治区人大常委会	6.3

七　完善建议

项目组从立法工作信息、立法活动信息、立法过程信息、立法优化信息四个方面对32家人大常委会的立法公开情况进行了测评。调研发现，人大常委会在立法公开方面已经取得了一定成绩，尤其是常委会领导信息公开、常委会机构信息公开、立法工作总结公开、立法计划公开等。尽管如此，人大立法公开仍存在一定不足，还需从以下几方面继续推进。

首先，制定立法公开规则，明确立法公开的标准。尽管修改后的《立法法》非常强调公开立法，但目前尚缺少有关立法公开的规定。哪些立法信息应当公开、哪些信息可以不公开，没有明确的标准。由于缺少规则和标准，是否公开、如何公开完全由各人大常委会自行决定。这就造成各类立法信息的公开情况不够均衡，各地的立法公开工作发展也不均衡。因此，需要制定立法公开相关规则，明确公开的原则、范围和形式，为各级人大常委会的立法公开工作提供指引。

其次，进一步推动与提高立法质量紧密相关信息的公开。立法听证是公众为立法建言献策、提高立法质量的重要方式。立法前评估对草案的可行性、出台时机和可能效果进行评判，立法后评估则对法律法规的实施效果进行评估，二者都有助于实现科学立法、提升立法质量。但这三类信息的公开程度都比较低，有的信息甚至没有一家人大常委会在网站上公布。因此，需要推进上述信息的公开，助推立法质量的提升。

再次，集中发布立法草案相关信息，推进公民有序参与立法。被测评的32家人大常委会普遍在网站上公布立法草案，并向公众征求意见。但信息发布较为分散，信息也不全面。因此，需要建立立法征求公众意见平台，集中发布所有相关信息，包括草案说明、公众意见、人大常委会对公众意见的反馈和审议结果。这便于公众全面了解立法过程，及时跟踪立法进展，有效参与立法。此外，在平台中提供公众对立法草案表达意见建议的渠道，有助于提高立法参与的便捷性，使立法公开和参与同步推进。

最后，加强立法监督信息公开。执法检查和备案审查是立法监督的重要方式，公开上述信息有助于促进立法监督的常态化和规范化。尽管执法检查公开的整体情况较好，但公开信息的完备性还需要进一步提高，尤其是执法检查报告的公开还需要加强。近年来，备案审查工作不断加强，相关信息也有所公开。但未公开备案审查信息的人大常委会不在少数，公开的程度还有待提高。备案审查报告的公开尤为必要，因为这能够让审查的依据和过程暴露在阳光之下，推动备案审查的标准化和规范化，完善备案审查相关制度。

B.20
广西法院阳光司法指数报告（2016）

中国社会科学院法学研究所法治指数创新工程项目组*

摘　要：受广西壮族自治区高级人民法院委托，中国社会科学院国家法治指数研究中心、法学研究所法治指数创新工程项目组2016年围绕审务公开、立案庭审公开、裁判文书公开和执行公开，对全区三级129家法院司法公开的情况进行了评估。评估显示，广西三级法院阳光司法总体较好、亮点纷呈，全区建立了统一的司法公开平台，部分地区法院在阳光司法建设中总体优势明显。但广西法院也面临着信息化水平有待提高、司法公开发展不均衡等问题，未来应提升对司法公开的认识，借助信息化全面提升公开水平，并完善制度机制推动阳光司法可持续发展。

关键词：司法公开　阳光司法　广西法院　信息化

受广西壮族自治区高级人民法院（以下简称"广西高院"）的委托，中国社会科学院国家法治指数研究中心、中国社会科学院法学研究所法治指数创新工程项目组组成"广西法院阳光司法指数评估课题组"对广西法院开展了阳光司法指数第三方评估。

---

* 项目组负责人：田禾，中国社会科学院国家法治指数研究中心主任、法学研究所研究员；吕艳滨，中国社会科学院法学研究所研究员、法治国情调研室主任。项目成员：王小梅、栗燕杰、胡昌明、徐斌、刘雁鹏、王祎茗、赵千羚、刘迪、马小芳、田纯才、孙斯琪、王洋、王昱翰、纪玄、周震、宁妍、宋君杰、徐蕾、刘永利、张瑞、李蔚、黄贤达、王文君等。执笔人：田禾、吕艳滨。赵千羚、马小芳、王洋、王昱翰等参与了部分内容的写作。

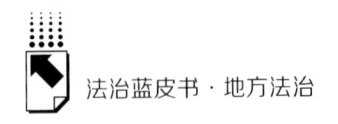

一 评估内容

广西法院阳光司法指数第三方评估(以下简称"评估")的评估对象为广西壮族自治区全部三级法院共 129 家,含广西高院、16 家中级法院(含北海海事法院)、112 家基层法院。

评估指标体系包括"审务公开""立案庭审公开""裁判文书公开"和"执行公开"四个一级指标,权重分别为 20%、40%、10%、30%(见表1)。

表1 广西法院阳光司法指数指标体系

一级指标	二级指标
审务公开(20%)	平台建设(20%)
	法院概况(20%)
	人员信息(30%)
	工作报告(10%)
	统计数据(10%)
	法院文件(10%)
立案庭审公开(40%)	诉讼指南(10%)
	审判节点信息(30%)
	庭审录像(10%)
	档案电子化(10%)
	权利义务及重大事项告知(40%)
裁判文书公开(10%)	裁判文书上网是否符合有关要求(100%)
执行公开(30%)	执行指南(30%)
	执行节点信息(30%)
	执行措施透明度(40%)

审务公开板块主要涉及与审判有关的人、财、物等司法行政事务,包括平台建设(门户网站链接有效性、信息准确性)、法院概况(法院地址、交通图示、联系方式、管辖范围、下辖法院、内设部门、机构职能、投诉渠道等)、人员信息(法院领导姓名、学习工作简历、职务及分管事项,审判人

员的姓名、学历及法官等级,书记员姓名、人民陪审员姓名、工作单位或职业)、工作报告、统计数据(统计数据栏目设置情况、收结案信息和专项统计信息)和法院文件(含审判指导性文件、法院内部管理文件)的公开情况。

立案庭审公开与裁判文书公开均属于审判公开范畴,系司法公开的核心,前者侧重于庭审过程公开,属于动态公开,后者是审判结果的公开,属于静态公开。立案庭审公开的内容主要包括诉讼指南信息(立案条件、申请再审、申诉条件及要求、诉讼流程、诉讼文书样式、诉讼费用标准、缓减免交诉讼费用的程序和条件、诉讼风险提示等)、审判流程节点信息、庭审录像、档案电子化和权利义务及重大事项告知等。《最高人民法院关于推进司法公开三大平台建设的若干意见》(法发〔2013〕13号)实施以来,最高人民法院明确了裁判文书上网规范,并建立了全国统一的裁判文书公开平台,各个法院裁判文书公开的差异不大,为此,评估将重点放在了对裁判文书不上网情况的考察上,对裁判文书不上网的审批方面进行了评估,以期推动裁判文书全面上网,规范不上网审批工作。

执行难和执行乱一直是影响司法公信力的主要因素。通过执行信息平台及时向案件当事人、社会公众公开执行案件信息,有助于规范执行流程,保障当事人的权利,动员社会力量监督法院、倒逼法院提升执行流程规范化程度,并对拒不履行生效判决的当事人形成失信惩戒机制[①]。执行信息公开是最高人民法院确定的三大公开平台的重要内容。因此,执行公开评估包括执行指南设置情况、执行案件节点信息准确性、执行措施透明度三项内容。

审务公开板块的评估主要通过网站评查的方式进行,首次评估时间为2016年4月27日~5月27日。7月初,广西法院阳光司法网陆续更新,增加了很多栏目及内容,课题组于8月1日~8月7日对全区所有法院阳光司法网进行第二次评查。立案庭审公开板块和执行公开板块,除诉讼指南、执行指南通过网站获取数据、进行评查外,课题组还从各法院调取了内部统计

---

① 王小梅、田禾、吕艳滨:《人民法院基本解决执行难第三方评估报告(2016)》,中国社会科学出版社,2017,第35页。

数据，对档案电子化比率、庭审录像比率等进行了评查，并通过调取案卷、庭审录像和登录案件信息管理系统等方式对审判、执行节点信息录入的准确性、执行措施透明度、权利义务和重大事项告知等情况进行了评估。裁判文书公开板块的评估方法是评查法院不上网审批表，为此课题组调取了全区129家法院2016年1月1日至2016年6月30日作出的不上网审批表及其对应的裁判文书，经过核查最终确定了其中的614份作为评估依据。

二 评估结果

（一）总体情况

在广泛调取基础数据并多次复查的基础上，课题组根据四大板块的评估结果以及权重分配，核算并形成了广西全区129家法院的总体评估结果（见表2）。

表2 广西法院阳光司法指数评估得分数据

单位：分，家

项目	最高分	最低分	平均数	60分以上的法院数
总分	83.00	45.80	66.96	107
审务公开	89.68	33.19	59.77	56
立案庭审公开	82.75	52.07	68.73	121
裁判文书公开	100.00	0	80.28	100
执行公开	88.00	28.40	64.94	85

评估结果显示，广西法院阳光司法指数总分进入全区前20名的有4家中级法院，分别是崇左市中级人民法院、梧州市中级人民法院、南宁铁路运输中级法院和河池市中级人民法院，其中崇左市中级人民法院以总分83分位居全区129家法院第一名。扶绥县人民法院、龙州县人民法院和宁明县人民法院位居112家基层法院前三名，并位居全区129家法院第二、三、四名，其中扶绥县人民法院以81.5分位居全区112家基层法院第一名。

在基层法院的单独排名中，崇左市中级人民法院所辖的基层法院有5家跻身前20名，占该市7家基层法院的71.43%。此外，南宁市中级人民法院下辖4家基层法院，桂林市中级人民法院、河池市中级人民法院、玉林市中级人民法院下辖各有2家基层法院，贵港市中级人民法院、来宾市中级人民法院、钦州市中级人民法院、百色市中级人民法院、北海市中级人民法院下辖各有1家基层法院进入了前20名（见图1）。

在基层法院后20名的单独排名中，桂林市中级人民法院、柳州市中级人民法院下辖各有4家基层法院，来宾市中级人民法院、百色市中级人民法院下辖分别有3家基层法院，防城港市中级人民法院、贺州市中级人民法院下辖分别有2家基层法院，玉林市中级人民法院、梧州市中级人民法院下辖各有1家基层法院位居总分后20名。贵港市中级人民法院、崇左市中级人民法院、河池市中级人民法院、南宁市中级人民法院、钦州市中级人民法院、北海市中级人民法院、南宁铁路运输中级法院则无下辖基层法院位列后20名（见图1）。

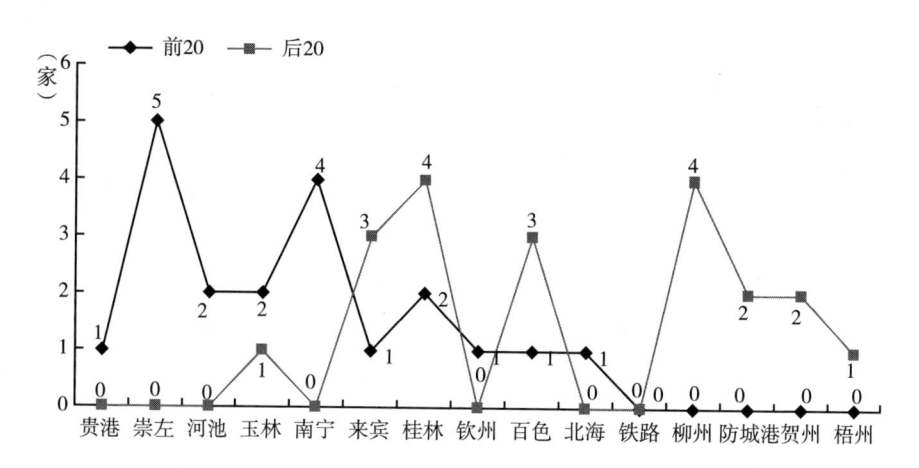

图1 基层法院总分排名前20位和后20位的分布情况

（二）审务公开

在审务公开板块，进入全区前20名的中级法院有4家，分别是崇左市中级人民法院、河池市中级人民法院、来宾市中级人民法院和百色市中级人民法院，其中崇左市中级人民法院以89.68分位居全区129家法院的第一名。南宁市兴宁区人民法院、南宁市青秀区人民法院和隆安县人民法院位居112家基层法院前三名，并位居全区129家法院第二、三、四名，其中南宁市兴宁区人民法院以85.28分位居全区112家基层法院第一名。评估发现，公开平台的集中建设提高了广西各级法院的公开水平，各法院内设机构、机构职责和人员信息公开情况较好，三级法院普遍公开了投诉渠道，审务信息的公开不断完善。

（三）立案庭审公开

在立案庭审公开板块，进入全区前20名的中级法院有4家，分别是崇左市中级人民法院、梧州市中级人民法院、柳州市中级人民法院和北海海事法院，其中崇左市中级人民法院以82.75分位居全区129家法院的第一名。蒙山县人民法院、钦州市钦北区人民法院和西林县人民法院位居112家基层法院前三名，其中蒙山县人民法院以82.09分位居全区129家法院第二名。评估发现，广西三级法院诉讼指南配置情况总体较好，不少案件的权利义务及重大事项告知比较规范，全区法院案卷管理普遍较为完善，案件适用程序记录相对较好，部分法院在庭审同步录音录像方面取得了积极成效。

（四）裁判文书公开

在裁判文书公开板块，各法院表现较好，其中81家法院（含11家中级法院和70家基层法院）获得100分。评估发现，广西高院适时出台多个关于裁判文书在互联网公布的指导文件，及时调整法定不上网公开的范围和审批流程，促进了全区法院裁判文书工作水平的总体提升。大部分法院的不上网审批具体详细，不上原因确凿充分，一目了然，这样的裁判文书不上网审批表确实有助于准确地作出审批，保证裁判文书公开的质量和效率。

（五）执行公开

在执行公开板块，广西高院和5家中级法院（分别为梧州市中级人民法院、百色市中级人民法院、河池市中级人民法院、贵港市中级人民法院和南宁铁路运输中级法院）以80.2分并列全区129家法院第四名。宁明县人民法院、龙州县人民法院、扶绥县人民法院位居全区129家法院的前三名，其中宁明县人民法院以88分位居全区129家法院的第一名。评估发现，为适应"用两到三年时间基本解决执行难问题"的形势和任务，广西三级法院的执行公开工作不断加强，一些法院的执行指南公开较规范，不少案件财产查询措施到位，部分法院向被执行人告知采取强制执行措施的情况较好。

三 发现的亮点

（一）建立了统一的司法公开平台

广西高院主导在全区三级法院建立了统一的司法公开平台，确保了全区法院司法公开平台的集约化建设。广西三级129家法院在现有政务网基础上，均建有阳光司法网站。广西高院的阳光司法网站首页列有"广西阳光司法群"，可以链接到全区任何一个法院的阳光司法网，该网将三级法院的司法公开工作集中在一个发布平台上，信息栏目的设置、发布信息的内容有统一要求，确保了信息发布的整齐一致。全区各中级法院的阳光司法页面列有基层法院阳光司法网的链接，三级法院阳光司法网的页面布局、栏目设置都高度一致，网页设有审判流程信息公开平台、裁判文书公开平台、执行信息公开平台、审务信息等栏目，公众从首页查找信息一目了然，可以根据栏目快速找到所需信息的所在位置。公开平台的集中建设提高了各级法院的公开水平。以审务公开为例，评估发现，人员信息的公开方面，129家法院全部在阳光司法网公开了审判人员的姓名、法官等级或职务，128家法院公开了审判委员会委员的姓名、法官等级、职务，112家基层法院全部在阳光司法网公开了人民陪审员姓名、单位或职务。

（二）全区法院阳光司法总体较好

评估结果显示，全区法院阳光司法总体较好，最高分为83分，这在中国社会科学院法学研究所历年对各地法院的阳光司法指数和司法透明度指数评估中都属较少的高分现象。尤为值得一提的是，全区有107家法院的得分超过60分，得分在60分以下的法院比例仅为17.05%。其中，立案庭审公开板块的评估结果在所有板块中最好，仅8家法院未达到60分，占比为6.20%。评估发现，广西三级法院在司法公开和阳光司法建设中坚持为民、便民、利民，取得了实际进展，全区法院的诉讼、执行指南栏目总体情况较好，大部分法院的诉讼、执行指南栏目设置较为规范，位置醒目、便于查找，129家法院网站均设置了诉讼指南栏目集中发布诉讼指南信息，118家法院公开了申请执行的条件（占91.47%），119家法院公开了申请执行需提交的材料（占92.25%），119家法院公开了申请执行的期限（占92.25%）。评估过程中，全区法院阳光司法取得了新的进步，审务信息的公开不断完善。2016年5月，首次评查时，全区129家法院均未在阳光司法网设置工作报告栏目和统计数据栏目，亦鲜有发布工作报告和统计数据信息，但在2016年8月第二次评查时课题组发现全区法院均已经在阳光司法网建立了这两个栏目，其中55家法院公布了2015年度工作报告，56家法院公布了收结案信息，20家法院公布了专项统计数据信息。

（三）部分地区总体优势较为明显

评估发现，广西一些地市异军突起，在阳光司法建设中取得了显著成绩和领先优势，代表了广西法院阳光司法的发展方向。从总分情况看，崇左市包揽了前五名，分别为崇左市中级人民法院、扶绥县人民法院、龙州县人民法院、宁明县人民法院、天等县人民法院。审务公开板块中，这5家法院排名分别为第1名、第24名、第24名、第6名、第16名，分数分别为89.68分、73.08分、73.08分、82.96分、77.36分；立案庭审公开板块中，这5家法院排名分别为第1名、第13名、第23名、第67名、第26名，分数分别为82.75分、78.46分、75.23分、68.33分、74.27分；裁判文书公开板块中，这5家法院均为100分（此板块共81家法院100分）；执行公开板块中，这5家法院排名分别为第34名、第3名、第2名、第1名、第20名，分数分别为73.2分、85分、86.8分、88分、77.5分。其中，崇左市中级人民法院在前三个板块中分数均是全区最高分，崇左市共八个法院，另外三个法院，即凭祥市人民法院排名第12名、江州区人民法院排名第77名、大新县人民法院排名第25名。除了江州区人民法院名次不太理想外，崇左市其他法院总排名均在前列，给人留下深刻的印象。由此可见，崇左市的司法公开工作开展全面而深入，引领了广西阳光司法建设的潮流，也为广西各地市在阳光司法建设方面比学赶帮超提供了榜样。

四 存在的不足

（一）信息化硬件水平有待提高

在信息化时代，信息化水平的不断提升是做好司法公开工作的重要保障支撑。司法公开与法院的政务外网建设有密切关系，其应当提升友好性、稳定性，确保公众在其中可以查询到权威的信息。但评估发现，广西法院信息化水平取得了一定的成绩，但是在信息化保障方面还有很大的提升空间。例如，课题组在评估法院网站时遇到网页打开速度慢、链接无效等问题，也与信息化保障不足有关。司法公开工作的稳步推进，必须依托信息化作为有力支撑，但信息化经费投入不足，信息化建设硬件及人员水平保障不力，将会影响信息化水平，并对司法公开工作形成掣肘。

权威的司法公开的首要前提是确保数据的准确性。法院的案件信息管理系统，应充分利用信息化手段带来的优势，更加智能地为法院工作、法官审理案件服务，提高司法人员的工作效率，将错误降低到最少甚至避免，进而提升司法公开的水平。评估发现，一些法院案件信息管理系统仍存在部分重要节点信息录入不完整、案件流程节点信息与案卷信息不一致、信息录入不准确等问题。此外,在调取庭审录像时发现,一些法院无法提供抽取的案号对应的庭审录像,主要原因是硬件配备滞后、运维不佳、设备故障等原因。

(二)阳光司法平台建设关系亟待理顺

评估发现,随着司法公开工作的推进,最高人民法院开发建设了多个专门的公开平台。自治区高院作为司法公开三大平台建设试点法院,早在2014年就已上线运行司法公开三大平台,并在三级法院全面建成了阳光司法网、政务网等门户网站。在司法公开各大平台,各门户网站日趋专业化、专门化的同时,也出现了重复建设、功能定位重叠、栏目设置不规范、信息零散以及与最高人民法院各公开平台公开不同步、公开内容不一致等问题。上级法院建设统一的信息化平台可以统一标准、节省成本,但如果完全使用上级法院的公开平台不仅会制约下级法院推进司法公开的积极性和创造性,也会造成法院自身网站缺乏特色和个性化,由于公众在习惯上更倾向使用案件受理法院网站查找信息,依赖于上级法院公开平台的做法并不利于司法信息的公开。此外,下级法院依照规定向上级法院平台报送了信息后,上级法院平台因管理或者技术原因未能及时、全面地将信息上传到网站的,是否视作下级法院没有依法及时公开信息,也是一个问题。因此,如何处理好平台之间的关系是今后阳光司法网需要注意解决的问题。

(三)司法公开各项工作发展水平不均衡

评估结果显示,广西法院本次评估中的四个板块总体得分情况差异较大。在审务公开板块,全区法院平均分为59.77分,60分以上的法院共有56家,其中,分数最高和最低的法院相差56.49分;在立案庭审公开板块,全区法院平均分为68.73分,60分以上的法院有121家,其中,分数最高和最低的法院相差30.68分;在裁判文书公开板块,全区法院平均分为80.28分,60分以上的法院有100家,有81家法院得100分,有9家法院得0分;在执行公开板块,全区法院平均分为64.94分,60分以上的法院有85家,其中,分数最高和最低的法院相差59.60分。相比较而言,审务公开和执行公开的平均分较低,审务公开、裁判文书公开、执行公开最低分偏低。这从多个侧面说明,司法公开工作还存在一定的不均衡性。

(四)各地区司法公开工作发展不够均衡

分析排名进入前 20 名和后 20 名的基层法院可以发现,不同地区基层法院的发展不太均衡。评估发现,进入前 20 名的基层法院占本地区法院总数的比例由高到低依次为崇左(占 71.43%)、南宁(占 33.33%)、玉林(占 28.57%)、钦州(占 25%)、北海(占 25%)、贵港(占 20%)、河池(占 18.18%)、来宾(占 16.67%)、桂林(占 11.76%)、百色(占 8.23%)、铁路(占比为 0)、柳州(占比为 0)、防城港(占比为 0)、贺州(占比为 0)、梧州(占比为 0)。而后 20 名基层法院占本地区法院总数的比例由低到高依次为贵港(占比为 0)、崇左(占比为 0)、河池(占比为 0)、南宁(占比为 0)、钦州(占比为 0)、北海(占比为 0)、铁路(占比为 0)、梧州(占 14.29%)、玉林(占 14.29%)、桂林(占 23.53%)、百色(占 25%)、柳州(占 40%)、贺州(占 50%)、防城港(占 50%)、来宾(占 50%)。

当然,必须看到,广西是多民族聚集地,少数民族人口居全国第一位,山区面积广大,基础设施建设水平也参差不齐。因此,司法公开推进过程中遇到的问题及其原因也可能更复杂多样,法院干警对司法公开的认识水平也存在差异,法院普遍面对的案多人少矛盾,一些公开标准不够明确细致,以及当前的司法环境下送达难、查人找物难等均可能对司法公开成效有影响。

五 完善建议

(一)提升对司法公开的认识

司法公开是司法体制改革的"牛鼻子"。阳光司法要实现审判、执行流程及其结果的透明、可视,满足人民群众日益增长的多元化司法需求,用公开透明实现答疑解惑、说理服人,进而实现让人民群众在司法个案中感受到公平正义，以及司法公信力不断提升的改革目标。阳光司法不能限于将司法活动及其结果展示于人民群众眼前。因为即便是再阳光的司法活动，如果展示出来的是些不规范或者不合法的审判与执行流程、说理难以服人的裁判结果、一份无法兑现的法律"白条"，同样不能换来公众对司法工作的信服和司法权威的提升。因此，推进阳光司法要更加注重其在倒逼司法能力提升、规范司法权力运行方面的积极作用。可以说，阳光司法是中国推进司法体制改革的重要路径，体现的是党和国家锐意改革的政治智慧。因此，推进阳光司法不是一时一刻的事情、不是作为上级部门的形象工程，而是服务党和国家改革大业、服务经济社会发展、服务广大人民群众切身利益的良心工程。建议加大对法院干警司法公开工作的培训，提升其对司法公开在推进司法改革、提升司法公信力方面重要性的认识。

（二）借助信息化提升司法公开水平

法院信息化是做好阳光司法的重要保障。当前广西法院信息化面临的问题是上下级法院之间、法院和其他单位之间以及不同信息系统之间的数据共享交换体系尚未全面互联互通，平台建设受限，应用程序烦琐复杂，给公众准确快捷查询信息带来不便。应依托信息技术推动立案庭审、执行、裁判文书、审务公开，推动司法程序、流程、结果公开。法院应加强对司法公开的信息化保障，如推进三级法院联网的案件数据信息库，推广网上办案，完善案件数据随案生成的同步机制，法院司法公开工作应尽量做到数据信息一次完成，增强司法公开数据的真实性、客观性和及时性，提高法官的工作效率。又如，在审判流程中，在保障科技法庭建设的基础上，应加强对庭审录像的硬件设备和软件系统的定期检查和维护，保障其正常运行，保障审判过程的完整记录。

在信息化时代，法院门户网站是司法公开的第一平台，如何将平台建设好管理好使其稳定有序运转，对提升阳光司法水平尤为重要。管理阳光司法平台需要处理好两个关系，一是法院与技术公司的关系，二是上级法院与下级法院的关系。首先，技术公司负责网站设计栏目等程序性、功能性方面，具体栏目下面的内容需要法院负责上传，内容是否准确、内容是否需要更新、链接是否正常打开、网站是否能稳定运行需要有专门的人员来进行维护和处理；其次，有的栏目需要增加功能。比如，诉讼指南栏目需要增加专有的搜索功能。诉讼指南栏目多达几百条的信息，如果没有搜索功能，公众很难快速找到自己需要的信息。实践中，下级法院要在诉讼指南栏目中添加此功能，需要向高院提出申请，再由高院要求技术公司进行添加。当下中院或者下级法院仅仅被动接受高院建设的同一平台来管理网站，而无法根据公众的需求提出自己的建议。为更好地做好司法公开工作，全区应出台一个关于阳光司法平台建设促进的办法，围绕对网站的运维、功能的完善，协调高院、各级法院以及技术公司三方，促进阳光司法平台的有效运行。

（三）完善制度机制，推动阳光司法可持续发展

司法公开工作不仅要在观念上重视，更要形成稳定的制度机制、明确各部门的责任、确立科学的考核评价机制，以有效避免因领导人的更迭或者领导人关注领域的变化而影响阳光司法公开工作的稳定性和连续性。为此，建议针对本次评估中出现的一些事项的公开工作标准不一、各自为政的现象，由高院出面进一步明确各部门分工责任、细化公开标准和信息化标准、梳理公开清单，为下级法院明确方向。

B.21
余杭法治指数报告（2015）*

钱弘道 谢天予 莫张勤 郭人菡 康兰平 刘 澜**

摘 要： 余杭法治指数评估已经连续八年，积累了丰富的经验。2015年度余杭法治指数评估继续沿用以往的测评模式，综合考量民意调查、内部组评估、外部组评估、专家组评审，依据成熟的统计和数据分析方法，测算得出2015年度余杭法治指数。数据结果表明，在全面依法治国向纵深推进的大环境下，2015年余杭法治建设整体上又有较大提升，法治实践成效显著。评估数据反映了一些存在的问题，集中表现在"行政机关败诉案件"增加、"市民向政府提出的建议数"相对较少、"权利救济有效"指标群众满意度较低等几方面。针对上述测评反映的问题，课题组提出了若干法治优化建议。

关键词： 法治余杭 法治评估 法治指数

自2006年开始，受杭州市余杭区委区政府委托，由浙江大学牵头，司法部、中国社会科学院、国家统计局等单位专家学者共同参与的余杭法治评

---

* 本文系2011年计划司法文明协同创新中心研究成果，教育部哲学社会科学重大课题攻关项目"中国法治政府建设指标体系研究"（13JZD011）、国家社会科学基金重点项目"司法透明指数研究"（13AFX012）、余杭区委区政府委托项目阶段性成果。
** 钱弘道，浙江大学光华法学院教授。浙江大学光华法学院博士生谢天予、中国法治研究院研究助理刘澜参与写作。浙江大学光华法学院博士后莫张勤、康兰平，南京师范大学法学院博士生郭人菡参与修改。

估体系课题组启动量化法治评估实验，开中国量化法治先河。自2008年开始，余杭法治指数评估就成为余杭区法治状况的年度体检。九年来，持之以恒的法治指数评估已体现出其重大意义：第一，通过法治指数评估，系统地总结余杭年度法治建设的成功经验，剖析余杭区法治发展中的问题，指明下一步努力的方向，有利于指导和推动余杭区法治建设工作不断向前推进；第二，通过法治指数评估，建立与完善民众参与法治实践平台，监测公权力行使，提高民众和政府工作人员的民主法治意识，从而提升了法治文明整体水平；第三，通过研究余杭个案经验，寻找法治建设规律，形成可复制、可推广的区域法治指数测评模式和建设模式，有利于推动法治中国实践进程；第四，余杭法治指数及其引发的一系列法治实验和实践，创新了法治理论，为中国法学研究的"实践"转向提供了新思路，并促成了中国法治实践学派的产生，有利于中国法治话语权在世界范围内的形成。

一 2015年度基础数据分析[①]

（一）2015年"法治余杭"背景数据分析

"法治余杭"的背景数据，产生于余杭社会发展进程，具有客观性和直接性，也就最能够反映区域法治发展的实际状况。这部分数据是发生在余杭依规治党、依法行政、公正司法以及法治社会各主体互动等法治实践过程中的轨迹性、记录性数据。这一部分数据最具有年度的连续性和可比性，是把握余杭法治建设进程、判断余杭法治工作水平的关键所在。"法治余杭"背景数据是难以穷尽的，在评测中一般选择具有代表性的关键数据进行分析。课题组选取最直观的四组数据进行深度分析。

---

① 基础数据是反映法治评估体系每一项指标整体情况的全面量化数据，是内部组、外部组以及专家组进行法治状况评分的重要参考依据。基础数据不仅仅包括基础数字，还包括其他可量化的信息资料。它能够直观地反映余杭法治实践的整体进度。为此，做好基础数据的分类、搜集和整理是做好整个法治指数评估工作的前提和基础。

1. 完善民主政治的相关数据

表1给出了余杭区2007~2015年在完善民主政治方面的关键数据。总体而言，2015年，市民和区人大代表提出的建议数已经连续三年明显下降，提案积极性降低，公民参加各类社团的积极性仍在低位徘徊。

首先，反映市民和人大代表民主参与意识的指数呈现下降趋势。其中，2015年余杭区市民通过给定渠道向政府提出的建议为599件，该数字自2012年起逐年下降，较2009~2011年这三年低谷之前的水平也下降明显；区人大代表提出议案建议数连续三年下降，但下降趋势明显放缓，为231件。其次，民主党派代表的比重有所上升。2015年，共产党代表和民主党派代表的比例为193∶9，相较2013年、2014年的192∶8，多了一名民主党派代表，2015年民主党派的代表人数在总代表人数中的比重达历年最高水平，这在一定程度上体现了民主党派参政议政的热情，对民主政治完善也具有重要意义。再次，2015年工人人大代表和农民人大代表比重为41.9%，与2012年、2013年和2014年相比，变化幅度不大。最后，公民参加各类社团的比重有所下降。2015年，余杭区公民参加各类党派和社团的数量为245个，与2014年基本持平。但人次显著减少，2015年，参加人次为183145人次，相比2014年的242209人次，减幅明显。但总体而言，2015年的参加人次处于合理区间且高于平均值。由此可见，在经过2014年的大幅度增长后，公民参加各类党派和社团的频度正逐步回归较为稳定的水平。

表1 完善民主政治的部分相关数据

考评目标＼年份	2007	2008	2009	2010	2011	2012	2013	2014	2015
市民向政府提出的建议数（件）	679	719	287	265	254	846	804	630	599
区人大代表提出议案建议数（件）	331	306	292	250	236	329	287	234	231
公民参加各类党派（个）和社团的情况（人次）	146/140405	161/142037	215/156349	218/158003	224/170271	236/182280	244/198840	242/242209	245/183145

续表

考评目标\年份	2007	2008	2009	2010	2011	2012	2013	2014	2015
共产党/民主党派人大代表	203/7	203/7	200/7	195/5	192/5	194/8	192/8	192/8	193/9
工人、农民人大代表占比(%)	43.85	43.85	45	44	44.30	41.30	40.90	41.40	41.9

数据来源：根据余杭区委区政府提供数据加工整理。

2. 政府依法行政的相关数据

"法治余杭"建设要求政府以身作则，维护法律的权威，营造良好的守法氛围。表2的相关数据显示，2015年，"行政机关败诉的案件数"达到新高，共计23件，信访案件总数提升，共计53823件；"行政部门工作人员重大违法乱纪案件数"则得到控制，说明政府依法行政意识在"法治余杭"建设进程中显著提升。

首先，"行政机关败诉的案件数"大幅增加，连续两年增幅明显。2015年为23件，较2014年的13件又有明显攀升，达九年最高值。其次，"行政部门工作人员重大违法乱纪案件数"降幅明显，2015年为7件，远低于平均水平，显示出一年来"打虎拍蝇"的成效，体现了政府依法行政水平的提高。再次，隐性的行政机关败诉可能性依然较大。其中，2015年"引发行政诉讼的复议案件数"为26件，虽较2014年36件的峰值有所下降，但仍处于高位；在"信访案件总数"方面，2015年的53823件比2014年的48996件增加了9.85%，为历年最高值。调查发现，群众诉求主要集中在城建规划（含违法建设）、劳动保障、环境保护、征迁安置、交通管理、市场监管、房产管理等方面，约占信访总量的70%。此外，由新闻媒体、网络平台报道的电梯运行安全、危化品仓库储存等特别重大公共安全事件也引发了群众的广泛关注。最后，信访工作成效保持较高水准。在"信访案件结案率"方面，2015年为99.80%，保持了一直以来的高水平；而"引发重复信访的信访案件数占全部案件的比例"则为6.3%，远高于过去六年的水平。经调查发现，这主要是由于2015年增加了重复信访案件数的统计范围，

2015年的重复信访案件数为3391件,包括来信、来访及来电数。而往年的统计中只包含来信及来访数,如果扣除新增加的来电数,则2015年的重复信访案件数(来信及来访)为744件,此部分引发重复信访的信访案件数占全部案件的比例为1.38%,要低于历年数值。不过扩大统计范围,有助于提高信访工作质量,体现出信访工作已经变得更加全面。

表2 政府依法行政相关案件数据

考评目标＼年份	2007	2008	2009	2010	2011	2012	2013	2014	2015
行政机关败诉的案件数(件)	2	3	2	4	1	0	3	13	23
引发行政诉讼的复议案件数(件)	6	6	9	19	6	0	7	36	26
行政部门工作人员重大违法乱纪案件数(件)	16	34	13	17	6	7	20	13	7
信访案件总数(件)	26031	39002	47413	49364	50061	48587	49576	48996	53823
信访案件结案率(%)	99.70	99.80	99.13	99.80	99.80	99.80	99.80	99.80	99.80
引发重复信访的信访案件数占全部案件的比例(%)	16.85	9.90	3.43	3.06	2.83	2.79	2.60	2.81	6.3

数据来源:余杭区人民政府、区人民法院。

3.司法公平正义的相关数据

由表3的司法数据可以看出,2015年余杭区在司法公平正义方面的表现进入稳定阶段,各项指标波动幅度较小。其中,人民法院二审改判率有所提高,抗诉率连续三年为零。

首先,2015年法院一审案件数为19549件,虽然相比2014年的21941件有所下降,但依然处于高位,显示出法院的权威性得到越来越多的认可,通过司法程序解决纠纷成为惯例。其次,抗诉案件率已连续三年为零,充分反映了国家法律监督机关对法院依法裁判的高度认可,法院审判质量稳定在了很高水平。2015年的再审案件率降幅明显,也表现了法院审判质量的提高。这两项数据从侧面体现了余杭区司法公平正义的较高水准。再次,上诉案件率、二审改判率和上诉案件中改判、发回重审案件占当年结案数的比例等指标略有波动。其中，二审改判率有所提高，可见二审法院对一审法院的审判指导和监督效果有所加强。

表3 司法公平正义的相关案件数据

考评目标＼年份	2007	2008	2009	2010	2011	2012	2013	2014	2015
一审案件数（件）	6579	8223	10678	10023	10779	11764	12641	21941	19549
上诉案件率（%）	5.60	4.80	4.30	6.10	5.39	6.04	6.73	6.81	6.99
抗诉案件率（%）	0.05	0.01	0.01	0.05	0.02	0.02	0	0	0
再审案件率（%）	0.08	0.09	0.22	0.05	0.05	0.04	0.15	0.12	0.05
二审改判率（%）	5.40	6.00	8.80	7.50	5.80	5.20	8.23	6.30	7.73
上诉案件中改判、发回重审案件占当年结案数的比例（%）	0.24	0.27	0.24	0.39	0.44	0.21	0.47	0.60	0.46

数据来源：余杭区人民法院。

4. 公民法治意识提升的相关数据

由表4可以看出，在公民法治意识提升方面，2015年余杭区多项指标达到了历史之最。其中万人律师比得到明显提高，达到了每万人拥有1.91名律师、法律服务工作者，是历年最高水平；民事案件、行政案件占所有案件比重提高，刑事案件占比相应降低，同时未成年人犯罪或违反治安管理法的人数降至历年最低水平，18周岁以上犯罪人数较2011年以来各年度降低明显，说明在刑事犯罪方面，公民素质尤其是未成年人的守法意识得到明显提升，各种形式的法治教育成效显现。

首先，2015年的万人律师比创历史新高，为1.91人，这一数字与余杭区的经济发展水平一致，距离"全面小康社会"的考核指标，即每万人拥有律师2.5人的目标越来越近。其次，2015年的民事案件、行政案件占比提高，分别为65%和1.03%，达到历年较高水平，而当年刑事案件的占比则达到2011年以来最低值。最后，2015年的违法犯罪人数呈明显下降态势。其中，

"14~18周岁犯罪人数"为76人，与历年相比下降明显，下降幅度最高达到50.6%，不满18周岁组中每十万人违反治安管理法的人数为5.24人，比2014年下降了35.9%，比2007年的32人（最高值）下降幅度高达83.6%，这两项指标数据均达历年最低值，且要远低于历年平均值；18周岁以上的犯罪人数1784人，相比2014年的2308人也有明显减少。由此可以看出，2015年，余杭区公民在守法方面更加自觉，信法守法的法治意识成为公民素质的脊梁。

表4 公民素质提升的部分相关数据

考评目标\年份	2007	2008	2009	2010	2011	2012	2013	2014	2015
人均律师、法律服务工作者拥有率（每万人）	1.29	1.34	1.33	1.47	1.29	1.43	1.53	1.72	1.91
民事案件占所有案件比例(%)	60.23	61.04	63.80	58.40	57.60	56.14	59.34	64.50	65
行政案件占所有案件比例(%)	0.68	0.40	0.37	0.39	0.25	0.34	2.93	0.79	1.03
14~18周岁犯罪人数（人）	133	154	124	112	154	150	139	102	76
不满18周岁组中每十万人违反治安管理法的人数(人)	32	18	11.54	13.46	13.36	17.02	14.41	8.18	5.24
18周岁以上犯罪人数（人）	1354	1554	1778	1358	2013	2368	2044	2308	1784

数据来源：余杭区司法局。

（二）2015年"法治余杭"自评

作为一种"法治余杭"的绩效考评手段，余杭区在各机关内部自我测评的基础上，进一步开展了"法治余杭"建设专项工作组的年度考评。本项考评为行政机关的自我监督和评价，为确保课题组评审的中立性和客观性，这部分数据在法治指数测评时仅作为评审活动的参考，并不直接作为计分依据。

随着2010年国务院加强法治政府建设的意见出台，"法治余杭"自评的标准分也于2010年起作出相应调整。其中,"建设法治政府"(指标2)的标准分自160分上调至165分,"民众尊崇法治"(指标5)的标准分相应自100分下调至95分。表5仅对调整后的年度进行纵向比较。

表5 2010~2015年度"法治余杭"考评各项指标实施情况得分

序号	考评目标	标准分	2010年	2011年	2012年	2013年	2014年	2015年
1	推进民主政治建设,提高党的执政能力	110	82	79	105	87	95	95
2	全面推进依法行政,努力建设法治政府	165	129	137	151	141	120	133
3	促进司法公正,维护司法权威	130	130	127	114	125	130	115
4	拓展法律服务,维护社会公平	100	93	96	94	98	98	100
5	深化全民法制教育,增强法治意识、提升法律素养	95	86	88	89	90	93	93
6	依法规范市场秩序,促进经济良性发展	100	97	96	96	97	98	100
7	依法加强社会建设,推进全面协调发展	100	94	97	98	99	100	100
8	深化平安余杭创建,维护社会和谐稳定	100	100	100	96	100	100	98
9	健全监督体制,提高监督效能	100	98	98	98	98	98	98

综合2010~2015年各项指标的自评得分可以看出:九项指标整体平稳向好,前三项指标偶有大幅波动,其中2015年"建设法治政府"(指标2)提升明显,这与余杭区政府始终严格贯彻实施宪法和法律赋予的重要职责、规范政府行为、带头严格执法的努力是分不开的。而"司法公正权威"(指标3)则下降明显,司法公正是社会公正的底线,只有保证司法的公正权威,才能改善当下"信访不信法"的现状,在这一点上,余杭区还有待提升。

由于上述数据主要基于各机关内部的自我评价,相对来说客观中立性有所欠缺。为保证法治指数评估的真实性和可靠性,通过民意调查、内部组和外部组评审、专家组评审等调查手段直接获取第一手数据,对基础数据所反映的情况进行更为直观具体的陈述和分析。

二 民意调查

（一）群众满意度问卷调查

本次群众满意度调查共发出问卷5600份，并根据余杭区20个街道（镇）的常住人口数按比例发放，各街道（镇）分别在街头、学校、企业、行政服务中心等人员聚集地进行调查，共计收回有效问卷5435份。与往年的问卷调查相比，样本容量有了非常显著的提升。在样本选择上，本着多样性、代表性、客观性和有效性的原则，课题组面向不同年龄、不同职业、不同文化程度的社会各阶层民众开展调研，调查对象以群众为主，组成成分见图1。

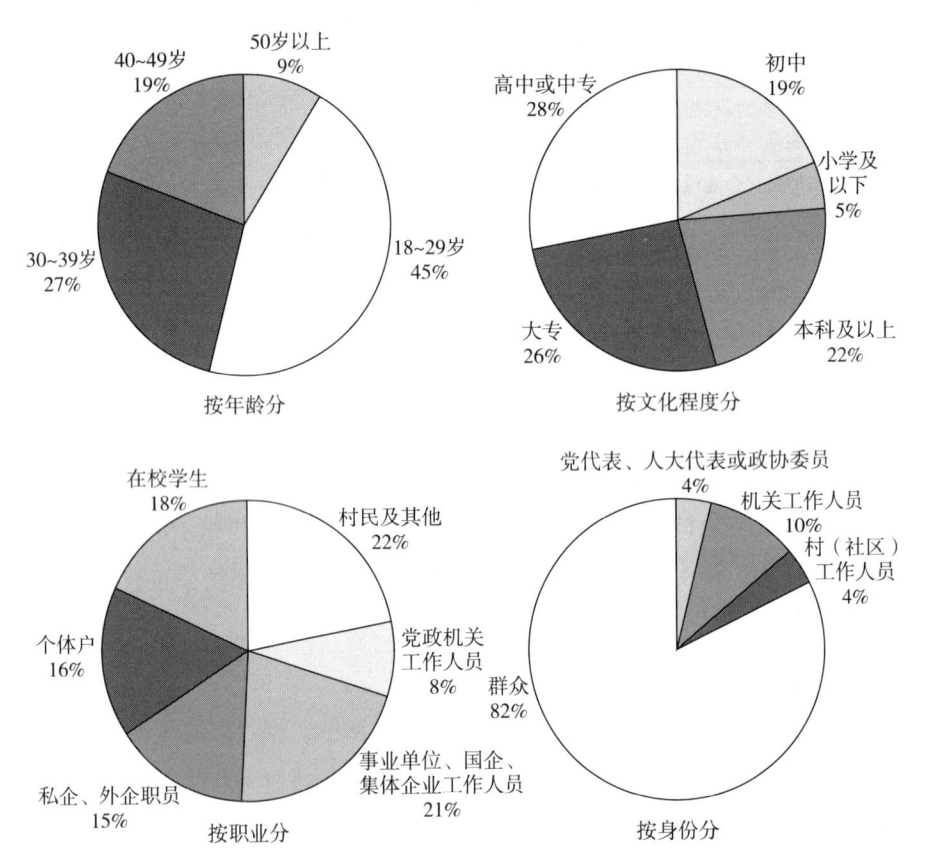

图1 2015年度群众满意度问卷调查对象组成分布

有效调查对象中,男女比例为2909∶2526,约为1.15∶1,高中以上学历占48%,40岁以下人员合计约占72%,调查对象以青壮年为主。从职业和身份来看,为使民意调查覆盖全面,2015年度党政机关工作人员占比较以前大幅降低,且群众人数占比达到82%,因此从统计角度来看,调查结果基本能够反映民意。

(二)调查结果数据分析

2015年度余杭法治指数民意调查部分最终得分为72.42分。测评结果显示,2015年民意调查组对"法治余杭"的总体评价继续呈现稳步上升态势,各项指标也基本表现出积极变化。以"司法公正权威""市场规范有序""监督力量健全"和"民主政治参与"等为代表的多项指标较2014年度均有不同程度的增长,四项指标达到历年最高水平,说明余杭当地人民群众对2015年度法治余杭建设总体较上年度更为满意,"司法公正权威"和"社会平安和谐"两项指标的高分说明人民对司法公正和"平安余杭"建设成果的认同度相对较高。另外,民意调查反映的余杭法治建设短板也较为突出,体现在"党风廉政建设""行政工作认同度"和"权利救济有效"等方面,尤其是"权利救济有效"这一指标,仅与历年平均水平持平,说明余杭区在这几个方面的工作还需继续改进,以得到人民的认同。

三 内部评审组的评审结果及其分析

(一)内部评审组人员构成与指标权重确定

课题组从2015年度余杭区党委、人大、政府及司法机关中直接参与立法、执法、司法等法律工作的人物库中,随机抽取20名工作人员组成内部评审组成员。权重的得分反映了内部组成员认为各项指标的重要性程度。

比较各年度得分,2015年的具体分数与往年相比有一定变化。整体来看,指标得分波动较小,评审组在赋分上相对谨慎。分指标来看,以往权重较高的"民主执政优化""建设法治政府""司法公正权威"等指标权重有所下滑,而"社会平安和谐"则一跃成为2015年度内部评审组最重视的指标,"市场规范有序"的权重绝对值也达到历年之最。说明法治建设中的经济因素和社会文化因素发挥着越来越重要的作用。

（二）内部组对各指标实施情况的评分及分析

对内部组评估得分的考查从横向和纵向两个角度进行：一方面,通过对内部组各项指标进行最高分、最低分和平均分的横向比较,分析当年度的发展状况,以寻其优势和劣势；另一方面,分析内部组评估总分和单项分的历年变化情况,以发现历史规律和客观问题所在（见表6）。

表6　2015年内部评审组对九项指标实施情况评分的统计情况

单位：分

指标	极大值	极小值	均值	标准差
民主执政优化	99	60	82.20	10.73
建设法治政府	95	55	81.95	9.76
司法公正权威	90	60	81.25	10.47
法律服务完善	95	50	77.95	11.17
民众尊崇法治	95	30	72.25	15.85
市场规范有序	100	50	77.05	12.33
全面协调发展	95	45	74.90	14.32
社会平安和谐	100	60	80.50	10.59
监督力量健全	95	60	81.80	10.90

总体来看,2015年余杭法治指数九项指标的内部组评分较高,总分达到79.40分,与上一年相比有明显提升。2015年得分最高的是"建设法治政府",该指标与"司法公正权威""监督力量健全"均在本次内部组测评中达到了历年最高分。九项指标中唯一较上一年度评分下降的是"民众尊崇法治",值得引起重视。

四 外部评审组的评审结果及其分析

（一）外部评审组人员构成与指标权重确定

外部组由不直接参与余杭区党委、人大、政府以及司法机关工作，但知晓或者直接、间接参与或者关注余杭法律事务的非政府组织、律师事务所、教育机构、新闻媒体、企业工作人员以及参与过司法诉讼的当事人代表组成。人员构成更加多元，有利于全面反映余杭的法治进程。打分情况见表2。

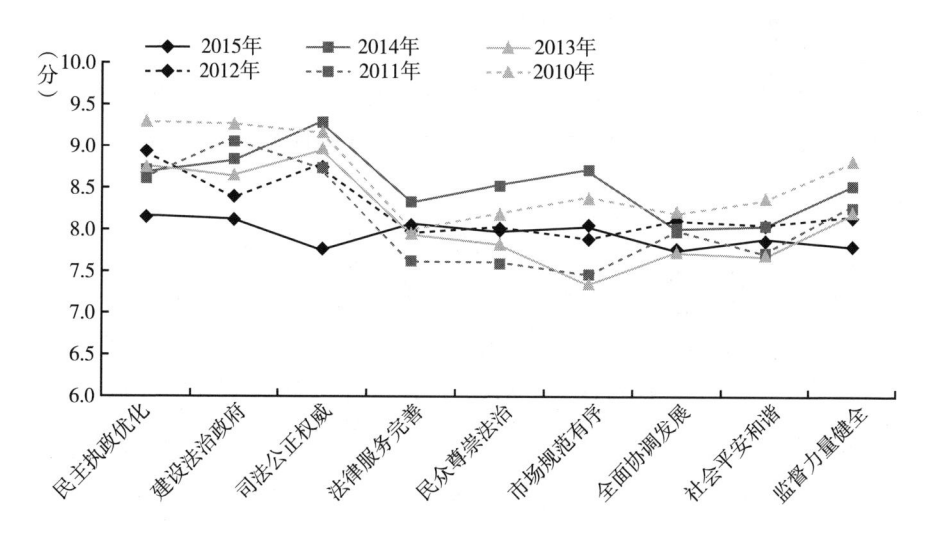

图2 2010～2015年外部评审组对九项指标平均赋分情况

外部评审组对指标权重的赋分变化与内部组相似，权重绝对值整体上在历年处于较低水平，尤其是前三项指标和"监督力量健全"（指标9）。从权重排名来看，最为明显的变化是"司法公正权威"（指标3）的地位有所下降，该项指标在历年外部组评分中得分一直较高。

（二）外部评审组指标得分情况分析

通过对外部组指标实际得分进行比较，统计情况见表7。

表7 2015年外部评审组对九项指标实施情况评分的统计情况

单位：分

指标	最大值	最小值	均值	标准差
民主执政优化	95	60	78.30	13.66
建设法治政府	95	60	76.25	11.92
司法公正权威	100	42	77.80	16.78
法律服务完善	100	50	77.35	12.41
民众尊崇法治	95	30	75.25	17.21
市场规范有序	97	60	82.65	10.23
全面协调发展	95	40	78.50	17.11
社会平安和谐	100	50	79.60	14.44
监督力量健全	90	60	72.75	10.89

外部组的评分分歧项较多。与内部组相同，标准差最大的两项指标是"民众尊崇法治"和"全面协调发展"，最低分同样出现在"民众尊崇法治"。

与内部组不同，外部组给出的高分偏向于"市场规范有序"和"全面协调发展"等指标，这两项指标也同时达到历史最高水平。在其他几项指标的给分中，外部组评分较上一年度均有不同程度的降低，其中得分最低的是"监督力量健全"，说明社会公众感受到监督机制的完善还需要进一步加强。总体看来，2015年外部组最终打分为78.09分，相比2014年略有下滑，但仍旧高于历年平均值，可见外部组对于2015年余杭地区的法治状况仍给予了高度肯定。

五 专家组评审分析及余杭法治指数的计算

（一）专家组评审情况

2015年课题组通过继续对内部组和外部组进行数据采样，同时邀请9位法学领域的专家进行评审。相比内部评审组的自评和群众满意度主观测评，专家评审组属独立的第三方，具有客观（中立）立场，评分更具有公信力和权威性。

实际测评中，专家们通过群众满意度调查、内外评审组的测评结果以及反馈意见，同时结合余杭有关部门对当地法治建设情况的调查报告，就余杭法治指数九个指标计算相应权重和评分，对评分进行统一化处理后，最终得出各一级指标的实际得分以及专家组的评分情况。专家组对2015年余杭法治情况的总评分为75.98分。

（二）专家组评审结果分析

相较2014年的73.02分和2013年的69.11分，2015年专家组对余杭法治情况的总评分呈现较大幅度的提升。2015年专家组评分情况见图3。

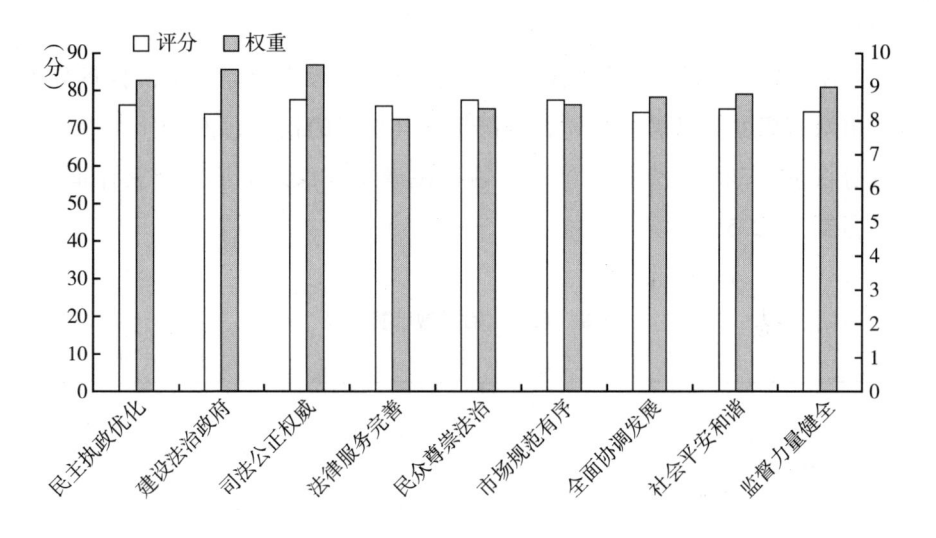

图3 2015年专家组对九项指标的评分情况

2015年各项指标得分最高的前三项为"司法公正权威""建设法治政府""民主执政优化"，指标给分情况上与往年保持一致。就单项指标得分而言，"市场规范有序"指标是2015年得分最高的一项。此外，"司法公正权威"和"民众尊崇法治"等指标也得到了专家组的认可，得分情况令人满意。

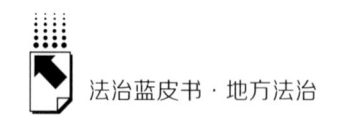

（三）2015年度余杭法治指数的计算

2015年余杭法治指数通过民意测评、内外组测评以及专家组评审，借由科学设计的统计模型，最终得出2015年余杭法治指数的得分为75.70分。具体测评过程如下。

余杭法治指数的计算公式：

$$\bar{\tilde{S}} = \sum_{j=1}^{9} \bar{\widetilde{W}}_j \tilde{S}_j$$

通过计算公式分别测算出内部组、外部组以及专家组三部分的各自测评指数具体分值，同时结合民意调查具体得分，最终计算出余杭法治指数的最后分值。表8清晰地显示了指标权重及计算结果。

其中，各组成部分的分值在余杭法治指数的最终测评中所占权重分别为：群众满意度的权重为35%，内部组和外部组的权重共占35%，专家组的评分权重为30%。余杭的外部评估（民调+外部评审组+专家评审组）整体占到了82.5%。

表8 余杭法治指数计算模型

单位：分，%

组别		得分	权重	总分
群众满意度		72.42	35	
评审组	内部组	79.40	17.5	75.70
	外部组	78.09	17.5	
专家打分		75.98	30	

将2015年余杭法治指数和历年指数得分作比较，可得图4。

从得分看，余杭法治指数达到新高，以2013年为转折点，发展速度显著加快。

2015年度余杭法治指数的明显提升，与余杭区各方面的努力密不可分。十八届四中全会以后，余杭区法治建设工作的力度明显加强。特别

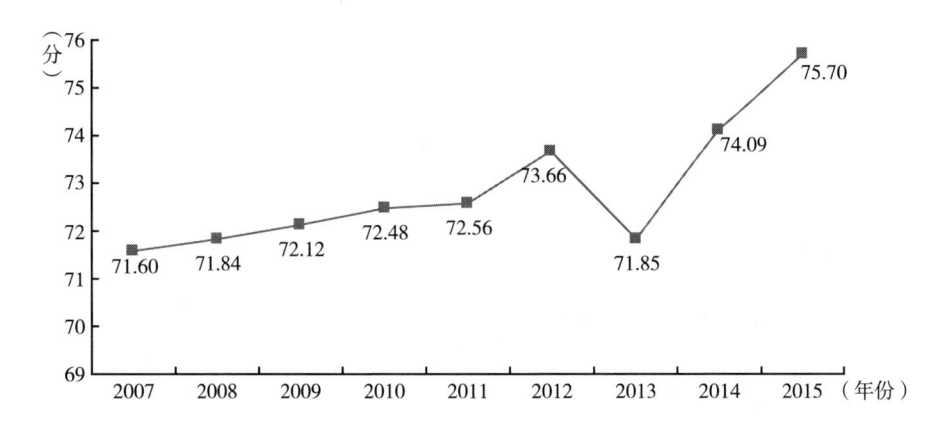

图 4　历年余杭法治指数

是 2013 年受中泰垃圾焚烧厂事件影响，余杭法治指数首次下跌。余杭区委区政府高度重视，做了大量积极主动的法治宣传、矛盾化解、法律服务工作。显然，群众对余杭区委区政府的处理措施是比较满意的，这从 2014 年度和 2015 年度余杭法治指数的连续提升就可以看出。这也说明，在实际工作中，法治思维、法治方式要贯穿所有环节，保障行政行为的公开透明并维护好公民的知情权、参与权、表达权和监督权是极为重要的。

总结总体得分情况，课题组发现，"司法公正权威"指标尽管在自评中出现下滑，但所有评审组均给出了令人满意的成绩。这得益于 2015 年余杭区人民法院推行五项试点，创新"互联网+"审判模式改革，努力开展便民诉讼。同时，积极推进审判流程、裁判文书和执行信息"三大公开"平台建设，司法透明度的提高为司法公正权威的提升推波助澜。此外，过去一年，余杭区政府在法治建设方面做了大量工作。区政府始终坚持依法行政，严格遵循重大行政决策程序，推行政府法律顾问制度，并定期开展区政府常务会议会前学法活动等。因此，2015 年度余杭法治指数的提升确是有因可循的。

六 问题与建议

(一)"行政机关败诉案件"增加

1. 原因分析

2015年,行政机关败诉案件数达到新高,共计23件。随着"三改一拆""五水共治""两路两侧"专项整治①等重点工作的推进,涉重点项目衍生的各类行政纠纷不断增多。根据案件来源调查,行政机关败诉领域比较集中,且分布并不均衡。败诉案件类型集中于拆迁行政强制、政府信息公开、行政处罚、房屋行政登记及履职等五大类。行政主体存在违法或瑕疵行为是由于对相关的法律掌握不全面或者不准确。数据显示,因违反法定程序导致败诉的行政案件占败诉案件总量的一半,这方面的败诉案件主要体现为强制拆除违法建筑时违反法定程序。

2. 完善建议

首先,要加强法律指导和交流,定期开展行政机关、村社区干部如何依法行政的相关培训和研讨会。多数行政主体是由于对相关法律掌握不够,导致政府行为存在瑕疵或者涉嫌违法而败诉。这就需要行政主体加强学习,提高自身法律素养,牢固树立程序意识和服务意识,这样才能切实做到公正文明执法、依法全面履职。与此同时,要加强研究,针对一些典型案件,可以形成行政败诉案件分析报告,帮助行政主体认识、总结、反思工作中的难点和问题,促进依法行政,推动建立更加和谐的行政关系。调查显示,2015年,余杭区法院行政庭先后为区住建局、区公安分局等行政机关授课11次,围绕《行政诉讼法》新修订的理念与内容、行政机关在执法过程中应当注意的程序问题以及应对新法施行的建议等内容进行深入讲解,获得了行政机关的良好反

---

① "三改一拆"指的是旧住宅区、旧厂区、城中村改造和拆除违法建筑行动,"五水共治"指的是治污水、防洪水、排涝水、保供水、抓节水行动,"两路两侧"指的是公路、铁路两侧洁化、绿化、美化行动。

响。这些具体工作无疑体现出余杭区党委政府和余杭区法院对相关问题已经给予了高度重视，而这些工作是否能达到预期效果，还需要在实践中进一步检验。

其次，要继续完善行政机关负责人出庭应诉机制。《行政诉讼法》规定，行政机关负责人应当出庭应诉，余杭区该项工作现状与法律规定之间仍存在差距，有较大提升空间。一方面，行政首长出庭应诉次数较少；另一方面，不能出庭应诉的也未尽说明义务。行政首长出庭应诉具有多方面的价值，一是有利于行政首长了解案件相关事实，有利于在今后的工作中作出更明确的符合事实的决策；二是可以一定程度上缓解原告的不满，将矛盾尽早化解；三是形成一种倒逼机制，迫使行政机关严格按照法律规定执法，规范执法有利于化解矛盾，达到良好的社会效果。行政首长出庭应诉机制已经在全国其他地区产生了良好的法律和社会效应，余杭法治工作的推进应当顺应这种潮流，注意加强这方面工作。

（二）"权利救济有效"指标群众满意度较低

1. 原因分析

"权利救济有效"指标群众满意度较低，原因在于群众的一些诉求得不到满足、困难得不到很好解决。调查显示，群众的诉求涉及领域十分广泛，主要分布在拆迁、劳动保障、医疗卫生、交通等方面。

2. 完善建议

公民权利救济是公民权利保障的重要环节。关于权利救济，《中共中央关于全面推进依法治国若干重大问题的决定》明确规定，行政、司法机关以及法律服务机构都要根据顶层设计内容和精神，切实做好权利救济工作，主要可以从以下三方面入手。

首先，健全依法维权和化解纠纷机制。建立健全社会矛盾预警机制、利益表达机制、协商沟通机制、救济救助机制，畅通群众利益协调、权益保障的法律渠道。完善调解、仲裁、行政裁决、行政复议、诉讼等有机衔接、相互协调的多元化解决机制。

其次，公共法律服务体系覆盖城乡居民，加强民生领域法律服务。完善法律援助制度，扩大援助范围，健全司法救助体系，保证人民群众在遇到法律问题或者权利受到侵害时获得及时有效的法律帮助。

再次，增强便民利民服务意识，及时把握公民权利救济状况，及时采取有效措施。利用好服务热线，完善网站信息公开和共享，综合运用微信公众号、微博等平台，及时了解和解决群众诉求。做好调研走访工作。根据实际情况，定期组织人员深入一线开展调查走访工作，深入了解民众需求，有针对性地推进权利救济工作。

（三）"市民向政府提出的建议数"相对较少

1. 原因分析

2015年市民提出的建议数相对较少。调查显示，部分市民仍然认为政府工作与日常生活关系并不密切，没有必要提出建议，导致市民参与度降低。部分市民感到提出建议的对象不明确，或者认为自身水平有限而无法提出具有实质意义的建议。另一部分市民认为，之前建议所涉及的问题没有得到回复或很好解决，一定程度上也影响了参与的积极性。

2. 完善建议

首先，拓宽对市民的宣传和教育渠道。如定期举办法律学习周活动，以丰富的宣传形式调动市民学法的积极性，在增强市民基础法律知识的同时，增强法律意识和认同感，呼吁市民积极维护自己的合法权益，为社会主义法治建设提供更好的建议。

其次，做好建议反馈工作。对于市民的建议要及时反馈，合理建议要予以采纳，对不合理的或暂时无法采纳的建议也要给予耐心细致的说明。在条件允许的情况下，可以开展交流会，既能深入了解市民的需求，又能增进双方的理解，便于政府工作的开展。

再次，充分利用好互联网平台，做好信息公开及各部门间的信息共享工作。这样不但可以为市民提供更加便捷的参政议政渠道，还可以增强透明度，方便群众了解行政机关的日常工作，能更好地帮助行政机关及时了解民意、解决工作问题、提高办事效率。

社会科学文献出版社　　**皮书系列**

❖ 皮书起源 ❖

"皮书"起源于十七、十八世纪的英国,主要指官方或社会组织正式发表的重要文件或报告,多以"白皮书"命名。在中国,"皮书"这一概念被社会广泛接受,并被成功运作、发展成为一种全新的出版形态,则源于中国社会科学院社会科学文献出版社。

❖ 皮书定义 ❖

皮书是对中国与世界发展状况和热点问题进行年度监测,以专业的角度、专家的视野和实证研究方法,针对某一领域或区域现状与发展态势展开分析和预测,具备原创性、实证性、专业性、连续性、前沿性、时效性等特点的公开出版物,由一系列权威研究报告组成。

❖ 皮书作者 ❖

皮书系列的作者以中国社会科学院、著名高校、地方社会科学院的研究人员为主,多为国内一流研究机构的权威专家学者,他们的看法和观点代表了学界对中国与世界的现实和未来最高水平的解读与分析。

❖ 皮书荣誉 ❖

皮书系列已成为社会科学文献出版社的著名图书品牌和中国社会科学院的知名学术品牌。2016年,皮书系列正式列入"十三五"国家重点出版规划项目;2012~2016年,重点皮书列入中国社会科学院承担的国家哲学社会科学创新工程项目;2017年,55种院外皮书使用"中国社会科学院创新工程学术出版项目"标识。

中国皮书网

发布皮书研创资讯，传播皮书精彩内容
引领皮书出版潮流，打造皮书服务平台

栏目设置

关于皮书：何谓皮书、皮书分类、皮书大事记、皮书荣誉、
皮书出版第一人、皮书编辑部

最新资讯：通知公告、新闻动态、媒体聚焦、网站专题、视频直播、下载专区

皮书研创：皮书规范、皮书选题、皮书出版、皮书研究、研创团队

皮书评奖评价：指标体系、皮书评价、皮书评奖

互动专区：皮书说、皮书智库、皮书微博、数据库微博

所获荣誉

2008年、2011年，中国皮书网均在全国新闻出版业网站荣誉评选中获得"最具商业价值网站"称号；

2012年，获得"出版业网站百强"称号。

网库合一

2014年，中国皮书网与皮书数据库端口合一，实现资源共享。更多详情请登录www.pishu.cn。

权威报告·热点资讯·特色资源

皮书数据库
ANNUAL REPORT(YEARBOOK) DATABASE

当代中国与世界发展高端智库平台

所获荣誉

- 2016年，入选"国家'十三五'电子出版物出版规划骨干工程"
- 2015年，荣获"搜索中国正能量 点赞2015""创新中国科技创新奖"
- 2013年，荣获"中国出版政府奖·网络出版物奖"提名奖
- 连续多年荣获中国数字出版博览会"数字出版·优秀品牌"奖

成为会员

通过网址www.pishu.com.cn或使用手机扫描二维码进入皮书数据库网站，进行手机号码验证或邮箱验证即可成为皮书数据库会员（建议通过手机号码快速验证注册）。

会员福利

- 使用手机号码首次注册会员可直接获得100元体验金，不需充值即可购买和查看数据库内容（仅限使用手机号码快速注册）。
- 已注册用户购书后可免费获赠100元皮书数据库充值卡。刮开充值卡涂层获取充值密码，登录并进入"会员中心"—"在线充值"—"充值卡充值"，充值成功后即可购买和查看数据库内容。

数据库服务热线：400-008-6695
数据库服务QQ：2475522410
数据库服务邮箱：database@ssap.cn
图书销售热线：010-59367070/7028
图书服务QQ：1265056568
图书服务邮箱：duzhe@ssap.cn

社会科学文献出版社 皮书系列
卡号：786454979297
密码：

子库介绍
Sub-Database Introduction

中国经济发展数据库

涵盖宏观经济、农业经济、工业经济、产业经济、财政金融、交通旅游、商业贸易、劳动经济、企业经济、房地产经济、城市经济、区域经济等领域，为用户实时了解经济运行态势、把握经济发展规律、洞察经济形势、做出经济决策提供参考和依据。

中国社会发展数据库

全面整合国内外有关中国社会发展的统计数据、深度分析报告、专家解读和热点资讯构建而成的专业学术数据库。涉及宗教、社会、人口、政治、外交、法律、文化、教育、体育、文学艺术、医药卫生、资源环境等多个领域。

中国行业发展数据库

以中国国民经济行业分类为依据，跟踪分析国民经济各行业市场运行状况和政策导向，提供行业发展最前沿的资讯，为用户投资、从业及各种经济决策提供理论基础和实践指导。内容涵盖农业，能源与矿产业，交通运输业，制造业，金融业，房地产业，租赁和商务服务业，科学研究，环境和公共设施管理，居民服务业，教育，卫生和社会保障，文化、体育和娱乐业等100余个行业。

中国区域发展数据库

对特定区域内的经济、社会、文化、法治、资源环境等领域的现状与发展情况进行分析和预测。涵盖中部、西部、东北、西北等地区，长三角、珠三角、黄三角、京津冀、环渤海、合肥经济圈、长株潭城市群、关中—天水经济区、海峡经济区等区域经济体和城市圈，北京、上海、浙江、河南、陕西等34个省份及中国台湾地区。

中国文化传媒数据库

包括文化事业、文化产业、宗教、群众文化、图书馆事业、博物馆事业、档案事业、语言文字、文学、历史地理、新闻传播、广播电视、出版事业、艺术、电影、娱乐等多个子库。

世界经济与国际关系数据库

以皮书系列中涉及世界经济与国际关系的研究成果为基础，全面整合国内外有关世界经济与国际关系的统计数据、深度分析报告、专家解读和热点资讯构建而成的专业学术数据库。包括世界经济、国际政治、世界文化与科技、全球性问题、国际组织与国际法、区域研究等多个子库。

法律声明

"皮书系列"（含蓝皮书、绿皮书、黄皮书）之品牌由社会科学文献出版社最早使用并持续至今，现已被中国图书市场所熟知。"皮书系列"的LOGO（ ）与"经济蓝皮书""社会蓝皮书"均已在中华人民共和国国家工商行政管理总局商标局登记注册。"皮书系列"图书的注册商标专用权及封面设计、版式设计的著作权均为社会科学文献出版社所有。未经社会科学文献出版社书面授权许可，任何使用与"皮书系列"图书注册商标、封面设计、版式设计相同或者近似的文字、图形或其组合的行为均系侵权行为。

经作者授权，本书的专有出版权及信息网络传播权为社会科学文献出版社享有。未经社会科学文献出版社书面授权许可，任何就本书内容的复制、发行或以数字形式进行网络传播的行为均系侵权行为。

社会科学文献出版社将通过法律途径追究上述侵权行为的法律责任，维护自身合法权益。

欢迎社会各界人士对侵犯社会科学文献出版社上述权利的侵权行为进行举报。电话：010-59367121，电子邮箱：fawubu@ssap.cn。

社会科学文献出版社